아버지교육개론

아버지
교육개론

김근규 지음

'좋은 아버지'가 되기 위한 최초이자 최고의 교과서

성균관대학교
출판부

이 책을 사랑하는 아내 황보 영,
하나님이 보내주신 귀한 선물이자 제 삶의 VIP,
사랑하는 진하, 진주에게 바칩니다.

이 책 『아버지교육개론』은 부모라는 당연함에 안주하고 있었던 아버지의 지식이나 신념을 점검하고 좋은 아버지가 되고 싶었고 동경했던, 그리고 지금도 좋은 아버지가 되고 싶은 그 마음을 다시 꺼내보게 한다. 단지 아버지로서 그리고 양육책임자인 부모의 한 사람으로서가 아니라 아내와 자녀라는 가족의 맥락 안에서 사회구성원과 인생의 선배로서 아버지 자신에 대한 깊은 고민과 성찰을 풀어내고 있다.

존경하는 사람이 누구인가 물었을 때 '아버지'라고 대답할 수 있는 사람은 성공한 사람이라고 한다. 삶의 안정과 변화 사이에 성취와 도전, 따뜻함의 균형과 긴장감을 유지하며 지식과 경험이 유연하게 통합되어 우러나오는 멋진 아버지가 그려진다.

이 책은 아버지교육의 뜻을 시작으로 동서양의 교훈과 철학이 바탕이 되는 지성과 사랑을 갖춘 아버지를 제시한다. 사랑과 결혼의 만남뿐만 아니라 육아와 가사로 이어지는 전쟁 같은 현실의 문제들을 생산적으로 이끄는 지혜와 방법, 그리고 진정으로 사랑을 표현하라고 강력하게 권고한다.

자녀의 발달에 대한 이해는 단순히 자라남에 대한 지식이 아니다. 아버지와 자녀 사이의 애착은 친밀한 정서적 유대로 최초의 관계방식을 배우고 사랑 능력을 형성하는 바탕이 된다. 발달의 순간 하나 하나가 밀알처럼 생명 속에 숨어 지내며 성장과 성숙으로 안내하는 신비로운 과정인 것이다.

아버지 프로그램은 무엇이며 어떤 것이 있는가? 아버지의 역할과 사명 그리고 실천적 대화법으로 다양한 해법을 제시한다. 가치와 철학에서부터 실행 계획에 이르기까지 유아교육기관에서 다양한 논의와 학습을 지원하는 프로그램 유형들을 통하여 아버지 역량에 방점을 찍고 있다. 마치 느리게, 빠르고 경쾌하게, 세게 이어지는 안단테, 알레그로, 포르테로 박진감 있게 전달되는 피아노 연주곡을 듣는 것 같다.

저자인 김근규 교수는 두 아이의 아버지이자 부모교육과 아버지교육 분야의 전문가이다. 이 책의 일독을 권하며 우리가 아버지에 대하여 알았다고 하는 것에서 출발하여 이 책을 읽는 동안 몇 배 의미가 확장되어 돌아왔을 때 자녀의 삶을 완성시키는 아버지의 존재가 얼마나 두렵고 경이로운 존재인가 그리고 성인으로서 일방적이 아닌 자녀라는 인격체와의 만남과 관계를 역동적으로 함축하는 의미들을 통해 서사시처럼 아름다운 여운이 남을 것이다.

김영옥(전남대학교 유아교육과 교수)

한 개인의 인생에 다섯 가지 소중한 만남이 있습니다.

부모와의 만남, 친구와의 만남, 스승과의 만남, 배우자와의 만남, 그리고 자녀와의 만남이 그것입니다. 그중에서도 특히, 부모와의 만남이 아주 중요합니다. 왜냐하면, 아이가 태어나 첫 번째로 만나는 대상이 부모이고, 엄마와 아빠로부터 삶에서 꼭 필요한 정보와 생존의 방식을 터득하고, 타인과의 대화와 소통의 방식을 배워가며, 사람과 사람 사이의 기본적인 신뢰감과 애착을 만들어가는 방법을 배워가기 때문입니다. 그리고 부모의 말과 행동을 관찰하고, 모방을 통해 사회화를 진행하며 자신의 것으로 발전시켜, 종래에는 자신만의 주관적 삶의 지도를 그려갈 수 있는 힘을 키워가기 때문입니다.

지난 27년간 유아교육을 전공하는 동안, 저의 핵심연구 주제는 '아버지'였습니다. 석사 논문과 박사 논문을 비롯해서 델라웨어주립대 교수로 근무하는 지난 9년간 지속적으로 아버지 관련 연구를 하면서 학회와 대학, 유아교육기관과 종교기관, 그리고 아버지학교 등에서 아버지교육 관련 발표와 특강을 해왔습니다. 지난 2009년 스포츠 대디 프로젝트를 기획하고 진행하는 데 참여하고, 2013년 아버지양육서를 출간하면서 아버지교육에 대한 새로운 도전을 직면하게 되었습니다. 아버지 관련 연구를 이어오면서 늘 제 생각의 한편에 자리 잡고 있는 첫 번째 질문은 "아이는 누가 키워야 하는가(Who takes care of a child?)"입니다. 과거에는 강렬한 한 가지 요인을 통해 아이의 올바른 성장과 발달에 대한 답을 찾으려 하였지만, 지금 현재 저의 답변은 "우리 모두(We all)"라는 신념에 이르게 되었습니다. 아이는 어느 한쪽이 잘 양육하고 가르친다고 올바른 방향으로 성장하는 게 아니기에 그렇습니다. 엄마에게는 엄마만 할 수 있는 역할이 있고, 아빠에게는 아빠만의 고유한 역할이 있습니다. 아이들은 1차적으로 엄마와 아빠로부터 삶의 기본적인 프로토콜(protocol)을 학습합니다. 그리고 점차적으로 주변의 또래 친구나 선생님, 혹은 영향력 있는 타인(significant others)으로부터 상호작용을 통해 경험하고 학습하는 기회를 가지게 됩니다. 이러한 사회적 관계들을 통해 아이들은 자신의 삶의 영역을 점차 확장해 가며 하나의 독립된 인격체로 성장해 갑니다.

먼저, 바람직한 부모와 자녀 관계를 위해서는 "부모가 아이를 일방적으로 가르친다"는 고정관념에서 벗어나야 합니다. 엄마와 아빠 모두 자녀양육에 적극적으로 참여해야 함은 물론, 자녀양육과 관련하여 지속적으로 공부하고 실제 생활에 접목시켜 가야만 합니다. 이러한 배움을 통해 건강한 부부 관계와 바람직한 부모-자녀 관계가 형성되고 함께 성장하고 더불어 변화해 갈 수 있습니다.

그렇다면 아버지교육에 대해 한걸음 더 들어가 보겠습니다. 아버지교육이란 무엇인가? 왜 아버지교육이 중요한가? 아버지교육을 통해 아내와의 관계와 자녀와의 관계에 반드시 알아야 할 내용에는 어떤 것이 있는가? 자녀양육에 필요한 양육의 기술에는 어떤 것이 있는가?

특히, "아버지는 아이를 어떻게 양육하고 교육해야 하는가?"에 대한 저의 고민과 답변을 이 책을 통해 찾아가고자 합니다. 이미 시중에는 부모교육 교재와 아버지양육에 관한 교양서적들은 많이 소개되어 있고, 양육 관련 정보들은 차고 넘치는 현실입니다. 다만, 아쉽게도 일선 대학에는 '아버지교육'이나 '예비 아버지교육'과 같은 과목들은 개설이 되어 있지 않은 관계로 아버지교육에 대해 학문적으로 정리된 교재가 없습니다. 그동안 유치원이나 어린이집 그리고 아버지학교에서 특강을 하면서, 현장에 아버지교육에 관한 이론과 실제를 담은 교재가 있었으면 하는 바람이 있었습니다. 이 책은 대학의 예비부모교육을 수강하는 학생들, 결혼을 앞둔 예비남편, 자녀의 출산과 양육에 어려움을 겪고 있는 초보 아빠들, 자녀와의 관계에서 어려움을 겪고 있는 아버지들에게 도움이 되기를 바라는 마음에서 나오게 되었습니다.

그냥 컴퓨터 한구석에 묻혀버렸을지도 모를 이 책의 원고가 책으로 세상에 빛을 보기까지 많은 분들의 도움이 있었습니다. 특히, 한국의 아버지교육 역사관련 자료를 제공해주시고 원고를 꼼꼼하게 검토해주시고 교정을 도와주신 사랑하는 형님 김광규 님과 원고 교정 작업을 함께해준 강수진 선생님, 10장에 삽화를 작업해주신 작가 심한준 님, 박윤희 님께 감사드립니다. 더 나은 교재가 될 수 있도록 최선을 다해 작업을 함께해주신 구남희 선생님, 그리고 책이 나오기까지 아낌없이 지원해주신 성균관대 출판부 가족 여러분 모두에게 깊이 감사드립니다.

저자 김근규

차례

제3부
아버지교육의 실제

제1부

아버지교육에 대한 이해

1장 아버지교육이란?

2장 사랑과 결혼에 대한 이해

3장 자녀의 발달에 대한 이해

1장

아버지교육이란?

'아버지교육'이란 아직 부모가 되지 않은 남성이나 자녀를 둔 아버지들에게 바람직한 아버지의 태도와 역할을 알려주는 교육이다. 아버지교육에 대한 구체적인 이해를 위해 이 장에서는 아버지교육의 정의와 필요성, 그리고 아버지교육의 역사를 살펴보고자 한다.

1. 아버지교육의 개념

'아버지교육'이라는 개념은 아직까지 학문의 영역에서 통일된 정의가 소개된 바 없다. 일반적으로 '아버지교육'은 유아교육 전문가가 교육을 하고 아버지가 피교육자가 되어 아버지의 역할을 수행하는 데 필요한 정보와 지식을 제공하는 교육의 일환으로 볼 수 있다. 그러나 이는 '아버지교육'에 대한 협의적(狹義的) 접근으로 볼 수 있다. 현재 유치원 현장을 비롯한 유아교육기관과 일선 교육기관에서 주관하는 아버지교육이 어떤 형태로 이루어지고 있고, 어떤 내용과 프로그램으로 소개되고 있는지 살펴보면서 아버지교육의 개념에 대해 살펴볼 필요가 있다.

1) 아버지교육의 정의

아버지교육은 그 중요성과 필요성에도 불구하고, 전공교과목이나 교양과목 등 학문의 영역에서 다루어지지 않아 왔다. 대신, 부모교육의 범주에서 아버지교육의 일부가 다루어져 왔는데, 아쉽게도 아버지 역할에 대한 포괄적인 접근과 중요성을 간략하게 소개하는 정도에 그치고 있다. 아울러, 아버지 연구를 진행해온 여러 학자들도 아버지교육의 정의에 대해 일치된 견해를 내놓지 못하고 있는 실정이다. 현실이 이러하다 보니 기존에 소개된 '아버지교육'과 근접한 용어를 살펴볼 필요가 있는데, 여러 연구에서 아버지참여(fathers' involvement), 부성참여(paternal involvement), 아버지개입(fathers' engagement) 등으로 접근하고 있다. 한 걸음 더 나아가, 최근의 아버지참여 관련 연구들을 살펴보면 연구자들이 'Father Involvement, Fathers' Involvement, Paternal Involvement 등으로 다양하게 사용하고 있는 것을 볼 수 있다. 특히, 수동적 개념의 참여라는 의미의 'Involvement'와 적극적 개입의 의미로 'Engagement'를 구분하여 접근하는 연구물도 다수 있다.

좀 더 세부적으로 살펴보면 아버지교육은 '아버지참여', '아버지를 위한 훈련', '아버지 역할교육' 등의 여러 개념으로 혼재되어 있다.

① 아버지참여

아버지가 유아교육기관의 프로그램(아버지참여수업)에 참여하거나 교사와의 협의회(Parent Teacher Association) 같은 회의에 참여하는 것 또는 교사와 아버지 간의 면담을 통해 아이의 성장과 발달에 관한 정보를 공유하고 교육기관에 자원봉사자로 참여하는 등의 다양한 활동을 포괄하고 있는 개념이다.

② 아버지를 위한 훈련: 아버지학교운동

아버지학교운동은 1995년 10월 온누리교회의 하용조 목사와 두란노의 김성묵 장로가 처음으로 기획 보급한 한국 최초의 아버지교육 프로그램이다. 두란노아버지학교운동본부가 1995년 10월 아버지학교를 처음 개설한 이후, 2010년 11월 기준으로 3,000회를 돌파하였다(두란노아버지학교운동본부, 2010).

한국 사회는 산업화, 근대화, 민주화가 급속하게 진행되면서 물질만능주의, 편의주의, 성적문란과 도덕성의 결여 등 사회적 병폐가 만연해졌다. 특히, 이러한 사회적 부조리와 부작용들이 한국 사회와 가정들에 고스란히 투영되었고, 이로 인해 가정이 붕괴되고, 가정의 중심이 되어야 할 아버지의 위상과 역할이 와해되고 있다는 이유에서 아버지학교운동의 필요성이 제기되기 시작했다. 한국 사회의 가정에서 자행되는 아내와 자녀를 향한 신체적, 언어적, 정서적 학대와 방임이 이혼율 급증, 부부간 갈등과 이로 인한 가정폭력, 그리고 원만하지 않은 부모-자녀 관계에 의해 발생되고 있다는 점에서 심각한 문제로 인식된다. 아버지학교운동은 바람직한 아버지 역할의 부재가 가정에 부정적인 영향을 미치는 악순환의 고리를 개선하고자 하는 데 목적을 두고 있다.

또한, 아버지학교운동은 영적각성운동, 가정회복운동, 나라살리기운동의 일환으로 바람직한 아버지 역할을 통해 아버지 자신의 삶을 되돌아보게 하고, 아내는 물론 자녀와의 관계 회복에 중점을 두고 있다. 현재 아버지 자신의 역할과 양육태도 등 지금의 아버지 모습을 지배하고 있는 가장 큰 요인은 아버지 자신이 어렸을 때 본인의 아버지으로부터 경험하였던 아버지와의 관계, 아버지와의 대화방식, 훈육방식과 갈등이나 문제해결 방식을 들 수 있다.

우리 사회가 직면하는 여러 가지 사회문제는 가정에서 비롯된다고 생각하고, 가정문제는 많은 부분이 아버지 본인의 문제로부터 시작한다고 보고 있다. 처음에는 기독교단체를 중심으로 프로그램을 진행하였지만, 2004년부터는 종교적인 색채를 줄이고 일반인을 대상으로 하는 열린아버지학교가 개설되어 운영되고 있다. 궁극적으로 아버지학교는 가정에서 아버지의 건강한 역할과 자아상을 바로 세워 가정과 사회가 직면한 문제를 개선하고, 사회의 변화를 통해 세상을 변화시키는 아버지각성운동, 회복운동이라고 정의할 수 있다. 아버지학교운동에 대한 자세한 내용은 6장에서 소개하기로 한다.

③ 아버지 역할교육

1962년 토마스 고든 박사(Dr. Thomas Gordon)가 처음으로 부모효율성훈련(Parent Effectiveness Training:이하 PET)을 교과목으로 개설한 이후 7년간 미국의 50개 주 전역으로 확장 보급되었고, 1970년 처음으로 PET 교재가 출간되었다. 이는 미국에서만 400만 권 이상 배포되었고, 지난 2000년 마지막 개정판이 소개되었다. 고든 박사는 노벨평화상 후보자로 선정된 바 있고, 1999년 지난 30년간 미국의 가정문화를 지속적으로 개선한 공로로 미국심리학재단에서 금메달을 수여한 바 있다.

부모효율성훈련의 기본 철학은 "부모와 자녀 관계를 망치는 체벌과 훈육 없이 자녀를 잘 양육하자"는 데서 출발한다. 부모가 권위주의적이거나 방임형의 양육 방식으로 부모-자녀 관계를 망치기보다는 1) 적극적 경청훈련, 2) 상호존중과 협력, 3) 민주적 의사소통방법, 3) I-Messages(I-메시지 보내기), 4) 무패전략방법(No-Lose Methods, 무패전략[1]) 등을 통해 부부관계는 물론 부모-자녀 관계에서 서로가 대결과 갈등의 관계이기보다 상호존중과 호혜적 관계, 협력적 관계로 관계의 질을 향상시키기 위해 고안된 프로그램이다. 부모효율성훈련이 아버지 역할교육에 공헌한 바는 종래 미국 가정에서 가부장제와 부성 중심의 권위주의가 야기한 여러 문제(부부갈등, 부모-자녀갈등, 가정폭력, 아동학대, 이혼, 근친강간, 근친살인 등)를 개선했다는 평가를 받고 있다(Gordon, 2008).

미국 존스홉킨스 대학교 교육대학의 조이스 엡스타인 교수(Dr. Joyce Epstein, 2004)는 6가지 부모참여 모델을 소개하였다. 엡스타인은 부모참여의 여섯 가지 범주를 1) 부모교육(Parenting), 2) 의사소통(Communicating), 3) 자원봉사활동(Volunteering), 4) 가정학습(Learning at Home), 5) 의사결정(Decision Making), 6) 지역사회와의 협력(Collaborating with Community)으로 나누었다. 이 6가지 모델은 미국의 유아교육기관을 비롯하여 초·중고등학교에서 이루어지는 학교-가정 협력프로그램의 모델을 제공해주었다. 특히, 아버지참여와 아버지교육에도 지대한 영향을 주었는데, 기존의 미국 학교교육에서 아버지의 역할이 소극적이었다면, 여섯 가지 부모참여모델을 통해 아버지의 참여와 교육이 활발하게 전개되는 계기가 되었다고 볼 수 있다. 아이의 교육과 양육은 가정에서의 교육과 학교에서의 학습이 분리된 것이 아니라, '부모-가정-학교-지역사회'가 혼연일체가

되어 함께 교육하고, 소통하며, 함께 도출하는 합의와 결정에 의해 이루어
질 때 바람직한 방향으로 발전해 나갈 수 있다는 것이 핵심이다.

고든 박사의 PET와 엡스타인 박사의 6가지 부모참여 모델은 6장에서
좀 더 자세히 다루기로 한다.

지난 30년이 넘는 기간 동안 아버지 연구자들은 주로 아버지 역할과 아
버지 부재의 영향, 아버지양육의 효과, 엄마의 양육방식과 아빠의 양육
방식 비교 등에 대한 연구를 수행했다. 아버지 연구는 1980~90년대 파
크 박사(Dr. Parke), 램 박사(Dr. Lamb)를 중심으로, '아버지참여(Father In-
volvement)'를 정의하고 '아버지참여의 범주(Domains of Father Involvement)'
를 규정하였고, 다양한 연구방법을 통해 여러 인종의 아버지와 비교문화
적 연구방법을 시도하였다. 아울러 어머니의 양육태도와의 비교연구도
다수 수행되었고, 다양한 직업이나 영역의 아버지(군인, 재소자, 동성애자 아
버지 등)와의 연구를 통해 영역이 더 넓어졌다.

미국에서도 '아버지교육'이 유아교육 관련 교과목으로 개설되어 있는
대학은 거의 없기에 보통 교양과목으로 아버지교육을 실시하고 있는데,
아버지교육인증훈련(Father Engagement Certificate Training)이나 아버지효
율성훈련(Effective Fathering Training) 등이 민간 영역에서 실시되고 있다.
대학 정규교재가 아닌 교양서적이나 실용서로서 아버지양육서들이 다수
소개되고 있다.

이상에서 살펴본 바와 같이, 아버지교육과 관련된 개념을 종합해 보면,
가정과 교육기관이 행하고 있는 일련의 활동과 프로그램을 포괄한 아버지
참여의 개념을 넓은 의미에서 아버지교육의 개념으로 볼 수 있다. 아버지
교육은 유치원과 어린이집을 비롯한 여러 유아교육기관을 중심으로 주로

행해지지만, 아버지학교나 아버지를 위한 부모교육 등 여러 단체와 기관이 실시하고 있는 아버지들을 위한 프로그램도 넓은 의미에서 아버지교육의 범주에 포함할 수 있다. 아버지와 어머니와의 가사분담, 자녀양육, 부부공동육아 등 자녀를 양육하는 데 필요한 정보나 지식을 공유하고 바람직한 양육기술과 양육태도를 갖추어 남편으로서 또 아버지로서 마땅히 해야 할 아버지의 역량을 함양하는 아버지교육으로 전개되어야 할 것이다.

2) 아버지교육의 필요성

아이가 태어나 첫 번째로 만나는 대상인 부모는 아이의 성장과 발달에 가장 큰 영향을 미치는 존재이다. 아이의 양육과 관련하여 부모의 가치관과 양육태도는 아이의 인성을 형성하는 데 가장 강력한 요인이 된다. 아이들에게 엄마는 정적인 애착을 바탕으로 기본적인 신뢰감을 공유하는 관계라고 한다면, 아빠와 아이의 관계는 신체적이고 동적인 양육활동에 기초하여 좀 더 거친 놀이를 통해 신뢰관계를 형성해가는 특징이 있다(Lamb, 1983; Parke, 1990). 특히, 종전의 아버지 관련 연구를 살펴보면, 아빠와의 놀이와 모방학습을 통해 남아는 성정체성을 학습하는 기회를 가지고, 여아는 아빠와의 놀이를 통해 엄마와는 다른 양육 특징을 경험하면서 아빠와의 기본적인 애착과 신뢰감을 형성하게 된다고 한다. 따라서 아이의 바람직한 성장발달을 위해서는 부모 모두의 관심과 사랑이 필요하다고 볼 수 있다. 과거에는 아이의 양육과 학습이 주로 엄마의 영역으로 여겨졌으나 아빠의 양육 참여와 효과에 관한 연구들이 진행되면서 인식이 바뀌게 되었다. 더구나 현대사회의 가족구조(맞벌이가정, 한부모가정, 재혼가정, 조부모 가정 등)가 급격하게 변화하고 부부간의 갈등과 부모자녀 간의 갈등은 물론 이혼율의 증가가 사회적 문제로 대두되면서 아버지교육의 필요성은 더욱 높아지고 있다. 엄부자모(嚴父慈母)로 대표되는 유교적 전통에 기초한 아버지 역할에 대한 고정관념이 사회문화적 변화와 맞물려 서서히 변화하면서 현대사회에 걸맞은 바람직한 아버지의 역할이 정립되는 과정에 있다. 최근 아버지 관련 서적과 자녀양육에 대한 정보가 많이 소개되면서 아버지교육에 대한 관심이 증대되는 것은 바람직하다고 볼 수 있으나, 오히려 과다한 아버지양육 관련 정보 속에서 부모들이 혼란을 겪을 수 있다는 부정적인 측면이 있는 것도 사실이다.

2. 아버지교육의 역사

아버지교육이 역사적으로 어떻게 행해지고 변화해왔는지를 살펴봄으로써 각 시대별 특성을 이해하는 것은 현재의 아버지교육을 정의하고 의미와 위상을 정립하는 데 중요한 의미를 지닌다. 여기에서는 우리나라의 아버지교육과 서양의 아버지교육의 역사를 살펴보고, 공통점과 차이점을 알아보기로 한다.

1) 서양의 아버지교육

올바른 부모교육과 아버지의 역할에 대한 지식, 양육기술에 대한 요구는 인류의 역사와 함께하였다고 해도 무방하다. 과거 원시시대에는 생존에 대한 기본적 기술(사냥, 수렵활동, 종족보전을 위한 전투 및 방어기술 등)을 부계사회를 중심으로 후손들에게 가르쳐왔고, 어머니의 양육기술과는 별도로 부족 고유의 문화적 맥락 속에서 아버지가 가르칠 수 있는 여러 기술을 자녀들에게 전수했을 것으로 보인다.

① 고대사회의 아버지교육

BC 4~5세기 고대 그리스의 자료를 살펴보면 아버지는 자녀가 건강한 신체를 유지 관리하도록 훈련시키고, 생존에 필요한 여러 가지 기술을 전수하는 역할을 담당했다. 고대 스파르타식 교육에서는 남아와 여아를 불문하고 강인한 전투요원으로 아이를 성장시키는 것이 남성중심 집단의 주요 임무였다. 심신이 허약한 아이들은 원천적으로 배제하고, 신체가 건강한 아이들만 선별하여 국가가 요구하는 전사로 강인하게 훈육하였다. 6세 이전까지는 가정에서 양육을 받은 다음, 7세부터 20세가 될 때까지 남녀 구분 없이 국가에서 지정한 교육기관에서 남자원로들이나 체력과 훈육담당관이 엄선된 아이들을 대상으로 신체단련, 무술, 건강 중심 교육을 하였으며 예의와 절도, 군인의 기본 소양을 가르쳤다.

반면, 그리스 아테네 교육은 스파르타식 교육보다는 아이들에게 더욱 많은 것을 허용하며 보다 자유롭게 이루어졌다. 철학과 예술, 그리고 실생활의 다양한 경험을 바탕으로 민주적인 토론방식과 대화와 소통, 갈등상황을 해결하는 방법 등을 지도하였다. 하지만, 낮은 계층의 아이들은 학교에 갈 수 있는 기회가 없었고, 중산층 이상의 자녀들만 학교에서 읽기, 쓰기, 수학, 음악, 신체훈련 등을 중심으로 교육받았다. 이러한 군사교육이 끝나면, 소위 장로라고 일컫는 현자(sophist)들의 지도하에 대중연설이나 수사학 등의 과목을 듣게 되었다. 이 시대에는 어머니가 자녀양육에 주로 관여하였다면, 아버지는 신체와 정신 훈련을 담당하였다. 아버지는 남성중심의 절대 권위를 바탕으로 한 도덕적 훈육자로서의 역할을 하였다.

② 중세시대(6~15세기)의 아버지교육

중세시대 역시 남성 중심의 가부장적 사회였는데, 소위 가부장권(patria potestas)으로 일컬어지는 아버지 중심의 사회였다. 아내와 자녀들에 대한 소유권과 통치권 및 교육권은 가장인 아버지가 가지고 있었는데, 모든 재산은 아버지에게 귀속되었고, 가족의 일원이 취득한 소득과 재산도 가족의 재산, 즉 아버지의 재산이었다. 로마시대 헌법이라고 할 수 있는 '로마법'에 부성의 권위와 권리에 명시된 부분을 살펴보면, 어머니는 주로 아이를 기르고 보호하는 역할을 하고, 아버지는 아이에게 도덕적 소양과 종교적 신념을 가르쳤다. 아버지는 아이들의 롤모델(role model)로서 도덕적 권위와 여러 과목(읽기, 쓰기, 대수학, 예술, 체육 및 신체단련 등)을 가르치는 교사로서의 역할을 담당하였다.

특히, 중세시대에는 모든 "아이들은 죄성(罪性)을 가지고 태어난다"는 원죄론이 보편적으로 받아들여졌기 때문에, 아이들은 훈육되고 교화되어야 할 대상으로 보았다. 극단적 표현으로, 아버지가 때리면 무조건 맞아야 했고, 심지어 체벌로 자녀를 죽일 수 있는 권한이 있었다. 하지만 아버지는 처벌을 받지 않았다(Santrock, 2016). 이러한 관습적 전통에 따라, 아버지는 아이들에게 체벌을 사용하여 엄격하게 다스리고 올바르게 인도할 의무와 책임이 있다고 생각하였다. 귀족이나 상류층의 자제들이 교육의 혜택을 누렸다면, 중하류층 가정의 아이들은 노동과 생산 현장에 투입되어 어릴 때부터 어른들과 똑같이 '작은 성인'으로 취급되었다. 유아기를 벗어나면서 결혼을 할 수도 있었고, 범죄에 연루되어 감옥에 가기도 했으며, 성인범죄자와 같이 교수형을 당하기도 하였다. 한마디로 중세는 아동 인권유린이 쉽게 자행되던 시기였다.

③ 계몽주의 시대의 아버지교육

16세기 후반에 들어서면서 코메니우스(Comenius)와 존 로크(John Locke), 그리고 루소(Jean-Jacques Rousseau) 등 계몽주의 사상가를 중심으로 아동 인권에 대한 심도 있는 논의가 이루어졌다. 특히, 청교도의 종교적인 영향이 아이들에 대한 종래의 시각을 바꾸어 놓았다. 중세시대의 원죄론적 아동관과는 달리, 이 시대에는 아이들은 선하고 잠재성이 있는 존재라고 인식하기 시작했다.

먼저, 코메니우스는 유아기의 발달이 인생의 발달에서 중요한 시기라고 생각하고, 유아기의 교육은 가정에서 이루어져야 한다고 주장하였다. 아이들은 가정에서 놀이를 통하여 다양하게 외부세계와 소통하고 경험을 기초로 학습해야 한다고 보았다. 특히, 어머니의 역할을 중요하게 생각하여 소위 '무릎학교'라고 불리는 어머니 중심의 양육과 교육이 출생부터 6세까지 중점적으로 이루어졌다. 6세 이후 아버지는 아이가 도덕과 신앙의 기초를 형성하는 것을 돕고, 대자연 속에서 신의 섭리를 깨닫도록 아이들을 인도하는 것이 아버지의 중요한 역할 중 하나라고 간주하였다.

17세기 계몽주의자의 한 사람인 존 로크는 모든 인간은 백지 상태에서 태어난다는 기본적 전제로 백지설(Tabula Rasa View)[2]을 주장하였다. 아이들은 외부환경과 자극에 반응하면서 발달해가며 지식의 체계를 구성해 간다는 견해로, 훗날 행동주의 심리학에 커다란 영향을 미쳤다.

18세기에 들어서며, 루소의 인본주의가 대두되었는데, 모든 인간은 선하게 태어났으며 자연의 섭리에 따라 아이들을 양육하는 것이 바람직한 교육의 모습이라고 하였다. 소위 '자연으로 돌아가라'는 그의 교육사상은, 인간의 타고난 본성이 선하기 때문에 인위적이고 조작적인 형태의 교육방식보다는 유아의 타고난 본성과 발달의 단계에 맞는 교육을 강조하였다. 그는 대표적인 저서 『에밀』에서 부모의 세심한 관찰을 통해 유아의 연령에 맞는 발달을 파악하고, 발달수준에 맞는 과제가 제공되어야 한다고 주장한다. 루소의 이러한 견해를 바탕으로 게젤(Arnold Geselle)과 홀(Stanley Hall)의 성숙주의적 견해(Maturationist View)의 기초가 확립되었다.

④ 19세기의 아버지교육

19세기 산업혁명을 전후로 다윈(Charles Darwin)의 진화론이 소개되었다. 다윈의 진화론은 생물학적 범주를 넘어 인문학과 인접 학문에도 지대한 영향을 미쳤다. 자연선택론(Theory of natural selection)과 적자생존의 법칙(Survival of the fittest)으로 대표되는 그의 이론은 대표작 『종의 기원』에서 집대성되었는데, "생물체의 형태와 행동은 세대를 거치며 변화하고 발달한다"는 사실을 기본 가정으로 하고 있다. 특히, 교육학에서 다윈의 진화론은 동물행동학(Ethology)의 형성과 발달에 폭넓은 영향을 미쳤는데, 다윈의 진화론은 로렌츠(Konrad Lorenz)의 각인이론(Theory of imprinting)을 거쳐 보울비(John Bowlby)의 애착이론(Attachment Theory) 등에 영향을 미쳤다. 모든 생물에는 결정적 시기(Critical Period)가 있는데, 조류를 비롯한 대부분의 동물의 경우 '태어나서 처음 본 대상을 자신의 주양육자로 인식'하는 특성처럼, 인간도 출생 초기 아이와 주양육자 간의 애착(Attachment)을 바탕으로 기본적 신뢰감(Basic Trust)을 형성해 간다는 것이다. 따라서 주양육자 중의 한 사람인 아버지도 아이의 출산과 육아에 참여하게 될 때, 엄마와는 다른 패턴의 애착을 형성해간다는 시사점을 발견할 수 있다.

현대 부모교육과 유아교육의 기틀을 형성하는 데 지대한 공헌을 한 교육사상가로 페스탈로치(Pestalozzi)와 프뢰벨(Froebel)을 꼽을 수 있다. 먼저 페스탈로치는 인간 인성의 기본은 아버지와 어머니를 통한 가정교육에서 출발한다고 주장하였다. 특히 어머니의 모성애는 전 생애를 걸쳐 일어나는 성장과 발달의 시발점이 된다고 강조하였다. 부모는 자녀와의 친밀감 형성을 통해 사랑을 표현하고 아이에게 늘 친절하게 대할 것을 권장하였다. 그러나 지나친 어머니의 사랑이 아이의 바른 습관형성에 방해가 될 수 있으므로 아버지의 도덕교육과 균형을 맞추어 가르쳐야 한다고 주장했다. 페스탈로치의 사물을 통한 감각교육은 훗날 몬테소리(Maria Montessori)의 감각교구(Sensory Material)를 통한 유아교육에 큰 영향을 미쳤다.

한편, 유아교육의 아버지로 불리는 프뢰벨(Froebel)은 기독교 신학에 바탕을 두고 아이들은 신의 속성을 닮은 선한 존재라고 보았다. 현재 우리가 쓰고 있는 유치원(kindergarten)이란 단어는 프뢰벨이 처음으로 명명한 독일어에서 유래하였는데, 어린이(kinter)와 정원(garten)이 합쳐진 '어린이의 정원'(children's garden)에서 비롯하였다. 프뢰벨의 놀이중심 교육에서 은물(恩物, Gifts)과 작업(Work oriented education)은 중요한 핵심요소라고 할 수 있는데, 일명 가베(Gabe)라고 불리는 은물(Gifts)은 말 그대로 (신이 아이들에게 보내준) '선물'이라는 뜻이다. 신께서 이 세상의 아이들을 모두 돌볼 수가 없어서, 대리인으로 이 땅의 아버지, 어머니 들에게 아이들을 돌볼 수 있는 기회를 부여했다는 말처럼 프뢰벨은 부모의 역할을 매우 중요하게 생각했다.

⑤ 20세기의 아버지교육

20세기에 들어서면서 유아교육과 아동발달에 대한 연구는 매우 활발히 이루어졌다. 그 이유로는 여러 가지가 있겠으나 인권 신장과 교육을 통한 사회의 변화를 모색하는 사회적 기류의 영향으로 볼 수 있다. 특히, 유아 교육에 대한 관심이 증가하면서 여러 형태의 유아교육기관이 발달하고, 유아교육 프로그램은 물론 부모교육에 대한 관심이 폭발적으로 증가하였다. 프로이드의 정신분석이론, 에릭슨의 심리사회발달론, 행동주의 심리학, 인지발달론, 사회학습이론, 생태학이론 등 무수히 많은 이론들이 소개되었다. 이론의 자세한 소개는 다음 장에서 다루기로 하고, 아버지교육 관련 연구들을 중심으로 살펴보도록 하자.

아버지 연구의 선구자 중 한 명인 마이클 램(Michael E. Lamb, 1997)에 의하면, 청교도시대와 식민지시대를 거치는 동안 서양문화에서 아버지에게 기대되는 역할은 도덕적 종교적 리더로서의 역할이 중심이 되었다. 이후 20세기에 들어서면서 아버지의 역할은 주로 가족의 부양(Breadwinner)에 초점이 맞추어져 있었고, 경제대공황과 제2차 세계대전을 거치면서, 서양의 아버지들에게 성 역할 모델(Sex-Role Model)을 기대하게 되었다. 아이들의 발달과 성장에 필요한 양육자로서 아버지의 역할이 비로소 부각된 시기는 1970년대 중반에 이르러서였다.

존 보울비(John Bowlby)의 애착이론이 각광을 받게 되면서 모성 부재의 부정적인 영향에 대한 연구가 많이 진행되었는데, 이러한 연구와 함께 부성 부재의 (특히 남아들에게) 부정적 영향에 대한 연구도 함께 진행되었다.

페미니즘의 대두와 양성평등운동의 영향으로 남성성(Masculinity)에 대한 질적 연구가 다수 이루어졌고, 남편이 아이들과 보내는 양육시간과 아내가 아이들과 보내는 양육시간에 대한 비교연구가 활발하게 이루어진 것도 이 시점이다.

1980년대 초중반을 거치면서 양적연구방법에 기초한 아버지참여에 관한 많은 연구들이 소개되었는데, 연구들마다 일치하지 않은 제각각의 다른 결과들이 다수 보고되었다. 많은 아버지 연구자들이 지적한 각 연구마다 다른 결과들이 보고된 주된 이유는 다음과 같다.

첫째, 부성 혹은 아버지 됨(Fatherhood)의 개념과 아버지참여(Father involvement)의 개념 사이에 혼란이 있었다. 둘째, 종래에 이루어진 아버지 관련 연구들은 질적연구에 바탕을 두고 있었던 반면에 1980년대에 접어들면서 양적연구에 기초한 아버지 관련 연구들이 주종을 이루며 연구방향의 변화가 연구 결과의 해석에 혼란을 야기했다. 셋째, 아버지가 아이들과 함께하는 양육시간이 중요한 것이 아니라, 아버지와 아이들의 상호작용의 질이 중요하다는 사실을 간과한 연구들이 많았다. 넷째, 유아의 성장과 발달에 아버지 참여가 미치는 영향에 대한 연구가 너무 협소하게 정의되었고, 미국 내 여러 다양한 문화적 전통 속에서 전승되어오던 아버지의 고유한 역할이 아버지 관련 연구에 반영되지 않았다.

이러한 문제점의 지적을 바탕으로 1987년 마이클 램(Michael E. Lamb)은 동료들(Pleck, Charnov, & Levine)과 함께 '부성참여의 3요소: 1) 기본적 의무(Responsibility), 2) 접근성(Availability/Accessibility), 3) 적극적 상호작용(Engagement)'을 규정했다. 이를 바탕으로 이들은 보다 흥미로운 연구결과를 발표하였는데, 맞벌이가정의 아버지들이 외벌이(아버지-직장생활/어머니-전업주부) 가정의 아버지들보다 아이들과의 상호작용의 빈도나 질이 높았다고 보고하였다. 아버지들은 기본적으로 가족을 위해 경제적인 부양과 아내와 아이들에 대한 정서적 지원, 그리고 놀이와 돌봄을 통한 아이들과의 적극적 상호작용을 수행해야 한다고 주장하였고, 이를 아버지

참여의 가장 기본적인 3대 필수요소라고 규정하였다

1990년대와 2000년대를 거치면서, 아버지 연구의 영역은 기존에 행해졌던 '아버지와 어머니의 양육스타일 비교연구'와 '부성부재에 관한 연구'를 비롯하여 더욱 세분화되고 다양한 연구들이 소개되기에 이르렀다. 예를 들면, 다양한 나이, 직업과 계층의 아버지들에 대한 연구, 각기 다른 인종과 문화적 배경을 가진 아버지들에 대한 비교연구, 아버지 준비도 연구, 아버지의 사회경제적지위(SES)와 아버지 역할수행과의 관련성에 대한 연구, 양적연구와 질적연구를 함께 병행한 통합연구법(Mixed methods) 등 연구주제부터 연구방법론에 이르기까지 아버지 관련 연구의 범위가 이전보다 크게 확장되었다. 아울러 램과 동료들은 아버지 참여도를 측정하기 전에 아버지 자신이 아버지 됨에 대해 올바르게 인식하고 있는가에 대한 문제를 제기하기도 하였다.

이와 같이 아버지 관련 연구가 활발하게 진행되어온 결과, 아버지 됨에 대해 교육을 이수하면 자격증을 부여하는 아버지교육 프로그램이나 아버지교육 연수 프로그램이 온라인/오프라인을 망라하여 급속도로 보급되었다. 특히, 미국의 일선 유치원과 초·중·고등학교에서는 앞서 소개한 엡스타인 박사의 6가지 부모참여모델: 1) 부모교육, 2) 의사소통, 3) 자원봉사활동, 4) 가정학습, 5) 의사결정, 6) 지역사회와의 협력을 활용한 아버지들의 참여 프로그램을 실질적으로 계획하고 학교와 가정의 파트너십 정진을 목표로 적극적으로 활용하고 있다. 마지막으로, 지역사회나 레크리에이션 기관(YMCA, YWCO, Boys & Girls Club 등)이 운영하는 지역의 유소년 스포츠 프로그램(미식축구, 축구, 농구, 야구, 소프트볼, 아이스하키, 배구, 수영 등)과 커뮤니티가 중심이 되어 많은 아버지들이 자원봉사자, 코치,

운영위원 등 다양한 형태로 참여하는 '스포츠 대디' 문화를 정착하는 데 큰 영향을 주었다.

2) 우리나라의 아버지교육

우리나라에서 부모교육과 아버지교육은 삼국시대 이전부터 자녀의 양육과 교육에 관련된 문헌에서 찾아볼 수 있다. 태교나 자녀양육과 관련된 중국의 고서, 예를 들어 『대대예기(大戴禮記)』, 『안씨가훈(顔氏家訓)』, 『소학』, 『열녀전』 등에서 아내가 임신하였을 때 아버지의 몸가짐과 마음가짐에 대해 기술하고 있다. 한국 전통사회의 아버지교육 고찰을 통해, 종래의 아버지교육이 단순히 유교적 전통 아래에서 정형화되었다(예로 '아버지는 엄하고, 어머니는 자애로워야 한다는 엄부자모(嚴父慈母)식의 가르침'이 과잉 해석되거나 바람직하지 못한 아버지의 양육관을 심어주었다)는 사실에 주목하여 살펴보고자 한다.

① 전통사회의 아버지교육

삼국시대와 고려시대는 중국의 유학 전통과 불교적 종교관이 혼재되어 아동관에 반영되었다. 먼저, 삼국시대에는 아이들은 독립된 인격체라기보다는 가계를 계승하는 존재로 인식하고, 양육과 훈육을 통한 보호의 대상으로 간주하였다. 특히, 15세 이전의 시기를 아동기로 보고, 3세 이하는 보호의 시기, 4-11세까지는 자유로운 시기, 15세가 되기 전까지는 군역과 부역의 의무에서 제외시켰다는 기록이 있다(연미희 & 김진숙, 2003). 아버지와 어머니는 아이들이 타고난 잠재력을 개발시키고, 사회규범과 예절교육을 통해 전통사회의 일원이 되도록 훈육할 의무가 있었다. 그만큼 가정교육이 지니는 의미는 매우 엄준하였는데, 아버지는 엄격한 훈육자로서 역할을 담당하였다.

고려시대에는 불교적 아동관이 아버지교육을 비롯한 부모교육에도 투영되었는데, 모든 인간은 태어날 때부터 불성(佛性)을 가지고 태어나며, 나이의 적고 많음이나 성별과 신분의 귀천에 상관없이 모든 인간은 깨달음을 통해 부처가 될 수 있다고 인식하였다. 불교 경전 중 하나인『육방예경(六方禮經)』에서 불타는 아이의 보호와 교도의 책임은 일차적으로 부모에게 있다고 하고, 아이들을 대하는 부모의 마음가짐의 중요성을 강조하였다.

아울러, 고려시대에 소개된 명심보감(明心寶鑑)[3]에서는 아이들을 엄하게 훈육[4]하라고 가르치고 있는데, 특히, 남자와 여자의 차별 없이 공평하게 교육할 것을 강조하고 있다. 부모가 자녀를 교육하는 목적은 효를 행하게 함에 있다고 보고, 자녀교육의 중요성을 중국의 명언을 인용하여 반복적으로 강조하고 있다.

② 조선시대의 아버지교육

조선시대는 숭유억불(崇儒抑佛) 정책으로 유교가 국가의 이념과 철학, 교육, 문화 등 사회문화 전반을 지배했다고 볼 수 있다. 이러한 유교적 전통이 부모교육, 아버지의 역할, 부모-자녀 관계 등에도 광범위하게 영향을 미쳤는데, 사서삼(오)경(四書三[五]經, 5경에 예기가 추가되고, 예기는 유교 교육에 큰 영향을 미침)과 중국의 유학자들이 남긴 기록들을 비롯해서 태교관련 서적,『소학』, 박세무의『동몽선습(童蒙先習)』, 율곡의『격몽요결(擊蒙要訣)』등 자녀교육과 부모교육에 관한 자료들이 다수 있다.

특히, 이전 시대와는 달리 조선시대의 부모교육에서는 태교[5]가 중요시되었다. 주자는 교육을 논하면서 아이는 태중에 있을 때부터 가르쳐야 한다고 말하며, 부모는 몸과 마음을 단정히 하여 태아에게 정성을 다해 태중교육에 임해야 한다고 말하였다. 이러한 중국 문헌들과 성현의 가르침이 한국 전통사회에 유입된 후 구체적이고 실질적으로 발전하였다. 삼국시대를 거쳐 고려와 조선을 이어오면서 태교와 부성교육의 내용이 체계적으로 정립되었다. 우리나라에서 가장 오래된 태교와 관련된 기록은 정몽주의 모친 이씨가 쓴『태중교훈(胎中敎訓)』이 있다. 아동교육서인『소학』과 율곡의『성학집요』, 허준의『동의보감』을 거쳐 사주당 이씨(師朱堂李氏)가 집필한『태교신기(胎敎新記)』를 통해 집대성되었다. 태교와 아이의 양육과 관련된 대부분이 잉부(孕婦)의 모성태교에 초점이 맞추어져 있으나 전통사회의 남편들은 말과 행동을 삼가고, 분별 있는 사고와 행동을 하도록 훈계하고 있으며, 동물의 살생(殺生)을 금하고 주변의 이웃과 극빈자들에게 자선을 베풀고 공동체의 소유물(우물, 빨래터, 징검다리 등)을 수리하는 등 가정과 이웃에 대한 적선과 덕행을 하도록 적극 권장하고 있다(유안진, 1990).

그러나 엄부자모(嚴父慈母)는 유교에서 부모의 역할을 규정하는 지침의 일부일 뿐, 아버지의 양육태도와 역할을 규정하는 실체가 아니라는 사실에 주목할 필요가 있다. 일례로, 소학에서 부자유친(父子有親)[6]은 엄한 아버지의 역할보다는 친함과 애정의 관계로 부자관계를 규정하고 있는 것을 볼 수 있다. 부자자효(父慈子孝)[7]의 가르침 역시 아버지는 자애로 자녀를 대하고, 자녀는 효로 아버지를 대한다는 내용을 강조하고 있다.『소학』에 소개된 안자(晏子)의 부모 자녀 관계와 형제 관계는 다음과 같이 요약할 수 있다.

父慈而教(부자이교) : 아버지는 아들을 자애롭게 가르치며

子孝而箴(자효이잠) : 아들은 부모에게 효도하며 간언하며

兄愛而友(형애이우) : 형은 아우를 사랑하며 벗같이 우애롭고

弟敬而順(제경이순) : 아우는 형을 공경하고 순종하며

夫和而義(부화이의) : 남편은 아내에게 화합하고 의로우며

妻柔而正(처유이정) : 아내는 남편에게 부드럽고 바르게 하며

姑慈而從(고자이종) : 시어머니는 며느리에게 자애롭게 하고 따르게 하며

婦聽而婉(부청이완) : 며느리는 시어머니의 말씀을 잘 들으며 유순한 것이

禮之善物也(예지선물야) : 예에 있어 지극히 좋은 것이다.

부자의 관계에서도 자녀가 아버지에게도 자신의 소신으로 간언(諫言)하기를 주저하지 말 것을 권하고 있다.[8] 하지만, 아버지에게 말씀드릴 때는 예(禮)와 은근함으로 말씀드려야 한다고 덧붙였다.[9] 「사혼례(士昏禮)」에서 아버지가 출가하는 아들과 딸에게 주는 가르침은 다음과 같다.

父醮子(부초자) : 아버지가 아들에게 술을 부어 주고

命之曰(명지왈) : 명령하여 이르기를

往迎爾相(왕영이상) : '가서 너를 도울 이를 맞아

承我宗事(승아종사) : 우리의 종묘의 일을 잇되

勗帥以敬(욱수이경) : 힘써 공경하는 마음으로 신부를 거느려서

先妣之嗣(선비지사) : 너의 어머니의 일을 잇게 할 것이니

若則有常(약즉유상) : 너는 언제나 떳떳함이 있게 하라'고 한다

子曰諾(자왈락) : 아들이 이르기를 '그렇게 하겠습니다.

唯恐不堪(유공불감) : 오직 감당하지 못할까 두렵거니와

不敢忘命(불감망명) : 감히 명령을 잊지 않겠습니다'라고 한다.

父送女(부송녀) : 아버지가 딸을 신랑집으로 보낼 때에

命之曰(명지왈) : 그(딸)에게 명령하여 말하기를

戒之敬之(계지경지) : '조심하고 공경하여

夙夜無違命(숙야무위명) : 밤낮으로 시부모의 명령에 어그러짐이 없게 하라'라고

한다

부모 자녀 관계를 비롯한 인간관계에 대한 유교의 핵심철학이라고 할
수 있는 삼강오륜에 대해서는 박세무의 『동몽선습』과 율곡 이이의 『격몽
요결』을 바탕으로 부록편에서 좀 더 자세히 다루기로 한다.

③ 근대사회~1970년대의 아버지교육

조선 후기의 동학사상은 아동을 포함한 모든 인간은 하나의 존엄한 가치
를 가지고 있으므로 존중해야 한다는 인내천(人乃天) 사상을 바탕으로 한
다. 서구 여러 나라의 부모교육에 대한 관심에 비하면 근대의 부모교육은
기득권층과 일본인 자녀를 중심으로 이루어졌는데, 소파 방정환과 소춘
김기전은 '어린이'[10] 라는 용어 사용을 제안하면서 남녀평등과 아동인권
신장의 기초를 만들었다. 1914년 개성에서 유치원을 설립한 선교사 브라
운리(Brownlee)가 부모교육활동을 시작한 것을 시초로, 어머니를 중심으
로 한 자모회를 통해 육아방법과 부모의 역할에 대한 계몽운동이 시작됐

다. 한국전쟁 이후 1960년대 들어서면서 유아교육이론이 소개되고 유아의 인지발달의 중요성에 대해 인식하게 되면서 부모역할의 중요성과 부모교육이 확대되었다. 특히, 1960년대부터 1970년대에 걸쳐 이화유치원을 비롯한 여러 유치원에서 아버지를 대상으로 자녀교육에 도움이 되는 내용 강의, 공개좌담회, 워크숍, 역할놀이 등 다양한 방법으로 아버지교육을 실시하기에 이르렀다.

④ 현대사회의 아버지교육

산업화와 민주화 시대를 거치면서 한국의 아버지들은 생산과 노동의 현장에서 생계부양자로서의 역할이 요구되었기 때문에, 자녀의 양육과 교육에 관한 역할은 어머니들이 주로 담당해온 것이 사실이다. 하지만, 1990년대 들어서면서 아버지의 양육참여와 양육태도에 대한 지속적인 연구결과물이 발표되고, 아버지도 종래와는 달리 적극적으로 자녀의 양육과 교육에 참여해야 한다는 사회적인 요구와 함께 아버지참여와 교육이 유치원이나 어린이집을 중심으로 실시되었다. 아버지참여수업은 한 학기에 한 번 혹은 1년에 한 번 유치원/어린이집 혹은 유아교육기관에서 이루어졌다. 아버지를 원에 초대하여 아이들과 함께 만들기나 레크리에이션, 체육대회나 장기자랑 등 다양한 형태로 아이들의 유아교육 현장을 이해하고, 아이들이 어떤 활동을 하는지 직접 체험하게 하였다. 물론, 부모교육특강을 통해 부모교육 정보를 얻기도 하고 질의응답을 통해 아버지-자녀 관계의 문제점을 논의하기도 했다. YMCA아기스포츠단 같은 단체에서는 '아빠와 함께하는 캠프' 혹은 '엄마와 함께하는 캠프'를 열어 야외에서 체험과 스포츠 활동을 통해 부모-자녀 관계의 질을 높이는 프로그램을 제공하기도 하였다. 1995년 두란노아버지학교가 추진한 아버지학교운동이 실시되면서 아버지교육이 보편화되고, 또 체계적으로 이루어지고 있다. 처음에는 주로 종교단체를 중심으로 아버지학교가 실시되었으나 현재는 사회의 각계각층에서 다양한 형태로 실시되고 있다.

솔로몬 왕(BC 990 ~ BC 931)은 다윗 왕(출생연대 미상, 통치시대: BC 1000년
정도 추정)과 함께 이스라엘 역사상 가장 위대한 업적을 남긴 왕으로 기록
되고 있다.

솔로몬은 재위기간 중 강력한 군사력을 바탕으로 주변 국가에 영향력
을 행사하였다. 흔히 '지혜로운 사람'을 지칭할 때 '솔로몬'에 비유될 만큼,
폭넓은 지식을 바탕으로 국가의 제도와 법령을 정비하였고, 식물과 동물
도감을 발행하였다. 특히, 잠언(箴言)의 저자로 유명한 솔로몬은 1,005곡
의 찬미시를 짓고, 3,000개의 잠언을 남겼다. 잠언에는 자녀양육과 삶의
교훈들이 담겨 있는데 현재에도 인용될 만큼 현대의 자녀양육서로도 손
색이 없다.

하지만, 이렇게 훌륭한 지도자 솔로몬 왕의 아들 르호보함은 불행히도
이스라엘 역사상 최악의 왕 중 하나로 기록되고 있다. 르호보함은 잠언의
가르침을 따르지 않았고, 경륜이 높은 원로 신하들의 조언을 듣지 않았으
며, 국정은 뒤로 하고 시정잡배 친구들과 같이 평생 술과 여자를 가까이하
며 살았다. 결국 폭군이자 무능한 지도자였던 르호보함의 시대에 이스라
엘은 남북으로 분단되고 말았다.

아이러니하게도 르호보함의 패역한 삶의 원인은 아버지 솔로몬에게 있
었다. 솔로몬이 왕의 지위에 오른 정권 초기까지는 신실한 삶을 살았지만,
시간이 흐를수록 하나님의 뜻보다는 자신의 의지대로 살아갔다. 하나님

은 솔로몬에게 다음의 세 가지를 금하였다. 첫째, 병마를 많이 두지 말 것, 둘째, 아내를 많이 두지 말 것, 셋째는, 금은보화를 많이 두지 말라고 경고하였다. 열왕기상(10-11장)의 기록에 의하면, 솔로몬은 군사력 증강을 위해 심혈을 기울였다. 병마를 위한 외양간 4만 채, 마병 1만 2천 명, 병거 1400대, 말은 수를 못 셀 정도로 많았다. 또 이방의 여인들과 통혼(通婚)하지 말라는 계명을 어기고 후궁 700과 첩 300여 명 등 수많은 여인들을 아내와 첩으로 맞이하였다. 아울러, 금은보화를 많이 두지 말라는 계율 역시 어기고 말았는데, 궁궐에서 쓰는 왕의 그릇은 모두 금이었고 레바논의 값비싼 백향목으로 궁전을 치장하였다. 솔로몬은 다시스(지금의 스페인)에서 금과 상아를 3년에 한 번씩 대량으로 배에 실어오도록 명령했다. 열왕기상 기록에 의하면, 솔로몬의 궁에서는 은그릇과 은장식은 아예 없었다는 것으로 보아 은은 장식물로 취급하지도 않을 정도로 금이 풍부하였다. 한편, 솔로몬의 궁궐에서 하루에 소비하는 식량은 고운 밀가루 30가마, 굵은 밀가루 30가마, 살찐 소 10마리, 풀밭의 소 30마리, 양 100마리 등으로 기록되었는데, 거의 매일 솔로몬 궁에서는 술과 여자와 산해진미가 가득한 연회가 벌어졌다.

이렇듯 아버지 솔로몬은 방탕한 삶을 살아가면서, 정작 자기 아들에게는 술과 이방의 여자를 멀리하고 하나님의 법을 지키라고 잠언을 빌어 말하고 있다. 이러한 아버지의 이율배반적인 삶과 퇴폐적인 생활은 아들 르호보함에게 고스란히 대물림되었다. 솔로몬에 이어 왕위에 오른 르호보함은 지혜로운 신하들을 멀리하고 방탕한 친구들과 어울리기를 좋아했다. 그 결과 이스라엘은 강대국으로서 위용은 잃어버리고 남북이 분단되는 비극을 맞이하게 되었다. 국력이 약해진 탓으로 아버지와 같은 영화는 누리지 못했지만, 르호보함은 아내 18명, 첩 60명에게서 아들 26명, 딸 60명을 낳은 것으로 기록되고 있다. 하지만, 자기 아내보다 사촌여동생을 더 사랑했다는 기록에서처럼 정상적인 가정생활과 아버지-자녀 관계를 유지하기 어려웠다.

아버지의 말과 행동이 다르면 자녀들은 아버지를 더 이상 신뢰하지 않는다는 사실을 솔로몬과 르호보함의 이야기는 극명하게 보여주고 있다.

아이들을 잘 키우려면, 아버지부터 좋은 삶을 위해 노력하고 가정을 위해 헌신해야 한다. 좋은 아버지는 올바른 말과 행동뿐 아니라 자신 스스로 말과 행동을 몸소 실천하는 모범을 보이는 것이 훨씬 중요하다는 것을 솔로몬 왕은 분명히 말해주고 있다.

토의 주제

1. 아버지의 역할과 양육방식에 영향을 끼치는 사회문화적 요인에는 어떤 것들이 있습니까?
2. 아버지교육은 왜 필요하고, 또 중요하다고 생각합니까?
3. 바람직한 아버지교육을 통해 어떤 점들을 개선할 수 있다고 생각하나요?
4. 서양의 아버지교육 역사가 주는 시사점은 무엇입니까?
5. 유교적 전통에서 강조하는 아버지의 역할은 어떤 점들이 있습니까?

1 고든 박사가 고안한 무패전략(No-Lose Methods)은 아동 중심 교육철학자인 듀이(John Dewey)의 '갈등해결을 위한 6단계 창의적 방법: 6 steps to creative solutions for conflicts'에 기초하였다.

2 백지설은 개인은 태어날 때 두뇌 구조에서 아무런 내용 없이 태어나기 때문에 (Blank Slate/Empty Can) 개인의 지식은 경험과 인식으로부터 획득된다는 주장이다.

3 훈자편: 천금의 돈을 자식에게 물려주는 것보다 귀한 가르침을 물려주는 편이 낫다.

경행록: 손님이 찾아오지 않으면 집안이 저속해지고, 자녀에게 시서를 가르치지 않으면 어리석게 된다.

장자 왈, 일이 비록 작다고 하여도 하지 않으면 이루지 못하고, 자식이 비록 현명하여도 가르치지 않으면 깨우치지 못한다.

한서에 이르길, 황금이 상자에 가득차 있어도 자녀에게 경서 한 권 가르침만 못하고, 자녀에게 천금을 물려주는 것이 한 가지 재주를 가르침만 못하다.

강태공 왈, 남아가 배우지 못하면 성장해서 반드시 둔하고 어리석으며, 여아가 배우지 못하면 성장해서 반드시 거칠고 꼼꼼하지 못하게 된다.

여행공 왈, 집안에 어진 아비와 형이 없고, 밖으로 엄한 스승과 친구가 없이 성공할 수 있는 이는 드물다.

4 엄부출효자 엄모출효녀(嚴父出孝子 嚴母出孝女): 명심보감 훈자편에 나오는 말로 엄한 아버지 밑에서 효성스러운 아들이 나오고, 엄한 어머니 밑에서 효성스러운 딸이 나온다.

5 조선시대 태교의 특징은 모성 태교와 함께 부성 태교를 다루고 있다는 점이다. 예비아버지로서의 몸과 마음가짐을 정갈하게 하고 아버지에게도 태교의 중요성을 일깨우고 자녀의 양육과 교육에 아버지 고유의 역할을 강조한 점은 조선시대 진보적인 아버지교육의 시작이라는 점에서 의미가 크다.

6 부자유친(父子有親): 아버지와 아들 사이에는 친애함이 있어야 한다.

7 父慈子孝(부자자효): 아버지는 아들을 자애하고 아들은 효도하며

8 父有爭子(부유쟁자) : 아버지에게 간하는 자식을 두면
則身不陷於不義(즉신불함어불의) : 아버지의 몸이 불의에 빠지지 않는다.

故父有過(고부유과) : 아버지가 허물이 있으면

子三諫而不聽則隨而號之(자삼간이불청즉수이호지) : 아들이 세 번 거듭 간하고 그래도 듣지 않으면 따라다니면서 울부짖고

9 有隱而無犯(유은이무범) : 아버지에게 과실이 있으면 은근하게 간언하고 범하지(함부로 하지)는 말며 있어도 범안으로써 간하지 말며

10 이전에는 으해(아해, 어린 햇님)라는 용어가 존재했다. '어린이'라는 용어 사용으로 아동 인권과 유아교육과 부모교육의 중요성에 대한 인식의 전환이 이루어졌다고 볼 수 있다.

2장

사랑과 결혼에 대한 이해

인생은 누군가에게 상처를 주기도 하고, 상처를 받기도 하면서 살아가는 것이라 한다. 일견 맞는 말일 수도 있고, 아닐 수도 있다. 하지만 인생이 단순히 타인에게 무수히 많은 상처만 주거나 받기만 하면서 살아가는 것이라면 이는 너무 잔혹하다. 생각을 바꿔 나 아닌 누군가에게 상처가 아닌 사랑을 주고 사랑을 받으며 살아가는 것이 인생이라고 한다면, 얼마나 아름답게 삶을 이끌어 갈 수 있을까?

에릭슨(Erik Erickson)에 의하면 성인이 되는 20대의 최대 과업은 건강한 개념의 친밀감(Intimacy) 형성이라고 할 수 있다. 이 시기에 타인과 친밀감을 형성하지 못하게 되면 고립감을 느끼게 된다. 친밀감의 대범주 아래 핵심 키워드가 바로 '사랑'이다. 독신주의자가 아니라면 성인 초기에 이성 간의 사랑을 통해 결혼을 계획하고 결혼과 함께 삶의 후반전을 시작하게 된다. 그러나 사랑해서 결혼을 결정하고, 행복한 결혼 생활을 기대하지만 고민과 준비 없이 시작한 결혼생활로 인해 배우자와 갈등하게 되고 갈등이 원만하게 해결되지 않아 파경에 이르게 되는 경우를 심심치 않게 볼 수 있다. 또한, 준비가 안 된 부모의 경우, 자녀의 출산과 양육문제에 직면하면 훨씬 더 많은 스트레스에 직면하게 되기도 한다. 부모로서, 특히 아버지로서 사랑과 결혼에 대한 이해는 결혼을 앞둔 남성을 비롯해서 예비 아빠와 아버지-자녀 관계에 어려움을 겪고 있는 모두에게 중요한 부분이라고 할 수 있다.

이 장에서는 '사랑이란 무엇인가?'에 대한 고민을 시작으로 사랑과 연애, 그리고 결혼에 이르기까지 반드시 고려해야 할 중요한 요소들을 살펴보기로 한다. 이성과의 만남에 대해 알아보고, 사랑을 어떻게 정의하고, 어떻게 사랑을 이해하며 사랑의 결실을 맺을 때까지 잘 이어갈 수 있는지 고민해보기로 하자.

1. 사랑에 대한 이해

살아가면서 누군가를 많이 좋아하게 되면 우리는 소위 사랑한다고 표현한다. 하지만 누군가를 좋아하는 감정이 깊어지면 사랑한다는 등식이 성립되는 것은 아니다. 좋아하는 것과 사랑하는 것은 차원이 다른 감정이기 때문이다. 사랑에 대한 올바른 이해가 중요한 이유는 타인에 대한 자신의 감정이 좋아하는 감정인지, 상대에 대한 걱정의 마음인지, 보살펴주고 싶은 마음인지, 상대방에게 의지하는 감정인지, 함께할 때 느끼는 즐거움인지 잘 구분해야 하기 때문이다. 결국은 자신의 감정을 잘 알고 이해할 수 있을 때, 타인에게 자신의 감정을 표현할 수 있고, 상대방과 감정의 소통을 할 수 있으며, 공감을 통해 서로 간의 신뢰와 정서적 유대가 만들어지게 된다. 여기에서는 사랑의 정의와 사랑을 구성하는 감정의 요소를 살펴보면서 사랑을 올바르게 이해하고자 한다.

1) 사랑의 정의

국립국어원 표준국어대사전에서는 사랑을 첫째, "어떤 상대의 매력에 끌려 열렬히 그리워하거나 좋아하는 마음", 둘째, "남을 돕고 이해하려는 마음", 셋째, "어떤 사물이나 대상을 몹시 아끼고 귀중히 여기는 마음", 넷째, "열렬히 좋아하는 상대"라고 정의하고 있다. 훈민정음 해례본(1446)에는 애(愛)를 능동형으로 '괴여', 수동형으로 '괴ㅇ여'로 풀이하고, 『능엄경언해(1446)』나 『법화경언해(1463)』에서는 애(愛)를 "ᄃᆞᄉᆞ며", "ᄃᆞᄉᆞ나", "ᄃᆞ샬", "ᄃᆞ욜" 등으로 옮기고 있다. '스랑'의 옛말인 '다솜'이 유래된 말이다.

'스랑'의 어원은 불교수행서인 『야운자경(1577)』에 나오는 '思量(사랑)'으로부터 유래되었다는 설이 있다. 그 당시 '思量(사량)'은 많이 생각한다는 의미였는데, 이후 『천자문(千字文)』에서 '思'를 '스랑 스'라고 새기고 있고, '스랑'은 한자어 '思量'이라고 적고 있다. 생각을 의미하는 한자어 사(思)에 량(量)이 더해져서 사량이 사랑(愛)의 의미로 바뀐 것은 16세기 이후로 보고 있는데, 기독교가 전래되면서 하느님(하나님)의 사랑(스랑)이라는 말이 널리 쓰이게 되었다. 지금 우리가 쓰는 '사랑(Love)'으로 보편적으로 쓰이게 된 것은 기독교 전래 이후 종교적 사랑을 지칭하면서부터다. 1920년 나도향의 소설 〈청춘〉에서 처음으로 '사랑'이라는 말이 등장하게 되었다(최현석, 2011).

고대 그리스 시대에 사랑을 의미하는 말은 '에로스(Eros)'였다. 지금은 에로스를 육체적인 사랑으로 규정하지만, 당시에는 남녀 간 사랑은 물론 좋다는 표현이나 아름답다는 표현을 할 때도 사용하였다. 육체적 사랑의 반대 개념으로 정신적 사랑이 개념화된 시기도 이때인데, 철학가 플라톤에서 플라토닉 러브(Platonic Love)가 유래되었다. 이외에도 인간을 향한 신의 사랑인 아가페(agapê)가 있고, 친구 간 우정이나 부모-자녀 간 사랑을 비롯한 인류애 필리아(Philia)가 있다.

영어에서 'Love'는 '즐겁게 하다' '동의하다' '느끼다'라는 뜻의 라틴어(lubet, lubere, lubuit, lubitus)에서 유래되었다. 독일어의 사랑 리베(Liebe)도 동일한 맥락으로 볼 수 있다. 프랑스어와 스페인어의 사랑이라는 뜻의 아모르(Amour)는 라틴어(Amor)에서 유래하였는데, 그리스어 'Eros'의 라틴어 표현이다. 서양의 러브(Love)의 개념이 우리나라에서는 연애(戀愛)로 사용되었는데, 일본어에서 연애로 번역한 것을 그대로 쓰면서 지금까지도 사용되고 있다.

에리히 프롬(Erich Fromm)은 『사랑의 기술(The art of loving)』에서 인간이란 원래 고독한 존재이며 고독과 공허를 극복하기 위해 사랑하는 것이라고 주장했다. 프롬은 사랑을 1) 타인에 대한 관심에서 출발하여, 2) 상대방을 존경하는 마음, 3) 상대에 대한 올바른 이해, 4) 책임감, 5) 헌신의 마음으로 규정하였다. 사랑의 종류에는 여러 가지가 있는데, 프롬은 부모-자녀 간 사랑, 이성 간 사랑, 형제 간 사랑, 모성애, 성애(Erotic love), 자기애(Self-love), 그리고 신에 대한 사랑으로 분류하였다. 궁극적으로 완전한 사랑을 이루기 위해서는 사랑에 대한 이해를 바탕으로 사랑의 실천을 위한 훈련을 거쳐, 상대를 이해하고자 하는 노력[1], 인내심[2] 이 필요하다고 하였다.

이와 같이 사랑은 인간의 자연스럽고 보편적인 성향 중 하나로 볼 수 있지만, 복잡다단한 사랑의 다면적인 양상이나 양태는 시대와 문화에 따라 다른 모습으로 가치가 부여되고 표현되었다.

2) 사랑의 발달과정

성인(成人)이 된다는 것은, 자신의 자아정체감(Identity)[3]을 확립하고, 학업을 통해 학문적–지적–상식의 소양을 갖추는 일, 부모로부터의 심리적 ·경제적 독립, 자신이 하고자 하는 일에 대한 소신(전공이나 직업 등), 그리고 타인과의 애정적 유대와 친밀감을 통해 사랑을 할 준비를 해가는 일련의 과정을 의미한다. 특히, 사춘기(Puberty)를 거쳐 육체적 성숙에 이르면서 성적취향(Sexuality)이 자리를 잡아가면서 이성과 사랑에 대한 갈망이 시작된다.

누군가에게 호감이 발전되어가는 단계에서 중요한 요인은 매력이다. 이성에게 매력을 느끼기 시작할 때 중요하게 고려되는 요소로는 친숙감(Familiarity)과 유사성(Similarity) 그리고 외적 매력(Physical Attractiveness)이 있다. 먼저 친숙감은 오랜 기간 잘 알고 지낸 지인, 이웃에서 같이 성장한 친구, 학교 동기나 선후배, 종교기관에서 같이 신앙생활을 한 사람, 오랜 기간 직장이나 동종 업계에서 근무를 한 동료, 취미생활–동아리나 소셜커뮤니티(SNS)에서 알고지낸 사람 등 사회적 모임을 통해 만나온 사람에게서 느끼는 편안함에서 친숙감을 느낄 수 있다. 유유상종이란 말처럼 친구나 연인은 일정 기간 서로 유사한 신체적·감성적 태도, 추구하는 가치, 생활방식, 외적 매력 등의 요인이 서로 친숙해져 호감으로 발전해간다.

그렇다면 왜 사람들은 자신과 유사한 태도와 가치, 생활방식을 가진 사람들에게 이끌리게 되는 것일까? 여러 가지 이유가 있겠지만 합의적 입증(consensual validation)[4]을 하나의 주된 요인으로 설명할 수 있다. 합의적 입증이란 자기 자신의 태도나 신념 혹은 삶의 가치가 타인을 통해 지지되고 바람직한 것으로 받아들여지고 입증되었을 때 느끼는 심리적 확신의 일종이다. 즉, 유의미한 타인(Significant others)으로부터 나의 생각이나 주장이 존중되고 동의될 때, 상대방이 나와 동일한 가치와 신념을 가졌다는 것에 대한 일종의 동류의식(同類意識)을 말한다.

최근에는 인터넷, 소셜미디어, SNS를 통해 이러한 동류의식이 확산되고 있다. 온라인을 통한 만남으로 상대방에게 동류의식을 느끼고 연애 감정으로 발전해가기도 한다. 하지만, 온라인을 통한 로맨틱한 만남이 야기하는 문제점도 만만치 않다. 예를 들면, 온라인에서 자신을 과장하거나 거짓 정보로 상대방을 속이기도 하고(나이, 학력, 직업 등) 부풀려지거나 왜곡된 정보를 믿고 실제 만남에서 실망하고 돌아서는 사례들이 많이 보고되고 있다. 특히, 성추행이나 강간 같은 성범죄나 사기 사건 등으로 이어지는 경우들도 다수 있어서 사회문제가 되고 있다.

앞서 언급한 서로 간 친숙감과 유사성에 대한 인식이 깊어지면서 애정의 감정으로 시작되어 사랑의 감정으로 발전하게 된다. 친밀함은 상대방에 대한 호감이 발전하는 단계로, 사랑의 전 혹은 초기 단계라고 볼 수 있다. 친밀함은 상대방에게 자신의 사생활이나 개인적인 생각들을 공유하거나 자유롭게 의사표현하는 것으로 확인할 수 있다(Miller, 2012). 또한 상대를 위한 헌신을 포함한다. 결론적으로, 사랑은 애정과 관련된 좀 더 폭넓고 복잡한 인간 행동의 양상이라고 볼 수 있는데, 우정이나, 연인 간의 사랑, 흠모적인 사랑, 그리고 육체적 사랑의 개념을 포괄하여 발달해 간다고 볼 수 있다(Berscheid, 2010).

3) 사랑의 종류와 구성요소

① 흠모적 사랑

사랑은 단순히 흠모하는 누군가를 향한 열정만으로는 설명할 수 없다. 흠모적 사랑(Affectionate love)은 이른바 '동반자적 사랑(Companionate love)'으로 불리기도 하는데, 흠모하는 누군가와 함께 있고 싶고, 돌보고 싶으며, 연인에 대해 깊이 있는 관계를 원하는 사랑의 형태로 이해할 수 있다.

② 낭만적 사랑(열정적 사랑)

이성 간 호감이나 우정이 낭만적 사랑으로 발전하는 것을 흔히 볼 수 있는데, 이를 열정적 사랑이라 부른다. 낭만적 사랑은 성적도취나 사랑의 열병으로 불리기도 한다. 낭만적 사랑을 구성하는 감정의 요소로는 열정, 두려움, 분노, 성적 욕구, 기쁨, 시기나 질투심을 들 수 있는데, 성적인 욕구는 낭만적 사랑의 가장 주요한 요소라고 볼 수 있다. 엘렌 버쉐이드(2010)에 의하면 이러한 일련의 감정들은 고통의 원천이 될 수도 있고 우울증의 원인이 될 수도 있다.

③ 육체적 사랑

육체적 사랑(Consummate love)은 앞서 언급한 낭만적 사랑과 흠모적 사랑의 완성으로 볼 수 있다. 남녀 간 사랑은 낭만적 사랑과 흠모적 사랑을 통해 발전하며 상대방에 대한 열정과 육체적·정신적 친밀감은 물론 이 사람을 위해 나의 인생을 바치겠다는 헌신으로 귀결될 때, 육체적 사랑을 통해 완성된다는 가정에 기초하고 있다.

사랑에 관한 연구로 저명한 로버트 스턴버그(Robert J. Sternberg)는 사랑의 삼각형 이론을 정립해 사랑의 구성요소를 설명하였다. 스턴버그에 의하면, 사랑의 3요소로 1) 열정(Passion), 2) 친밀함(Intimacy), 3) 헌신(Commitment)을 규정하였는데, 내용은 아래의 표 2.1과 같다.

여러 종류의 사랑 중 누군가를 막연히 좋아해서 발생하는 상사병은 상대를 향한 열정은 강렬하지만, 상대와의 직접적인 상호작용을 통한 친밀함과 실질적인 헌신이 행동으로 표현되지 않는 형태의 사랑이다. 흠모적 사랑[5]은 열정은 약하거나 거의 없지만 친밀감과 상대를 향한 헌신은 실제적 행동으로 표현이 되는 형태다. 다음으로 한쪽의 일방적인 외사랑을 들수 있는데, 상대방과는 실질적으로 친밀한 상호작용이 일어나지 않고 있지만, 열정과 헌신은 최고 수준을 보이는 형태다. 육체적 사랑은 열정과 친밀감, 헌신이 절정에 도달한 사랑의 완전체로 설명될 수 있다. 단, 육체적 사랑이 성적인 탐닉에만 목표를 두고 사랑의 요소 없이 육체적이고 기계적인 성행위가 있을 때는 단순히 육체적 탐닉만 있을 뿐 궁극적인 사랑의 완전체에 도달할 수 없다는 사실을 명심해야 한다.

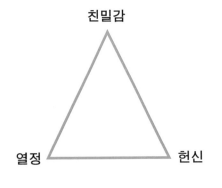

사랑의 종류	열정	친밀감	헌신
상사병 (짝사랑)	강	약	약
흠모적 사랑	약	강	강
외사랑	강	약	강
육체적 사랑	강	강	강

표 2-1 스턴버그의 사랑의 삼각형

4) 호르몬의 변화와 사랑

엘렌 버샤이드(Ellen Berscheid)를 비롯한 뇌생리학자들은 사랑은 뇌의 신경을 자극하는 호르몬의 지배를 받는다고 주장하였다. 사춘기를 비롯해서 성인이 된 남녀가 새로운 이성을 만나고 끌리게 될 때는 도파민이 설레는 감정을 유발시킨다. 이 시기를 앞서 언급한 사랑의 첫 번째 단계인 흠모적 사랑 혹은 동반자적 사랑이라 할 수 있다. 이 시기의 특성은 사랑의 대상에게 더 다가가고 싶고, 관계가 좀 더 깊어지기를 바라며, 상대를 잘 돌봐주고 싶은 마음이 생겨난다. 사랑이 깊어 갈수록 상대방에 대한 열망도 커가는 단계라고 할 수 있다. 이때, 도파민은 대뇌를 자극해 쾌락의 감정과 행복감을 느끼게 한다. 또한, 사랑의 감정에 몰입할 수 있도록 돕고 끊임없이 사랑을 향한 의욕이 샘솟게 하는 역할을 한다.

두 번째 사랑의 단계인 로맨틱한 사랑 혹은 열정적 사랑의 시기에 접어들면 상대가 잠시라도 눈에 보이지 않으면 이내 그리워지는 시기라고 볼 수 있다. 이러한 연인을 향한 그리움의 원천은 육체적으로 다가가고 싶은 욕구를 관장하는 페닐에틸아민(Phenylethylamine)이라는 호르몬의 영향을 받기 때문이다.

셋째로 육체적인 사랑을 나누는 단계에 이르러서는 성적 욕구의 최고점을 찍게 된다. 흥미로운 점은 육체적인 사랑을 나눌 때 감정의 이면에는 두려움과 흥분, 격정적인 분노와 기쁨이 교차하며 자신의 연인을 보호하는 과정에서 다른 경쟁자에 대한 시기와 질투의 속성이 모두 포함되어 있다는 것이다. 이러한 성애(性愛)의 감정을 관장하는 호르몬이 바로 옥시토신(Oxytocin)이다. 분만 시 진통제로도 쓰이는 강력한 호르몬인 옥시토신은 마약보다 더 강한 중독성을 가지고 있기 때문에 서로를 향한 성적 욕구가 충만한 이 시기에는 주변의 어떤 조언도 귀에 들어오지 않고, 이성이 마비될 정도의 황홀경에 이르게 된다.

그러나 위의 세 가지 호르몬은 600일(약 2년)이 지나면 급격하게 감소하거나 분비 자체가 멈추게 된다. 물론 사람과 주변 상황에 따라 약간의 차이가 있지만 뇌생리학자 대부분은 호르몬 수치 감소에 동의한다. 더구나 육체적 사랑을 통해 임신이 되거나 자녀를 출산하고 난 다음에는 남자와 여자가 공통적으로 세 가지 호르몬이 급격히 사라져가게 된다. 결론적으로 뇌생리학자들은 임신과 출산 과정을 겪으며 성적 욕구가 급격하게 사라져가는 것을 호르몬의 변화로 설명이 가능하다고 주장한다.

2. 올바른 배우자의 선택

1) 이성과의 만남

이성과의 만남을 통해서 이성친구와 우정을 나눌 수도 있고, 이성 간 교제로 발전할 수도 있으며, 교제의 상대가 자신에게 적합한 배우자인지 확인하고 선택할 기회가 주어지기 때문에 이성과의 만남은 중요하다. 그리고 이성과의 만남을 통해서 자신은 물론 상대방의 성격, 대화방식, 공통점과 차이점, 서로 간 의견충돌로 인한 갈등이나 공동으로 해결해야 할 문제의 해결방식을 학습할 기회를 갖는다.

어떤 형식의 만남이든 모든 만남에는 만남을 통한 목적의식이나 목표를 설정하는 것이 중요하다. 특히, 결혼을 전제한 이성 간 만남에서는 더욱 구체적이고 실질적인 목표를 설정해야 한다.

첫째, 나의 생각과 태도 변화에 대한 모든 가능성을 열어 두어야 한다. 이성과의 만남을 통해 나 자신의 기본적인 소양이나 성격적으로 부족한 부분을 발견하고, 과연 상대방이 원하는 모습으로 변화할 여지가 있는지 꼼꼼히 따져 보아야 한다.

둘째, 상대방과 내가 함께 성장할 수 있는 방법을 찾으려는 노력을 해야 한다. 나는 옳고 상대는 그르다는 전제로 상대의 변화만 강요해서는 성공적인 만남의 결과를 기대하기 어렵다. 남자와 여자의 다름에 대한 이해를 전제로 상대방이 자라온 가족 배경과 사회문화적 배경, 전공 영역과 관심사, 종교 등에 대해 폭넓게 의견을 교환하고 다름을 발견한다면 어떻게 이견을 조율해야 할지 구체적 계획을 세울 수 있을 것이다.

셋째, 서로에게 즐거운 만남이 되어야 한다. 이성과 만남을 앞두고 마음의 부담이 된다든지, 시간낭비라는 생각 혹은 지겹거나 불안한 마음을 가지게 된다면 그 만남의 의미는 무색하게 된다. 상대방을 존중하고, 서로의 이야기를 경청할 수 있으며, 서로 의견이 충돌할 때에도 서로가 윈-윈 할 수 있는 만남이어야 한다. 특히, 서로가 만날 때마다 웃음이 있고, 격려와 따스한 배려와 감사의 마음을 자연스럽게 주고받을 수 있다면 좋은 만남으로 지속될 가능성이 높다.

넷째, 문제해결 능력을 기르는 일이다. 이성 간 만남은 물론 모든 인간관계에서는 오해와 불신, 갈등과 반목을 일으킬 수 있는 잠재적 요인을 내포하고 있다. 옛말에 철이 든다는 의미는 봄, 여름, 가을, 겨울을 모두 거치며 삶의 이치를 깨닫기 시작했다는 의미이다. 이성 간 만남에서도 상대방과의 관계가 좋을 때와 좋지 않을 때, 즐거울 때와 괴로울 때, 사랑이 싹이 틀 때와 이별의 낙엽이 떨어질 때 등 위기 순간을 함께 고민하고 해결할 수 있는 능력을 기르는 것이 무엇보다 중요하다고 볼 수 있다.

마지막으로, 사랑하는 사람을 둘러싼 주변 요소들을 포용할 수 있는지 확인할 필요가 있다. 성인 남녀가 만남을 시작할 때는 서로에 대한 호감과 사랑으로 어떤 시련이 닥치더라도 모든 난관을 극복할 수 있으리라 생각하기 쉽다. 그러나 결혼이 전제가 된다면 상황은 달라질 수 있다. 결혼은 성인 남녀 둘만의 결합을 의미하는 것이 아니라 신랑·신부 두 가정문화가 합쳐진다는 의미이기 때문이다. 두 집안의 가정 내력, 양가 부모의 사회경제적 지위, 교육수준, 종교 등 다양한 변수 속 공통분모를 찾을 수 있으며, 또 서로의 양보와 타협이 가능한지는 고려의 대상이 될 수 있다.

2) 건전한 만남을 위한 필수요소

건전한 이성 간 만남을 위해서는 본인에 대한 이해가 우선되어야 한다. 나는 누구인지? "나는 어떤 성격을 가지고 있는지? 내 삶에서 가장 소중한 가치들은 무엇인지? 내 삶의 우선순위에는 어떤 것이 있는지? 나의 장점과 단점은 무엇인지?" 등 자신에 대해 올바르게 이해하고 있어야만 상대방의 성향 중 포용할 수 있는 것과 포용하기 어려운 것을 구분하고 다름에 대한 이해와 잠재적인 갈등을 해결할 수 있게 된다.

첫째, 자기 자신을 대하는 긍정적인 태도가 중요하다. 내가 가진 열등의식이나 피해의식 등의 부정적 자의식이 상대방을 대할 때 그대로 투사될 가능성이 크다. 왜냐하면 남을 대하는 태도는 내가 나를 대하는 태도나 나와 가까운 사람에게 대하는 태도의 연장선에 있기 때문이다. 세상에 인격적으로 완벽한 사람은 없다. 나에게 이러한 부족함이 있다면 이를 점검하고 개선하려는 노력이 더 나은 나를 만들어주는 좋은 계기가 될 것이다.

둘째, 소통과 경청의 기술이 필요하다. 요즘 부부간, 부모와 자녀 간, 교사와 학생 간, 친구 간에 말이 통하지 않는다는 말을 부쩍 많이 듣고 있다. 여러 이유가 있겠지만, 일찍이 인지심리학자 피아제(Piaget)가 말한 전조작기(Pre-operational stage)의 대표적인 특징 중 하나인 '자아중심성(Ego-centrism)'으로 설명이 가능하다. 자아중심성은 세상의 중심은 나 자신이며, 나의 관점에 몰입한 나머지 타인의 생각이나 태도와 견해를 이해하기 어려운 자신만의 주관적 견해를 말한다. 이러한 자아중심성(자기주관성)은 독립된 인격의 형성과 자율성의 추구라는 관점에서 볼 때에는 반드시 필요한 요소이지만, 지나친 자아중심성은 내가 생각하는 것이 옳다는 전제에서 출발하므로 타인의 생각이나 감정 또는 의견을 배제하거나 무시하는 오류를 항상 내포하고 있다. 센트락(Santrock, 2013)에 따르면 자아중심성은 보통 2세부터 7세까지 아이들의 인지발달과정에서 나타나는 현상이지만, 유소년기와 청소년기, 성인기 전반에서도 타인과의 의사소통에 어려움을 겪는 사람들에게는 과도한 자아중심성이 발견되고 있다는 점을 보고하였다.

상대방의 의견에 대한 경청의 태도는 소통의 시작점이다. 기다림은 인내를 요구하지만, 소통의 즐거움을 선물한다. 소통을 통해 서로를 진심으로 이해하게 되고, 건강한 유대감과 신뢰감이 발전하며, 이러한 유대와 신뢰를 바탕으로 사랑의 토대가 마련되는 것이다.

마지막으로 남자와 여자의 차이에 대한 올바른 이해가 필요하다. 『화성에서 온 남자, 금성에서 온 여자』[6]를 보면, 남녀는 서로의 생각이나 관심, 행동방식 등 모든 면에서 다른 접근방식을 가지고 있다.

3) 만남 시 고려할 점

결혼을 전제로 한 만남을 시작할 때에는 상대방이 자신과는 여러 면에서 다르다는 것을 인정하고 어떻게 이러한 다름을 이해하고 조율해 갈 것인 가가 매우 중요하다. 두 사람이 이제까지 서로 다른 사회문화적 배경에서 살아오는 동안 개인이 가진 성격과 개인의 특성, 가족의 문화, 사회·경제 적 배경, 종교관이나 정치적 신념 등 여러 면에서 다른 견해를 가지고 있 을 개연성이 높다. 또한 배우자가 될 상대의 세부적인 문화적 배경으로 들 어가 보면 상황은 더 복잡해진다. 물론 본인의 판단이 가장 중요하겠지만, 배우자가 될 사람의 가족구성원(예비 시부모나 장인장모)이 중요시하는 가 치와 충돌하게 될 때 갈등의 소지가 다분하다. 따라서 자신을 비롯한 가 족구성원이 배우자 선택에 있어서 우선순위를 어디에 두는 지가 관건이 되겠지만, 상대방과 결혼을 결심하였다면 상대방과의 충분한 대화를 통 해 양보와 타협으로 결혼을 둘러싼 여러 이해관계에 대한 조율이 반드시 필요하다. 다음은 남녀가 교제할 때 주지해야 할 점들이다.

① 상대방에 대한 면밀한 검증

나와 교제하는 사람이 신체적으로 정신적으로 건강한 사람인지 먼저 확 인하는 것이 중요하다. 일반적으로 우리는 이성과 교제를 시작할 때 상대 방의 외모나 학력, 직업 등 겉으로 보이는 요인에 의해 호감과 비호감의 기 준을 설정하게 된다. 하지만, 겉으로 보이는 개인의 속성은 만남이 지속 될수록 상대방의 성격[7]과 배려심, 지적인 부분, 정서적 안정감 등으로 옮 겨가게 된다. 완전무결한 인격과 품성을 가진 사람은 없다. 따라서 핵심은 자신의 부족함이나 상대의 부족함이 앞으로 개선될 여지가 있는지, 상대

(혹은 나)의 부족함을 평생의 배우자로 살아가면서 감당하고 헌신할 준비가 되어 있는가 하는 점이다.

② 동의와 거절에 대한 명확한 기준의 설정

비단 남녀 간 만남뿐 아니라, 모든 인간관계에서 안 되는 일을 억지로 되게 하려고 하거나, 되는 일(마땅한 일)을 안 되게 하려고 할 때 문제가 발생한다. 기본적으로 개인이 가진 상식이나 도덕 등 합리적 기준에 따라야 하고, 사회적 통념이나 관습 등 보편적 기준에서 벗어난 일을 상대방이 요구하거나 요청할 때는 확실히 거절할 수 있어야 한다. 특히, 남녀가 교제를 할 때에는 금전 관계나 육체적 관계는 확실하게 그 기준을 설정해 두지 않으면 아름다운 만남으로 결실을 맺기 어려운 경우가 많다. 상대방이 돈을 빌려달라는 금전적 요구를 해서 거액의 돈을 빌려주었는데 이별한 다음 돈을 갚지 않아 법적 문제가 발생하는 경우를 주변에서 심심찮게 볼 수 있다. 또한, 상대방이 무리한 성적인 접촉이나 요구를 하여 이별을 하는 경우도 자주 볼 수 있는데, 상대의 무리한 육체적 요구에 어떻게 대처할 것인지 명확한 기준을 반드시 설정해두는 것이 중요하다.

③ 육체적 관계

인간에게 있어서 성(性)[8]은 아름답고 고결한 행위이다. 성욕은 지극히 자연스럽고 신성한 것으로 남녀 간의 사랑의 결정체라고 할 수 있다. 프로이트(Freud)는 '성적심리에너지'인 리비도(Libido)를 설명하면서 삶을 지탱하는 심리적·육체적 동인의 요체로 인식하였다. 성은 인간사에 있어서 생명의 원천이자 사랑의 결정체이며, 쾌락 등 여러 중요한 의미를 내포하고 있다. 따라서 성은 인간의 성적행동과 개인이 가지고 있는 성에 대한 태도와 가치관과 신념이 잘 어우러진 개념으로 접근할 필요가 있다.

서울대학교 학생생활연구소의 통계(2015)에 따르면, 85퍼센트의 남성과 45퍼센트의 여성이 혼전에 성 경험을 하는 것으로 조사되었다. 주로 음주나 육체적인 애무관계 후에 갑작스런 분위기에 의한 성 경험이 많았고, 장소로는 상대방의 집, 차 안, 숙박업소 순이었다. 현대사회의 자유로운 성문화와 성윤리 기준의 혼란은 성적문란으로 이어지고 있다. 유리히(1974)는 혼전 성관계의 여러 기준을 소개하였는데, 이는 다음과 같다.

- 전통적 기준: 남녀 모두 혼전에는 절대 성관계를 가져서는 안 된다는 입장
- 남녀차별적 기준: 남자에게는 혼전 성관계가 허용되고, 여자는 불가하다는 입장
- 조건부 기준: 사랑하는 남녀 관계라면 혼전 성관계는 허용된다는 입장
- 방임적 기준: 혼인이나 사랑의 여부에 관계없이 혼전 성관계를 자유롭게 허용한다는 입장
- 동의에 의한 조건부 기준: 남녀 간 성관계에 대한 서로의 동의가 있다면 혼전 성관계는 허용할 수 있다는 입장

이러한 기준은 기준일 뿐, 독립된 인격체로서 성인이라면 모든 것은 본인이 판단하고 결정하며, 또 모든 책임을 져야 한다. 혼전에 원치 않는 임신으로 인해 본인은 물론 가족들이 심한 고통에 직면할 수 있으므로 성관계에 대한 자신의 명확하고 주관적인 기준을 세워두어야 한다.

④ 지혜로운 이별

모든 커플이 만남과 교제를 통해 결혼으로 결실을 맺을 수 있다면 정말 축하받을 만한 일이지만, 현실은 그렇지 않다. 내가 많이 사랑하는 사람(상대방이 나에게 느끼는 감정은 호감 정도이거나), 나를 많이 사랑하는 사람(나는 친구 정도로 생각하는 대상), 혹은 두 사람이 열렬하게 사랑하는데도 두 사람을 둘러싼 조건(경제적 문제, 가족의 반대 등)이 맞지 않아 이별을 선택하는 경우를 볼 수 있다. 또, 상대방이 나에게 싫증을 느끼거나, 나 아닌 다른 사람을 만나는 경우, 내가 생각하지 않았던 성격 결함이 발견되어 이별을 선택하는 경우 등 남녀 관계를 둘러싼 이별의 원인은 여러 가지가 있다. 이별을 통보받거나, 선언할 때, 서로에게 전혀 상처 없는 이별은 극히 드물다. 지혜로운 이별은 인격의 성숙을 위해서도 중요할 뿐 아니라 이별이 가져다주는 후유증[9]을 줄이기 위해서라도 중요하고 조심스럽게 다루어져야 할 필요가 있다.

먼저, 오랜 기간 교제를 한 사이라면 매정하게 문자나 전화로 헤어지자는 통보보다는 반드시 직접 만나서 상대방에게 양해를 구해야 한다. 그동안 좋았던 시간에 감사를 표하고 좋았던 기억에 고마움을 표현할 필요가 있다. 이별을 말하는 이유를 에둘러 이야기하지 말고, 명확하고 최대한 솔직하게 말해야 불필요한 오해를 없앨 수 있다. 이별의 원인을 모두 상대방에게 돌리지 말고 자신의 부족함을 말하는 것도 중요하다. 하지만, 상대방이 입을 상처 때문에 주저하는 모습을 보이는 것은 바람직하지 못하다. 왜냐하면, 상대방에게 '이 만남에 아직 미련이 있어서, 망설이는 구나. 그럼 다시 우리 만남을 시작할 수도 있겠구나'라는 오해의 빌미를 줄 수 있기 때문이다. 이별하기로 결심했다면 명확하고 분명하게, 그리고 최대한 예의를 지켜 분명하게 결단을 내려야 한다. 미래의 더 큰 상처의 화근을 피하기 위해서라도 지금의 고통은 마땅히 감수해야 한다. 지금의 아픔이 서로의 인격 성숙을 가져다 줄 수도 있고, 어렵더라도 서로의 행복을 빌어 주며 떠나는 것이 본인의 정신 건강은 물론 훗날 다른 만남의 시작을 위해서도 중요하다.

3. 결혼

보통 이성 간 첫 만남을 시작으로 일정 기간 교제를 거쳐 결혼에 이르게 된다. 결혼을 결심하는 동기는 여러 가지가 있을 수 있지만, 여러 선행 연구들을 살펴보면, 심리적 안정과 성적인 만족을 추구하며, 생물학적으로 집안의 대를 잇는다는 것에 큰 의미가 있다(신용주&김혜수, 2011). 가정은 결혼을 통해 만들어지며, 혼인 예식을 통해 법적인 부부의 지위에 오르게 된다. 바람직한 가정을 만들기 위하여, 결혼의 의미를 살펴보고, 부부 관계에 영향을 미치는 요인을 살펴봄으로써 효율적이고 성공적인 가정생활을 영위하는 방법에 대해 살펴보고자 한다.

1) 결혼의 의미

결혼(結婚, marriage)은 동서고금을 통해 다양한 형태가 존재하였는데, 지금도 문화권마다 조금씩 다른 형태와 형식을 취하고 있다. 하지만, 보편적으로 결혼은 남자와 여자가 사회가 정하는 법률과 도덕, 그리고 사회규범의 테두리 내에서 정당하게 결합하는 제도로 받아들여지고 있다. 오래전 남성 중심의 부계사회에서는 여성이나 아내와 자녀를 남자의 소유물[10]로 인식하고 아내의 숫자를 부의 척도로 받아들이기도 하였다. 한국전통사회에서는 한때 남자가 여자의 집(장인·장모의 집)으로 출가하는(장가가는) 결혼 문화가 있었고, 여자가 남자의 집(시댁·시집)으로 출가하는 형태(시집 가는)의 결혼문화가 있기도 하였다.

결혼의 개인적 의미에는 첫째, 남녀 간 인격적인 결합이 있다. 서로의 부족한 부분을 보완해가며 서로를 남편과 아내로, 엄마와 아빠로 바로 설 수 있도록 서로 도와주는 데 있다. 둘째, 결혼은 경제공동체로 재산을 공유하는 데 있다. 맞벌이나 외벌이 등 가계 수입의 형태와는 관계없이 부부가 공동으로 경제활동을 공유하는 것이다. 이를 통해 경제적 결합 내지는 화합을 통해 부부간 신뢰와 협력의 바탕을 마련할 수 있다. 셋째, 결혼은 육체적 결합을 의미한다. 인간 본연의 성적인 욕구를 합법적으로 만족시

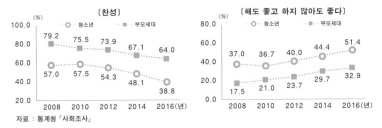

〈결혼에 대한 견해〉

자료 : 통계청 「사회조사」

〈결혼에 대한 견해〉

	청소년(13~24세)							부모세데(50~69세)						
	찬성	반드시 해야 한다	하는 것이 좋다	해도 좋고 하지 않아도 좋다	반대	하지 않는 것이 좋다	하지 말아야 한다	찬성	반드시 해야 한다	하는 것이 좋다	해도 좋고 하지 않아도 좋다	반대	하지 않는 것이 좋다	하지 말아야 한다
2008	57.0	15.1	41.9	37.0	3.1	2.6	0.4	79.2	35.1	44.0	17.5	2.3	1.9	0.4
2010	57.5	16.0	41.5	36.7	3.4	2.8	0.6	75.5	30.0	45.5	21.0	2.6	2.2	0.4
2012	54.3	13.4	40.9	40.0	1.9	1.6	0.3	73.9	27.9	46.0	23.7	1.3	1.2	0.1
2014	48.1	8.9	39.2	44.0	2.2	1.7	0.5	67.1	20.7	46.4	29.7	1.8	1.6	0.3
2016	38.8	6.2	32.5	51.4	4.5	3.5	1.0	64.0	16.8	47.2	32.9	1.8	1.5	0.3
남자	45.5	8.4	37.1	45.3	3.1	2.1	0.9	67.3	17.8	49.5	30.0	1.5	1.1	0.4
여자	31.8	4.0	27.8	57.6	6.0	5.0	1.0	60.8	15.7	45.0	35.8	2.2	1.9	0.3

표 2-2 청소년의 결혼에 대한 견해(대한민국 통계청, 2017)

켜 주는 제도로서 의미가 있다.

사회문화적 의미로서의 결혼은 생물학적으로 종족보전의 책임을 다하는 데 의미가 있기도 하였고, 부부가 공동생활을 통해 자녀를 출산하고 자녀들에게 사회문화를 전승시키는 역할을 하는 의미가 있다. 또한 결혼제도를 통해 한 사회가 가진 사회적 통념이나 관습과 도덕 등 공동체의 공공의 목적을 실현, 유지하는 데 큰 의미를 지니고 있다.

현대사회에서는 결혼을 필수불가결한 선택으로 보지 않는다(표 2-2 참고). 개인의 자유와 행복을 추구하는 데 결혼을 반드시 필요한 요소로만 보지 않는 시각[11]이 점점 늘어가는 추세이다. 설령 결혼을 하더라도 자녀출산을 하지 않는 부부들도 많다. 또한 남녀 간 사회경제적 지위가 동등해짐에 따라, 서로의 필요에 의해 동거 형태로 공동생활을 하는 경우도 있다.

2) 부부 관계에 영향을 미치는 주요 요인

부부 관계를 둘러싼 여러 요인을 살펴봄으로써 부부간 발생할 수 있는 갈등의 요인과 문제점을 예상해보고 해결의 방법을 모색해 보고자 한다. 부부관계에 영향을 미치는 요인은 크게 내부적 요인과 외부적 요인으로 나눌 수 있는데, 내부적 요인은 남편과 아내가 가진 성격 문제, 성적 요인, 경제적 요인 등을 들 수 있고, 외부적 요인으로는 육아와 가사분담, 자녀교육, 가정의 대소사 관련 요인, 시댁이나 처가와의 갈등 등을 들 수 있다.

① 성격 요인

모든 사람은 각기 고유한 성격을 타고난다. 후천적으로 주변 환경과 인간

관계 그리고 학습에 따라 성격이 변화하기도 하지만, 획기적으로 바뀌기는 힘들다. 송인섭(1998)에 의하면 자아 개념은 개인의 성격과 밀접한 연관이 있다고 주장하였다. 생득적인 자아 개념이 1차 양육자인 부모와의 상호작용을 통해 강화되기도 하고 타인(가족, 친구, 선생님 등)들의 자신에 대한 기대나 주변의 평가를 통해 새롭게 변화되기도 한다. 이는 반두라의 사회학습이론(Social learning theory)에서와 같이 타인에 대한 관찰과 상호작용을 통해 행동의 양식을 습득한 다음, 자신에 대한 주관적 자아개념을 세우게 된다. 이러한 주관적 자아개념이 언어나 의사소통방식, 타인과의 상호작용에서 태도와 행동으로 표출되는데 이러한 부분 역시도 개인의 성격변화와도 깊은 관련이 있다.

힐과 페플로우(Hill, Peplau, 1998)의 초기 연구에서는 부부간의 태도와 성격이 부부간의 결혼만족도와 어떤 연관이 있는지 연구하였다. 부부가 성격의 차이를 극복하지 못하고 서로 반목하게 될 때, 결혼생활에 부정적인 영향을 미친다고 보고하였다. 결혼 초기에는 부부간 성격이 잘 맞는다고 생각했지만, 시간이 지남에 따라 두 사람 사이에 존재하는 성격 차이가 갈등의 양상으로 발전해가는 경우도 있을 수 있다. 두 사람 사이에 성격차가 존재하는 것을 서로 인정하고 조율하려는 노력을 통해 일정 부분 해소되기도 하고 협상을 통해 각각의 영역을 존중해주는 형태로 효율적인 부부 관계를 유지하는 경우도 있다. 무엇보다 중요한 것은 서로가 성격 차이를 인정하고 부단한 대화와 의사소통을 통해 갈등을 해소해가는 전략이 필요하다는 것이다.

은미는 결혼 전에 다정다감하고 배려심이 많았던 민수의 모습을 기억하고 있다. 하지만, 결혼 후에 민수는 무뚝뚝하고 가끔은 언성을 높이며 아내에게 신경질적으로 반응한다. 특히, 은미가 "오빠, 우리 있다가 아이들 재우고 이야기 좀 해"라고 하면, "무슨 이야기? 무슨 문제있어? 할 말 있으면 지금 간단하게 해! 월말 보고서를 못 끝내서 지금부터 해도 밤새워야 해"라고 대답한다. "별 이야기 아니면 다음에 하자. 회사 일로도 머리가 터질 지경이니까." 듣다 못한 은미는 "아니, 회사일을 왜 집에 까지 가지고 와서 그래?" 민수에게 오는 말이 곱지 않으니, 은미가 하는 말도 곱지 않다. 은미는 민수가 자꾸 신경질적으로 대하는 모습에 남편에게 무슨 일이 있는 건 아닌지 불안함을 감추기 어렵다.

② 성적(性的) 요인

2010년 통계청 자료에 의하면, 이혼사유로 성격차이가 1위, 경제적 요인이 2위, 배우자의 외도로 인한 불화가 3위, 배우자 가족과의 불화가 4위로 나타났다. 다른 통계들에서도 비슷한 요인들이 보고되고 있는데, 배우자의 외도가 두 번째 이혼의 이유로 지목되는 경우도 다수 있다. 부부간 원만한 성생활은 결혼만족도뿐만 아니라, 건강한 가정생활의 활력소가 되기도 하고, 행복한 가정을 만드는 주요한 요인 중의 하나이다(홍성묵, 1999).

도넬리(Donnelly, 1993)의 연구와 펑크와 로기(Funk & Rogge, 2007)의 연구에 의하면, 결혼만족도가 높은 부부들은 성생활이 활발하였고, 부부간 성생활에 만족스럽지 못한 부부는 그렇지 않은 그룹의 부부들보다 별거나 이혼의 가능성이 높았다고 보고하고 있다.

지현과 성재는 결혼 6년차 부부이다. 성재는 아내가 임신과 출산을 겪으면서 아이들의 육아에 신경쓰느라 예전에 비해 자신에게 소홀해졌다고 생각한다. 특히, 부부가 한 침대에서 시간을 보낸 지 너무 오래되었고, 5살, 3살 두 아이 때문에 오붓한 시간을 보내기 어려운 현실이 불만스럽다. 지현은 직장과 육아 때문에 밤마다 파김치가 되어 잠자는 시간도 모자라는 현실에 너무 피곤하다. 이런 일상이 반복되자 성재는 귀가하는 시간이 자꾸 늦어지고 있다.

③ 경제적 요인

경제적인 난관은 사랑으로 극복할 수 있다고 생각하는 예비부부들이 다수 있다. 하지만, 결혼생활은 현실 경제와 전쟁이라고 할 만큼, 순간순간 긴장의 연속이다. 특히, 국내는 물론 세계 경제 현황을 보아도 긍정적 예측보다 불안한 통계들이 등장하는 때라면 더욱 심각해진다. 물가나 부동산 가격 인상이 급여 인상의 몇 배가 넘는 현실에 맞닥뜨리게 되면, 집세, 관리비, 식비, 교육비, 의료비, 경조사비, 부모님 용돈 등 지출항목은 너무 많은데, 수입은 한정되어 있는 현실은 부부간 갈등으로 발전할 여지가 충분하다.

결국, 경제적인 요인으로 인해 불만이 증폭되고 갈등이 커져서, 신뢰가 무너지고 감정의 골이 깊어져서 파경에 이르기도 한다. 따라서, 신혼 초기에 부부가 함께 수입에 맞는 지출 규모를 예상하고 단기 계획(연간 예상 순수입)과 중장기 계획(차량 구입, 내 집 마련, 노후대책 등)을 세우는 것이 현명하다. 가정의 재정은 부부가 함께 관리하거나 부부 중 좀 더 계획성있게 가계를 운영할 수 있는 한쪽이 전담할 수도 있지만, 재정의 전반에 관해서는 부부가 같이 의논해서 결정하는 것이 바람직하다.

부부가 정기적으로 시간을 정해놓고 현안에 대해 협의하는 시간을 갖는 것도 좋은 예가 될 수 있다. 예를 들면, 일주일에 한 번 혹은 한 달에 한

두번 정도 시간을 정해놓고 육아와 가사, 가계 수입과 지출 내역을 보고하고, 교육비, 월간-연간 계획에 대해 의제를 정하고 티타임을 갖는 것도 좋다. 그리고 연말이나 연초에 1년의 예결산을 통해 가정의 경제적 목표를 세우고 수입과 지출항목에 대한 세부논의를 통해 문제를 현명하게 해결해 갈 수 있다.

④ 육아와 가사분담 요인

전통사회에서는 육아와 가사는 아내의 몫으로 인식하고, 남편은 집 밖에서 일을 해서 가정을 부양하는 역할로 인식하는 것이 보편적이었다. 하지만, 현대 가정은 아내들도 남편과 같이 직장생활을 하는 등 맞벌이가정 (42.9%)이 급속하게 증가하고 있는 추세이다(통계청, 2015). 문제는 맞벌이 부부 숫자는 증가하였지만, 아직도 아내가 육아와 가사를 책임져야 한다는 남편들의 인식은 변하지 않고 있다는 점이다. 다수의 아내들은 육아와 가사분담에 있어서 불공평하다고 생각하고 있는 것으로 나타나며, 이는 부부간 갈등의 원인이 되고 있다. 결혼을 앞두고 육아와 가사분담에 대해 충분히 상대방과 의논하고 구체적으로 어떻게 역할을 분담할 것인지 계획을 세우는 것이 육아와 가사로 인한 갈등을 최소화할 수 있는 현명한 대처 방법이다. 설령, 육아와 가사분담 계획을 세우지 못한 부부라고 할지라도, 부부간의 충분한 논의를 거쳐 서둘러 육아와 가사분담계획을 마련하는 것이 바람직하다.

우리나라 전통 사회에서는 가족구성원 전체가 생산에 참여하였다.[12] 아버지뿐만 아니라 아이들도 어릴 때부터 자기 물건 정리하기, 식사전후의 예절과 식기정리, 자기 빨래는 스스로 챙기기, 분리수거 돕기, 심부름 등 가정의 일에 적극적으로 참여시켜야 한다. 가정의 일에 적극적 참여를 통해 아이들에게 공동체 내에서의 역할을 가르치고, 노동의 소중함을 일깨울 수 있다. 또 가정에서 아이들이 한 일에 대해 칭찬이나 보상으로 서로 간의 유대감을 돈독히 할 수 있으므로 이를 생활교육의 기회로 활용할 필요가 있다.

⑤ 배우자 가족 관련 요인

한국 전통사회에서는 주로 시어머니와 며느리 사이에 갈등이 주를 이루었으나 가족구조가 핵가족으로 급격하게 변하면서 상황이 변화하기 시작했다. 과거에는 시어머니를 비롯해 시댁 식구들의 눈치를 보며 며느리들은 상대적인 약자로 시집살이를 했지만, 근래에는 며느리들도 시댁 식구들을 대할 때 자신의 의견을 주장하는 양상으로 변모하고 있다. 근자에는 여러 이유로 처가살이를 하는 가정이 늘면서 장인이나 장모와 사위 간 갈등이 증가하고 있다는 보고도 다수가 있다. 혹은 시댁이나 처가 식구와 함께 사는 가정이 아니더라도 며느리와 사위에게 영향력을 행사하려는 부모 때문에 부부간 불화의 원인이 되기도 한다. 특히, 자신의 부모에 대한 효도를 배우자에게 강요하는 경우 배우자와 갈등이 증폭될 여지가 있다. 부모에 대한 의존을 벗어나 경제적 자립은 물론 심리적 자립 또한 중요하겠지만, 부모의 입장에서도 자녀 부부가 독립된 가정으로 설 수 있도록 한걸음 물러서서 기다려주는 지혜도 필요하다.

조너선 에드워즈(Jonathan Edwards, 1703~1758)는 미국 역사상 가장 중요한 철학자이자 신학자로 존경 받는 인물 중 한 사람이다. 그의 가문은 17세기 청교도 박해를 피해 영국에서 미국으로 건너온 가문 중 하나였는데, 에드워즈는 어릴 적부터 아버지의 영향으로 교육과 철학, 신학에 깊은 관심을 가지게 되었다. 우수한 학업 성적과 리더십을 바탕으로 13세에 미국 북동부 아이비리그 중 하나인 예일 대학교에 진학하였고, 17세에 최우수 학생으로 졸업했다. 이후 저명한 설교가로, 대학교수로, 철학자로, 신학자로 명성을 얻었다. 일명 미국 기독교 역사상 가장 중요하고 영향력 있는 '영적 대각성 운동(Great Awakening)'을 주도한 핵심 인물로 알려져 있다. 에드워즈는 프린스턴 대학의 총장으로 재임 중에 천연두 예방접종의 부작용으로 안타깝게도 55세에 세상을 떠났다.

에드워즈와 아내 세라 피어폰트는 11명의 자녀를 두었는데, 에드워즈 사후 200년간 그의 후손들은 미국 사회에서 명망 있고 존경 받는 지도자로 성장했다. 이 놀라운 기록은 아직도 '훌륭한 아버지의 전설'로 남아 있다. 실제로 그의 후손 중에는 미국 부통령 1명(에런 버 주니어, 재임기간 1801~1805), 상원의원 3명, 주지사 3명, 시장 3명, 대학 총장 13명, 판사 30명, 대학교수 65명, 변호사 10명, 그리고 성직자 300명이 있었던 것으로 조사되었다.

'훌륭한 아버지의 전설'은 아버지가 아이들을 인격적으로 대하는 데에서 출발하였다. 유아교육의 중요성을 인식한 에드워즈는 아내와 함께 아이들과 함께 성경 공부를 하며 독서와 토론을 시작하였다. 또한 목회자, 대학교수, 저자, 철학자, 대학 총장 등 자신의 직업과 맡은 일에 최선을 다하면서도 아이들과 함께 놀고 책을 보며 토론하는 자상한 아버지의 전형을 보여 주었다. 종교적 신념을 바탕으로 정직하고 올바른 도덕적 기준을 제시하고 아이들에게 솔직하고 정직하게 자신의 의사를 표현하도록 격려하였다.

아이들의 미래의 꿈과 비전을 존중하고 소중하고 귀하게 여기며, 아이들과 정치, 사회, 교육, 문화, 종교 등 다양한 분야의 주제부터 아이들의 일상생활의 소소한 일들까지 격의 없이 대화하기를 즐겼다는 기록이 있다. 가장으로서의 위엄과 아이들의 가장 친한 친구의 다정다감함을 몸소 실천하였다. 아이들의 교육, 삶의 철학, 그리고 종교관을 위해 아내와 함께 잘 준비된 환경을 만들어가고 많은 시간과 노력을 기울였다.

토의 주제

1. 사랑의 종류와 구성요소에는 무엇이 있습니까?
2. 이성과의 만남을 시작할 때 고려하는 우선순위는 어떻게 됩니까? (외모, 학벌, 경제력, 성격, 집안배경 등)
3. 이성과의 교제에서 상대방과의 갈등을 일으키는 주요 요인은 어떤 것이 있습니까?
4. 지금의 배우자(혹은 미래의 배우자)가 가진 장점을 10가지 나열해보세요.

5. 배우자(혹은 미래의 배우자)와의 갈등을 슬기롭게 극복한 예를 들어
   보세요.

1 상대를 올바르게 인식하고 이해하고자 하는 노력으로 '정신집중'(concentration) 을 강조하였고, 객관성(objectivity, 객관적으로 자신과 상대방의 관계를 이성적으로 판 단할 수 있는 능력)이 중요하다고 하였다.

2 기다림의 미덕

3 아네트(Arnett, 2006)는 자아정체감을 자신은 누구인지, 삶의 궁극적 목적과 지 향점은 무엇인지, 타인에 대한 의무와 책임을 다할 준비가 되어 있는지, 자신의 나이에 맞는 행동의 양식과 태도에 대한 이해를 바탕으로 완성될 수 있다고 하 였다.

4 합의적 입증을 의학에서 "합의상확인"으로 번역하여 사용하고 있다.

5 혹은 동반자적 사랑(Companionate love)이라고 한다.

6 존 그레이(1992), 『화성에서 온 남자, 금성에서 온 여자(Men are from Mars, wom- en are from Venus)』동녘라이프

7 긍정적인 개인의 특성: 겸손한 사람, 정직한 사람, 정서가 안정된 사람, 대범한 사람, 따뜻한 품성을 가진 사람, 잘 기다려주는 사람, 대인관계가 원만한 사람 문제의 소지가 있는 개인의 특성: 잘난 체하는 사람, 거짓말을 잘하는 사람, 정 서가 불안한 사람, 열등감이 있는 사람, 신경질적인 사람, 차가운 사람, 무책임 한 사람, 대인관계가 원만하지 못한 사람

8 성과 관련된 용어에는 섹스(Sex: 타고난 생물학정 성의 구분, Man & Woman)와 젠 더(Gender: 획득된 성, 학습된 성, Masculinity & Feminity) 그리고 성생활, 생명, 사 랑, 쾌락이라는 뜻의 Sexuality가 있다. 일찍이, 융(Jung)은 남성의 무의식 속에 존재하는 여성성을 Anima(아니마)라 부르고, 여성의 무의식 속에 존재하는 남 성성을 아니무스(Animus)라고 명명하였다. 한편, 동양에서 성(性)은 '마음(心) 이 생기다(生)'라는 뜻으로, 단순이 남녀 간 육체적 만남을 칭하기보다는 남녀 간 인격의 만남으로, 신성하고 고결한 인간행위로 받아들였다.

9 인터넷 검색해 보면 실연의 아픔을 못 이기고 자살한 사건, 결별을 통보한 연 인에게 폭력을 행사하거나 살해하는 사건이 다수 있다. 심지어의 연인의 가족 을 살해하는 사건도 다수 언론에 알려졌다. 사건 가해자 본인의 무자비한 폭력 성이나 정신병력 등의 원인도 있었고, 상대방의 매정한 이별 통보가 살해 동기 가 되었다는 진술도 있었다.

10 서양에서 남자는 결혼 전과 후 모두 미스터(Mr.)로 불러왔지만, 여성의 경우 결혼 후에는 남편의 성(姓, Family name)을 따라야만 하였고, 결혼 전에는 미스(Ms.)로 불렸지만, 결혼 후에는 미세스(남자의 소유를 뜻하는 Mr's가 Mrs.로 변천됨) 누구로 불렸는데, 이러한 것은 부계 중심 사회의 일면이 아직까지도 남아 있음을 말해준다. 하지만, 근래에는 양성평등 운동의 영향으로 결혼 후에도 여성이 원래 성(姓)을 유지하거나 남편의 성과 자신의 성을 합한 형태의 성을 사용하기도 한다.

11 2017년 대한민국 통계청에서 실시한 9~24세 남녀를 대상으로 한 결혼인식조사를 보면 결혼은 해도 좋고 하지 않아도 좋다고 답한 청소년이 51.4%로 보고되었다. 61.7%가 혼전동거에 찬성하는 입장이었으며, 70% 정도가 결혼 여부에 상관없이 자녀를 가질 수 있다고 응답하였다. 한국 사회 청소년들의 결혼에 대한 인식이 점차 변화하고 있음을 시사하는 통계 중의 하나로 여겨진다.

12 이덕무가 쓴 조선 후기 수양서 『사소절』에는 '거의 열 식구도 굳세고 약한 데 따라 다 맡아서 하는 일이 있어서 각기 가정의 생활을 도왔고'라는 구절이 있다.

3장

자녀의 발달에 대한 이해

대부분의 아버지는 자신이 어렸을 때 맺었던 아버지와의 관계에 기초하여 본인의 자녀를 대하게 된다. 아버지의 양육방식이 대물림되는 셈인데, 좋은 아버지 아래 성장하여 좋은 아버지로 자랐다면 큰 문제가 없을지 모르나, 좋지 못한 롤모델로서의 아버지를 둔 경우 자녀를 대하는 데 있어 많은 어려움을 겪게 된다.

이러한 측면에서 볼 때 아이들이 태어나 어떻게 성장하고 발달하는지를 배우고 이해하는 것은 매우 중요하다. 이번 장에서는 자녀의 성장 발달 단계를 살펴보고, 이에 맞는 아버지의 역할을 알아보고자 한다.

1. 자녀의 발달에 대한 이해

모든 아이들은 고유하다. 이 세상에 존재하는 모든 사람은 각기 다른 외모와 성격, 인지구조, 그리고 사회-정서적인 특징을 가지고 태어난다. 물론, 유사한 사람들이 존재할 수도 있겠지만, 수많은 아이들의 발달과 인성은 완전히 다르게 나타난다. 그렇기 때문에, 자녀양육의 일차적 책임을 지고 있는 부모의 입장에서는 아이들의 신체, 인지, 사회-정서적 영역은 물론, 아이들이 가진 잠재 능력과 관심과 흥미 등 다양한 영역에 대한 폭넓은 이해가 필요하다.

아이들의 발달은 연속적이라는 특징을 가지고 있다. 쉽게 말해서, 아이들의 신체와 인지, 사회적 능력이 두 살에서 세 살, 세 살에서 네 살이 되었다고 어느 날 갑자기 급속도로 발달하는 것은 아니다. 그렇기에 부모는 아이들의 발달을 재촉해서는 안 되며, 자신의 아이와 다른 가정의 아이들의 발달을 단순 비교하는 것도 삼가해야 한다.[1]

> 우리 아이는 세 살이 되었는데도 아직 한글을 한 자도 못 읽는데, 옆집 아이는 벌써 책을 줄줄 읽는다는군요. 우리 아이는 기껏해야 '엄마, 아빠, 빵빵' 등 쉬운 단어만 말할 수 있는데, 같은 또래의 아이들은 세 단어 이상 말하더라고요. 우리 아이의 언어발달이 상대적으로 뒤처지는 건 아닌지 걱정입니다.

> 우리 아이는 돌이 지났는데 잘 걷기는커녕, 혼자 잘 일어서지도 못해요. 그런데 돌잔치 때 아장아장 걸어서 손님들에게 돌떡을 나누어 주는 아이들도 본 적이 있거든요. 엄마 아빠는 운동신경이 좋은 편인데, 아이는 그렇지 않은 것 같아 걱정이에요.

여러 뇌생리학자와 유아교육 전문가들은 유아의 두뇌 발달에 오랜 시간 관심을 가져왔다. 최근 유아의 실제 뇌 사진을 스캔[2]하여 두뇌 성장을 직접적으로 보여주고 있는데, 유아기 두뇌 발달 연구를 통해 유아기에 대한 중요성이 다시 주목받는 계기가 되었다.

첫째, 유아기는 아이들 두뇌 발달의 결정적 시기라는 점이다. 성인기의 뇌는 1조 개의 뉴런(뇌세포)으로 구성되어 있는데, 두뇌는 100조 개가 넘는 시냅스(synapse, 신경세포)가 연결되어 있다. 이런 뉴런의 단위와 신경세포의 발달이 두 살 이전에 80퍼센트 이상 이루어지고, 12세까지 나머지 20퍼센트가 발달하게 된다. 따라서 아이들의 두뇌구조가 잘 발달할 수 있도록, 발달에 적합한 영양 공급과 잘 준비된 교육환경을 제공하여야 한다는 것이 뇌생리학자와 유아교육 전문가의 일관된 견해이다.

둘째, 아이들의 감정(Emotion)이 유아의 두뇌 발달에 큰 영향을 미친다는 것이다. 부모-자녀 관계에서 안정적 애착이 유아의 사회-정서적 발달은 물론 아이들의 학습능력과도 밀접한 연관성을 가지고 있다. 부모의 불안이나, 분노, 좌절감, 절망감 등 부정적인 경험들이 아이 두뇌의 화학적 변화에 영향을 끼치고 있다는 것이 입증되었다. 화학물질인 코르티솔(Chemical cortisol)이 외부의 부정적 경험에 의해 분비되어 두뇌의 시냅스의 활동을 방해한다는 연구결과가 있다. 부모와 교사의 긍정적인 자극(기쁨, 웃음, 주양육자와의 긍정적인 관계)은 세라토닌(Serotonin)의 분비를 자극시켜 두뇌활동을 촉진시키게 된다. 따라서 주양육자의 한 사람인 아버지가 안정적이고 적극적인 태도를 보이고, 아이 감정의 신호에 민감하게 반응하는 육아방식은 아이의 두뇌 발달을 촉진시킬 수 있다.

셋째, 아이들과 나누는 이야기의 중요성이다. 아이들은 선천적으로 말을 통한 의사 표현을 원한다. 신생아는 언어체계를 습득하기 전까지, 울음과 웃음, 옹알이를 통해 감정을 표현한다. 아이가 많은 어휘를 습득하고 확실하게 자신의 의사를 표현하기 전까지, 엄마 아빠는 의미가 있든 의미가 없든 상관없이 아이가 보내는 메시지에 귀를 기울이고 적극적으로 반응해야 한다. 적극적이고 반응적인 육아방식을 통해 아이가 주변 사물에 흥미와 관심을 보이고, 주변세계를 잘 탐색할 수 있도록 대화의 초점을 맞추는 것이 중요하다.

넷째, 책 읽기의 중요성이다. 책을 읽는 것은 아이들이 말을 하고 자신의 의사를 표현하는 가장 좋은 수단이라고 할 수 있다. 기본적으로 매력적인 그림과 선명한 색상, 아이의 발달에 맞는 적절한 분량의 깔끔하고 위생적인 책을 고르는 것이 중요하다. 책 읽기 활동을 통해 아이의 창의성과 기억력, 그리고 사고력을 배양하고 즐거움을 얻을 수 있다. 또한 책은 일상생활에서 접하지 못하는 새로운 정보를 얻을 수 있고, 부모와의 상호작용을 촉진시켜주는 중요한 매개가 된다.

다섯째, 음악/음률 역시 아이들에게 매우 중요한 의미를 가진다. 아이들은 엄마 뱃속에서부터 엄마와 아빠의 목소리에 다르게 반응한다. 아이들이 태어나고 자라면서 기본적인 리듬과 운율을 익히게 되고, 언어는 물론 정서발달에 중요한 기본적 반응의 도식을 형성한다. 아이들은 노래를 통해 단어와 표현 방법을 익히고, 율동감을 익혀 신체발달에 적용을 하게 된다. 노래 속에 담긴 내용과 리듬, 억양과 단어를 익히고 말함으로써 노래가 담고 있는 문화적인 맥락을 이해하는 경험을 하게 된다. 아이들이 다양한 장르의 음악을 경험하고, 몸으로 표현해보며, 음악을 느끼고 리듬을 즐기며, 부모와 함께 노래하는 활동을 통해 아이의 언어와 문화 및 감성 교육을 할 수 있는 것은 물론 부모-자녀 관계의 질을 높일 수 있다.

다섯째, 신체 접촉은 두뇌 발달을 자극한다. 아이들의 손은 아이들의 뇌의 일부라고 할 수 있다. 아이들은 손을 포함하여 온몸을 사용해서 움직여 봄으로써 자기 신체의 기능에 대해 학습하게 된다. 아이들의 신경구조는 성인의 것과는 달리 온몸에 민감하게 반응한다. 엄마 아빠가 많이 안아주고, 뽀뽀해주고, 머리를 쓰다듬어주고, 등을 토닥여주는 것, 또 온몸을 마사지해주는 것 등은 아이들이 부모와 긍정적인 신체 유대감을 형성함은 물론, 두뇌 발달에도 긍정적인 영향을 주는 것으로 보고된다.

여섯째, 아이들은 신체활동을 필연적으로 필요로 한다. 아이들의 신진대사율은 성인보다 적게는 1.5배 많게는 3배 정도 높다. 그만큼 자주 먹고, 자주 운동하고, 잘 소화시킨다고 보면 된다. 윌리엄 그리노(Dr. William Greenough) 박사의 실험실 연구에 따르면, 놀이를 수행하는 아이들의 뇌용량이 놀이를 관찰하거나 방관하는 아이들의 뇌보다 훨씬 크다고 한다. 뇌의 용량이 크다는 것은 쉽게 말해 1GB의 반도체칩이 저장하는 컴퓨터 공간과 1TB의 반도체 칩의 저장능력으로 비유할 수 있다. 아이들이 지치지 않고 뛰어놀 수 있고, 뒹굴고, 재잘재잘 말하고, 노래 부르고, 마음껏 굴리고, 장난감을 가지고 놀며 외부세계를 탐색할 수 있는 충분한 기회를 주는 일은 유아의 두뇌 발달에 결정적인 영향을 미친다는 사실에 주목할 필요가 있다.

일곱째, 좋은 영양과 식단은 두뇌 발달에 매우 중요하다. 아이의 두뇌는 신체 조직의 일부이다. 따라서 임신 기간 동안 산모의 영양섭취와 출생 후 영양식단을 통해 섭취하는 음식은 아이들의 두뇌 발달을 크게 좌우한다. 임신기간 동안의 적절한 영양섭취는 가장 중요한 유아 두뇌 발달 변인 중 하나로, 만약 태아가 충분한 영양 공급을 받지 못하면 정상적인 두뇌 발달을 기대하기 어렵다.

1) 아동발달의 원리

앞서 살펴본 바와 같이 아이들의 발달과 성장에 대한 기본적인 이해는 아버지교육의 출발점이 된다. 아버지가 아이들의 각 단계에 맞는 신체와 인지, 사회-정서발달에 대해 잘 이해하고 있을 때, 보다 효율적인 양육지침을 마련할 수 있게 된다. 우선, 아동발달의 세부요소를 살펴보기에 앞서 가장 기본적인 발달의 원리와 원칙을 살펴보기로 한다.

① 발달의 순서와 체계

아이들의 성장발달은 일정한 순서와 체계를 지니고 있다. 아이들의 발달에는 개인차가 엄연히 존재하지만, 성장의 패턴과 속도는 복합적 요인에 영향을 받는다. 아이들의 영양과 건강 상태는 물론 부모 요인, 가정환경 요인, 정서적 안정감의 정도 등 다양한 요인들이 아이들의 성장과 발달에 밀접한 연관이 있다.

② 대근육에서 소근육으로

아이들의 성장발달은 단순한 것부터 복잡한 단계로 확장되어 간다. 또한 일반적인 발달 영역에서 구체적인 영역으로 발달해간다. 예를 들어, 아이들의 신체 발달은 대근육 발달에서 시작해 소근육과 미세근육 발달로 이어지는 속성과 깊은 관련이 있다.

③ 머리부터 끝으로

아이들의 성장발달은 머리부터 신체조직의 끝 방향(미부, 尾部)으로 진행된다(Ceparocaudal Process). 신생아들은 다른 신체 부위에 비해 머리가 훨

씬 크게 태어나는데, 스스로 목
을 가눌 수 없을 정도이다.[3] 또한,
신생아 초기부터 영아기에 이르
기까지 두뇌 발달이 급속히 진행
되고, 두뇌 속 신경조직이 하위기
관으로 점차 확장되어 간다.

④ 몸의 중심에서 말단부로
아이들의 성장발달은 몸의 중심
에서 말단부로 전개된다(proxi-

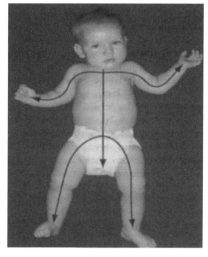

그림 3-1 아이의 성장방향

modistal process). 신생아가 영아기를 거치면서 신체 장기조직의 정상적 성
장과 더불어 몸통을 중심으로 발달하고, 팔과 다리 쪽으로 움직임의 패턴
이 세부화되면서 발달해가는 것을 볼 수 있다.

⑤ 결정적 시기
아이들의 성장발달에는 결정적 시기(Critical period)가 존재한다. 아이들의
신체 및 인지발달에는 각 시기마다 성장테이블이 있다. 아이의 심리적 특
성이나 행동양상이 특정한 시기에 발달해야 하는데, 그 시기가 지나면 정
상적으로 발달 혹은 획득하기 어렵다는 의미이다. 동물행동학자 로렌츠
(Lorenz)의 각인이론에서는 신생아 초기 주양육자를 인식하는 각인(刻印,
imprinting)이 일어나는 이 시기를 '결정적 시기'로 보았다. 사회심리이론
를 주창한 에릭슨(Erikson)은 유아기에 엄마 아빠와 기본적 신뢰감을 형성
하는 시기를 '결정적 시기'로 보았다. 인지심리학자(아동심리학자) 피아제

(Piaget)는 감각운동기(Sensory period)를 결정적 시기로 보았다.

하지만, 인간의 발달과 성장은 전 생애를 걸쳐 지속적으로 일어나고, 특정영역에서는 퇴행하기도 한다는 점 또한 간과하지 말아야 할 사실이다. 영유아기의 결정적 시기에 대해 일차적 양육자인 아빠와 엄마가 그 중요성을 깊이 인식하고 아이들에게 기본적인 영양과 건강 및 안전은 물론 긴밀한 부모-자녀 관계를 유지할 수 있도록 노력해야 한다.

2) 아동발달의 영역

아동발달의 영역에 관해 학자들마다 다양한 영역을 제시하고 있다. 신체영역, 인지영역, 언어영역, 사회영역, 정서영역, 인격영역 등으로 분류하기도 하는데, 일반적으로는 아이들의 발달을 크게 신체, 인지, 사회-정서 세 영역으로 나누는 것이 보편적이다.

① 신체발달영역(Physical development domain)

아이들의 신체발달을 총체적으로 포괄하는 영역으로, 신체 사이즈(키, 몸무게, 머리둘레 등), 각 기관의 발달, 외모, 두뇌 발달, 운동 발달, 오감을 통한 인식능력, 영양 및 건강의 문제 등 신체와 관련된 여러 부분을 포괄적으로 다룬다.

② 인지발달영역(Cognitive development domain)

아이들의 사고발달 체계와 지능, 주의집중력, 기억능력, 문제해결능력, 상상력, 창의성, 언어, 학업수행능력(읽기, 쓰기, 말하기), 초인지능력(Metacognition ability: 개인에 대한 인지능력과 인지능력에 대한 조절에 관한 지식)과 연관된 영역을 포함한다.

③ 사회-정서발달영역(Socio-emotional development domain)

자신에 대한 지식(Sel-esteem, 초인지, 성정체성, 도덕적 정체성), 도덕적 추론 과정, 감정에 대한 이해와 표현능력, 자기조절능력(Self-regulation), 성질 또는 기질(Temperament), 타인에 대한 이해 능력, 대인관계 기술 등이 사회-정서발달의 범주에 해당된다.

2. 아동발달에 대한 관점

1) 프로이트의 정신분석이론

학자들마다 견해를 달리할 수 있겠으나 20세기 근대 심리학에 가장 큰 영향을 끼친 대표적 학자로 신경정신의학자 프로이트(Sigmund Freud)를 들수 있다. 프로이트는 1856년 오스트리아에서 태어났는데, 프로이트의 아버지 야콥 프로이트(Jacob Freud)는 41세에 21세였던 프로이트의 어머니애멀리(Amalie)와 재혼해서 8남매를 두었다. 프로이트는 위로 두 명의 이복형제가 있었고, 아래로는 일곱 명의 동생들이 있었다. 프로이트는 대대로 유대교의 전통적 가족 종교문화에서 자랐지만, 정작 본인은 신앙을 갖지 않았다. 그는 문학에 깊은 조예가 있었고, 독일어, 영어, 불어, 이태리어, 스페인어, 히브리어, 라틴어, 그리스어 등 어문학에 능통했던 것으로 알려져 있다. 17세에 비엔나 대학에서 수학하는 기간 동안 인식론의 대가인 프란츠 브렌타노(Franz Brentano) 교수와 테오도어 립스(Theodor Lipps)의 영향을 받아 무의식(Unconscious)과 공감(empathy)에 대한 기본적인 아이디어를 얻어 정신분석이론을 정립하였다(Gay, 2006; Rice, 1990).

그는 주로 자신의 유아기 경험을 토대로 심리성적이론(Psycho-sexual theory)을 정립해갔는데, 임상실험과 심리 상담에서 만난 정신병을 앓는 성인들을 대상으로 한 연구 결과를 바탕으로 체계화하였다. 특히, 1885 년 파리에서 신경병학자 샤르코(Jean Martin Charcot : 1825-1893)의 연구실 에서 정신질환자를 관찰 연구하면서 최면술 기법과 카타르시스 및 자유연

그림 3-2 프로이트

상법 등을 통해 정신분석이론을 체계화하였다.

프로이트는 양막(羊膜)을 쓰고 태어나, 출산에 참여한 가족들은 이를 길조의 상징으로 보고 그를 귀하게 양육하였으나, 프로이트 자신의 전기 에서는 우울하고 암울한 유아기를 기술하고 있다. 정치적으로 나치의 유 대인 탄압으로 힘든 시간을 보냈고, 개인적으로는 이복형제들과 일곱 명 의 동생들 사이에서 외로운 유소년기를 보냈다고 한다. 프로이트에게 아 버지는 따스한 쉼터이자 그리움의 대상이었던 엄마의 품에서 자신을 격리 시켰던 존재이자 두려움의 대상이라고 전기에서 밝히고 있다. 프로이트가 발달시킨 용어로 오이디푸스 콤플렉스(Oedipus complex, 살부욕망증후군) 는 어머니를 자신에게서 뺏어간 아버지에 대한 증오의 감정과 무관하지 않다고 전기에서는 기술한다.

프로이트의 분석심리학은 인간 발달의 중요한 에너지를 리비도(Libido, 성 에너지)로 보고, 인간의 인성을 구성하는 세 요소로 이드(ID, 생득적 본

발달단계	연령	내용
구강기	출생 ~1세 6개월	영아는 주로 빠는 행위를 통해 쾌감을 얻으며, 구강 후기에는 씹거나 깨무는 행동으로 리비도의 욕구가 충족된다.
항문기	1세 6개월 ~3세	배설의 쾌감을 통해 리비도의 만족을 구하는 시기이며, 배변훈련을 하는 시기로 항문쾌감이 박탈될 가능성이 높다.
남근기	3~6세	성기로부터 쾌감을 느낄 수 있을 만큼 신체적으로 성숙한 시기이며, 이 시기에 남아는 어머니에 대한 애정으로 오이디푸스 콤플렉스를, 여아는 엘렉트라 콤플렉스를 경험한다고 한다.
잠복기	6~12세	남근기 아동의 욕구갈등이 비교적 조용히 억압되는 시기로 학교과업, 운동 등 사회적으로 용납되는 활동을 통해 에너지를 발산하게 된다.
생식기	12세 이후	성행위를 통한 리비도의 충족을 추구하며 이 표출양식은 전 생애를 통해 지속된다.

표 3-1 프로이트가 정리한 인간발달 구분

능), 이고(Ego, 인식하는 자아), 수퍼이고(Superego, 자아이상과 도덕적 양심)로 구분하였다. 또한, 인간발달을 구강기(Oral stage), 항문기(Anal stage), 남근기(Phallic stage), 잠복기(Latency stage), 생식기(Genital stage)로 구분하여, 심리성적에너지인 리비도가 시기별로 다르게 작용하는 것을 설명하였다.

프로이트의 정신분석이론이 부모교육과 아버지교육에 시사하는 가장 중요한 핵심어 중 하나는 '결정적 시기'이다. 프로이트 외에도 결정적 시기를 이야기한 심리학자는 다수 있었지만, 특히 프로이트는 정신질환을 앓고 있는 성인을 연구하며 성인 환자들이 유년기에 겪는 심리적인 트라우마가 지금의 정신질환과 깊은 연관이 있다는 것을 깨달았다. 유아기의 초기 경험의 상처로 인해 현재의 삶에 정신질환으로 나타나는 것을 설명하며 유아기의 경험이 이후의 삶에 결정적으로 영향을 미치고 있다는 가정을 증명한 것이다.

프로이트의 개인적 삶은 대체로 고독과 외로움의 연속이었다고 볼 수 있다. 유년기 이후 아버지에 대한 분노와 반항, 그리고 전 생애를 걸쳐 어머니를 그리워하는 이야기들이 프로이트 관련 기록에 소개되어 있는데, 노년기 프로이트의 삶은 외로움과 절망 그 자체였다. 프로이트의 제자 중 한 명인 칼 융(Carl G. Jung)은 스승인 프로이트의 삶을 비판하였는데, 프로이트가 처제와의 부적절한 관계와 그로 인한 낙태로 인해 실망하였기 때문이다. 또 그는 프로이트가 자신의 거처에 동성의 성인들, 심리상담 과정에서 만난 내담자와 부적절한 관계를 맺었다고 세상에 알리기도 하였다. 노년의 프로이트는 지독한 골초였는데, 본인은 담배가 상상력과 명상에 많은 도움을 준다고 하였지만, 지나친 흡연으로 인한 질환에 시달리기도 했다.

2) 에릭슨의 심리사회이론

프로이트의 제자 중 한 명인 에릭슨은 인간발달의 동인에 심리성적에너지(리비도, Libido)가 가장 강력한 요인이라는 스승 프로이트의 이론에 이의를 제기했다. 심리성적에너지도 인간발달에 중요하게 작용하는 동인 중 하나임에는 이견을 보이지 않았지만, 인간의 타인과의 사회적 상호작용이 심리성적에너지인 리비도보다 더 인

그림 3-3 에릭슨

간발달에 영향을 미치는 요인으로 본 것이다. 인간의 발달은 인생의 전반에 걸쳐 지속적으로 이어지며, 초기의 문제도 인생 전반의 발달을 통해 보완이 가능하다는 견해를 피력하며, 인간발달의 각 단계에 주어진 과업과 심리적 갈등을 성공적으로 극복하면서 전인적인 발달을 도모할 수 있다고 보았다. 인간의 발달을 8단계(영아기, 걸음마기, 유아기, 유년기, 청소년기, 성인 초기, 중년기, 노년기)로 나누어 각 단계에 반드시 성취해야 하는 심리적 과업을 설정하였다.

① 영아기

영아기는 신뢰감과 불신감의 시기로 영아가 주양육자와 부모와의 관계에서 기본적인 신뢰감을 획득해야 한다고 보았다. 영아가 부모와의 관계에서 신뢰감을 획득하지 못 했을 때, 불신감의 기제가 발전하게 되어 심리구조에 자리 잡는다고 보았다.

② 걸음마기

이 시기에는 자율성의 획득이 가장 큰 심리적 과제라고 보고, 부모와 양육자는 아이가 자율성을 연습하고 발전시킬 수 있도록 격려하고 도와야 한다. 걸음마기 아이가 자율성을 성공적으로 획득하지 못하게 될 때, 아이는 수치심과 의심을 키우게 되며 수동적인 아이로 성장하게 되는 것이다.

③ 유아기

유아기의 가장 큰 화두는 진취성(Initiative)이다. 여기에서 진취성이란, 아이가 자기 스스로 결정하고 결단할 수 있는 능력을 말한다. 스스로 자기 주변에서 일어나는 현상을 판단하고, 결정해서 행동으로 옮길 수 있는 능력은 아이가 독창적이고 자기주도적인 성인으로 성장하는 데 중요한 단초가 된다. 반대로 아이가 유아기에 진취성을 성공적으로 발달시키지 못한다면, 아이는 죄책감에 시달릴 수 있게 된다. 쉽게 좌절하고, 어떤 행동의 결과가 자신 때문이라고 자책하는 아이가 되어가는 것이다.

④ 유년기

유년기는 근면성을 키워가야 하는 시기로, 아이가 일상생활에서 자기의 일과를 계획하고 실천할 수 있도록 격려하고 안내해야 한다. 아이가 근면성을 잘 학습하지 못하게 되면, 열등감을 가지게 되며 다른 또래 아이들과의 경쟁에서 쉽게 좌절을 경험할 수 있고, 소극적이고 자신이 타인에 비해 열등하다는 피해의식을 가지게 될 수 있다.

⑤ 청소년기

청소년기는 주체성을 키워야 하는 시기이다. "나는 누구인가?"로 시작하는 청소년기의 화두는 "나는 어떤 사람이 될 것인가?" "무슨 일을 하며, 무엇을 위해, 무엇을 추구하며 살아갈 것인가"에 대해 깊은 고민이 시작되는 시기인 것이다. 청소년기를 뜻하는 다른 말인 사춘기(思春期)는 말 그대로 봄을 생각하는 시기이다. 사춘기는 섹스를 생각하는 시기이기도 하다. 한자에서 '春'은 섹스를 의미(춘화)하기도 한다. 인생에 있어서 봄은 시작을 의미하며 출발을 의미한다. 만물이 생동하고 싹트는 시기에 청소년은 반드시 자기 자신에 대한 자아정체성을 발달시켜야만 이후 삶에서 정체성 때문에 오는 혼란을 겪지 않게 될 것이다.

⑥ 성인 초기

일반적으로 성인 초기는 20대부터 30대 후반까지를 말하는데, 이 기간 동안 이루어야 할 인생의 과업은 친밀함(Intimacy)의 발달이다. 인생의 동반자와 배우자를 만나기 위해 구체적으로 노력하고, 때로는 이성교제의 실패 때문에 고독을 맛보기도 하는 것이다. 그리고 인생의 동반자를 찾기 위한 노력의 하나로 동성이나 이성 친구와 친밀한 관계를 형성하고, 모임이나 클럽활동 커뮤니티를 찾아 분주하게 생활하게 된다. 같은 생각과 철학을 공유하고 서로를 격려해 줄 수 있는 동지를 찾는 일이야말로 이 시기에 가장 중요한 지향점일 것이다. 이러한 노력들이 실패로 돌아가게 될 때, 고독함을 경험하게 되고 친구와 동료로부터의 소외된 감정은 결국 사회적인 고립으로 이어지게 된다.

⑦ 중년기

중년은 40세부터 60세까지로 구분하였는데, 이 시기는 생식성 혹은 생산성(Generativity)의 시기이다. 생식성은 중년의 시기에서 다양하게 설명될 수 있는데, 첫째는, 자녀의 생산과 성적욕구(성애)의 시기로 설명한다. 성적인 에너지는 성인 초기부터 왕성하게 작용하였지만, 성애의 욕구가 중년에도 그대로 유지된다. 다만, 신체적으로는 청년의 시기보다 정자와 난자를 생산하는 능력은 급격하게 떨어지는 시기이지만, 생명에 대한 생산의 욕구는 여전히 존재하며, 특히 성적인 탐욕과 추구의 에너지는 인생의 어느 시기보다 더욱 강렬하다고 본다. 동양철학에서는 소위 나이 마흔을 불혹(不惑)의 시기라고 말하였다. 어떠한 유혹에도 흔들림이 없는 나이가 중년이라고 말하였지만, 과연 현대를 살아가는 중년들이 성적인 유혹과

돈에 대한 유혹, 명예에 대한 유혹으로부터 자유로울까? 그리고, 탐욕으로부터 자유로운 시기가 과연 중년인지는 곰곰이 따져볼 만하다. 그보다는 오히려 반대로 생각해보는 것이 더 좋을 듯하다. 중년이 성적인 유혹과 재물에 대한 욕심, 명예에 대한 유혹이 가장 많은 시기이니, 이를 경계하고 극복하라는 의미에서 지혜로운 선현들이 나이 마흔을 불혹의 시기로 이름붙이지 않았을까 싶다.

둘째로, 생산적인 일에 몰두하는 시기이다. 공적이든 사적이든 여러 모임을 조직하고 운영하면서 성취감을 맛보며 인간관계의 폭이 최대로 넓어지는 시기이다. 또, 후배들에게 열성적으로 자신의 삶을 선배로서 가르치고 훈수하고 싶은 욕구가 최고조인 시기이다. 중년 본인의 의지와 좋은 의도에서 하는 말과 행동이라 하더라도, 잔소리 많은 사람, 설교나 연설만 하는 사람, 꼰대(고리타분한 사람), 눈치 없이 있는 자리 없는 자리 다 끼고 싶어 하는 사람으로 보일 수도 있으므로, 각별히 자기관리에 철저하고 신중한 몸가짐을 해야 할 시기라고 할 수 있다. 이러한 생산적인 능력에 좌절을 맛보는 중년들은 깊은 우울을 경험하게 된다. 젊음을 바쳐 충성한 직장과 사회에서 왕따가 되고, 자신의 능력을 인정받지 못한다고 생각하는 중년들은 소외감과 깊은 우울에 극단적인 선택을 하거나, 가족과 배우자로부터도 관심 밖의 사람으로 배제될 때, 인생의 두 번째 사랑을 찾아 떠나게 된다. 세상의 누구도 나를 인정해주고 반갑게 맞아주지 않을 때, 유일하게 나를 아껴주고 존중해주며, 사랑해주는 사람이 나타났다. 이를 중년의 외도라고 말하기도 하고 불륜이라고 말하기도 한다.

⑧ 노년기

인생의 마지막 단계, 노년기의 과제는 완전함(Integrity) 혹은 고결함으로 정리된다. 인생의 황혼기에 지난 삶을 되돌아보고, 삶과 죽음에 대해 통찰을 하며 인생의 마지막을 정리해가는 시기이다. 홈베이스(집)에서 태어나 인생의 초기 1루를 전력질주해서 돌았다. 청년기 중년의 2루를 혼신의 힘으로 돈 다음, 마지막 베이스인 3루를 돌며 마지막 종착역인 홈베이스를 향해 서서히 속도를 줄이며 다시 집으로 들어온다. 그래서 내 인생의 다이아몬드(야구장의 홈, 1, 2, 3루를 연결하면 다이아몬드 모양이 되기에 그렇게 부른다) 역사가 마무리된다. 인생의 한 사이클을 돌며 돈도 명예도 부질없다는 것을 통찰하며 내 삶을 온전함, 고결함으로 갈무리하는 것이다. 정직함과 깨끗함으로 삶을 마무리하고 싶다. 이러한 인생의 마지막 과업을 실패하게 될 때, 노욕을 가진 늙은이로 치부되기도 하고, 노망났다고 사람들에게 비난을 받게 된다. 노년의 자신이 본인의 생을 되돌아보았을 때 본인이 부끄럽고 한심하게 생각하게 된다면, 절망의 깊은 수렁에 빠지게 되는 것이다.

3) 반두라의 사회학습이론

행동주의 심리학의 시작은 17세기 계몽주의 시대 로크(John Locke)로 거슬러 올라간다. 로크는 "아이들의 발달은 양육(Nurturing)의 결과"라고 전제하고, 인간은 태어나면서 백지나 빈 깡통같이 인지적 공백상태(Tabula rasa, 백지설)로 태어난다고 주장하였다. 교육과 양육이 없이는 아이들은 외부로부터의 지식을 담을 수 없으며, 지식은 경험과 인식을 통해 획득된다고 역설했다. 이런 로크의 가정은 후일 1920년대부터 1960년대까지 주요 철학사조로 자리매김한 행동주의 심리학의 모태가 되었다.

그림 3-4 반두라

행동주의 심리학은 미국행동주의 심리학의 선구자였던 쟌 왓슨(John Watson)과 파블로브(Pavlov)의 동물실험을 거치면서 "자극-반응→강화"라는 이론의 체계가 완성되었다. 많은 사람들이 '고전적 조건강화(Classical conditioning)'를 기억하고 있을 것이다. 개에게 음식을 줄때 종을 흔들어 음식은 종소리를 자극 요소로 설정했다. 개는 당연히 음식에 자극되어 침을 흘린다. 한동안 이런 과정을 반복하게 될 때, 음식은 없이 종소리만 들려주어도 개는 침을 흘린다. 왜냐하면, 음식과 종소리가 연합된 자극의 변인이었기 때문인데, 이러한 과정을 거쳐 개의 인식체계에 강화된 조건과 반응의 개념이 도식화되어 남는 것이다. 왓슨은 한때, "나에게 12명의 아이들을 주면, 내가 원하는 대로 아이들의 미래 직업을 결정할 수 있다. 의사, 변호사, 교수, 심지어는 부랑자에 거지까지"라고 말하였는데, 이는 아이들을 수동적인 부속물로 생각하는 것으로 간주되어 세인들의 비판을 많이 받았고, 결국 공개적으로 자신의 실언을 인정하기도 하였다. 하지만 아이들을 수동적인 존재로 보고 자극과 반응의 연합을 통해 컨트롤 할 수 있다는 점을 고수하면서, 아동중심철학자들과는 끝까지 거리를 두고 지냈다.

왓슨의 이론은 스키너(Burrhus F. Skinner)를 거치면서, 행동주의 심리학은 조작적 조건강화(Operational conditioning)로 전성기를 구가하게 된다.

이는 기존의 고전적 조건강화(자극+반응=강화) 공식에 보상(Rewards)을 추가하여, 아이들의 행동에 보상이나 처벌을 통해 행동이 강화되거나 약화되는 것에 초점을 두고 있다. 예를 들어, 아이들이 바람직한 행동이나 말을 했을 때, 보상을 통해서 긍정적인 행동을 강화시키고, 부정적 행동은 처벌을 통해 약화시키는 것이 행동수정이론의 기본적 원리이다. 일선 유아교육기관에서 아이들에게 성취에 따른 스티커(보상)를 주어 일정 수량의 스티커를 모으면 그 수량에 맞는 보상을 해주는 것도 행동수정이론을 이용한 활동이라고 볼 수 있다.

이런 행동수정의 원리를 한 단계 더 발전시킨 것이 사회학습이론으로 가장 유명한 캐나다의 심리학자 앨버트 반두라(Albert Bandura)의 사회학습이론이라고 할 수 있다. 기본적으로 아이들은 타인의 행동의 관찰(Observation)을 통해 행동을 모방(Imitation)한다. 아이들의 모방행동은 자신에게 가장 영향력 있는 주변인일 가능성이 높은데, 엄마나 아빠, 혹은 가족구성원 중의 한 사람 또는 여러 사람, 그리고 또래의 친구와 교사 등으로 서서히 확장된다. 자신의 롤모델과의 동일시를 통해 모델링(Modeling)을 하며 자신의 행동체계를 확립해간다. 이때, 좀 더 고차원적인 동일시의 개념으로 상호적 결정주의(Reciprocal Determinism)가 사회학습의 마지막 단계에서 영향을 주게 된다. 상호적 결정주의란, 예를 들어 아빠의 행동양식이 아이들의 행동에 영향을 주고, 아이들의 반응이 아빠의 반응행동에 영향을 주어 서로의 행동에 끼치는 영향을 말한다.

4) 보울비의 애착이론

보울비의 애착이론은 콘라드 로렌츠(Conrad Lorenz)의 동물행동학에서 시

그림 3-5 보울비

작되었다. 로렌츠는 다양한 동물행동실험을 통해 각인이론(Imprinting Theory)을 확립하였는데, 잘 알려진 대로 어미 거위를 알에서 격리시킨 다음, 알에서 갓 깨어난 새끼 거위들을 로렌츠 자신이 돌보았는데, 신기하게도 새끼 거위들은 로렌츠를 자신들의 어미인 줄 알고 졸졸 따라다녔다. 각인이론에 따르면 생명체가 태어나서 처음 보는 대상을 자신의 주양육자로 인식한다는 것이다. 이를 한 단계 더 발달시켜 갓 태어난 아이와 양육자가 맺는 신체적·정서적 유대를 기초로 애착이 형성된다는 것이 보울비의 애착이론의 핵심이다. 아이와 양육자 간의 초기경험이 아이의 뇌리에 깊숙이 각인되어 향후 부모 자녀 관계에 영향을 미친다는 개념도 동일한 맥락에서 설명이 가능하다. 보통 아이와 양육자 사이의 유대감은 신체적인 유대감과 정서적인 유대감으로 범주를 나누는데, 먼저 신체적인 유대감은 양육자가 아이를 자주 안아주고, 다독여주고, 같이 목욕을 하거나 신체활동을 통한 신체적 접촉을 통해 형성된다. 신생아 초기 아이를 태중 환경과 비슷하게 배려하여 아이가 엄마 아빠의 심장소리를 들으며 젖을 먹도록 하는 것도 일종의 신체적 유대감 혹은 친밀감 형성에 영향을 미친다.

신체적 유대감의 효과에 관한 또 다른 동물행동실험의 사례가 있다. 실험실 한쪽에는 젖병을 가지고 있는 철사로 된 어미원숭이, 또 다른 한쪽에는 젖병은 없지만 부드러운 솜과 인형으로 된 어미원숭이를 설치해놓았

더니, 새끼원숭이는 대부분의 시간을
부드러운 솜인형 어미원숭이의 품에
서 보냈다. 새끼원숭이가 철사로 된
어미원숭이에게 가는 시간은 오로지
배가 고플 때, 즉 우유를 먹을 때를
제외하고는 거의 찾아보기 어려웠다.
이 실험은 인간이든 동물이든 따스한
어미의 품에서 안정을 찾는 본능을
잘 보여준다.

그림 3-6 로렌츠

　　로렌츠의 동물실험에서 시작된 보
울비의 애착이론은 에인스워드(Ainsworth)와 벨스키(Belsky)를 거치며 격
리불안(Separation Anxiety)이나 낯선 사람 불안(Stranger Anxiety) 실험과 다
중애착이론 등으로 다양하게 발달하며 영유아 애착연구의 이론적 배경
이 되었다.

5) 피아제의 인지발달론

피아제의 인지발달론의 핵심은 "아이들은 자신의 경험과 타인과의 상호
작용을 통해 주변세계를 이해하고 인지체계를 구성(Construct)해 간다"
는 것이다. 이러한 이유로 일각에서는 피아제를 구성주의자로 분류하기
도 한다. 결혼 후, 피아제는 영유아기 발달전문가였던 아내와 함께 자신의
세 아이를 대상으로 연구를 진행하면서 인지발달론의 토대를 마련했다.
이후, 1961년 그는 코넬대학(Cornell University)과 버클리대학(University of
California, Berkeley)의 초청을 받아 미국에서 연구 활동을 하기도 하였다.

그림 3-7 피아제

피아제는 인지발달론의 토대를 마련하면서 중요한 핵심개념을 만들었는데, 스키마(Schemes, 도식)의 개념과 동화(Assimilation), 조절(Accommodation), 균형(Equalibrium)의 그것이다. 먼저 '스키마'란 인간의 인지체계에 존재하는 발달도식을 말하는데, 보다 자세히 말하면, 유아가 경험을 통해 획득하는 인지구조의 모델이나 틀을 의미하며, 지적인 표상(Intellectual representation)으로 불리기도 한다.

외부환경을 이해하는 틀(스키마)에 새로운 정보나 환경을 기존의 스키마에 대비하여 흡수하는 과정을 '동화'라고 한다. '조절'은 새로운 정보나 경험에 반응하여 기존의 도식이 변경되어 새로운 도식이 형성되는 인지적 적응의 과정으로 설명된다. 이러한 동화와 조절의 단계를 거쳐 아이들은 외부세계에 대한 이해와 본인의 경험 간에 인지적인 균형을 이루게 되는데, 이를 '균형'으로 명명하였다.

또한, 피아제는 인지발달의 단계를 4단계로 나누고 감각운동기(Sensorimotor stage; 0~2세), 전조작기(Pre-operational stage; 2~7세), 구체적 조작기(Concreate Operational stage; 7~11세), 형식적 조작기(Formal operational stage, 11세 이후)로 나누어 설명하였다.

감각운동기는 아이들이 기본적인 감각(시각, 청각, 후각, 미각, 촉각)을 익히는 시기로 주로 기본적 운동기능의 발달이 일어나는 시기이다. 전조작

발달단계	연령	내용
감각운동기	0~2세	대상에 대한 외현적 활동을 통해 세계를 이해함 감각운동적 도식의 상호통합에 의해 점진적 발달이 이루어짐 대상영속성 개념이 획득됨
전조작기	2~7세	표상이 형성되며, 이를 통해 문제해결과 내재적 사고가 가능하나 자기중심성, 비가역성 등의 한계를 지님
구체적 조작기	7~11세	가역적 조작의 획득과 더불어 논리적으로 문제해결이 가능하게 됨
형식적 조작기	11세~성인	여러 형태의 보존개념이 형성되며, 분류와 관계적 추론능력이 획득됨

표 3-2 피아제의 인지발달 4단계

기에는 아이들이 상징적 사고(Symbolical thinking)가 가능해지며 언어발달이 급속하게 이루어지는데, 자기중심성(Ego-centrism)이 이 시기를 대표할 만한 특징이라고 할 수 있다. 구체적 조작기에는 논리를 발달시키고, 객관적이고 논리적인 사고의 틀이 형성된다. 유년기와 사춘기 초기에 나타나는 형식적 조작기의 아이들은 추상적 사고와 가설적 사고가 가능해지며, 도덕성과 사회성, 자신과 다른 사고와 형식을 인정하고 대화가 가능해진다.

이러한 인지발달론의 기존 체계에 비고츠키(Vygotsky)는 문화적 요소와 언어의 발달이 유아의 인지발달에 중요한 변인이라고 보았다. 아이들이 능동적이고 자발적인 학습능력을 가지고 태어난다는 피아제의 견해에 동의하면서도, 아이들이 가진 인지체계는 사회적으로 구성되어진다고 주장하였다. 문화적인 행동양식과 사회적 관습 등이 학습자들의 사회적 상호작용에 깊은 연관이 있으며, 언어를 매개로 인지체계를 구체화해 나간다고 주장하였다.

그림 3-8 비고츠키

또한, 근접발달지대(Zone of Proximal Development, ZPD)를 명명하여 인지발달과정을 설명하였다. 근접발달지대란, 아이가 타인의 도움 없이 스스로 문제를 해결할 수 있는 실제적 발달의 수준과 성인이나 타인의 도움을 통해 문제를 해결할 수 있는 수준 사이에 존재하는 잠재적 발달지역을 말한다. 이러한 근접발달지대는 주양육자나 교사, 또래친구 등 중요한 타인에 의한 도움, 즉, 비계설정(Scaffolding)을 통해 구체화되며, 언어발달을 통해 인지체계가 완성된다고 주장하였다.

결론적으로 피아제의 인지발달론이 행동주의 심리학과 대비되는 점은 행동주의 심리학에서는 아이들의 인지체계는 비어 있는 상태(Blank slate)로 태어나 후천적인 교육을 통해 서서히 인지구조를 완성해가는 아이들을 수동적 존재로 받아들인 반면, 피아제는 아이들은 독창적인 잠재력(Unique potentiality)을 가지고 태어나며 외부세계의 환경과 상호작용을 통해 인지체계를 발달시켜나가는 동인을 가진 능동적인 존재로 보았다는 것이다.

1900년 독일의 유태인 가정에서 태어난 에리히 프롬(Erich Seligmann Fromm, 1900~1980)은 사회심리학의 창시자로 널리 알려져 있다. 그의 사회심리학은 인간의 정신분석에 대한 프로이트의 철학과 마르크스의 사회경제학과의 통합을 통해 이루어졌다. 1930년부터 10여 년간 '프랑크푸르트학파'의 일원으로 프로이트와 마르크스의 철학 통합에 열정적으로 헌신하였는데, 이러한 노력은 훗날 그의 저서들로 결실을 맺게 되었다.

1933년 제2차 세계대전 중 나치의 탄압을 피해 미국으로 망명한 후 컬럼비아대, 베닌튼대, 예일대, 멕시코국립대 등에서 강의를 하였다. 아내의 요양을 목적으로 미국과 멕시코, 스위스를 오가며 살다가 80세가 되던 해 스위스에서 생을 마감하였다.

한편, 그의 사회심리학은 임상적 검증 없이 심리학을 피상적으로 다루었다며 미국심리학계의 비판을 받기도 하였다. 하지만 1956년 발간된 저서 『사랑의 기술(The art of loving)』은 세계 34개 국어로 번역되어 수백만 부가 팔릴 정도로 크게 주목을 받으면서 종전의 비판은 수그러들었다. 그는 대표작 『사랑의 기술』 이외에도 『자유로부터의 도피』, 『소유냐 존재냐』 역시도 지금까지 베스트셀러로 남아 있다.

노년의 에리히 프롬은 어느 따스한 봄날 창가에 흔들리는 의자에 앉아 책을 읽으시던 아버지의 행복한 모습이 자신의 삶에 가장 큰 영향을 주었다고 회고하였다. 유태인에 대한 만행을 자행하던 나치 정권의 심한 핍박과 암울한 전시 상황에서도 평상심을 유지하며 책을 읽고, 가끔 하늘을 바라보며 만면의 미소를 지으시던 아버지의 모습을 그는 평생 잊을 수가 없었다. 유년기에 아버지가 자신에게 들려준 "아들아, 너는 미래에 훌륭한 사람이 될 것이다. 왜냐하면 너는 명석한 머리를 가졌고, 무엇보다 책을 읽는 좋은 습관을 가졌기 때문이다. 어떤 상황에서도 항상 책을 가까이 하도록 해라"라는 말씀을 가슴속에 품고 살았다. 시대를 관통하는 최고의 철학자이자 심리학자였던 에리히 프롬의 뒤에는 아버지의 강하고 울림 있는 말 한마디가 있었다.

토의 주제

1. 아버지가 자녀의 성장과 발달에 대해 잘 이해하고 있어야 하는 이유는 무엇입니까?
2. 유아의 발달에 대한 여러 이론과 관점 중 가장 설득력 있는 이론은 무엇이고, 그 이유는 무엇입니까?
3. 아버지와 아이 간의 기본적 신뢰감은 왜 중요하고, 어떻게 이루어집니까?
4. 반두라(Bandura)의 사회학습이론이 아버지의 역할과 양육태도에 주는 시사점은 무엇입니까?
5. 아버지로부터 가장 닮고 싶은 점이 있다면(혹은 닮고 싶지 않은 점이 있다면) 어떤 것이 있으며, 그 이유는 무엇입니까?

주

1 아동발달 전문가인 밀러 박사(Dr. Karen Miller)는 "아이들의 발달이 빠른 것을 좋게만 볼 수는 없다. 아이들이 발달에 적합한 환경을 제공받고 있는지, 영양 상태는 좋은지, 엄마 아빠의 사랑과 애정으로 잘 양육되고 있는지가 더 중요한 변인이라고 할 수 있다. 아이들의 발달은 아이들 자신의 내부 시간표(Inner time-table)에 의해 이루어지고 있으므로, 아이들의 발달에 개인차가 있음을 이해하고, 양육방법과 지도의 수준을 설정한 다음, 아이들의 발달수준에 맞는 교육환경을 제공하는 것이 부모와 교사들이 기억해야 할 중요한 사실이다"라고 주장하였다.

2 MRI(magnetic resonance imgaging)과 PET(positron emission tomography)가 보편적으로 사용되고 있다.

3 신생아를 안을 때 엄마 아빠들은 머리를 손으로 잡고 팔 전체로 아이의 몸을 반드시 받치게 된다. 또 신생아의 키와 몸무게에 상관없이 왼팔로 아이를 받치고 아이의 머리가 엄마 아빠의 심장 쪽으로 향하게 안는 것이 좋다. 아이가 태내에서부터 산모의 심장소리를 듣고 자랐기 때문에 부모의 심장박동 소리가 아이에게 안정감을 가져다 줄 수 있다.

제2부

아버지교육의 이론과 프로그램

4장

자녀의 발달단계에 따른
아버지의 역할

생물학적으로는 정자와 난자가 만나 새로운 생명을 잉태하게 되는 것이지만, 인간발달의 측면에서는 남녀가 남편과 아내로 만나 부부가 되고, 자녀를 낳아서 어머니와 아버지가 되는 과정을 뜻한다. 진정한 의미에서 부모가 되어가는 과정은 자녀 출생으로부터 시작한다. 자신의 삶 전체를 되돌아보고 한 가정의 양육자로서 어떻게 살아갈 것인지, 자신에게 주어진 새로운 역할을 감당하게 되는 것이다. 한 생명을 보호하고 양육의 의무를 통해 사회가 성인 남녀에게 요구하는 의무를 다하고, 자신이 부모로부터 물려받았던 소중한 가치를 자녀를 통해 실현할 기회가 주어진 것이다. 앞에서는 부모의 양육태도에 대해 전반적으로 살펴보았고, 이번 장에서는 자녀의 발달단계에 따른 아버지의 역할을 살펴보기로 한다.

1. 태내기

1) 태내기 발달 특징

① 배란기

정자와 난자가 결합한 수정란이 자궁에 착상하는 데 걸리는 2주까지의 기간을 배란기라고 한다. 정자와 난자가 수정이 되면 난관 내부의 섬모운동과 난관의 수축과 이완에 따라 나팔관과 난관을 지나 자궁 속으로 내려오게 된다. 자궁 속을 떠돌던 수정란은 자궁벽에 정착하게 되는데, 이를 착상이라고 부르고 이는 임신 초기 단계다.

② 배아기

임신 후 수정란이 약 8주 동안 배아를 형성하고, 신체의 주요기간이 형성되게 된다. 수정 후 3주가 지나면 배아에 심장이 만들어져 뛰기 시작한다. 수정 후 4주가 지나면 얼굴, 팔, 다리, 손·발가락이 생긴다. 신체기관도 급속하게 발달하는데 소장과 대장, 소화기관과 허파 등 주요 장기가 형성된다. 이 시기에는 산모의 영양공급이 중요하며 심신 안정이 필요하다. 영양공급이 부실하거나 술, 담배, 약물 등은 배아기에 치명적인 손상을 초래할 수 있다.

③ 태아기

태아기는 주로 수정 후 8주부터 출생까지의 시기를 말한다. 태아기는 배아기에 발달한 신체 기관들의 구조가 정교해지고 기능이 분화되는 특징이 있다. 임신 후 3개월경에는 태아의 신체 각 부분까지 정교하게 발달하게 되는데, 성별이 정해지고 손과 발도 형체를 알아볼 수 있을 만큼 발달하게 된다. 임신 후 5개월이 되면 태아의 신장은 25센티미터 정도 자라게 되고 체중은 400~450그램 정도가 된다. 이때가 되면 태아는 소리나 빛 등 외부의 자극에 반응하게 된다. 임신 6개월이 되면 뇌 발달이 급속하게 진행되는데, 일반적으로 임신 6개월 정도에는 조산을 하더라도 생존할 확률이 90퍼센트 이상일 만큼 신체 각 부위가 발달하게 된다.

임신 3기를 임신 7개월부터 출산 전까지로 보는데, 태아가 자라면서 자궁 내의 환경은 좁아질 만큼 태아의 활동이 매우 활발해진다. 발길질을 하기도 하고 하품을 하기도 하며 소변과 대변을 보기도 한다. 출산이 가까워질수록 태아의 머리는 자궁경부 방향으로 향하게 된다.

2) 태내기
① 태교

태내기는 인간발달의 전 과정을 비교하면 8-9개월이라는 짧은 시간이지만, 새 생명 발달의 기초가 마련된다는 점에서 매우 중요하다. 전통사회에서는 모성태교와 더불어 부성태교를 중요하게 다루고 있다. 사주당 이씨의『태교신기』에서는 부성태교의 첫 단계로서 아내의 임신과 더불어 청결한 마음가짐을 강조하고 있다.

특히 잉태 시 부친의 청결한 마음가짐은 모친의 10개월에 못지 않게 중요하다. (중략) 날마다 공경으로서 서로 대하고 예의를 잃거나 흐트러짐이 없어야 하며 남녀가 함께 생활하여도 오히려 입에 내지 못할 말이 있으며 안방이 아니면 자지 않고 몸에 병이 있어서 집에 근신할 일이 있거나 하면 그 기간은 금하고 음양이 고르지 않고 하늘 기운이 예사롭지 않거나 헛된 욕망이나 요망스럽고 간악한 기운이 몸에 한국 전통사회의 부성태교에서는 임신 후 부친의 금욕생활을 강조하고 있다. 아내와의 잠자리를 삼가고 술과 담배를 멀리하며 이웃과 동네의 공공시설을 보수하는 등 자선을 행하고 주변을 정결하게 유지하도록 가르치고 있다.

현대사회에서도 부성태교는 부부간의 화합과 자녀양육의 공동 참여라는 측면에서 중요한 의미를 가진다. 뱃속에서 태아의 태동이 느껴지면 아내는 남편에게 이를 알리고 근신과 육아의 참여를 적극적으로 유도하여야 한다. 술과 담배를 멀리하고 좋은 말과 좋은 행동으로 임신은 아내만의 일이 아니라 부부 공동의 과제로 받아들일 수 있도록 해야 한다. 출산을 준비하는 과정에 남편이 적극적으로 참여하고 병원에 갈 때에도 가능하다면 동행하는 것이 좋다. 함께 태아의 태동을 느끼고 행복한 출산이 될 수 있도록 남편의 참여를 적극적으로 독려하여야 한다.

② 가사분담

임신 중에는 남편의 가사분담이 필수적이다. 임신을 하게 되면 태아에게 많은 영양소를 뺏겨 산모가 쉽게 피로감을 느끼기 때문이다. 임신 중인 아내를 위해 도울 수 있는 가사분담의 목록을 작성하고 실천하기 쉬운 일부터 시작하는 것이 좋다. 예를 들면, 집안 청소와 분리수거, 빨래와 설거지 등은 남편이 아내의 임신 중에 충분히 할 수 있는 일들이다. 남편이 아내가 좋아하는 행동을 하는 것보다 아내가 싫어하는 행동을 하지 않는 것도 중요하다. 아내의 임신에 상관없이 늦게 귀가하거나 자신의 취미생활에만 몰두해서는 곤란하다. 출산예정일까지 남편은 술과 담배를 삼가고 외부 활동보다는 집 안에서 임신한 아내를 도울 수 있는 일들에 대해 고민하고 실천에 옮기는 것이 중요하다.

2. 신생아기/영아기

1) 신생아기 발달 특징

신생아들은 모유나 우유를 먹고, 잠을 자고, 배변을 하는 것으로 대부분의 시간을 보낸다. 주양육자의 기본적인 역할은 신생아의 울음에 민감하게 반응하고, 신생아에게 안전한 환경을 제공하고, 신체적으로 불편함이 없도록 해주는 것이다.

신생아는 출생 초기에 고개를 잘 가누지 못한다. 생후 6주에서 8주 정도가 지나면 고개를 들고 가슴을 일으킬 수 있게 된다. 생후 100일 정도가 되면 가슴을 일으키고 두 팔로 배밀이를 시작한다. 신생아가 생후 3∼6개월이 되면 누워 있는 상태에서 발차기도 자유자재로 할 수 있게 되는데, 대근육 발달에 중요한 신체활동이므로 아이가 편한 자세로 자신의 몸을 탐색하게 하고, 목욕이나 매트 위에서의 놀이를 통해 대근육을 발달시키도록 돕는 것이 좋다.

생후 6개월이 되면, 몸을 비틀기도 하고, 쭉 뻗거나 두 손과 발을 이용해서 기어가기 시작한다. 이 시기의 신생아는 활동적인 운동을 필요로 하는 시기이므로, 움직임에 제한을 두지 않도록 하고 자유자재로 자신의 신체 기능을 시험해볼 수 있도록 허용적이고 안전한 환경을 제공하는 것이 중요하다. 대근육 발달과 함께 소근육도 급속하게 발달하게 되는데, 두 손을 활발하게 움직이기 시작한다.

보통 이 시기에는 소리 나는 단순한 장난감을 주는 것이 좋다. 아이 손에 장난감 등의 물건을 쥐여 주면 모두 입으로 가지고 가서 빠는 행동을 보이는데, 이렇게 침을 흘리고 입으로 빠는 행동은 지극히 자연스럽게 관찰되는 신생아의 대표적 행동양상으로 이해해야 한다.

또, 침대 위에 달아둔 모빌을 보며 눈의 초점을 바꾸어 시선을 이리저리 옮겨 다니기도 한다. 움직이는 모빌을 손으로 칠 수 있도록 해도 좋은데, 목적물 훈련을 통해 자신의 신체와 움직임에 대해 탐색하는 기회를 갖는다. 신생아기에 아이가 장난감이나 물건을 움켜잡고, 공중에 달려 있는 모빌을 치고, 움직여 봄으로써 자신의 힘에 대한 감각을 익힌다. 또한 외부 세계와 자신의 신체기관의 기능에 대해 인식하게 되고, 흥미 있는 목표물을 유심히 관찰하고 만져봄으로써 감각을 발달시키고 그러한 상황 자체를 즐기게 된다. 프로이트의 정신분석학에서 주장하는 영아의 심리성적에너지(Libido)가 신생아의 입에 몰려 있는 시기가 바로 이 때이며, 피아제가 말한 감각운동기가 바로 이에 해당된다.

신생아가 타인과 처음으로 의사소통을 하는 수단은 바로 울음이다. 전언어단계(Pre-linguistic stage)로, 아이의 울음은 많은 의미를 내포하고 있다. 울음은 크게 기본적인 울음, 화나서 우는 울음, 배고파서 우는 울음, 불편해서 혹은 아파서 우는 울음 등으로 나누고 있다. 처음에는 아이가 왜 우는지 초보 엄마 아빠들은 잘 구분하지 못하지만, 차츰 시간이 흘러감에 따라 아이의 울음 강도와, 눈물을 왜 흘리는지의 여부, 그리고 큰 의미 없이 우는 아이들의 울음소리를 구분할 수 있게 된다.

① 사물에 대한 굶주림

신생아들은 외부세계의 거의 모든 물건에 관심을 보이고 입에 넣기 위해 가져간다. 이런 과정을 통해 물건에 대한 정보를 얻고 자기 주변의 세계에 대한 탐구영역을 넓혀나간다. 부모 및 주양육자는 아이의 안전을 위해 아이 주변의 위험요소를 제거해주면서, 아이에게 무해하고 발달에 적합한 장난감과 교구를 마련해주는 것이 좋다.

② 대상영속성

인지발달학자인 피아제가 정의한 개념으로, 존재하는 물체가 어떤 것에 가려져서 보이지 않아도 그것이 사라지지 않고 지속적으로 존재하고 있다는 것을 아는 인지능력이다. 대개 신생아기와 영아기에는 사물이 눈에 보이는 곳에서 가려지면 마치 사물이 처음부터 그 장소에 없었던 것으로 생각한다. 반면 대상영속성의 개념을 획득한 영아는 방해물의 여부와 상관없이 사물은 그대로 존재하고 있다는 것을 인식하게 된다. 감각운동기에는 영아가 대상영속성에 대하여 잘 알지 못하지만, 대략 4~8개월 무렵에 이르러서는 대상영속성의 개념을 획득하기 시작한다. 영아는 대상영속성의 개념 획득을 통해 사물이 자신과 독립적으로 존재한다는 것을 인식하게 되어 자기 자신이 외부의 환경이나 물건과 달리 독립적인 개체로 존재한다는 것을 인식하게 된다. 이런 관점에서 대상영속성은 감각운동기에 획득하여야 할 과제 중의 하나이다.

2) 영아기 발달 특징

① 신체 발달

영아기는 먹고, 잠을 자던 신생아기를 벗어나 신체적으로 급속하게 발달하는 시기다. 기어 다니기를 시작으로 앉기와 잡고 일어서기, 잡고 걷기가 가능해진다. 대략 생후 12개월이 되면 독립적인 보행이 가능해진다.

먼저, 기어 다니기는 두 단계로 나눌 수 있는데, 첫 번째 단계는 두 팔을 이용하여 배밀이를 해서 기는 방법이고, 두 번째는 두 손과 두 무릎을 이용해서 기는 방법이다. 일반적으로 6개월 정도가 되면 배밀이를 시작하는데, 이때는 이불이나 매트 위에 아이가 좋아하는 조그마한 장난감이나 물건을 흩어 놓으면, 호기심을 가지고 손을 뻗어 잡으려고 움직이기 시작하면서 배밀이가 시작된다.

배밀이 기간 동안 아이의 팔과 다리의 대근육 발달이 급속하게 이루어진다. 두 팔과 두 다리를 이용한 기어다니기가 가능해지면, 아이는 상체를 일으켜 양 손바닥으로 바닥을 지지하고 양 무릎으로 움직이기 시작한다. 그 다음 단계는 소파나 벽, 낮은 탁자 등 가구를 잡고 비스듬히 걷기를 시도하게 되는데, 이를 잡고 걷기라고 한다.

영아기 신체발달의 마지막 과정은 일어서기이다. 아이가 잡고 걷기가 익숙해지면 그 다음 단계는 주변의 물건에 의존하지 않고 혼자 일어서는 것이다. 처음에는 일어서는 자세가 불안정하고 흔들흔들거리며 균형을 잡기가 힘들지만, 점차 주변 물건이나 엄마 아빠의 도움 없이도 스스로 일어서게 된다. 10개월에서 12개월 정도가 되면 아이는 계단 기어오르기가 가능해진다.

한편 영유아기에는 대근육 발달과 함께 소근육도 급격하게 발달하게 된다. 생후 6개월이 지나면 물건을 움켜잡고 잘 놓지 않는다.[1] 장난감이나 물건을 손으로 집어서 들어 올리는 행동의 반복을 통해 성취감을 느끼기도 하고, 검지로 물건이나 대상 등 무엇을 가리키는 행동을 자주 하게 된다.

한국 전통놀이에서 도리도리 잼잼놀이가 있는데, 영유아기의 발달특성이 잘 고려된 훌륭한 신체놀이이다. 도리도리 잼잼놀이는 아이의 목 운동과 손바닥과 손가락의 소근육 발달에 도움이 된다. 이 시기 아이들은 물건의 구멍을 찾아서 자신의 손가락을 넣어보는 행동을 자주하는데, 아이들의 안전을 위해 전원코드나 콘센트 구멍 등 아이들의 손에 닿는 위험요소를 제거하는 것도 중요하다.

② 인지발달

인지발달이란 아이가 외부세계의 정보를 인식하고 이해하며 상황에 대한 생각을 말과 행동으로 옮길 수 있는 지적 체계와 관련된 발달로 정의하고 있다. 영아기의 인지발달은 아이들이 장난감이나 주변 물건, 그리고 외부세계를 탐색하고 조사하고 시험해보는 것으로 시작한다. 영아기에는 주변의 거의 모든 물건에 관심을 보이는데, 책과 장난감, 각종 열쇠, 숟가락, 젖병, 음식, 과일, 동물, 가구, 전자제품 등 모든 것의 모양과 형태 그리고 물건과 대상에서 나는 소리에 강한 호기심을 가지고 접근한다.

대상영속성의 개념은 영아의 인지발달에 매우 중요한 의미를 가진다. 대상영속성은 일반적으로 생후 8개월이 지나면서 획득되는데, 눈에 보이지 않고 가려져 있지만 실제로 물건이나 대상이 실제 존재한다는 사실을 인식하게 된다. 한국의 까꿍놀이나 미국의 픽어부(Peek-A-Boo) 놀이는 대상영속성의 개념이 잘 반영된 놀이이다. 이 시기의 대상영속성은 유아기에 발현하는 추상적 개념이 발달하는 근거가 되기 때문에 영아기에서 중요한 발달 과제 중 하나로 큰 의미를 갖는다.

영아기는 언어발달의 기초가 마련되는 중요한 시기이다. 아이들이 만들어 내는 소리들은 언어발달의 전 단계라고 볼 수 있다. 아이들이 소위 '옹알이'와 도무지 알아들을 수 없는 소리를 웅얼웅얼 읊조리는 것을 볼 수 있다. 이러한 과정을 거치면서 어느 순간 갑자기 아이가 첫 단어를 내뱉게 된다. 이 시기를 아이의 언어발달에서 결정적 시기라고 볼 수 있는데, 아이가 외부의 소리나 말을 듣고, 스스로 소리를 만들어보는 중요한 시기이다. 아이는 자신의 소리와 귀로 들리는 소리를 분간하기 시작하며 흉내 내기를 시도하는데, 아이가 만들어내는 소리에 적극적으로 반응하고, 아이가 어떤 식으로든 소리를 만들고 말을 많이 하도록 격려해주는 것이 중요하다.

특히 이 시기 부모의 역할은 매우 중요하다. 부모와의 상호작용을 통해 아이들은 언어학습의 기본인 듣기와 말하기(소리내기)를 학습하는 중요한 기회를 갖는다. 엄마 아빠는 사물의 이름을 또박또박 말해주고 의성어나 의태어와 함께 재미있게 소리를 시연해 줌으로써 아이에게 소리나 억양을 학습할 기회를 제공해 줄 수 있다. 아이들이 쉽게 듣고 따라할 수 있는 친숙하고 재미있는 단어들(엄마, 아빠, 안녕, 아기, 꼬꼬, 멍멍이, 냐옹이, 우유, 이거, 저거, 눈, 코, 입, 귀, 손, 발 등)을 자주 그리고 반복적으로 이야기 해주는 것도 좋은 방법이다.

③영아의 사회정서 발달

아이의 환한 웃음이야말로 영아기의 자녀를 둔 엄마 아빠의 가장 큰 기쁨일 것이다. 엄마 아빠는 아이를 자주 꼭 껴안아주고, 등을 토닥여주며, 아이의 몸을 씻겨주고, 함께 책을 읽고, 함께 잠을 자며 친숙함과 유대감을 높여가는 것이 이 시기 주양육자로서의 당면 과제라고 할 수 있다.

영아기 아이들의 유대감과 애착, 그리고 기본적 신뢰감은 주로 특정 인물과 맺어져 있다. 아이는 엄마 아빠의 품에 적응되어 있고, 엄마 아빠의 얼굴에 익숙하기 때문에 낯선 사람이 오거나 가까이 접근하면 울음을 터뜨리기도 한다. 이를 낯선 사람에 대한 불안(Stranger anxiety)이라고 하는데, 스피츠(Spitz, 1959)가 명명하였다. 낯선 사람에 대한 불안은 아이가 신체적, 인지적, 사회-정서적 요소를 통합하는 감정으로 익숙한 것과 낯선 것을 구별하는 영아의 자아개념의 발달 과정에서 나타나는 현상으로 보고 있다. 또한, 사회정서적 표현이 영아에게 구체적으로 확장되고 있다는 증거이기 때문에 사회적 상호작용이 넓어지고 있다는 신호로의 해석도 가능하다. 자아정체성의 발달도 이 시기의 사회정서적 발달 과업이다. 아이는 자신이 무언가를 해냈다는 만족감을 드러내며 자아존중감을 발달시키는데, 이는 심리적·인지적 발달에 반드시 필요한 요소이며 사회적 상호작용을 할 수 있는 근거가 된다. 영아들은 또래의 다른 아이들에게 깊은 관심을 보이고, 또래 다른 친구들의 행동을 모방하며 놀이를 배워간다. 하지만, 자아중심성 때문에 장난감을 함께 가지고 놀거나 협동놀이는 아직 불가능하다. 그래서 단독놀이가 이 시기 영아들의 주된 놀이 형태로, 소근육을 사용하는 손놀이보다는 대근육을 사용한 놀이가 주를 이루게 된다. 또, 장난감을 사이에 두고 다른 아이들과 갈등도 발생하는데, 다툼 때문에 울거나 상처를 주고 입히기도 한다. 이 시기 아이들 간 갈등과 싸움은 자연스러운 현상이므로, 야단치거나 크게 소리치지 말고 차분하고 부드러운 목소리로 상황을 설명해주고, 다른 아이들과 함께 노는 법을 안내해주는 것이 중요하다.

3) 신생아기/영아기 아버지의 역할

신생아는 음악과 외부의 소리에 민감하게 반응한다. 태중에서부터 들었던 엄마 아빠의 자장가 소리는 신생아를 편안하게 해준다. 거의 모든 문화에서 자장가가 발견되듯이 자장가는 신생아와 엄마 아빠 모두에게 큰 사랑의 선물임에 틀림이 없다. 엄마 아빠의 심장박동 소리도 태중 환경과 비슷한 편안함과 안락함을 가져다주기에, 신생아에게 수유하면서 노래를 들려주고, 심장 소리와 따스한 품을 느끼게 해주는 것은 아이의 정서발달과 밀접한 관련이 있다. 유아 음악교육 전문가들은 클래식 음악이 좋으며, 리듬이 있는 댄스 음악이나 엄마 아빠의 목소리로 직접 들려주는 노래를 추천한다. 단, 너무 시끄럽고 소란스러운 음악만 아니라면 말이다.

신생아 초기부터 6개월까지는 주양육자의 반응적 양육이 중요하다. 이 시기는 부모와 기본적인 신뢰감이 형성되고, 신체적, 심리적 유대관계가 발달하기 때문이다. '반응적(Responsive)'이라는 개념은 주된 양육자인 엄마 아빠가 아이가 보내는 사인(배고픔, 불편함, 졸림, 대소변, 외로움 등)에 민감하게 반응하는 것을 말한다. 편안한 잠자리를 제공하고, 눈을 맞추고 웃으며, 안아주고 토닥여 주는 것, 자장가를 불러주거나 언어와 행동으로 엄마 아빠의 눈과 귀, 마음이 늘 아이에게 향해 있다는 것을 보여주는 양육이 반응적 양육의 범주에 포함된다.

3. 걸음마기

걸음마기(Toddler Stage)[2]에 접어들면 아이들은 귀여운 말과 행동을 많이 하여 부모에게 큰 기쁨을 준다. 이 시기의 아이들은 호기심이 많고, 자기 중심적이며, 사물에 대한 탐색과 외부세계에 큰 호기심을 보이고, 또한 놀이와 책보기 등을 좋아한다. 키와 몸무게가 급격하게 늘면서 신체활동을 통해 자신의 운동 기능을 시험해보고 끊임없이 새로운 동작을 시도한다. 걸음마기의 왕성한 신체활동은 양육자들이 아이를 감당하기 어렵게 만들기도 한다. 무엇보다 자의식이 발달하기 시작하면서 점차 독립적인 성향을 보인다. 특히 "싫어", "안 먹어", "안 해" 등 확실한 자기표현을 통해 고집을 부리기 시작한다.

한편 이 시기에는 주양육자와 떨어지는 것에 불안을 느끼는 격리불안과 낯선 이에 대한 불안 등의 심리 정서적 특징을 보인다. 부모가 어린이집 같은 유아교육기관에 데려다 줄 때 아이가 부모와 떨어지는 것에 불안을 느끼고 울거나 떼를 쓰는 등의 행동을 보이는 것이 그 예시이다.

어린이집에 등원한 첫 주, 유나는 감기가 다 낫지 않아 기분이 좋지 않았다. 엄마와 떨어지지 않으려고 울고 버둥거리며 떼를 썼다. 아이를 두고 출근하는 엄마는 출근길 내내 엄마와 떨어지지 않으려고 떼를 쓰고 울던 아이 생각에 가슴이 아팠다. 다음 날 아빠와 유나는 일찌감치 어린이집으로 갔다. 아빠는 유나의 교실에 들어가 30분 정도 함께 놀았다. 그리고 유나의 사물함 위에 가족 사진을 붙여주면서 "엄마 아빠가 보고 싶을 땐 이 사진을 보렴. 유나가 친구들이랑 잘 놀고 있으면, 나중에 아빠가 꼭 데리러 올게." 아이의 가방에도 아빠 목소리가 녹음된 장난감 녹음기에 "유나, 사랑해. 뽀뽀, 쪽!"을 녹음해서 가끔씩 유나가 아빠를 찾으면 들려주도록 선생님께 부탁했다. 시간이 지나면서 유나의 격리 불안 증세는 차츰 나아졌다. 같은 반 친구들과 어울려 놀고, 함께 간식을 먹으며, 새로운 환경에 적응하기 시작했다. 마침내 어린이집에 아이를 데려다주면 "아빠, 빠빠이!" 하며 손을 흔들고 교실로 들어가게 되었다. 하원할 때에도 엄마나 아빠가 데리러 가면, 뛰어와서 폭 안기는 딸에게 "잘 놀았어?"라고 물으면 고개를 끄덕끄덕해주었다.

1) 걸음마기 발달 특징

① 신체 발달

걸음마기에는 아장아장 잘 걷는 것은 물론, 빠른 속도는 아니지만 뛰는 것 역시 가능해진다. 양손을 바닥에 대고 상체를 구부려 벌린 다리 사이로 머리를 넣어 뒤를 바라보기도 한다. 일반적으로 대근육 위주의 신체활동을 많이 하는 시기여서 소근육 운동에도 신경을 쓰는 것이 중요하다.

이 시기는 신진대사활동이 왕성한 시기인데, 식탐을 보이기도 하고 소변과 대변의 양도 급격하게 증가한다. 이유식에서 일반적인 음식으로 옮겨 가는 시기로, 일반 성인이 먹는 음식도 알맞은 크기로 잘라주면 곧잘 먹는다. 걸음마기 아이들의 신체활동은 믿기 어려울 정도로 왕성하다.

자아정체감이 생기면서 고집이 부쩍 늘기 때문에, 식당 유아용 의자나 차량용 유아용 시트에도 앉으려 하지 않고, 자기 침대에도 잘 누우려고 하지 않는다. 잠이 오지 않는데 억지로 재우려고 하면 성질을 내기도 하고, 위험한 물건을 못 만지게 할 때도 고집을 부리기도 한다.

펜이나 크레용을 쥐어 주면 자유롭게 그림을 그리기도 하고, 기분이 좋으면 소리를 꽥꽥 지르고 자신이 좋아하는 노래도 곧잘 중얼중얼 부른다. 계단도 더 이상 기어오르지 않고, 난간을 잡고 한 발씩 한 발씩 올라갈 수 있게 된다. 엄마 아빠가 양손을 잡고 걸어가면 양팔에 매달기도 하고 점프를 할 수 있는 능력도 생기게 된다. 웬만한 의자와 소파는 스스로 기어서 올라가고, 엄마 아빠의 침대도 수시로 오르내리기를 반복한다.

공 던지는 것은 걸음마 초기 아이들이 무척 좋아하는 신체활동이다. 작은 공부터 조금 큰 공까지 한 손이나 양손으로 던지기도 한다. 공을 던지는 것은 이제까지 경험해보지 못한 신체활동이기에 처음에는 앞으로 던진 공이 뒤로 굴러가기도 하고, 바닥을 내리치기도 한다. 언제 공을 쥐고 언제 놓아야 하는 지 몰라서 생기는 현상인데, 점차 스스로 쥐고 있던 공을 놓았던 타이밍을 습득하며 공 던지기 놀이를 즐기게 된다.[3]

걸음마기 아이들의 또 다른 특징 중 하나는 공격적 성향의 발달이다. 강한 자기중심성의 영향으로 자신의 행동이 타인에게 미치는 결과를 예측하기 어렵다. 공격성과 자기중심성은 또래 아이들과의 놀이에서 확연하게 드러나는데, 다른 아이들을 때리기도 하고, 할퀴거나 물어뜯기도 하는 것을 종종 볼 수 있다. 이런 경우에는 아이가 자신의 행위에 대해 원인과 결과를 잘 이해할 수 있도록 설명해주고, 또 조심하도록 주의를 주는 것이 중요하다.[4]

걸음마기 아이들의 집중력은 그리 길지 않다. 아이들이 관심 있고 흥미 있는 활동에는 좀 더 긴 집중시간을 보이지만, 흥미를 잃는 순간 곧바로 다른 곳으로 관심이 이동하는 것을 볼 수 있다. 활동을 못하도록 제지하면 아이들은 좌절하거나 시무룩해지기 일쑤다. 따라서 아이들이 주의하고 집중력 있는 활동을 위해서는 흥미를 가지도록 준비된 환경을 잘 구성하는 것이 중요하다. 매번 같은 패턴의 놀이 활동을 구성하기보다는 주기적으로 조금씩 다른 활동을 제공하는 것이 좋다. 예를 들면 블록 쌓기

놀이를 할 때 매번 같은 블록을 가지고 동일한 활동을 하기보다는 조그만 자동차나 트럭, 인형 등 여러 가지 장난감을 투입하는 방법이 있다. 또, 단순 반복적인 활동보다는 놀이를 하면서 아이에게 몇 가지 역할을 주고 스토리가 있는 활동으로 구성해보는 것이 좋다. 이런 활동을 통해 아이는 목적의식을 가지고 진지하게 놀이에 임하게 된다.

② 언어 발달

걸음마기 아이들은 언어발달에서 급속한 발달의 양상을 보이게 된다. 특히 어휘와 표현력이 급속하게 증가되는 시기로 걸음마 초기에는 한음절로 된 단어들(개, 똥, 말, 배 등)과 의성어(냠냠, 야옹, 멍멍, 음메, 짹짹 등)에 친숙함을 보인다. 아이들은 한 음절 이상의 단어라도 가정생활에서 친숙한 말들과 자주 반복하는 말(엄마, 아빠, 멍멍이, 우유, 이거, 저거, 주스, 밥, 국, 과자, 치즈, 물 등)을 기본으로 문장을 구성해 나간다. 두 돌 정도가 되면 "이거 아빠 꺼야?"라고 묻기도 하고, "엄마 잘 자" "아빠 빠이" "쉬~" 등 간단한 의사표현이 가능해진다.

언어학자 촘스키는 아이들은 언어습득장치를 선천적으로 가지고 태어난다고 주장하였다. 아울러 아이의 언어발달을 촉진하기 위해서는 수용적 언어(Receptive language)보다는 산출적 언어 혹은 생산적 언어(Productive language)를 사용하도록 격려해 주어야 한다고 했다. 예를 들면 아이에게 "오늘 유치원에서 잘 놀았어?"/"응, 아니"로 답하는 단답형 질문을 하기보다는 아이가 대답을 잘 못하더라도 서술형의 간단한 질문으로 시작해서, "오늘 유치원에서 뭐하고 놀았어? 어떤 놀이가 재미있었어?"와 같이 구체적이고 상세한 상황에 대해 질문하는 것이 좋다. 아이가 대답을 하기 전에 사고를 필요로 하는 대답을 구성할 수 있도록 언어 환경을 조성하는 것이 중요하다. 원래 생산적 언어는 아이들이 걸음마기에 접어들면서 아이 본인이 표현하고 싶은 것을 단어나 짧은 문장을 통해서 자유롭게 구성해서 표현하는 언어와 사고력의 발달의 결과로 볼 수 있다.

많은 부모들은 문자와 숫자, 영어 알파벳을 체계적으로 기초부터 가르쳐야 한다고 생각한다. 하지만 총체적 언어교육 접근법(Whole language approach)에서는 ㄱ, ㄴ, ㄷ부터 가나다라 등이나 ABC 등을 주입식으로 학습하는 것을 반대한다. 아이들은 일상생활에서 상황을 통해 언어를 학습한다. 일상적인 언어로 표현을 시작하게 되는데, 가령 침대에서 아이들에게 동화책을 들려주고, 노래를 함께 부르는 등 자연스럽게 문자와 언어에 친숙해지는 것이 바람직하다. 대체로 모든 아이들은 어려서부터 동화책 보는 것을 좋아한다. 처음에는 캐릭터와 그림(도안)의 색상, 재미있는 얼굴 표정과 움직임 등에 관심을 보이지만, 아이가 영아기와 걸음마기를 거치면서 어느 날 갑자기 "코끼리는 어디 있어?"라고 묻게 된다.

걸음마기 아이들은 '지금, 나중에, 좀 전에' 정도의 시간 개념이 포함된 언어에 익숙하다. 걸음마기 중기를 지나면서 '어제, 오늘, 내일'에 대한 시제가 포함된 개념이 생기며, 봄 여름 가을 겨울 등 계절에 대한 개념도 발달하게 된다. 원인과 결과에 대한 개념 역시 표면적으로는 크게 발달되어 있지 않아 보이지만, 자신이 던진 공이 소리를 내며 튀어 오르거나, 초인종을 누르면 금방 "딩동" 하는 소리를 들으며, 자신의 행동과 반응적으로 다가오는 결과에 대해서 유추할 수 있는 인지능력이 발달하게 된다.

③ 사회성과 정서 발달

걸음마기 아이들의 사회 정서적 발달은 이 시기 아이들의 독립적 특성 및 자기중심성과 깊은 연관이 있다. 이 시기의 아이들은 장난감을 함께 가지고 놀거나 협동놀이가 어렵다. 걸음마기에는 또래의 아이들과 같은 공간에서 놀이를 하고 있지만 다른 아이의 놀이를 모방하는 '모방놀이'나 '평행놀이'[5]를 주로 하게 된다. 가끔씩 장난감의 소유권을 두고 갈등이 발생하는데, 공유나 교대 혹은 교환 개념의 미숙에서 비롯된다. 이 시기 아이들이 자주 쓰는 말 중의 하나는 "응, 좋아, 아니, 안 해, 안 돼, 싫어, 내 꺼" 등이 있는데, 좋고 싫음에 대한 자신의 주장이 명확해진다. 걸음마기 아이들의 고집을 초장에 무조건 꺾어 놓아야 한다는 양육방법은 적절하지 않다. 부모가 양육의 기준을 엄격하게 적용하거나 아이에게 일방적으로 강요하기보다는 아이의 표현이 익숙하지 않더라도 인내심을 가지고 끝까지 경청하는 자세가 필요하다. 만약, 아이가 부모에게 허락하기 힘든 상황이나 물건을 요구한다면 "왜 그렇게 하고 싶은지" 그 이유를 듣고 함께 생각해보는 시간을 가져야 한다. 그래야 부모와 아이의 긍정적 관계를 발전시킬 수 있다.

2) 걸음마기 아버지의 역할

걸음마기에 아이를 어린이집이나 유치원 등 유아교육기관에 보내는 것의 의미를 생각할 필요가 있다. 엄마 아빠와 떨어져서 하루 종일 보내는 것은 걸음마기 아이들에게는 엄청난 모험의 시간이 된다. 기관에서는 자신의 생각과 성격이 다른 많은 아이들과 함께 지내야 하고, 또 선생님 등 여러 성인들과 함께 생활하기 때문에 신체적으로나 정신적으로 힘든 시간을 보

발달 단계별 놀이 형태	아이의 특성 및 놀이 특징
빈둥거리는 놀이 (Unoccupied play)	• 아이 혼자 우두커니 서 있다 • 다른 아이의 주변을 맴돈다. • 특별한 목적의식 없이 간헐적으로 움직임을 보인다.
혼자놀이 (Solitary play)	• 혼자서 논다. • 다른 아이와 상호작용 없이 독립적으로 논다.
구경꾼놀이 (Onlooker play)	• 다른 아이들의 놀이를 관찰한다. • 다른 아이와 이야기는 하지만 놀이에 참여하지 않는다. • 놀이에 적극적인 관심을 보인다.
평행놀이 (Parallel play)	• 다른 아이들 곁에서 논다. • 다른 아이들과 일정한 거리를 두고 논다. • 다른 아이들과 비슷한 장남감과 놀이를 한다.
연합놀이 (Associate play)	• 낮은 정도의 상호작용을 한다. • 놀이의 목표는 있지만 독자적으로 놀이를 진행한다.
협동놀이 (Cooperative play)	• 동일한 목표를 가지고 상호 협력한다. • 놀잇감을 공유한다. • 함께 계획하고 적극적으로 참여한다.

표 4-1 놀이 형태별 분류 및 특징

내게 된다. 또한 자신의 의사와는 상관없이 주어진 일과시간표대로 움직여야 하기 때문에, 잘 적응할 때까지는 충분한 시간이 필요하다. 유아교육기관에 익숙해 질 때까지 엄마 아빠가 가능한 한 기관에 더 여유있게 머물면서 함께 이야기하거나 놀고, 친구들과 긍정적인 유대관계를 맺을 수 있도록 도와주는 것이 필요하다.

4. 유아기

1) 유아기 발달 특징

유아기 이전과 이후의 생활은 확연하게 구분이 된다. 개인차가 있지만 일단 유아기에 접어들면서 신체와 언어발달 및 사회성이 급속하게 발달한다. 새로운 정보나 새롭게 주어지는 환경에 잘 적응하고 또래와의 상호작용에도 자신감을 보인다. 아이 스스로 옷을 입을 수도 있고, 친구들과 대화하고 갈등 상황도 스스로 해결하며 스스럼없이 친해지게 된다. 아이가 스스로 놀이를 계획하기도 하고, 자신이 설계한 놀이에 다른 아이들을 초대하기도 한다. 스스로 손을 씻고 세수를 하며 시간이 되면 밥을 달라고 하고 바깥에 나가서 놀자고 조르기도 한다.

① 유아기 신체 발달

만 3세는 신체발달에서 협응(Coordination)의 발달이 시작되는 시기이다. 밀러 박사의 표현대로 일명 '세발자전거의 시기'로 왕성한 신체 움직임을 즐기게 된다.[6] 자신의 신체활동에 자신감을 가지면서 신체 각 부분의 기능을 끊임없이 시험해보려고 시도한다. 예를 들면, 세발자전거를 타면서 좌우로 급회전을 하고, 빠른 속도로 달리다가 갑자기 정지하기도 한다. 한 손으로 핸들을 조종하려는 시도도 하고, 두 발을 땅에 대고 앞으로 추진해서 빠르게 움직이다가 두 발을 들기도 하고, 세발자전거 위에서 앉았다가 일어서려고도 한다.

유아기에 들어서면서 움직이는 공에 강한 흥미를 보이는데, 공을 굴리고 튕겨 보며 다양하게 공을 다루는 법을 학습하기 시작한다. 목표물을 정해주면 공을 던져서 맞추는 것을 통해 큰 즐거움과 성취감을 느낀다.

만 4세는 다른 아이들과 경쟁을 통해 신체적 유능감을 확인하고 싶어 한다. 달리기나 자전거 경주 등 또래와의 경쟁에서 이기고 싶어 하고, 시합에서 이겼을 때 굉장한 자부심을 갖는다. 유아기 전에 달리기를 할 때는 상체와 하체가 따로 노는 것 같지만 점차 팔을 휘젓는 동작을 통해 추진력을 얻게 된다는 사실을 인식하게 된다. 유아기를 지나면서 더 빨리 달리기

발달영역	발달 특징	내용
신체영역	• 키 100~105cm, 몸무게 18~21kg, 시력 2.0/2.0 • 평균 수면시간: 11~13시간(낮잠 포함) • 균형감각의 발달(한 발로 디디고 서서 균형을 잡을 수 있음) • 공 던지고 받을 때 눈과 손의 협응이 가능 • 선 따라 그리기, 가위질 가능	
인지 -언어영역	• 어휘력: 1,000~1,200 단어 인식 • 4~5개의 단어를 조합한 문장 만들기 가능 • 과거시제 사용 • 1~10까지 셀 수 있음 • 질문과 호기심의 급격한 증가 • 잘 모르는 단어가 들어간 문장의 사용 • 욕설을 배우고 사용함	• 간단한 노래 부르기 가능 • 자기주장(혹은 고집)이 매우 강해짐 • 공격적 행동 증가 • 다른 사람들에게 가족 이야기를 많이 함 • 시간 개념을 인식함 • 두 가지 다른 물건을 비교하고 차이점을 말함 • 옳고 그름의 도덕적 기준이 애매함
사회 -정서영역	• 가상놀이(Pretend play)-역할놀이(Role play)-극놀이 (Dramatic Play)를 즐김 • 또래와 장난감을 공유하기 시작함 • 기본생활습관(옷 입기, 손 씻기, 이 닦기, 신발신기 등)의 발달 • 책 같이 보기 가능 • TV나 애니메이션, 동영상 보기를 좋아함 • 또래와의 갈등 시 해결능력이 부족함	

표 4-2 만 4세 유아의 발달영역별 지표

위해 상체를 숙이기도 하고 팔을 능수능란하게 휘저으며 달리는 단계에 이르게 된다. 또한 창의적인 움직임이나 춤추기를 시도하고 우스꽝스러운 동작과 리드미컬한 동작에 관심을 갖고 즐기게 된다.

만 5~6세가 되면 스키핑(Skipping, 깡충깡충 깨금발 뛰기) 동작이 가능해지고 신체기관의 협응이나 복합동작을 다양하게 구사하게 된다. 이 시기가 되면 공을 던질 때도 여러 가지 자세로 다른 방식으로 던지는 것을 시도한다. 남아의 경우는 사이드암 자세로 공을 던지려는 시도를 하는 데 비해, 보통의 여아들은 여전히 오버핸드스타일로 공을 던지는 것을 선호한다. 구름사다리나 높은 구조물에 오르기를 본능적으로 좋아하고, 주변에

널려 있는 물건을 뛰어넘으며 희열을 느낀다. 소근육도 급속도로 발달하게 되는데, 종이를 가위로 오리고 붙이는 것에 큰 흥미를 가진다. 특히 각종 스티커를 모으고 여기저기 붙이기를 좋아한다. 그림도 이전보다 섬세하고 구체적으로 표현하는 것이 가능해지는데, 얼굴의 표정이나 손발의 미세한 부분을 묘사하기도 한다. 각기 다른 모양과 색상을 구별하게 되는데, 이를 그림 그리기나 만들기를 할 때 적극적으로 이용한다. 복잡한 퍼즐놀이(12~20피스 혹은 그 이상)도 좋아하는데 자신이 퍼즐을 완성하고 몹시 기뻐한다.

② 인지발달

언어발달이 인지발달에 차지하는 비중은 유아기 초기부터 급격하게 늘어나면서 취학 전후에 절정을 이루게 된다. 만 3세 전후로 어휘력이 급격하게 증가하면서 쉴 새 없이 재잘재잘된다. 언어체계와 문법에 상관없이 새로운 소리와 소리를 응용한 신조어를 만들어 내기도 하고 이를 일상 언어에 응용하여 사용하기도 한다.[7]

만 3세를 넘어서면서 대개 1,000~1,200개 단어를 인식하면서 어휘력이 급격하게 늘어난다. 언어발달과 인지발달은 밀접한 연관을 가지게 되면서, 주변 환경에서 일어나는 일들의 인과관계에 대한 관심이 증가한다. 언어발달을 통해 아이들은 사고하는 논리적 체계를 구성해 가는데, 동화책 읽기를 비롯하여 다양한 방법으로 아이들이 문화적 경험의 폭을 넓혀가도록 발달에 적합한 환경을 구성하고 아이들을 안내하는 것이 중요하다. 이 시기는 극놀이나 가상놀이를 좋아하고, 인형이나 동물들도 사람과 동일하게 대하는 것[8] 을 볼 수 있다. 이는 피아제의 인지발달론에서 다루는 전조작기의 대표적인 특징으로 볼 수 있다.

만 4세가 되면 3~7개의 단어로 문장을 구성하고, 의사소통 능력이 급격하게 발달한다. 언어를 통해 새롭고 재미있는 표현과 다양한 소리에 대한 표현 등 언어의 사용 범위가 한층 넓어진다. 만 4세 유아들은 과장된 표현을 즐기게 되는데, 예를 들어, "어제 우리 아빠랑 동물원에 갔어요. 코끼리가 이~만~큼 컸고요, 기린도 목이 어~엄~청 길었어요. 동물원에 갔다가 식당에서 불고기를 먹었는데, 너~무 너~무 맛이 좋았어요" 등의 표현을 하는 것을 볼 수 있다.

만 4세의 또 다른 특징은 "왜요?"라고 자주 묻기 시작한다는 점이다. 원천적인 궁금함이나 호기심의 자연스러운 표현인데, 피아제의 인지발달론에 의하면, 추상적 개념이나 사고가 충분히 이루어지지 않는 시기이기 때문에 눈에 보이지 않는 것과 자신의 인식체계에서 이해하기 힘든 것들에 대해 솔직하게 물어보는 것이다.

만 5-6세가 되면 혼자서 책을 보고, 자신이 직접 이야기를 만드는 것을 즐긴다. 의성어, 의태어도 자유자재로 문장에 넣어 글을 쓰고 읽게 된다. 또한 부사와 형용사 등의 표현이 보다 정확해지고 상세한 상황의 묘사도 가능해진다. 만화책이나 애니메이션을 보면서 직접 그림을 따라 그리기도 하고, 자신만의 작품을 만들어보려는 시도를 하게 된다. 글자와 숫자, 음표 등 다양한 문자와 상징을 조합해서 자신의 생각을 표현하려는 시도를 하게 된다. 추상적인 사고를 시작하는 시기로 극놀이와 역할놀이를 통해서 타인의 생각과 행동을 그대로 모방하거나 흉내를 내기도 한다. 또 그룹놀이를 통해 다른 또래 아이들과 대화를 하면서 게임의 규칙을 정하기도 하고, 갈등이 생기면 문제의 원인과 결과를 서술하여 문제를 해결하는 능력이 생기고, 다른 아이끼리의 갈등상황에도 자신의 논리를 주장하고 문제해결에 논리를 적용하려는 시도를 하게 된다.

"민재야 낮잠 잘 시간이 되었네? 침대에 가서 잘까?"

"왜요?"

"잠을 잘 자야, 키가 쑥쑥 크고, 튼튼해지지."

"왜요?"

"그래야 빨리 자라서 아빠처럼 어른이 되지."

"왜요?"

아이의 거듭된 "왜요?"라는 질문은 전조작기 유아의 대표적인 특징이다. 너무 귀찮게 받아들이지 말고, 인내심을 가지고 아이에게 차근차근 설명해주는 것이 바람직하다. 아이가 논리적인 귀결에 대해 지금 당장은 이해하기 쉽지 않다. 하지만 이런 엄마 아빠와의 대화가 아이의 문제해결능력과 나아가 창의적 사고 발달에 큰 도움이 된다.

③ 사회 정서적 발달

유아기는 정서적으로 불안정한 특징을 가지고 있다.[9] 분노와 공포, 질투와 비교의식의 개념이 발달하고 애정적 표현이나 호기심 등 다양한 감정을 드러내고 학습하게 된다. 유아기 아이들의 가장 큰 특징은, 어른들이 하는 행동을 따라하는 것을 즐기고, 모방학습을 통해 자신의 고유한 말과 행동의 형식을 가지게 된다는 점이다.

유아기에도 주양육자의 곁을 맴돌며 심리·정서적으로 의존하는 아이들이 더러 있기는 하지만, 대개의 아이들은 양육자의 그늘에서 벗어나 독립적이고 자율적인 행동을 추구하는 경향이 있다. 유아기 이전의 엄마 아빠는 양육자로서 아이를 돌보고, 음식을 제공하며, 배변을 도와주고 아이를 씻기고 재우는 등 일상생활 속 가까운 곳에서 아이를 적극적으로 보살피는 역할을 주로 담당했다면, 유아기에는 아이들의 독립성의 발달로 인해 양육자의 직접적인 개입을 거부하게 된다.

대개 만 4살을 전후로 아이들은 부모보다 또래나 친구관계에 더 큰 비중을 두게 된다. 밀러 박사는 유아기 아이들의 사회성 발달을 '소셜 버터플라이(Social butterflies)'로 비유하기도 하였다. 이 꽃에 앉았다가 저 꽃으로 옮겨 다니는 나비나 벌처럼, 아이들은 또래의 아이들에게 아무런 거리낌 없이 다가가고 친밀한 인간관계를 형성하기도 한다.

영아기나 걸음마기 혹은 유아기 초기에는 다른 아이들의 행동과 놀이를 서로 모방하며 사회적 기술을 배워 갔지만, 유아기가 되면 자신이 스스로 자신만의 영역을 추구하는 데 열중한다. 유아기의 독립적 성향과는 별도로 또래 간 협동놀이를 통해 우정과 협력의 개념을 획득하게 된다. 다른 아이들과의 협동놀이 상황에서, 자신과 팀원들의 마음에 들지 않는 아이를 배제시키기도 하고, 재미있고 매력적인 새 친구를 자신들의 그룹에 끌어들이기도 한다. 다른 아이들이 자신이 아닌 다른 매력적인 아이에게 관심을 갖게 되면 시기심과 질투심을 느끼고, 어떤 경우는 자신에게 특별히 잘못한 것이 없더라도 의도적으로 친구를 배제시키기도 한다. 예를 들어, 자신이 주도하는 그룹에 자기보다 외모가 매력적인 아이, 예쁜 옷을 입고 오는 아이, 말을 재미있게 하는 아이, 재주가 많아 또래 친구들에게 인기 있는 아이가 들어오게 되면 경계심을 보이고, 자신이 주도하던 그룹

분류	정의 및 특징
인기 있는 아이	◆ 동성과 이성 그룹 상관없이 또래 아이들에게 주목을 받는 아이 • 매사에 밝고 긍정적이다. • 정직하고 사교성이 좋다. • 교우와의 갈등도 공평하고 원만하게 해결한다. • 다재다능하다. • 말을 조리 있게 잘하고 유머가 있다. • 다른 친구들의 감정을 잘 이해하고 공감을 표시한다. • 도움이 필요한 친구를 자율적으로 잘 돕는다.
평균적인 아이	◆ 일반적으로 평범한 아이 • 말수가 적고 내성적이다. • 자기주장이 불분명하다. • 소극적이고 친구들의 의견에 이끌린다. • 주어진 과제는 비교적 잘 하지만 주도성을 가지고 있지는 않다.
무시당하는 아이	◆ 친구들이 싫어하지 않지만, 좋아하지도 않는 존재감이 미미한 아이 • 이기적이고 독선적이다. • 고집이 세다. • 또래와 잘 어울리지 못 한다. • 친구와 갈등해결을 잘 하지 못한다. • 결단력 없이 매사에 우유부단하다.
배척당하는 아이	◆ 친구들이 대체로 싫어하는 아이 • 공격성 내지 폭력성이 있다. • 거짓말을 잘 한다. • 허풍이 심하다. • 교우와 갈등을 자주 일으킨다. • 친구의 감정과 느낌에 상관없이 자기주장만 앞세운다. • 잘못을 인정하지 않고 절대 사과하지 않는다.
좋고 싫음이 극명한 아이	◆ 친구들 사이에서 호불호(好不好)가 극명하게 엇갈리는 아이 • 독불장군 같은 리더십을 가지고 있다. • 자신이 옳다고 생각하는 일에는 양보와 타협을 하지 않는다. • 허세와 허풍을 자신의 힘을 과시하는 데 사용하기도 한다. • 사회성이 뛰어나지만 공격적인 성향이 있다. • 친구들 사이에 편 가르기(자기편과 상대편 나눔)를 한다. • 자신이 좋아하는 것에는 깊은 흥미와 관심을 보인다. • 경쟁심이 많지만, 승부에서 불리하면 쉽게 포기한다. • 여아들보다 남아들 사이에서 더 많이 나타난다. • 여아들은 학급에서보다 학교 바깥의 모임에서 더러 발견된다. • 이 타입의 아이들 중에서 일부는 '인기있는 아이'로 옮겨가기도 한다.

표 4-3 교우관계를 통한 아이들의 분류(Wentzel & Asher, 1995)[10]

에서 자신의 기득권을 방어하기 위해 의도적으로 그 아이를 배척하게 된다. 따돌림 행동 외에도 유아기에는 공격성이나 욕설, 거짓말 등 자신을 보호하기 위한 부정적 방어기제 역시 급속도로 발달하게 된다.

유아기 초기에는 동성과 이성의 구분 없이 아이들과의 활동을 즐기기도 하지만, 여섯 살 이후부터 아홉 살 정도까지는 같은 성의 아이들과 노는 것을 더욱 즐기게 된다. 이를 동성선호성(Same sex preference)라고 하는데, 이때 이성의 아이들과 노는 아이들은 공공의 적이 되기도 한다.

2) 유아기 아버지의 역할

유아기 자녀를 둔 아버지의 역할은 매우 중요하다. 에릭슨의 심리사회성 발달이론에 의하면 유아기는 비약적인 신체발달은 물론 자율성과 주도성을 추구하는 시기이다. 또한 유아기는 사회적 존재로 타인과의 상호작용을 통해서 인격의 기본을 형성하는 시기이다. 따라서 아버지들은 아이들의 의사소통과 문제해결 능력을 바탕으로 자녀의 사회성 발달을 위한 좋은 롤모델을 제시하는 것이 매우 중요하다.

유아기에는 아이들이 스스로 하고자 하는 의지와 자기주장이 매우 강하게 나타나기 때문에 아버지와 자녀 관계에서 주도권을 놓고 갈등이 벌어지기도 한다. 아버지들은 자신의 양육기준을 자녀에게 일방적으로 강요하지 않도록 유의하고, 양육 기준을 유연하게 적용하는 것이 중요하다. 그리고 일관성 있는 양육태도를 유지하면서 자녀와 함께 세부적인 규칙을 만들고, 이를 지켜나갈 수 있도록 도와줌으로써 자녀와의 신뢰감을 형성하는 것이 바람직하다. 아버지는 유아에게 자율성과 주도성을 부여하고 존중하며 자신의 말과 행동에 책임을 지는 자세를 갖도록 하여야 한다.

또 유아기에 아버지 역할 중 중요한 과제는 자녀가 긍정적인 자아개념[11]을 형성하도록 돕는 것이다. 자아개념은 스스로가 습득한 자신에 대한 인식으로, 자신이 속한 환경에서 타인과의 상호작용을 통해 발달하게 된다. 특히 의미 있는 타인의 사회적 참조(타인의 반응, 감정의 표현 등)에 유아의 자아개념은 큰 영향을 받는다. 따라서 아버지는 유아기 자녀를 평가할 때 부정적인 말보다는 자녀를 있는 그대로의 모습대로 긍정적으로 수용하도록 노력하고, 아이의 말과 행동 하나하나도 소중하게 받아들여야 한다. 타인으로부터 애정과 관심을 받고 존중받은 경험이 있는 아이들이 "자신은 소중한 존재이며 타인으로부터 존중받을 가치가 있는 사람"으로 인식하게 된다.

유아기 아이들은 자신을 부모와 가정에 소속된 존재로 인식하기보다는 하나의 독립된 인격체로 인식하기 시작한다. 여러 가지 새로운 일을 주도적으로 끊임없이 시도하면서 자신은 물론 주변의 상황이나 환경에 대해 왕성한 호기심을 가지고 적극적으로 탐색하게 된다. 이러한 새로운 시도는 가끔씩 유아기 자녀가 일을 저지르거나 사건 사고로 이어지기도 한다. 아버지가 "안 돼", "위험해", "하지 마!", "그만해", "조용히 해!" 등 경고와 야단, 통제와 부정적인 반응을 보이게 되면 아이들은 수치심과 죄의식이 생기고 자신에 대한 부정적인 개념이 싹트게 된다. 따라서 유아기 자녀를 둔 아버지들은 아이의 흥미와 관심에 귀 기울이고, 아이의 새로운 시도를 격려하며, 상호작용에 적극적으로 임하는 것이 중요하다.

유아기 자녀의 아버지들은 아이들에게 다양한 경험을 제공하는 데 강점이 있다. 자녀와 함께 책을 읽거나 그림 그리기, 노래 부르기 등 정적인 활동과 신체놀이나 스포츠 활동과 같은 동적인 활동의 균형 있는 분배가 중요하다. 만약 아버지들이 자녀와의 활동이 어렵게 느껴진다면 아버지와 아이가 비교적 쉽고 재미있게 할 수 있는 활동부터 시작하는 것이 좋다. 집 주변의 서점이나 도서관, 미술관, 박물관, 공원, 체육시설, 야구장, 동물원이나 식물원 등 편하게 갈 수 있는 곳을 자녀와 함께 나들이나 소풍처럼 가볍고 편안하게 방문하는 것이다. 아이를 새롭고 다양한 환경에 노출시키고, 아이 자신이 직접 눈으로 보고, 느끼며, 생각하고, 질문하도록 하고 아이의 흥미와 관심을 대화로 이어나가는 것이 바람직하다. 아이들은 자신이 본 만큼 말하고, 자신이 느낀 만큼 생각하는 힘을 가지게 된다. 아이들은 자신이 궁금한 점을 엄마 아빠에게 묻고 확인하는 과정에서 새로운 정보를 얻고, 이러한 경험을 바탕으로 스스로가 창조하고 표현할 수 있는 힘을 얻게 되는 것이다.

5. 유년기

유년기는 학령기의 시작부터 11~12세까지 이르는 시기로 부모로부터 신체적, 심리적 의존에서 벗어나 자율성을 추구하며 자아정체감을 획득해가기 시작하는 시기이다. 에릭슨의 심리사회발달이론에 의하면 유년기의 발달목표는 근면성(Industry)[12]의 달성에 있는데, 유년기 아이들은 무언가에 열심히 생산해내고 창작활동을 통해 성취감을 얻는 데 열중한다. 신체적으로도 상당히 성숙해가고 운동기술의 발달과 더불어 끊임없이 무언가에 도전하고 자신의 세계를 구축해나간다. 언어능력의 급속한 발달로 의사소통방법이 다양해지고 표현도 이전 시기에 비해 정교해지고 구체적이게 된다. 사회적으로도 부모와의 상호작용보다 또래집단에서의 활동을 선호하며 친구들과의 관계 속에서 자신의 존재감을 확인하고 싶어 한다.

정서적으로도 상당히 민감한 시기로 다른 친구들과의 관계에서 좌절하거나 실패를 경험하게 되면 열등감과 피해의식을 가지기 쉬운 시기이다.

1) 유년기 발달 특징
① 신체 발달

유년기는 보통 7세부터 12세까지로 보고 있는데, 아이마다 개인차가 있는 시기이므로 산술적 연령에 국한할 필요는 없다. 유년기는 유아기에 비해 신체발달의 성장곡선이 비교적 완만하게 진행되는 경향이 있지만 영양과 건강한 식생활에 따라 신장과 체중이 꾸준한 상승곡선을 유지한다. 유년기 신체발달과 왕성한 운동은 근육량의 증가와 민첩성, 정확성, 신체기관끼리의 협응 등 다양한 형태로 분화하여 발전하게 된다. 특히, 신체적 우월감(신장과 체중)은 친구들과 또래집단에서 힘의 우열을 과시하는 수단으로 사용된다. 또래들 사이에서 자신이 가진 힘을 과시하고 싶은 욕구가 경쟁자들과 물리적 충돌이 발생하는 원인이 되기도 한다. 무력을 행사하고 싶은 욕구가 강렬할수록 자신의 감정을 조절하고 통제하는 능력을 기를 수 있도록 부모가 긍정적으로 개입해서 자신의 힘을 중재할 수 있도록 할 필요가 있다.

균형 잡힌 식단과 영양섭취도 이 시기에 중요한 건강한 신체발달의 필수 요건이다. 편식이 심한 시기로 음식을 골고루 섭취하기 어려운데, 아이가 올바른 식습관을 가질 수 있도록 각별하게 신경을 써야 한다. 또한, 나이에 비해 왜소하거나 비만인 아이들은 또래집단에서 따돌림을 당하기도 한다. 특히, 유년기의 신체적 자아유능감은 건강한 자의식 발달에 바탕이 되는데, 사춘기 발달목표인 자아정체감의 형성에 큰 영향을 주게 된다.

일명, 거울자아(Mirrored self)[13]로 표현되는 거울에 비친 스스로의 모습을 평가하면서 자신에 대한 이미지를 만들어간다. 앞서 소개한 '사회적 참조(Social referencing)'의 개념은 '거울자아'에도 동일하게 적용이 되는데, 주변의 영향력 있는 타인(부모, 가족, 친구, 선생님 등)들의 평가를 통해 자아개념을 형성해간다. 따라서 유년기 아이의 외모와 신체적인 유능감은 향후 긍정적 자아개념의 형성에 큰 영향을 미치기 때문에 자녀가 자신에 대해 부정적인 개념을 갖지 않도록 적극적으로 지지해주는 것이 중요하다.

② 인지발달

유년기 인지발달은 피아제의 인지발달론에서는 구체적 조작기(Concrete operational stage)로 분류된다. 구체적 조작기의 특성은 논리적 사고, 객관적 사고, 추상적 사고, 보존개념[14]의 획득, 유목화(categorization), 서열화가 가능하다는 것이다. 특히, 이전의 발달단계에서 보이던 '자아중심성(Ego-centrism)'에서 벗어나 타인의 입장이나 감정을 고려하고 이에 맞는 말과 행동을 보이게 된다. 일명 이것은 조망수용능력(Perspective taking)이라고 부르는데, 타인의 시각에서 자신을 바라볼 수 있는 능력과 자신의 시각에서 타인의 생각과 감정을 헤아리는 능력을 의미한다. 조망수용능력의 발달을 통해 타인과의 이해관계가 충돌할 때 갈등을 중재하고 타협하는 능력이 생기게 되는데, 이는 타인과의 원만한 사회적 상호작용으로 이어지게 된다. 또한 문제의 원인과 결과를 역으로 추론해 볼 수 있는 가역적(可逆的) 사고가 가능해지면서 자신의 논리를 계발하고 정당화하는 경향을 보인다.

유년기의 언어발달은 어휘력의 급속한 증가를 보인다. 7세에는 어휘 수가 20,000~22,000단어에 불과하였지만 11세를 넘어서면서 50,000단어가량의 어휘를 획득하게 된다. 예전과는 비교하기 힘들 만큼의 세련되고 섬세한 표현이 가능해지고, 시적인 운율과 특유의 독창적인 문장도 만들 수 있게 된다.

유년기의 언어발달은 이전보다 분명하고 또렷한 발음을 할 수 있게 되는데, 자신의 목소리와 논리적인 자기주장이 합해져서 논리정연한 말을 구사할 수 있게 된다. 또한 다양하고 예리한 질문은 물론 능동형과 수동형의 문장을 자유자재로 구사하고 가정법적인 상황의 이해를 바탕으로 한 복잡한 표현이 가능해진다. 읽기와 작문능력이 빠르게 발달하는데 일상생활에서 중요한 일이나 인상 깊었던 사건, 그리고 개인적인 비밀을 글로 남기고 싶어 하게 된다.

③ 사회 정서적 발달

초등학교에 취학하게 되면서 가정보다는 학교, 부모나 가족보다는 친구와 또래집단으로 활동범위가 넓어지며, 주된 관심사도 친구들과의 인간관계로 옮겨가는 시기를 맞는다. 또래와의 사회적 관계를 통해 자신을 인식하고, 친구들과의 활발한 활동을 통해 대인관계 기술이나 소통의 능력은 물론 우정을 경험하게 된다. 특히 다양한 인간관계 속에서 자아개념을 더 견고하게 형성해가기 시작하는데, 이성에 대한 관심, 자신의 능력, 태도와 가치관을 정립해간다. 즉, 유년기부터 이미 자아개념을 형성해나가는 것이다.

자신의 이름을 포함하여 '나는 누구인가?', '나의 삶의 목표는 무엇인가?', '어떻게 살아갈 것인가?' 등 내면을 향한 질문이 시작된다. 이와 같이 사회생활의 영역이 급속하게 변화, 확장하면서 타인의 평가와 자신을 대하는 말과 행동에 민감하게 반응하게 된다. 타인이 자신을 어떻게 생각하는지에 대한 관심의 증가로 아이 자신이 스스로에 대해 생각하는 시간이 늘어난다. 신체나 외모에 대한 관심의 증가로 거울로 자신의 얼굴을 보거나 옷차림에도 특별히 신경을 쓰게 된다. 또래와 어울리며 서로의 관심사에 관해 심도 깊은 이야기하기를 좋아하고 비밀을 공유하거나 개인적인 문제를 상담하는 등 감정적 유대가 강하고 견고해진다.

2) 유년기 아버지의 역할

유년기가 되면서 아이들은 부모의 영향권에서 벗어나려고 끊임없이 시도한다. 마치 새들이 부화하여 어미 새가 주는 먹이를 먹고 자라서 둥지 바깥세계로 향하는 시기와 흡사하다. 아버지는 아직 가정 밖의 위험요소로부터 자녀를 보호해야 한다는 생각으로 부모의 훈육과 가르침에 아이들이 잘 따라주기를 기대하기도 한다. 그래서 자꾸 친구들과 바깥에서 보내고 싶어 하는 아이와 부모의 기대와 요구대로 시간을 보내기를 바라는 아버지 사이에 갈등이 일어나기 시작한다. 아버지 본인도 '통제'와 '자율'의 양육원칙 사이에서 혼란스러운 시기를 맞게 된다. 아이를 얼마나 통제하고 얼마 만큼의 자율권을 부여해야 하는 지에 대해서는 자녀와 서로 다른 입장의 충돌이 빈번해질수록 고민이 깊어지게 된다. 이 시기의 아버지 역할을 친구 같은 아빠, 멘토로서의 아빠, 대화 상대로서의 아빠, 롤모델로서의 아빠로 구분하여 접근해보고자 한다.

① 친구 같은 아빠

친구 같은 아빠는 일명 프레디(Friend+Daddy의 합성어)라고 불리는데, 아버지와 자녀 간의 친밀한 관계를 요구하는 시대적인 요구가 잘 반영된 단어이다. 특히 유아기 아이의 아버지에게 요구되는 바람직한 아버지의 모델이라고 할 수 있다. 권위를 앞세운 수직적인 아버지와 자녀 관계보다는 수평적이고 평등한 관계를 유지하는 것이 향후 자녀와의 관계에서 긍정적으로 작용하게 된다. 아이를 향한 아버지의 솔직한 감정표현과 아이의 의견을 존중하며 적극적인 의사소통을 위해서는 아버지의 자리에서 내려와 친구의 자리로 옮겨가는 것이 중요하다.

② 멘토[15]로서의 아빠

자녀와의 수평적인 관계와 평등한 관계는 아버지로서의 권위 포기를 의미하는 것은 결코 아니다. 아버지의 권위는 자신이 권위를 내세울 때 세워지는 것이 아니라, 배우자와 자녀가 진심으로 아버지를 존경하게 될 때 세워지는 것이다. 항상 아이에게 애정과 신뢰를 보내지만, 자녀가 바람직하지 못한 결정을 하거나 잘못된 길로 접어들 때는 충고와 조언을 하며 올바른 길로 안내하는 안내자로서의 아버지의 역할이 요구된다.

③ 대화 상대로서의 아빠

사춘기를 거쳐 청년이 되어서는 아버지를 더 이상 대화의 상대로 여기지 않는 현실을 많이 보게 된다. 이는 유아기와 유년기에 아버지와 자녀가 대화와 소통이 부재하였거나 쌍방향의 건강한 소통의 관계가 이루어지지 못한 것에 원인이 있다. 자녀가 어리다고 해서 아버지가 일방적으로 지시하거나 명령을 하고 복종을 강요하게 되면 아이들은 아버지를 대화의 파트너로 받아들이지 않고 아버지를 기피하게 된다. 자녀를 있는 그대로 인정하고 끊임없는 애정과 신뢰를 바탕으로 자녀가 아버지를 향한 마음의 문을 열게 될 때, 진정한 의미의 대화와 소통이 가능해진다. 자녀의 말에 귀 기울여주고 자녀의 마음을 진심으로 이해하고자 노력하며, 자녀가 도움을 필요로 할 때 함께하는 것이 소통의 출발점이다. 아버지도 자신의 생각과 감정을 솔직하게 자녀에게 말하고, 자녀의 의견을 구하는 용기도 필요하다. 아버지와 자녀 사이의 대화는 아이들의 언어와 논리적 사고가 발달하는 유아기와 유년기가 최상의 적기라고 볼 수 있다.

④ 롤모델로서의 아빠

자녀가 아버지에 대해 가장 혼란스러워하는 때는 아버지의 말과 행동이 일치하지 않을 때이다. 자녀에게 훈계를 할 때는 옳은 말과 교과서적인 말을 하지만, 정작 본인의 삶은 자녀에게 해주는 말과 배치되는 경우 자녀가 아버지를 진정으로 신뢰하기 어렵다. 아버지가 감정의 기복을 보이거나 자녀와의 약속을 지키지 않을 때, 자녀들은 아버지를 따르지 않게 된다. 특히 아이들은 아버지가 어머니와 가족을 대하는 행동의 영향을 가장 많이 받는다. 좋은 말을 많이 해주는 아버지보다는 행동으로 실천의 모범을 보이는 아버지가 아이에게 가장 바람직한 롤모델의 자격이 있다.

아브라함 링컨(Abraham Lincoln, 1809~1865)은 미국인들이 미국의 역대 대통령 중 가장 위대한 대통령으로 손꼽는 인물 중 한 사람이다. 링컨은 대통령이 된 후, 임기 중에 일어난 남북전쟁에서 공화당과 민주당의 이견을 잘 조율하며 성공적으로 미연방을 지켰고, 노예제도를 종식시켰다. 당시 서부 변방의 개척지에 사는 가난한 가정 출신이었기 때문에, 그는 학교에서 공부를 하기보다는 혼자 스스로 할 수밖에 없었다. 그는 변호사가 되었고, 일리노이 주 의원이 되었고, 미국 하원의원을 한 번 했지만, 상원의원 선거에서는 두 번 실패하였다. 그는 가족과 함께 시간을 많이 보내지는 못했지만, 자상한 남편이었고 네 아이의 아버지였다.

아브라함 링컨은 정직, 성실, 의로움, 원만한 대인관계와 갈등의 해결능력에서 탁월한 리더십을 발휘하였다. 특히, 남북이 분열될 최대의 위기였던 남북전쟁에서 승리하였고, 노예제도를 종식시켰으며, 공화당과 민주당의 극렬한 대치상황에서도 협치를 통해 미국을 하나로 통합하는 정치적 수완을 보여주었다. 하지만, 그런 그에게도 암울했던 어린 시절의 아픔이 있었는데, 그는 친아버지의 장례식조차 참석하지 않을 만큼 아버지와의 관계는 고통스러운 기억들로 평생 그를 힘들게 했다.

링컨의 아버지 토마스(Thomas Lincoln, 1778~1851)는 부유한 농장의 3형제 중 막내아들로 태어났지만 인디언들의 공격으로 아버지가 세상을 떠났다. 유언 없이 돌아가신 탓에 아버지의 모든 재산은 장남에게 돌아갔고, 열 살도 안 된 어린 시절부터 교육을 받는 것은 고사하고 닥치는 대로 막노동을 하며 가난과 싸워야만 했다. 열심히 돈을 모아 농가를 산 후 결혼하여 딸 사라와 아들 아브라함을 낳고, 경제적으로 여유롭지는 못했지만 비교적 행복한 삶을 사는 듯 했다. 하지만 아내(Nancy Lincoln, 1784-1818, 아브라함의 생모)가 독초를 먹은 암소의 우유를 마시고 죽는 비극이 발생했다. 토마스는 아내가 사망한 지 1년 뒤 한 과부와 재혼을 했는데, 새로운 가족 간 불화와 아버지와 계모의 차별로 갈등이 싹트기 시작했다. 아브라함이 어머니를 잃은 슬픔으로 힘들어 할 때 아버지는 아들을 위로해주지 않았다. 학교를 다니고 싶어도 다니지 못했던 아들과 아들이 생계를 위해 노동하기를 바라던 아버지 사이에는 마찰이 있었다. 토마스는 집안일을 제대로 돕지 않는다는 이유로 책을 숨겨버리고 태우기도 하였고 아브라함에게 잦은 체벌을 가하였다. 아버지의 심한 구타로 아브라함은 몸과 마음에 깊은 상처를 입었다. 사춘기에 다른 농장에 고용되어 일을 할 때도 아브라함의 임금을 아버지가 가로채면서 아브라함과 아버지의 관계는 더욱 악화되었다. 아버지 토마스는 의붓아들은 학교에 보내고 애지중지하였는데 친아들과 의붓아들을 차별하는 아버지의 태도가 아브라함을 분노하게 만들었다. 스물한 살이 되던 해, 드디어 아버지로부터 독립하게 된 아브라함은 '아버지처럼 되지 말자'라는 목표를 가졌다. 독학으로 변호사가 된 아브라함은 아버지가 경제적 위기에 처할 때마다 금전적인 도움을 주었지만, 아버지의 경제적 어려움은 나아지지 않았다. 아버지의 경제적 위기가 의붓자녀의 무절제한 생활로 인한 것이라는 사실을 알게 된 후부터는 좋은 마음으로 아버지를 도울 수 없었는데, 계속된 아버지의 금전적 요구는 부자관계를 회복이 불가능하게 만들었다.

링컨의 아버지는 아들의 꿈과 열정을 격려해주고 지원해주지 못했다. 아들이 농사나 지으며 가계를 이어받기를 원했고, 의붓아들은 귀하게 대하며 차별했다. 체벌과 구타, 언어폭력, 그리고 아들이 애지중지하던 책들을 불태워버렸던 아버지, 그런 아버지를 이해하고 사랑하려 노력했던 아들 아브람함. 1851년 1월 17일 아버지 토마스 아브라함의 장례식에 아들은 끝내 참석하지 않았다. 아버지처럼 살지 않겠다는 목표로 살았던 아브라함이 역사적으로 훌륭한 인물이 되었다는 것은 어찌 보면 참으로 안타깝고, 슬픈 이야기가 아닐 수 없다.

토의 주제

1. 아내가 임신하였을 때, 아버지의 역할과 태교 참여는 어떻게 이루어지는 것이 바람직할까요?

2. 아버지들이 기억해야 할 신생아기의 발달 특징에는 어떤 것들이 있습니까?

3. 영아기와 걸음마기 아버지와 아이의 놀이는 왜 중요합니까?

4. 표 4-3 "교우관계를 통한 아이들의 분류"에서 (엄마, 아빠) 자신은 유아기에 어떤 종류의 아이였으며, 지금의 자녀는 어떤 아이인지 비교해보세요.

5. 유년기 아버지의 여러 역할(친구 같은 아빠, 멘토 같은 아빠, 대화파트너로서의 아빠, 바람직한 롤모델로서의 아빠) 중 한 가지를 정하고, 실천할 수 있는 구체적인 방법을 말해보세요.(소그룹토의)

주

1 신생아는 태생적으로 손에 물건을 꼭 쥐고 놓아주지 않는 성향이 있다. 이를 '쥐기 반사(grab response)'라고 한다.

2 보통 첫 돌 이후 아이들은 스스로 걸을 수 있게 되는데, 토들러(toddler)는 "아장아장 걷다(Toddle)"에서 비롯한 말로, 걸음마기는 아장아장 걷는 아이의 시기를 말한다.

3 아직 오른손, 왼손 사용 여부가 결정되지 않은 시기이므로, 한 쪽 손으로 사용하기를 강요하기보다는 자유롭게 아이가 자신의 신체적 능력을 시험해볼 수 있도록 분위기를 만들어 주는 것이 좋다.

4 아이가 다른 아이들을 때리거나 상처를 입히는 경우 그냥 묵과하는 것은 바람직하지 않다. 먼저, 상처를 입은 아이를 잘 다독여주고 위로해주어 안정시키고 난 다음, 두 아이와 함께 갈등의 원인과 결과에 대해 이야기하고 문제해결 방법을 찾는 것이 중요하다.

5 평행놀이(Parallel play)는 공동의 공간에서 서로 비슷한 장난감을 가지고 또래 친구의 틈 속에서 놀기는 하지만 상대방의 놀이에 개입하거나 상호작용을 하지 않거나 미미한 수준의 놀이 형태이다. 서로에게 거의 영향을 주지 않는다는 점에서 단순히 상대 옆에서 비슷한 놀이를 하는 것을 평행놀이라고 정의한다 (Parten, 1929).

6 밀러 박사(Miller, 2012)는 자신의 저서(Ages and Stages)에서 만 3세는 '세발자전거의 시기'라고 하였고, 만 4세는 '영웅을 추종하는 시기' 혹은 '어디로 튈지 모르는 럭비공의 시기'라고 하였다. 만 5세는 '함께하는 것을 좋아하는 시기'로, 만 6세부터 취학 전까지의 시기를 '앞니 빠진 개우지의 시기'로 유아기를 시기별로 표현하였다.

7 어떤 부모들은 아이가 문법에 맞지 않는 언어를 사용하거나 발음이 잘못되었을 때 정색을 하고 고쳐주기도 하는데, 잘못된 언어사용 습관을 지적해주고 바로잡아줄 때는 부모의 여유와 긍정적인 태도가 중요하다. 아이가 편안하게 받아들이고 잘못된 표현을 바로잡을 수 있도록 기다려주고 배려하는 것이 바람직하다. 또한 부모가 올바른 언어사용법이나 언어습관의 좋은 예를 아이에게 직접 보여줌으로써 바람직한 언어를 구사하도록 돕는 것이 필요하다.

8 피아제의 인지발달론 중 만 3세는 전조작기(Pre-operational stage)에 해당하는데

애니미즘(Animism)은 모든 사물이나 대상이 살아 있고 감정과 생각이 있다고 믿는다. 심지어 동물들과도 대화가 가능하다고 생각한다.

9 이 시기에는 이성보다는 동성의 친구들과 놀기를 선호하는데 특히 남자와 여자의 다른 몸의 구조에 대해 관심이 증가한다. 재미있거나 익살스러운 표현을 좋아하고 유머를 시도하게 된다. 다양한 감정의 표현이 가능해지고 상대방의 감정을 고려하는 행동을 보이기도 한다. 친구가 다치거나 울 때에는 위로하기도 하고 상대방을 배려하는 행동을 보이기 시작한다. 놀이의 규칙을 정하고 친구들에게 역할을 배정하는 것을 좋아한다.

10 아버지 자신은 어린 시절 교우들로부터 어떤 아이로 분류되었는지 알아보고, 지금은 직장 동료들 사이에서 어떤 사람인지 살펴보는 것이 필요하다. 또한, 지금 자신의 자녀는 교우들 사이에서 어떤 아이인지 올바르게 인식하고 사회성 개선을 위해 적극적으로 지도하는 것이 좋다. 자녀가 관심 있는 모임(합창단, 미술, 독서모임, 취미동아리, 종교모임 등)을 계획하거나 좋아하는 팀스포츠(유소년 축구, 야구, 농구 등)나 자원봉사활동 등을 통해 또래집단은 물론 다양한 연령의 많은 사람들을 만나고 경험할 수 있도록 기회를 많이 만들어 주고 사회활동을 적극적으로 격려하는 것이 바람직하다.

11 자아개념(Self-concept)은 개인이 가지고 있는 자신 스스로에 대한 시각을 의미한다. 다시 말해서 자기 자신에 대한 생각으로 긍정적 개념과 부정적 개념 모두를 포괄한다. 하지만 긍정적 개념과 부정적 개념으로 굳이 분류하기보다는 자신에 대한 통합적인 시각으로 보는 것이 바람직하다. 가령, "나는 누구인가? 나의 능력은 범위는 어디까지인가? 내가 처한 지금의 상황은 어떠한가?" 등 자신 스스로에게 던지는 질문에 대해 스스로 답을 제시할 수 있는 능력과 관련된 개념이다. 또한 자신의 능력에 대한 견해는 물론 자신의 성격이나 태도, 스스로에 대한 느낌 등을 모두 포괄할 수 있다. 이러한 자아개념은 유아기 전후로 형성이 되며, 학업성취도나 자아유능감과 밀접하게 연관되어 있다.

12 일부 심리사회학자들은 에릭슨의 유년기(근면성:industry)의 시기를 성취의 시기(The period of achievement)로 해석하기도 한다.

13 쿨리(C. H. Cooley)는 거울자아이론(Looking glass-self theory)을 통해, 일명 '거울자아(Mirrored self)'를 소개하였다. 거울자아는 타인이 나를 어떻게 인식하고 있는가에 대한 자신의 생각을 기초로 타인으로부터의 평가에 의해 형성된 자아상이라고 할 수 있다. 유년기 아이들은 거울에 비친 자신의 모습을 보며 스스로 자신을 평가한다. 그리고 가족과 주변의 의미 있는 타인 그리고 또래

집단의 평가를 통해 자신의 자아상과 자아정체감을 형성해가게 된다.

14 피아제의 인지발달론에서 보존개념(conservation)은 동일한 양의 물을 모양과 형태가 다른 두 컵(좁고 긴 컵, 넓고 낮은 컵)에 부어도 양이 동일하다는 것을 인식하는 능력을 말한다.

15 멘토(Mentor)는 그리스신화에 나오는 인물로 알시무스(Alcimus)의 아들이자 이타카(Ithaca)의 왕이었던 오디세우스(Odysseus)의 친구이다.『오딧세이(Odyssey)』에서 '멘토'는 친구 오디세우스에게 충언을 하는 친구였고, 오디세우스의 아들 텔레마추스(Telemachus)의 스승이었다. 훗날, 텔레마추스가 왕이 된 후에도, 충고와 조언을 아끼지 않았고 애정과 신뢰를 바탕으로 때로는 보호자로, 후원자로, 상담자로 친구이자 아버지의 역할과 책임을 다하였다.

5장

아버지교육의 이론

이번 장에서는 아버지교육의 기본원리라고 할 수 있는 부모-자녀 관계를 부모교육이론을 통해 이해하고 살펴보고자 한다. 기존의 부모교육이론 고찰을 통해 아버지교육에서 반드시 다루어야 할 기본원리와 내용을 구성하고, 앞으로 아버지교육의 지향점을 논의하고자 한다. 우리나라의 경우 1980년대 이후 유아교육에 대한 관심이 크게 고조되면서 부모교육의 중요성 대두와 더불어 아버지를 유아교육 현장에 참여시키려는 시도가 시작되었다. 부모교육이 유아교육 관련학과의 전공 필수과목으로 자리 잡으면서 외국에서 이미 소개된 부모교육이론들이 본격적으로 도입되었다. 종래에는 부모교육의 주요 대상자가 어머니로 한정되었지만, 유아의 성장과 발달에 아버지교육과 아버지참여 역시 중요한 요인으로 인식되면서 아버지교육의 필요성이 더욱 절실하게 요구되고 있다.

최근 들어 부모교육의 개념이 부모를 교육과 계도의 대상으로 인식하고 있다는 지적을 받음에 따라 가족지원(family support)의 개념, 혹은 가정과 학교의 동반자적 관계(home-school partnership)로의 방향 전환이 이루어지고 있다. 무엇보다, 효과적인 가족지원과 동반자적 관계가 바람직한 방향으로 나아가기 위해서는 일차적으로 부모-자녀 관계의 증진을 바탕으로 해야 한다. 이를 위해서는 부모-자녀 중심의 부모교육이론에 대한 이해가 우선되어야 한다. 부모교육의 제이론(민주적 부모교육이론, 인본주의 부모교육론, 부모효율성훈련, 사회학습이론, 행동수정론 등)의 학습을 통해 아버지-자녀 관계 개선과 증진을 위한 실제적이고 다양한 활용방법을 구상한다.

1. 민주적 부모교육이론

드라이커스(Rudolf Dreikurs)의 민주적 부모교육이론은 부모-자녀 관계의 중요성을 강조한 이론이다. 부모-자녀 관계에서 부모가 자녀를 인격적으로 존중하고, 서로 간 의사소통을 강조하는데, 상호존중과 합리적 의사소통을 통해 관계 증진을 추구한다.

1) 드라이커스의 민주적 부모교육이론 개관

드라이커스는 1897년 오스트리아 비엔나에서 태어나 비엔나 의대를 졸업하고 가족상담과 심리치료와 분석에 관한 연구를 하였다. 개인심리학(Individual psychology)의 대가인 아들러(Alfred W. Adler, 1870-1937)[1]의 제자로, 그의 이론을 부모교육에 적용하였다. 1952년 북미 아들러심리학회(North American Society of Adlerian Psychology)를 설립하고 1972년 시카고에서 생을 마감할 때까지 아들러 심리학파의 활동적인 선구자로 헌신했다.

민주적 부모교육이론은 나이나 지위의 고하와는 관계 없이 모든 인간은 평등하며, 상호존중과 대화를 통하여 바람직한 관계를 설정하고 건강한 부모-자녀 관계를 이룰 수 있다고 믿는 것이다. 드라이커스는 가정상담과 심리치료를 위해 개인심리학을 실용적으로 해석하고 부모-자녀 관계에 적용했는데, 자녀에 대한 물리적 처벌(punishment)이나 보상(reward) 없이도 부모가 아이들의 행동을 충분히 이해하고 부모-자녀 간 협력을 이끌어낼 수 있다고 생각하였다. 아이들의 일탈행동은 자신이 속한 집단에서 소외되거나 배제되었다는 심리적 피해의식의 결과이며, 관심 끌기, 힘 과시, 복수, 회피행동 등으로 나타난다고 믿었다. 이에 대한 해결방안으로 드라이커스가 제시한 것은 아이의 일탈행동에 대해 벌을 주거나, 막연한 보상을 제공하기보다는 아이들 자신이 스스로의 행동을 살펴보게 하고 부모와의 대화와 소통을 통해 조정할 수 있도록 하는 것이 바람직한 부모-자녀 관계의 출발점이라고 보았다.

2) 민주적 부모교육의 목표와 핵심원리

드라이커스는 아동의 건전한 성장과 발달을 위해서 부모의 역할을 강조하였다. 민주적 부모-자녀 관계는 수직적 관계가 아니라 수평적 관계이며, 평등과 상호존중의 개념이 민주적 부모교육의 두 중심축이라고 할 수 있다.

가정에서 부모가 어떠한 양육태도로 자녀를 대하는가에 따라 아이들의 인성이 결정된다. 하지만, 자녀에 대한 지나친 인격존중으로 인해 민주적 부모교육에서 말하는 평등의 개념을 '지나친 자율' 혹은 '방임'의 개념으로 해석하는 것은 곤란하다. 모든 자유에는 책임이 뒤따르는 것처럼, 부모-자녀 관계에서도 아이의 선택과 결정은 존중하되 자신의 결정에 따른 결과를 예상하게 하고 결과에 대한 책임을 질 수 있도록 안내하는 것이 중요하다. 민주적 부모교육이론의 목표는 다음과 같다.

- 아이들의 모든 행동에는 원인과 목적이 있으므로, 원인과 목적을 올바르게 이해한다.
- 모든 인간은 소속감을 필요로 한다는 사실을 이해한다.
- 아이들을 부모와 동등한 한 사람의 인격체로 대한다.
- 자녀 스스로 자신의 일을 결정하고 책임질 수 있도록 격려하고 돕는다.

앞서 언급한 바와 같이, 민주적 부모교육의 핵심은 부모가 자녀의 행동 동기와 예상되는 결과를 이해하고, 부모와 자녀가 평등한 입장에서 민주적으로 상호교섭[2]하는 바람직한 부모-자녀 관계를 찾아가는 것이다. 드라이커스는 그의 저서 『민주적인 부모가 된다는 것(Children the Challenge)』에서 자녀의 잘못된 네 가지 행동유형을 소개하고 있다.

① 관심 끌기(Seeking attention)

성인이나 아이 구분 없이 모든 인간은 타인의 관심을 받고 싶어 하며, 더불어 인정(認定)을 받고 싶어하는 욕구가 있다. 모든 사람들은 타인의 애정과 사랑을 갈망한다. 아이들은 특히 자신보다 형이나 누나, 혹은 동생이 부모에게 주목 받게 되면 시기나 질투를 하고, 퇴행행동(behavioral retreats/regressive behavior)을 보이기도 한다. 어떤 식으로든 부모의 관심과 주의를 끄는 데 성공하게 되면, 이런 부정적 행동이 강화되어 다음에도 관심을 끄는 비슷한 부정적 행동을 계속할 개연성이 높다. 따라서 부모는 아이의 잘못된 행동이나 일탈적 행동을 무시하고, 아이가 바람직한 행동을 했을 때 적극적으로 관심을 보이는 것이 중요하다.

② 힘 사용하기(Seeking power)

사람들은 자신이 가진 물리적 힘과 권력 혹은 주도권을 행사하며 존재의 이유를 확인 받으려는 열망이 있다. 타인의 통제나 간섭에서 벗어나 자율적으로 행동할 때 느끼는 쾌감은 타인으로부터 통제될 때 좌절감이나 상실감으로 이어지기도 한다. 아이들이 유아기에 접어들고 자의식(自意識)이 생기며 자율성(自律性)을 추구하는 것도 일반적인 아동발달의 특징 중 하나이다. 피아제가 말한 자아중심성(自我中心性, Egocentrism)[3]도 자율성의 획득 과정에서 일어나는 강한 주관적 성향의 표현으로 이해할 수 있다. 아이들이 "노(No)"라고 대답하거나, "싫어(I do not want to do that)"라는 표현으로 자신의 의사를 표현하기 시작하는 시기가 자아중심성이 발달하는 시기이다. 부모는 아이들의 자의식이 발달하면서 부모-자녀 관계에서 발생하는 갈등을 자연스럽게 받아들여야 한다. 부모의 과도한 통제나 간섭은 아이들의 자율성 발달을 방해하지만, 오히려 아이들의 자아중심성을 방임하게 되면 자신이 원하는 대로 되지 않는 상황에서 감정을 조절하지 못하는 아이로 성장할 가능성이 높다. 따라서 부모는 화를 내거나 무조건적인 보상으로 아이를 어르고 달래기보다는, 우선 아이의 감정에 공감해주고 아이가 힘을 올바르게 사용할 수 있도록 유도하는 것이 중요하다.

③ 복수하기(Seeking revenge)

복수의 심리적 배경에는 보상심리가 늘 자리 잡고 있다. 자신이 억울하게 피해를 보았다거나, 상처를 입었다고 생각할 때 상대방에게 반항하는 것으로 복수심을 드러내기도 하고, 상대방이 자신에게 원하는 것을 이루지 못하게 함으로써 좌절시키기도 한다. 청개구리 같은 행동으로 부모의 말에 상반된 행동을 하는 아이들은 부모에게 복수의 감정을 품고 있다고 봐도 무방하다. 이러한 복수심 역시 인간의 보편적인 감정의 양식으로, 아이의 공격적 감정표현을 잘 이해하고 받아들일 필요가 있다. 아이가 받은 상처를 잘 감싸주고 치료해주지 않으면, 훗날 아이의 인격형성에 나쁜 영향을 줄 수 있기 때문에 복수심을 주의 깊게 다룰 필요가 있다.

부모-자녀 관계에서 힘겨루기의 양상이 전개되면, 부모는 아이를 굴복시키고자 할 때가 많다. 그러나 자녀를 패자로 만들게 되면 자녀와의 관계를 악화시킬 뿐만 아니라, 분노와 복수의 감정을 키울 수 있다. 아이의 보복이나 앙갚음의 행동이 부모가 아이의 의견을 무시하거나 좌절시킨 것이 원인이라는 점을 인식하는 것이 무엇보다 중요하다. 아이를 물리적 혹은 심리적으로 억압하거나 굴복시켜 패자로 만들지 않아야 하고, 서로가 윈-윈(win-win) 할 수 있는 개방적인 대화와 교섭의 분위기를 만드는 것이 중요하다. "우리 아빠는 내가 이야기 할 때, 잘 들어주는 사람", "아빠는 내가 올바른 일을 했을 때 칭찬하는 사람", "아빠는 나와 말이 잘 통하는 사람"이라는 인식을 심어주어, 아이와 대화의 대상이자 타협하고 조정할 수 있는 여지가 다분한 대상이라는 것을 몸소 보여주어야 한다.

④ 부적절성/무능감(Feeling Inadequate)

드라이커스가 사용한 'Inadequate'는 부적절성 혹은 무능감 등으로 해석되기도 하는데, 부적절성이나 무능감은 아이들의 행동(관심 끌기, 힘 사용하기, 복수하기 등)의 좌절의 결과로 보면 무방하다. 자기 행동의 결과로 부모의 반응이 부정적이거나, 처벌이나 무관심 등의 표현이 자신에게 돌아오면, 아이들은 "나는 가치가 없는 사람이야", "내가 무엇을 해도 우리 엄마 아빠는 나를 싫어해", "나는 잘하는 게 아무것도 없어"라고 생각할 수 있다. 아이들이 낙담하고 문제해결의 출구가 보이지 않을 때, 입을 닫고 귀를 닫으며 결국 마음의 문을 닫게 되는 것이다. 아이들의 공격적 행동이나 부적절한 언어의 사용 등 자신의 감정을 표현하는 것은 아이들이 건강하다는 증거이지만, 엄마 아빠와 대화의 문을 닫아버리는 상황은 무엇보다 심각하다.

이때 부모는 아이에게 벌을 주는 대신 "엄마, 아빠는 ○○를 정말 사랑한단다"라고 표현해주고 아이의 단점을 지적하기보다는 장점을 격려해주고 칭찬해주는 것이 좋다. 더불어 막연한 금전적, 물질적 보상보다는 구체적이고 긍정적인 칭찬과 격려로 아이와 문제해결의 실마리를 풀어가는 것이 중요하다.

3) 아버지교육을 위한 적용

드라이커스의 민주적 부모교육론이 아버지교육에 의미하는 바는 매우 크다. 동서양을 막론하고 역사적으로 남성 중심의 가부장적 권위는 가족구조와 부모-자녀 관계에도 수직적인 위계로 오랫동안 지속되었다. 단적인 예로 '가장(家長, 가정의 대표자)'인 아버지는 가정에서 권력의 정점에 있는 것으로 간주된다. 유교적 전통 사회에서 아버지는 가정에서 최고 권위의 상징처럼 여겨져 왔으며, 서양에서도 근현대 이전까지 성인 남성에게만 선거권과 피선거권을 부여해왔고, 역사적으로도 아내와 자녀를 남성의 소유물로 간주하기도 했다.[6]

① 체벌 시 아버지의 태도

아이의 잘못된 행동은 감정적 수단, 체벌 등으로 교정되는 것이 아니라 논리적으로 타당한 방법으로 지도해야 한다. 그리고 체벌을 긍정적 학습을 위한 경험의 과정으로 보아야 한다. 아버지는 다음과 같은 태도가 필요하다.

- 잘못된 행동을 돌아보게 한다.
- 잘못된 행동/일탈행동의 결과에 대해 논의한다.
- 아이가 도달할 수 있는 성취 가능한 목표를 설정하도록 돕는다.
- 아이에 대한 아버지의 신뢰감과 확신을 보여준다.
- 아이의 행동변화에 대해 격려와 지지를 보낸다.

② 명심할 점

- 적극적인 경청 태도를 보인다.
- 감정적 대응을 자제한다.
- 아버지도 적극적으로 자신의 의견을 제안할 수 있다.
- 타인의 감정과 견해에 대해 함께 생각해본다.
- 아버지의 양육방식과 훈육의 기준에 대해 명확하게 한다. (차트나 규칙을 잘 보이는 곳에 게시)

- 아버지의 양육기준은 아버지만의 고정적이고 일방적 기준이 아니라, 언제든지 아이와 협상이 가능하고 수정이 가능한 것임을 인지시킨다.
- 아이와의 갈등과 문제해결에 관한 일지를 작성하고 기록으로 남긴다.

③ 민주적 부모교육이론의 장단점

장점
- 아이에게 높은 수준의 자율성과 책임감을 키워줄 수 있다.
- 부모–자녀 간 상호존중과 소통을 증진시킬 수 있다.
- 부모–자녀 간 유대감을 강화할 수 있다.
- 자녀 스스로 자아발견을 가능하게 한다.
- 문제행동의 효과적인 개입과 수정이 가능하다.
- 아이의 인격과 권리가 존중되는 부모교육이론이다.

단점
- 아이가 자신의 문제행동의 원인과 결과에 대한 이해가 부족한 경우 혼란을 가중시킬 수 있다.
- 아이의 문제행동에 대해 부모가 사사건건 과도하게 개입할 여지가 있다.
- 부모가 생각하는 논리적 문제해결의 결과가 자칫 처벌의 다른 형태로 전용될 소지가 있다.
- 민주적 부모–자녀 관계와 양육태도에 대한 부모의 준비가 선결되어야 한다.

2. 인본주의 부모교육론

기너트(Haim G. Ginott, 1922-1973)의 인본주의 심리학에서는 치료자(治療者, therapist)와 내담자(內談者, client) 간의 친밀하고 동등하며 상호존중의 인간관계를 심리치료의 기본으로 삼는다. 치료자가 내담자의 이야기에 귀 기울이고, 공감하며, 양측의 심리적 유대감이 공고할 때 문제행동이나 심리적 문제, 정신적 트라우마의 효과적인 치료가 가능하다고 보고 있다. 기너트는 인본주의 심리학의 기본가정을 놀이치료의 선구자 중 한 사람인 액슬린(Virginia Mae Axline, 1911-1988)의 놀이치료 요법과 인본주의 심리학을 부모-자녀 관계에 적용하여 인본주의 부모교육론을 완성하였다.

1) 기너트의 인본주의 부모교육론 개관

기너트는 이스라엘 텔아비브 출생으로 오랜 초등학교 교사생활을 통해 아이들을 학교에서만 교육하는 데 한계를 느꼈다. 학교 교육 이전에 부모교육이 매우 중요하다는 점을 인식하였다. 미국으로 이민간 후 1952년 컬럼비아 대학교에서 아동심리학과 심리치료를 전공하여 박사학위를 받았다. 그의 저서『부모와 아이 사이(Between parent and child)』는 지금도 베스트셀러로, 현재 실정에 맞는 부모교육서로도 손색이 없을 만큼 세부적이고 구체적인 부모교육 관련 양육 팁을 제공하고 있다. 이 책의 핵심은 부모-자녀 간 대화의 중요성, 상호존중과 인간의 존엄에 대한 인식의 필요성이다.

기너트는 아동이 중심이 되는 인간 중심의 부모교육 이론을 기본으로 출발했다. 부모중심의 심리치료나 상담보다 아이의 감정과 심리상태를 비롯해서 아이의 행동을 그대로 수용하고 아이가 자기 자신을 인식할 수 있도록 돕는 것이 무엇보다 중요하다고 하였다.

부모가 아이를 한 인격체로 존중하고 아이를 현재 있는 그대로 받아들이고 이해하는 것이 건강한 부모-자녀 관계의 출발점이 된다고 하였다. 아이의 부적절한 말과 행동에 대한 체벌이나 명령 혹은 지시보다는 부모-자녀 간 의사소통으로 갈등을 해소하는 데 집중하여야 한다. 아울러, 아이의 문제행동을 부모가 먼저 판단하고 교정하기보다는 아이 스스로 문제해결을 할 수 있는 능력이 있다고 여겼으며 독립된 인격 주체로 존중하고, 스스로 문제의 원인과 결과, 그리고 문제해결 능력을 키워갈 수 있도록 기다려 주는 것이 효율적인 부모교육 방법이라고 가정했다.

2) 인본주의 부모교육론의 목표와 핵심원리

① 목표

기너트는 인본주의 부모교육의 세부 실천 목표를 아래와 같이 정리하였다(Ginott, 1965).

- 아이의 감정을 부정하거나 무시하지 않는다.
- 아이의 부적절한 행동을 아이 자신의 인성과 결부시키지 않는다.
- 아이가 이해 가능하고 동의하는 규칙을 함께 만든다.
- 아이 스스로가 할 수 있는 일을 찾도록 격려한다.
- 아이에게 선택권을 부여한다. (단 안전에 관한 부분은 명확한 경계를 설정해야 한다.)
- 이미 지난 일에 대해 소급하여 책임을 묻지 않는다.
- 아이의 부적절한 행동은 무시한다.

② 부모-자녀 간 바람직한 의사소통

기너트는 특히 부모-자녀 간 대화의 중요성을 강조하였다. 부모가 아이와 의사소통을 할 때 자녀에게 명령하고 복종을 강요하는 관계가 아니라, 대화의 파트너로서 동등한 위치에서 상대방을 존중하고 기본적으로 신뢰하는 대상이라는 것을 심어주는 것이 중요하다. 바람직한 부모-자녀 간 의사소통에 관한 핵심은 다음과 같다.

- 자녀를 향한 부모의 개방적인 태도와 적극적인 관심은 대화의 바탕이 된다.
- 건전한 의사소통은 부모의 사랑과 신뢰를 통해 완성된다.
- 자녀가 가진 문제행동과 감정에 집중한다.
- 자녀의 말과 행동의 옳고 그름의 판단을 유보하고 동기를 먼저 파악한다.
- 단언적인 언행을 피한다. ('결코', '항상' 같은 단어 사용은 자제한다.)
- 다른 아이와 비교하는 말을 하지 않는다.
- 아이에게 보내는 메시지는 단순 명료하게 하는 것이 좋다.
- 같은 말을 반복해서 하는 것을 피한다.

3) 아버지교육을 위한 적용

기너트의 인본주의 부모교육론 역시 아버지교육에 의미하는 바가 크다. 앞서 드라이커스의 민주주의 부모교육에서 아버지와 자녀 관계에서 평등과 상호존중이 핵심이었다면, 기너트의 인본주의 부모교육론은 평등과 상호존중의 개념을 바탕으로 인간 본연의 존엄함과 인간 스스로 모든 문제 상황을 극복할 수 있는 힘이 내재되어 있다는 확고한 신념으로 지평을 넓혀갔다고 볼 수 있다.

아버지 역시 아이의 문제행동이나 부적절한 언어 사용 그리고 공격성과 반항 등 부모-자녀 관계에서 완벽하게 문제해결을 할 수는 없다. 때로는 아버지의 부적절한 반응(화를 내는 등)이 갈등상황을 악화시킬 수 있다. 그러나 아버지도 인격적으로 완전무결한 존재는 아니기에 좌절할 필요는 없다. 문제의 핵심은 아이와 아버지의 부적절한 말과 행동에 있다는 것에 집중해야만 한다. 아이의 인격을 폄훼하거나 체벌을 통해서 잘못을 바로잡고자 하는 아버지는 만약 갈등상황에서 해결점이 보이지 않는다면 그 상황에서 잠시 한 걸음 물러나 있는 것도 현명한 방법이다. 아버지들이 인본주의 부모교육론에 근거하여 학습하고 훈련해야 할 주요한 양육 원리는 다음과 같다.

① 경청의 훈련[5]

아버지가 아이가 하는 이야기를 잘 듣는 훈련이다. 설령 아이가 하는 말이 서투르고 논리와 어법에 맞지 않더라도 인내로 끝까지 잘 듣는 훈련이 필요하다. 아이가 충분히 자신의 감정을 이야기하고 문제행동에 대해 올바르게 인식하고 있다고 판단할 때까지 아이의 목소리에 귀 기울여야 한다.

② 대화의 시작

아이가 충분히 자신의 입장과 견해를 이야기한 다음에는 아버지 본인의 생각을 말한다. 이야기가 반복되지 않게 핵심만 간략하게 요약하는 것이 좋다. 아이의 인격을 무시하거나 비난해서는 안 되며, 위협해서도 곤란하다. 아버지의 솔직한 의견이 아이에게 전달되면 아이들은 비로소 아버지와 소통을 경험하게 되고, 쌍방의 허심탄회한 대화가 오고가며 문제해결의 실마리를 풀어가게 된다.

③ 칭찬하기

막연한 칭찬보다는 구체적으로 진정성 있게 칭찬을 하는 것이 좋다.

④ 책임에 대해 이야기하기

아이의 자율성을 과도하게 인정한 나머지 아이의 요구사항을 모두 수용해서는 곤란하다. 문제의 소지를 분명히 해야 할 필요가 있다. 아이의 문제인지, 아버지의 문제인지, 아버지가 책임져야 할 부분과 아이가 책임져야 할 부분을 구분하여 아이가 합리적이고 공평한 결정을 하도록 서로의 합의하에 도출해가는 것이 중요하다.

⑤ 잘못의 인정

아버지가 아내와 자녀와의 문제 상황에서 제일 어려워하는 부분이 자신의 잘못을 인정하고 양해와 용서를 구하는 일이다. 타인의 잘못에는 혹독하면서 자신의 잘못된 말과 행동에는 관대해서는 곤란하다. 아버지들도 자신의 감정을 조절하지 못할 때도 있고, 화를 내거나, 내재된 폭력성이 불시에 표출하기도 하는 불완전한 존재임을 사실 그대로 인정해야 한다. 아버지가 권위를 내려놓고[6] 아이들과 배우자에게 친근하고 있는 그대로의 모습으로 다가가는 노력은 함께 성장하는 건강한 가정을 가능하게 한다.

3. 부모효율성훈련

부모효율성훈련(Parent Effectiveness Training: PET)은 토마스 고든(Thomas Gordon, 1918~2002) 박사가 부모-자녀 관계의 개선을 위한 효과적 방법과

양육기술을 부모교육을 통해 훈련시킴으로써 부모-자녀 관계 증진을 도모하는 부모교육 혹은 훈련 프로그램이다. 앞서의 드라이커스와 기너트가 오스트리아와 이스라엘의 문화적 배경을 바탕으로 미국에서 확립된 프로그램이라면, 고든의 부모효율성훈련은 미국의 가족구조와 문화적 상황에 맞게 설계되고 고안된 프로그램이다. 우리나라에서도 1980년대를 전후로 소개되어 최근까지도 가장 많이 사용되고 보급된 대표적인 부모교육 프로그램의 하나이다.

1) 고든의 부모효율성훈련 개관

고든 박사는 미국의 임상심리학자로 인본주의 심리학자인 칼 로저스의 동료학자이다. 그는 부모, 교사, 사회 각계각층의 지도자, 여성, 청소년 및 아이들을 대상으로 오랫동안 임상심리 관련 연구를 폭넓게 진행하였다. 임상심리학의 결과로 의사소통기술과 갈등해결방법의 중요성을 깨닫고 이를 체계화하여 고든 모델(Gordon model) 혹은 고든 방법(Gordon methods)으로 발전시키고, 부모효율성훈련(PET)을 완성했다. 앞서 1장에서도 잠시 언급한 바 있지만, 1970년 처음으로 PET 교재가 출간된 이후 미국 전역으로 보급되었다. 이 교재는 미국에서만 400만 권 이상 배포되었고, 전 세계 33개 언어로 번역되어 500만 권 이상 판매되었으며, 45개 국에서 100만 명이 넘는 세계 각국의 부모들이 참여하였다. 적극적 경청(Active listening), 나-전달법(I-message), 그리고 무패전략(No-Lose Conflict Resolution)이 3가지 핵심요소로 대표되는 부모효율성훈련은 고든의 리더효율성훈련(Leader Effectiveness Training: LET)과 교사효율성훈련(Teacher Effectiveness Training: TET) 등 다양한 프로그램을 개발하여 보급하였다. 1970

년대 이후 미국에서 가장 인기 있고 각광받는 대화중심 관계개선 프로그램 중 하나였다. 한편, 고든 박사는 노벨평화상 후보자로 선정되기도 하였고, 1999년 미국심리학회와 캘리포니아심리학회에서 지난 30년간 미국의 가정문화를 지속적으로 개선한 공로와 미국사회 전반에 걸친 공헌으로 심리학자들의 최고의 영예인 종신업적상(Lifetime achievement awards)을 수상하였다. 미망인 린다 아담스(Linda Adams)는 현재 국제고든훈련재단(Gordon Training International) 회장직을 맡고 있다.

고든의 부모효율성훈련(PET)은 앞서 언급한 로저스와 액슬린 등 인본주의 심리학과 심리치료의 토대 위에서 개발되었다. 부모효율성훈련은 아동중심 교육철학과 드라이커스와 기너트의 부모교육이론에서 민주적 부모-자녀 관계와 인본주의 부모교육철학을 포괄하여 이론의 근간을 마련하였다. 고든은 오랜 심리치료와 임상심리학 경험을 바탕으로 유아의 문제행동은 유아 자신의 문제라기보다 주변 환경이나 인간관계의 영향이 크다고 판단하였다. 특히 부모-자녀 관계 개선을 통해 효과적인 치료의 결과를 얻을 수 있다고 보았다. 이에 따라 1962년 캘리포니아 지역에서 집단 심리상담 형식으로 부모효율성훈련 프로그램 진행을 시작으로 이후 미국 전 지역의 부모들을 대상으로 교육하면서 부모교육운동으로 확산되어갔다.

고든은 준비되고 훈련되어 있지 않은 부모들은 자녀와의 갈등상황에서 감정적 혹은 공격적으로 아이들을 대하게 되고, 이로 인해 부모-자녀 관계에 심각한 악영향을 미치는 것으로 보았다. 실제로 유아의 지적, 정서적, 심리적 문제는 부모-자녀 관계와 깊은 연관이 있음을 오랜 유아심리치료를 통해 밝히기도 하였다. 따라서 바람직한 부모 역할을 수행하기 위해서는 지속적이고 꾸준한 교육과 훈련이 병행되어야 한다고 주장하였다.

부모효율성훈련은 크게 세 가지로 나누는데, 경청의 기술(listening skills), 대화의 기술(communication skills), 문제해결의 기술(problem solving skills)이 그것이다. 어떻게 보면 당연하고, 단순한 부모교육훈련인데 제대로 알고 실천하기는 결코 쉬운 문제가 아니다. 지속적이고 반복적인 연습과 실제 상황으로의 적용이 필요하다.

2) 부모효율성훈련의 목표와 핵심원리

고든은 바움린드(Diana Baumrind)가 제안한 부모의 네 가지 양육유형[7] (민주적, 권위주의적, 방임적, 무관심한 양육태도) 중 '민주적 양육태도'에 주목하였다. 우선, 이 태도는 부모-자녀 관계가 수직적 위계의 관계가 아니라 평등하고 수평적 관계라는 관점에서 출발한다. 부모도 인격적으로 완전무결하지 않은 존재이기 때문에 부모교육과 같은 훈련을 필요로 한다. 훈련을 통해 부모-자녀 간 갈등상황에서 문제를 가진 사람이 자녀인지 부모인지, 아니면 둘 다인지 파악하는 것이 갈등해결의 출발점이 된다. 문제의 소유자에 대한 파악이 되고 나면, 아이의 문제 행동을 수용할 것인지 수용하지 않을 것인지를 결정하고 문제해결에 적용할 기술을 사용하게된다.

부모-자녀 간 친밀한 유대가 형성되지 못하고 기본적인 신뢰감이 없는 상태에서는 원만한 의사소통이 거의 불가능하다. 고든은 친밀한 부모-자녀 관계를 가로막는 방해요소로 대대로 전해오는 가정사 속에서의 전통적인 양육방식, 일관성 없는 부모의 말과 행동, 그리고 부모-자녀 관계의 수직적 위계를 들었다. 민주적 부모교육론과 인본주의 부모교육론의 요체가 평등과 상호존중에서 출발하였듯이 바람직한 부모의 역할을 재정립하기 위해서는 무엇보다 기존의 고정관념을 내려놓는 작업이 중요하다. 부모효율성훈련에서 핵심이 되는 세 가지 기술을 보다 자세히 알아보도록 하자.

① 경청의 기술

고든은 부모-자녀 관계에서 갈등이 발생했을 때 자녀의 의견과 목소리에 귀 기울여 잘 들어주는 것이 중요하다고 하였다. 이를 적극적 경청(Active listening) 혹은 반영적 경청(Reflective listening)으로 구분하여 비교적 상세하게 설명하였다. 먼저, 적극적 경청은 자녀가 자신의 문제에 대해 이야기할 때 부모는 어떤 선입견이나 비판 없이 적극적으로 아이의 감정을 이해하고 수용하려는 태도로 진지하게 듣는 훈련을 의미한다. 더 나아가, 반영적 경청은 아이의 이야기에 진지하게 경청하는 것은 물론 공감의 표현이나 수긍의 태도를 보이는 것이다. 적극적 경청과 반영적 경청은 아이의 감정을 있는 그대로 전적으로 수용하고, 아이 스스로가 감정을 조절하고, 문제를 원만하게 해결할 수 있는 능력이 있다는 확고한 믿음이 있어야 한다.

• 반영적 경청의 예

아내가 문을 쾅 닫고 들어와서 "여보, 수지가 차에서 안 내리고 울고불고 떼를 써서 그냥 들어왔어요. 당신이 나가서 좀 데리고 오세요."라고 말한다.

"병원에서 무슨 문제가 있었어요?"라고 묻자, 아내는 "여섯 살 정기검진을 갔는데, 담당의사가 2차 예방접종주사를 맞아야 한다고 하여 그러라고 했는데, 수지가 주사 맞기 싫다는 거예요. 간염, 결핵, 파상풍 세 가지 주사를 맞아야 한다고 해서 전부 맞았는데, 첫 번째는 그런대로 넘어갔는데 두세 번째 주사 맞을 때는 기겁을 했어요. 할 수 없어서 제가 수지 팔을 꽉 잡았는데, 울고불고 난리가 났어요. 애가 소리 지르고 난리를 피우니까 옆 방 의사와 간호사들도 무슨 큰일이 났나하고 달려올 정도였어요. 의사와 간호사가 달래고 어르고 팔다리를 잡고 억지로 주사를 놓긴 했는데, 수지가 악을 쓰고 계속 울고불고 '엄마 미워~ 미워~ 미워~' 하면서 병원에서 집까지 오는 내내 옷 뒤집어쓰고 울고 있어요. 어릴 때는 주사 잘 맞더니. 당신이 어떻게 좀 해보세요."

주차장에 나갔더니 수지가 "싫어, 싫어." "집에 안 갈래." 하면서 발버둥을 치면서 울고 있다. 우선, 날씨가 더워서 차 창문을 모두 열고 아이가 진정될 때까지 기다려주었다. 아이가 좋아하는 아이스크림을 하나 주고서는 "수지가 병원에서 많이 힘들었나 보구나?"라고 물었는데, 대답도 않고 계속 울고 있다. 조금 지나니, 아이스크림을 먹고 싶었는지 한 입 먹기 시작했다. 딸이 이야기를 시작한다.

"아빠, 오늘 병원에서 주사 맞을 거라고 엄마가 미리 이야기를 해주지 않아서 너무 속상했어요." "음. 그렇구나. 수지가 병원에서 많이 힘들었구나. 많이 속상했겠네." "이젠 엄마랑 병원에 다시는 안 갈 거예요."

그날 밤에 딸아이와 주사는 왜 맞아야 하는지, 주사를 꼭 맞아야 한다면 아프지 않게 잘 맞을 수 있는 방법은 어떤 게 있는지 같이 이야기하고 생각해보는 시간을 가졌다.

② 대화의 기술

대화는 한쪽에서 상대에게 자신의 의견을 일방적으로 전달하는 것이 아니라, 쌍방에서 의견을 기탄없이 제시하고 수용할 것은 수용하고 반대되는 의견은 반대의사를 표시하며, 타협하고 조정할 수 있는 부분을 서로가 함께 찾아가는 것이다.

고든이 제안하는 합리적이고 바람직한 대화의 기술에서 나-전달법(I-message)을 중요하게 다루고 있는데, 부모 자신의 의사를 분명하게 전달함으로써 자녀가 부모의 의중을 파악하게 하고 타인의 감정을 객관적으로 이해하는 데 도움이 된다. 아이를 탓하고 비난하기보다는 부모의 생각이나 느낌을 되도록 진솔하게 있는 그대로 전달하는 것이 효과적이다.

나-전달법(I-message)과 너-전달법(You-message)의 예는 다음 표 5-1와 같다. 항상 그런 것은 아니지만, 나-전달법으로 아빠의 의사와 감정을 명확하게 전달하는 것도 좋지만, 대화의 바탕에는 상대방에 대한 존중과 상대의 마음을 헤아리는 배려가 동반되어야 한다. 너-전달법은 문제의 원인을 아이 탓으로 돌리면서, 아이를 비난하고, 아버지의 화난 감정이 결부되어 있는 것을 쉽게 알 수 있다. 항상, 아이에게 조건이나 보상을 내걸고 상대의 행동변화를 기대하게 되면 조건이나 보상이 사라진 후 아이의 변화된 행동을 기대하기는 어렵게 된다는 것을 명심하고, 외부의 물질적 보상

나-전달법	너-전달법
– "이수가 아빠 허락 없이 아빠 물건에 자꾸 손을 대서 아빠가 속상하네. 다음에는 아빠한테 물어봐주면 좋을 것 같은데 그래줄 수 있겠니?"	– "너는 왜 자꾸 아빠 물건에 손을 대니?" "네 물건에 동생이 너 허락 없이 손대면 좋을 것 같니? 너는 매사에 왜 항상 그 모양이야?"
– "이수 방이 정리가 안 되어 있어서 아빠가 청소를 하기 힘들구나. 물건이 정리가 되어 있으면 아빠가 청소하기 훨씬 수월할 것 같은데, 이수가 아빠 좀 도와줄래?"	– "너는 방 꼴이 이게 뭐니? 귀신 나오겠다. 너 방청소 안 하고, 정리정돈 안 하면 이번 달 용돈 안 줄 거야. 하든 말든 네가 알아서 해."

표 5-1 나-전달법과 너-전달법의 예

보다는 아이의 내적인 동기를 부여해주는 것이 지혜로운 대화의 기술이
될 수 있다.

③ 문제해결의 기술

주로 부모-자녀 관계에서 문제 상황이 발생할 때, 갈등의 해결방법으로 부
모의 권위나 힘을 내세워 아이를 굴복시키는 오류를 범할 때가 많다. 문제
해결 과정에서 부모든 자녀든 한쪽이 승자가 되고, 어느 한쪽이 패자가 되
는 것은 부모-자녀 관계의 장기적인 측면에서 볼 때, 바람직하지 않다. 고
든은 무패전략(No-lose method)을 문제해결의 기술 핵심으로 규정하고 부
모나 자녀 중, 한쪽이 이기고 지는 힘의 우위와 열세의 매커니즘으로 상황
을 풀어가기보다는 서로 윈-윈하는 전략을 세워가는 것이 바람직하다고
주장하였다. 설령, 부모와 자녀가 서로 윈-윈하기 어려운 상황이라면 혹
은 양보와 타협이 어렵다면 서로가 조금 더 생각해보는 시간을 갖거나, 문
제의 해결을 잠시 미루어 두는 것도 대안이 될 수도 있다. 고든의 무패전
략의 장점은 다음과 같이 요약해 볼 수 있다.

- 부모와 자녀 사이의 힘겨루기 양상을 피할 수 있다.
- 무패전략을 통해 부모-자녀가 서로 협력과 상생의 관계를 도모할 수 있다.
- 자녀에게 자율성을 촉진하고, 갈등 상황을 스스로 해결할 수 있는 능력을 배양
  할 수 있다.
- 대화를 통한 문제해결은 부모-자녀 서로 간의 신뢰감을 고취시킬 수 있다.

3) 아버지교육을 위한 적용

고든의 부모효율성훈련은 아버지의 탈권위적 행동과 아버지-자녀 관계를 증진시킬 수 있는 효과적인 모델이다. 가부장적 전통의 가정문화 내에서 성장한 아버지들은 배우자와 자녀에게 완벽한 모습을 보이려는 슈퍼맨 신드롬(Superman syndrome) 혹은 마초근성(Macho tendency/Hypermasculinity)을 가지고 있는 성향이 있다. 부모효율성훈련이 지향하는 목표는 아버지들에게 아버지-자녀 관계에서 서로 신뢰하고 긴밀한 유대감의 증진에 있다. PET를 통해 효과적으로 자녀의 목소리에 귀 기울이고, 객관적인 시각에서 감정적 동요 없이 자녀와 합리적으로 대화하며, 서로의 의견을 존중하고 인격을 세워주는 결과를 추구한다. 부모효율성훈련을 통해 아버지 역시 완전무결한 존재가 아니라, 흠결이 있는 한 사람이라는 것을 인식하게 된다. 자녀의 부적절한 말과 행동의 원인을 객관적으로 받아들이며, 자신이 가진 문제점을 발견하기도 한다. 문제의 핵심이 무엇인지 파악하고, 아버지 자신의 의견과 감정을 솔직하게 표현하는 훈련의 반복을 통해 합리적 의사소통은 물론 갈등상황을 자녀와의 충분한 협의를 통해 원만하게 해결할 수 있다.

국제고든훈련재단의 최근 보고에 의하면, 부모효율성훈련에 참가한 아버지들은 아버지의 역할과 양육태도에 대한 자신감이 증가되었고, 자녀와의 갈등의 국면에서도 문제해결에 대한 확신을 가지게 되는 계기가 되었다고 하였다. 무엇보다 적극적인 경청훈련을 통해 자녀의 감정에 대해 충분히 이해하고 공감할 수 있었으며, 대화를 통해 아버지는 자신의 의견을 정확하게 자녀에게 전달하는 방법을 학습하고, 자녀에 대한 신뢰와 권리를 존중하게 되었다고 하였다. 어떤 갈등상황에서도 힘겨루기 양상을 통해 서로에게 상처를 주기보다는 서로가 윈-윈 할 수 있다는 확신을 가지게 된 것이 무엇보다 큰 소득이라고 볼 수 있다. 부모효율성훈련을 받은 아버지는 자녀와의 갈등 상황의 빈도가 이전에 비해 확연히 줄었고, 민주적 양육태도로 전환된 것도 프로그램의 효과 중 하나이다.

자녀 역시도 부모효율성훈련을 받은 아버지와의 관계가 개선된 점도 주목할 필요가 있다. 자녀의 자아존중감이 향상되었고, 타인과의 대화의 빈도가 늘었으며, 교우나 또래집단과의 갈등상황에서의 문제해결 능력도 동반 상승하였다.

4. 부모참여모델

고든의 부모효율성훈련이 미국과 세계 여러 나라에서 커다란 성공을 거둔 후, 다수의 부모참여 혹은 아버지참여모델이 소개되었다(Epstein, 1997; de Carvalho, 2001). 이러한 모델들은 유아교육 현장에서 실시하고 있는 활동을 지원하기 위해서 이론적인 토대를 만들었는데, 기존의 부모교육 프로그램을 가정과 지역사회의 상황에 맞게 재구성하여 보급하였다. 엡스타인 교수는 2009년 토마스 고든의 부모효율성훈련을 바탕으로 부모참여모델(Parent Involvement Model)을 개발하였다(Epstein, 2009). 소위 학교, 부모, 그리고 지역사회의 파트너십(School, family, and community partnership) 핸드북을 집필하면서 6가지 부모참여모델을 소개하였다.

1) 엡스타인의 부모참여모델 개관

엡스타인은 1997년 부모참여파트너십(Parent involvement partnership in education)을 처음으로 소개하였는데, 유아교육 분야에 초점을 맞추고 있었다.[8] 엡스타인의 부모참여모델은 다음의 네 가지 중요한 기본 가정에서 출발하였다.

첫째, 부모는 아이들의 학교의 중요한 파트너이다. 학부모는 아이들의 교육의 성패를 가르는 중요한 대상으로 받아들여야 한다. 둘째, 부모와 교사는 아이들의 교육적 성공에 관한 공통된 목표를 가지고 있다. 셋째, 학교와 교사는 학부모를 지원하고 참여시키며 파트너십을 증진시킬 다양한 활동과 기회를 제공할 의무가 있다. 넷째, 부모 역시도 부모참여와 아이들의 교육을 지원할 의무를 가진다.

2) 부모참여모델의 목표와 핵심원리

엡스타인의 부모참여모델 목표의 핵심은 가정중심 교육(Family-centered education) 철학을 바탕으로 아이들의 교육목표의 성공적 달성을 위해 부모들에게 다양한 기회를 제공하는 데 있다. 세부적으로는 학교와 가정 그리고 지역사회 사이에 강력한 파트너십을 만들어 아이들의 성공적 미래를 위해 각각의 영역에서 책임을 다할 수 있도록 하는 것이다.

① 부모역할

아이들의 학습과 학업준비를 도우는 기본적인 의무를 말하며, 학교 역시도 바람직한 부모역할을 도울 수 있는 부모교육을 실시하고, 특강이나 세미나를 통해 자녀양육에 관한 정보를 적극적으로 제공하여야 한다.

② 가정-학교 간 의사소통

교사와 학부모는 쌍방향 소통을 통해 상호 긴밀한 관계를 유지하여야 한다. 학교에서 학부모에게 보내는 정기적인 소식지는 물론 정기적/비정기적 학부모와의 면담도 포함한다. 의사소통의 수단은 공식적인 가정통신문과 전화, 이메일, SNS, 홈페이지를 통한 공지사항 등 다양한 통신수단과 매체를 이용하는 것을 권장하고 있다.

③ 자원봉사

학부모들과 지역사회의 구성원이 아이들의 수업과 학교행사에 적극 참여하도록 하는 것을 말한다. 학교수업에서 일일교사로 봉사하거나, 초청강사로 학부모의 전문분야를 소개하기도 하며, 배식활동을 돕거나, 학교가 주관하는 행사(소풍, 견학활동, 체육대회 등)나 야외수업 등에 보조교사로 참여하는 등 다양한 형태의 자원봉사 개념을 포괄한다.

④ 가정학습

단순히 아이들의 숙제나 과제를 돕는 데 국한되는 것이 아니라, 아이들이 학교에서 무엇을 배우고 어떻게 교육목표를 성취해가고 있는지 깊이 관여하고 적극적으로 지원하는 것을 말한다. 아울러, 아이들의 학습이 학교와 가정, 그리고 지역사회와 유기적으로 잘 연결될 수 있도록 가정에서의 역할을 충실히 하는 것을 의미한다.

⑤ 의사결정

학부모-교사회의를 통해 학교예산심의에 참여하고, 교재 채택이나 교사 채용, 교육과정의 구성에 적극적으로 참여한다. 학부모가 참관인으로 소극적으로 참여하는 것이 아니라, 교사-학부모-지역사회 전문가 협의체를 통해 학교의 예산과 정책 및 교육목표의 설정을 위해 적극적으로 조력한다.

⑥ 지역사회와의 협력

아이들이 건전한 민주시민으로 성장해가기 위해서는 지역사회를 잘 이해하고 구성원으로서의 역할을 학습하는 것이 중요하다. 따라서 교사와 학부모들은 지역사회와의 연계를 통해 지역사회 구성원들과 긴밀한 협조체계를 확립하고 지역사회의 재원을 충분히 활용하여 협력적 관계의 증진을 위해 적극 노력한다.

다음의 표 5-2는 엡스타인의 부모참여모델을 바탕으로 한 유아교육 프로그램 및 활동이다.

3) 아버지교육을 위한 적용

엡스타인의 6가지 부모참여모델을 기반으로 하여, 일선 유아교육 현장에서 아버지참여나 아버지교육이 다양하게 이루어지고 있다. 엡스타인의 6가지 부모참여모델이 중요한 이유는 교육의 주체를 학습자인 아이들을 중심으로 하는 것이 아니라, 가정 전체를 교육의 대상으로 인식하고, 가정과 학교, 그리고 지역사회의 삼각구도 속에서 상호 간의 협력을 통해 교육의 효과를 극대화하고자 하는 데 있다. 엡스타인의 부모참여모델은 유아교육현장은 물론 초·중등 일선 학교에서 아버지교육과 참여를 계획할 때에도 여러 측면에서 시사점을 준다.

첫째, 아버지교육과 참여를 위한 유아교육기관과 학교의 준비도가 중요하다. 아버지참여 수업이나 음악회나 체육대회 등의 활동에 대해서는 아

프로그램	참여의 형태					
	부모역할	가정-학교간 의사소통	자원봉사	가정학습	의사결정	지역사회와의 협력
어린이집 (Child Care)	육아법	부모 지시사항 자녀통원	직업에 대한 부모의 발표	도서, 활동	자문단	건강관리위탁, 고령인구와의 합동관계
헤드스타트 (Head Start)	부모워크숍, 부모교육을 위한 가정방문, 부모자원센터, 가족행사, 가족읽기쓰기	소식지, 가정방문, 부모회의, 메모작성	보조교사, 새 부모 멘토링, 야유회, 학급 자원봉사	가정방문, 학습도구, 도서	정책 의원단	건강관리위탁, 주택지원, 정신건강 서비스, 유치원상영
조기개입 프로그램 (Early Intervention)	부모지원, 가족목표 설정, 공동 치료사로서의 부모	메모작성, IFSP/IEP 회의, 가정방문, 전화호출	교육보조사, 물질적 지원	가정치료, 행동적 프로그램, 읽기	부모참여 위원회	건강관리위탁 /사회서비스, 장애인 지지단체
유치원 (Nursery School)	부모워크숍, 가족행사	부모 지시사항 부모회의	직업에 대한 부모의 발표, 야유회, 보조교사, 자녀에게 책 읽어주기	책 읽어주기	자문단, 교사고용	유치원상영, 도서관협동
취학준비 (School Readiness)	자녀를 위한 부모지원, 부모워크숍, 부모자원센터	부모회의, 부모 지시사항, 전화호출, 개방가정	야유회, 보조교사	읽기와 문 학활동, 학습도구	자문단	건강관리위탁 /사회서비스, 유치원상영
유치원-3학년 (Kindergarten-Grade 3)	부모워크숍, 부모자원센터	부모회의, 개방가정	야유회, PTA	과제, 읽기	야유회, PTA	건강관리위탁 /사회서비스

표 5-2 엡스타인의 부모참여모델을 바탕으로 한 유아교육 프로그램 및 활동

버지들은 특별한 거부감 없이 참여를 하고 있다. 하지만, 아버지를 위한 부모교육이나 세미나, 워크숍 형태의 아버지교육에는 아버지들의 참여율이 저조하다. 아버지들을 대상으로 하는 아버지교육이나 강연은 아이들의 발달에 대한 이해나 양육기술이나 양육 관련 정보 제공의 측면에서는 유용하지만, 아버지들이 직장에서의 과중한 업무로 부담을 느끼거나, 특강이나 아버지교육 세미나가 대체로 지루하다는 의견이 많이 있었다. 따라서 교육기관과 교사들은 어떻게 아버지교육 프로그램을 구성하고, 아버지들이 부담 없이 참여할 수 있는 일정, 흥미로운 주제와 강사의 선정 등 사전에 아버지들을 대상으로 아버지교육 전반에 걸친 설문조사를 통해 당사자들의 의견을 묻고 이를 바탕으로 아버지교육을 준비하는 것이 중요하다. 아버지들이 선호하는 초청강사를 선정하고 강의주제(자녀양육방법, 놀이방법, 만들기, 동화책 읽는 법, 아이와의 실외놀이, 스포츠 활동, 레크리에이션 등)를 아버지들 스스로 선택할 수 있는 옵션을 부여함으로써 아버지교육에 대한 만족도를 높일 수 있다.

둘째, 유아교육 현장을 비롯해서 일선학교에서 아버지가 학교에 오는 것에 대한 오해와 편견이 개선될 필요가 있다. 한국에서 아버지가 학교를 방문하거나 교사와 만나는 일은 아이의 성적과 관련된 상담이나 교우관계에 문제가 있을 때가 일반적이다. 하지만, 미국을 비롯한 서구의 여러 나라에서는 부모가 아이를 데려다 주고, 데리러 올 때 교사와 자연스럽게 만남이 이루어지며 아이의 성장 발달이나 건강, 교우관계는 물론 사적인 문제까지도 자유롭게 이야기를 나눈다. 가정의 상황에 따라 조금씩 다르겠지만, 미국에서는 주로 아빠가 출근하면서 아이를 학교로 데려다주고, 엄마가 아이를 데리러오는 것이 일반적이다. 그러나 흥미로운 점은 아빠는 아이만 내려주고 곧장 출근을 하는 것이 아니라, 아이의 교실에서 아이와 혹은 아이의 또래 친구들과 짧게는 10분 길게는 20-30분 놀이를 하다가 출근하는 모습을 어렵지 않게 볼 수 있다는 것이다. 그만큼 아버지가 아이의 교실을 자유롭게 드나들고, 교사와도 격 없이 대화하는 모습을 보면, 교사가 학부모를 불편한 대상으로 생각하는 것이 아니라, 아이의 성장, 발달, 교육의 동일한 목표를 가진 동반자로 여기는 것이다.

셋째, 엡스타인의 부모참여모델에서는 학교와 가정의 의사소통을 중요하게 다루고 있다. 정기적으로 학교에서는 아이들의 성장 발달 보고서, 뉴스레터, 행사공지문, 학부모 자원봉사 안내문, 부모교육 관련자료 등을 보낸다. 요즘은 주요 안건이나 학교의 스케줄을 SNS를 통해 공지하고, 학부모에게 아이가 학교에서 활동하는 모습을 녹화한 비디오 클립을 웹사이트로 공유하고 있다. 이러한 일련의 정보공유를 통해 학부모들은 학교의 프로그램이나 정책의 방향에 대해 이해하고, 아이의 성장 발달에 대한 정보를 모니터링하며, 학부모-학교-교사가 쉽고 합리적인 의사소통을 할 수 있게 된다. 이러한 학부모와 학교-교사 간 자유롭고 생산적인 의사소통의 채널에 아버지들도 반드시 초대되어야 하고, 아버지들도 가정-학교-교사 간의 의사소통에 적극적으로 참여할 필요가 있다.

넷째, 자원봉사 역시도 아버지참여와 교육의 측면에서 중요한 활동 중 하나이다. 학기 초에 설문을 통하여 아버지의 직업과 재능, 관심사, 자원봉사가 가능한 역할 등을 파악한 다음, 유치원의 학습주제와 일치하거나 프로젝트를 기획할 때 초청강사로 활용하거나 일일교사로 위촉하기도 한다. 이외에도 현장견학이나 유치원행사, 체육대회 등 기관의 행사에 진행자나 도우미, 안전요원 등의 역할을 요청할 수 있다. 아버지들을 자원봉사자로 활용하기 위해서는 기본적으로 예비교육을 통해 복장, 언어사용, 아이들과의 대화방법, 개인정보에 관한 동의서, 아이들과의 신체접촉에 관한 규율에 대한 교육, 안전교육 등 기관의 상황에 맞는 교육을 실시한다. 이러한 아버지들의 자원봉사활동을 통해 아버지들은 유아교육기관과 교사의 역할에 대해 이해할 수 있는 계기가 되고, 학교와 아이들과의 활동에 대한 자신감을 가질 수 있으며, 자신이 아이들의 교육과 발달에 긍정적으로 기여할 수 있다는 확신을 가지게 되는 계기가 될 수 있다. 아버지 자신의 직업과 관련된 정보를 아이들에게 제공하고, 아버지 본인의 재능이나 특기를 아이들에게 소개하고 함께 활동하는 경험을 통해 아이들과 유대감을 형성하고 실제 가정에서 자녀들과 함께 활동하고 놀이를 하는 데 필요한 기술을 훈련하고 습득할 기회를 갖는다. 이외에도 아버지와 아이들이 함께하는 것 자체만으로도 아이들이 아버지에 대한 건전한 자아상을 가질 수 있는 계기가 된다.

다섯째, 아버지와 아이들이 함께하는 가정에서의 학습은 단순히 아버지가 아이들의 과제를 돕거나, 함께 놀이를 하는 것에 국한되지 않는다. 엡스타인의 부모참여모델에서의 아버지는 아이들의 이야기를 잘 경청하고, 반응하며, 격려하고, 칭찬하며, 아이들이 어려운 문제에 직면했을 때 해결방법에 대해 함께 논의하고, 아버지의 경험을 이야기해주며, 전후맥락의 모니터링을 통해 아이가 지금의 상황을 올바르게 인식하도록 도울 수 있다. 아버지와 아이가 함께하는 가정에서의 학습은 일회성이 아니라, 정기적으로 시간을 정해놓고 해야 한다. 이러한 가정에서의 학습이 차곡차곡 지속적으로 쌓이게 되면서 아이들의 향후의 학습목표가 설정되고 미래의 전공과 직업에 대한 구체적인 비전을 그리게 된다.

여섯째, 마지막 부모참여모델은 의사결정이다. 학부모를 학교운영위원회의 일원으로 위촉하고, 학교의 주요한 현안의 진행과 결정과정에서 학부모의 의견을 수렴하고 의사를 적극적으로 반영하는 것을 말한다. 교사-학부모협의회에는 지역사회의 인사들도 참여하게 되는데, 좁게는 학교의 교재의 채택과정에서부터 학부모의 의사를 반영하고 넓게는 학교개혁 및 개선을 위한 의제 전반에 걸쳐 학부모와 지역사회의 의견을 수렴한다. 한국에서 유아교육기관과 초·중등학교에서는 학부모의 과도한 참여에 대한 왜곡된 인식과 교사와 학교의 권한에 대한 과도한 간섭이나 침해로 여겨질 수도 있다. 하지만, 학교교육의 개혁의 거시적인 접근에서 볼 때 학교는 학부모와 지역사회와의 협력이 반드시 필요하다. 이러한 파트너십을 통해서 학부모들은 학교의 정책과 교육과정 및 아이들의 학습목표를 올바르게 인식하고 학교를 가정-지역사회 공동체의 일원으로 받아들이게 된다. 특히, 학부모 모임에서도 아버지들은 자녀양육과 학습에 대한 다양한 정보를 공유하고, 토의를 통해 아버지교육 현실에 대한 경험을 나누고 현실적인 아버지교육과 관련한 양육목표 설정에 도움을 줄 수 있다.

매들린 올브라이트(Madeleine K. Albright, 1937~)는 빌 클린턴(Bill Clinton) 정부 시절인 1997년부터 2001년까지 미국 역사상 최초의 여성 국무장관을 지낸 인물이다.

그녀는 자신의 성공적 삶에 절대적인 기여를 한 사람으로 아버지를 꼽았다. 매들린은 회고록에서 "나를 이해하기 위해서는 먼저 나의 아버지를 이해해야 한다"라고 할 만큼, 그녀의 아버지는 그녀의 삶에 큰 영향을 미쳤다고 말하였다.

체코슬로바키아에서 태어난 그녀의 아버지 조셉 코벨(Josef Korbel)은 외교관으로 제2차 세계대전 때부터 동유럽이 공산체제로 변해가는 마지막까지 민주주의 회복을 위해 활약하였다. 미국으로 망명한 후 콜로라도 주립대학교 교수로 근무하는 동안 동유럽이 공산체제화 된 배경을 분석하고 동유럽의 정세에 관한 전망 등의 책을 남겼다. 정치적 망명자이자 이민자로 미국에 정착하기까지 힘들고 고단한 시간을 보냈지만, 가정을 최우선 가치로 여기며 평생을 살았다. 가족이 함께하는 식사시간과 다과시간에는 자녀들과 허물없이 이야기를 나누고, 소풍이나 스포츠 활동 등을 통해 온 가족이 함께 땀 흘리고 가족애를 나누는 시간을 소중하게 생각하였다. 교수 월급만으로 생활을 꾸리기 힘들어 일을 시작한 아내를 대신해 아이들을 돌보고 집안일을 나눠서 맡을 정도로 가정적인 남편이자 아버지였다. 그는 기회가 될 때마다 딸 매들린과 같이 역사와 외교정책에 관한 이야기를 나누는 것을 좋아했고, 아버지의 신념은 곧 매들린의 신념이 되었다고 그녀는 회고하였다.

매들린은 아버지는 가정적이었지만 때로는 엄했고, 때로는 자녀들을 향한 사랑을 적극적으로 표현했다고 말했다. "아버지의 말씀은 내가 전적으로 받아들일 만큼 항상 권위와 신뢰가 있었다"는 그녀의 말에서 딸과 아버지의 굳은 신뢰관계를 짐작할 수 있다. 그녀가 미국에서 영향력 있는 여성 중 한 명으로 기억되기까지는 자신의 신념과 민주주의를 위해 열정적으로 헌신하며 살아온 존경하는 아버지가 있었기에 가능했다.

토의 주제

1. 드라이커스의 민주적 부모교육이론의 핵심원리는 무엇입니까?

2. 기노트의 인본주의 부모교육이론이 아버지교육에 시사하는 점은 무엇입니까?

3. (파트너를 정하여) 부모효율성훈련(PET)의 핵심원리 중 적극적 경청과 나–전달법(I-message), 무패전략에 대해 말하고, 연습해보세요.

4. 엡스타인의 6가지 부모참여모델을 바탕으로 아버지참여 계획을 구성해보세요.

5. 아버지가 아들과 딸을 양육할 때 각기 다른 양육태도를 취한다면 그 이유는 무엇입니까?

주

1 아들러(Alfred W. Adler, 1870-1937)는 오스트리아의 의사, 심리치료사, 개인심리학 학교의 설립자로 개인의 인성발달에서 열등감(inferiority complex)의 중요성을 강조하였다. 개인이 가진 심리적 요소의 재조정(re-adjustment)을 통해 커뮤니티에 편입하고, 조화로운 사회적 합의를 이룰 수 있다고 주장하였다.

2 오욱환(2012)은 'interaction'의 개념을 (물리적인) '상호작용'으로 번역해 사용하기보다는 (대화와 소통이 강조된 개념인) '상호교섭'으로 보는 것이 교육학적 측면에서 더 바람직하다고 하였다.

3 세상이 자신을 중심으로 공전하고 있다는 의미로, 자기 자신을 세상의 중심으로 보는 시각이다. 자신이 자신 주변의 상황 전체를 통제할 수 있는 힘과 권력이 있다는 생각을 말한다.

4 남성은 결혼 전과 후에 모두 Mr.(미스터)로 불리는 반면, 여성의 경우에는 결혼 전에는 미스(Ms.), 결혼 후에는 미세스(Mrs.)로 불리는데, 이는 Mr's(Mr.○○의 아내라는 소유격)가 Mrs.로 바뀌게 된 것이다.

5 토마스 고든은 적극적 경청(active listening)이라는 용어로 설명하고 있다.

6 아버지의 권위와 위상을 포기하고 아이와 동격이 되라는 의미가 아니라는 사실을 명심해야 한다. 아버지-자녀 관계가 수평적 관계를 지향해야 한다는 것이, 수직적 관계의 청산을 의미하지는 않는다. 수평과 수직의 조화로운 균형을 지향하는 뜻이다.

7 네 가지 양육유형은 다음과 같다. A. 민주적 양육태도(Authoritative/Democratic Parenting Style), B. 권위주의적 양육태도(Authoritarian Parenting Style), C. 방임적 양육태도(Permissive Parenting Style), D. 무관심한(혹은 공격적) 양육태도(Uninvolved/Agressive Parenting Style).

8 엡스타인이 처음 6가지 부모참여모델을 소개할 때에는 유치원부터 고등학교까지 포괄하는 프로그램이었으나, 유아교육 부분에서 활발하게 보급되고 시행되었다.

6장

아버지교육 프로그램

앞서 아버지교육과 관련된 제이론과 모델을 살펴보았다. 이번 장에서는 이제까지의 부모교육이론을 바탕으로 미국에서 현재 실시하고 있는 아버지교육 프로그램의 실제 현황을 살펴보고, 우리나라 상황에 적합한 아버지교육 프로그램을 모색해 보고자 한다.

1. 미국의 아버지교육 프로그램

1) 헤드스타트 아버지참여 프로그램

헤드스타트 프로그램(Head Start Father Involvement Program)은 미국에서 가장 오랜 역사를 가진 부모교육 프로그램 중 하나이다. 헤드스타트 프로그램은 다양한 형태가 있으며, 실질적으로 부모교육에 큰 영향을 끼쳤다 (Gestwicki, 2000). 원래 헤드스타트 프로그램은 미국에서 가난이 대물림되는 악순환을 개선하기 위해서 빈곤 가정을 위한 육아지원 프로그램으로 출발하였다.

① 기본 가정

아버지교육과 관련하여 헤드스타트 프로그램의 기본 가정은 크게 세 가지로 나눌 수 있다.

첫째, 아버지는 아이의 바람직한 성장과 발달에 반드시 필요하다. 아버지는 아이의 주양육자로서 엄마와 마찬가지로 아이에게 가장 영향력 있는 교사다. 배우자와 함께 육아와 교육에 참여할 의무가 있으며 보다 효과적인 자녀양육을 위해 훈련을 필요로 하는 대상이다. 둘째, 빈곤 가정의 아버지들에게는 새 직장을 얻을 기회를 줘야 한다. 모든 아버지들은 가정을 부양해야 할 일차적인 경제적 의무가 있고, 이를 충실히 이행하기 위해서 어떠한 상황에서도 가정의 경제적 안정을 위해 노력해야 한다. 셋째, 아이들의 학업 성취를 위해 아버지로서 학습해야 할 기본적인 부모교육과 양육방법에 대해 숙지하고 실천할 의무를 가진다.

② 목표

헤드스타트 프로그램에서는 아버지참여와 효과적인 아버지양육을 실행하기 위한 기준을 마련하였다. 헤드스타트 프로그램의 기본원리는 엡스타인의 6가지 부모참여모델을 바탕으로 부모를 아이들의 교육적 성공을 위한 협력 파트너로 간주한다. 특히, 프로그램의 모든 의사결정 과정에 부모의 의사를 적극 반영하고, 프로그램의 자원봉사자로 활동하게 하며, 부모들의 취업을 적극적으로 돕고 지원하고 있다. 헤드스타트 프로그램에서 아버지들을 대상으로 한 아버지교육과 아버지참여를 비중 있게 다루고 있는 점은 주목할 만하다. 1970년에 수립된 헤드스타트 정책 자료집에 명시된 아버지교육과 관련된 목표는 다음과 같다.

- 헤드스타트 프로그램 실행과정에서 아버지들의 참여를 권장하고 의견을 충분히 반영한다.
- 아버지들을 교육현장에서 자원봉사자로 활용하고, 가능하다면 헤드스타트 프로그램의 일원으로 일할 수 있도록 기회를 부여한다.
- 아버지들을 프로그램 활동의 계획수립 과정에 적극적으로 참여시키고 활동하도록 독려한다.
- 프로그램 코디네이터와 아버지들은 긴밀한 관계를 유지한다.

③ 아버지 친화적인 헤드스타트 프로그램

아버지의 역할은 어머니와는 또 다른 고유한 양상을 띠고 있다. 첫 번째 단계에서는 아버지들이 아이들의 바람직한 성장 발달에 어떻게 기여할 수 있는지 교육한다. 두 번째 단계에서는 몇 가지 설문을 통해서 아버지들의 개인적인 배경(교육, 사회경제적 지위, 부모양육태도 등)에 대한 정보를 수집하고, 아버지들이 당면하고 있는 문제에 대해 파악한 다음, 아버지들을 위한 지원계획을 수립한다. 세 번째 단계에서는, 아버지들이 가지고 있는 문제점(실직, 가정폭력, 배우자와의 갈등, 아버지-자녀 관계, 음주, 약물복용, 성적문란 등)에 대해 정기적인 상담과 심리치료를 통해 아버지들이 가지고 있는 문제를 스스로 극복할 수 있도록 지원한다. 아버지교육과 아버지참여를 통해 실제 생활에서 적용이 가능한 가족구성원과의 관계 개선방법(효과적인 대화법, 갈등 해결방법, 아이들과의 놀이 프로그램 등)을 교육한다.

④ 시사점

헤드스타트 프로그램이 미국 유아교육에서 차지하는 비중은 막대하다.

주 정부를 비롯한 연방 정부 차원에서 매년 막대한 자금 지원과 함께 부모와 아이들의 교육을 장기간 지속적으로 지원하는 프로그램은 전무하기 때문이다. 괄목할 점은 아버지들에 대한 지원을 명문화하고 프로그램 차원에서 아버지들을 직접 고용하거나 훈련을 시키고, 개인적 상담과 더불어 프로그램 코디네이터들의 가정방문을 통해 아버지들과 직접 대화하고 아이들의 교육에 관해 구체적으로 지원하고 있다는 점이다(Levine, Murphy, & Wilson, 1993). 예를 들어, 미니애폴리스의 PICA 헤드스타트 프로그램에서는 아버지들을 통학버스 기사로 직접 채용하고, 학교 수업에서 자원봉사자로 활용하는 전략을 수립하였는데, 이는 역대 헤드스타트 프로그램에서 아버지교육 및 참여와 관련된 가장 성공적인 모델 중 하나로 손꼽힌다. 뿐만 아니라, 아버지들을 학교운영위원회에 참여시키고, 아버지들을 위한 교육을 정기적으로 실시하며 아버지들이 참여하는 세미나를 개최하는 등 여러 활동을 통해 아이들의 학업성취는 물론 아버지-자녀 관계 개선에도 크게 이바지하였다.

2) 페어팩스 샌 앤셀모 아동센터

페어팩스 샌 앤셀모 아동센터(The Fairfax San Anselmo Children's Center)는 북부 캘리포니아 샌프란시스코 만에 위치한 유아교육기관이다. 1973년 개원 이후, 지역사회에서 꾸준히 아버지교육과 아버지참여 프로그램을 개발 보급하는 데 앞장섰다. 이 지역 저소득층 가정 150-200명의 아이들이 등록되어 있는데, 절반 정도는 남미 이민자가정의 자녀들이고, 약 60-70퍼센트는 한부모가정의 아이들이다. 학급은 연령에 따라 영아반, 유아반, 유치원반/1학년, 2-5학년반으로 나뉘어져 있다.

① 개요

1984년 아버지교육 프로그램이 실시된 이후, 센터의 아버지모임은 매주 일요일 아침에 실시되고 있다. 일요일 아침에 아버지들과 아이들이 센터에 와서 아침식사를 같이 준비하면서 자유롭게 이야기를 나누는 것으로 시작된다. 아침식사 메뉴는 매번 변경되지만 주로 과일, 샐러드, 팬케이크, 빵, 우유, 주스 등 간단하게 준비할 수 있는 것들이다. 식사를 마친 아버지들은 각 교실에 있는 책상과 의자, 장난감을 수리하고, 페인트를 칠하거나 바깥놀이 영역에서 수리가 필요한 부분들을 손본다. 물론, 아이들은 아버지와 함께 와서 아침식사를 하고 아버지와 함께 수리와 청소활동을 돕는다. 수리가 필요한 부분을 손보고, 청소가 끝난 다음 아버지들은 세 그룹으로 나눠서 그룹 활동을 시작한다. 한 그룹은 야외활동 계획을 짜고, 다른 한 그룹은 캠핑 계획을 짜고, 나머지 한 그룹은 아버지 모임의 기금조성을 위한 계획과 관련된 회의를 한다. 이 시간에 아이들은 교사의 지도 아래 학급에서 놀이를 한다. 회의가 끝난 후 아버지와 아이들이 함께하는 놀이나 게임을 하고, 다음 모임을 공지한 후 모임을 마친다.

② 교육철학

아동센터 소장 세이더만 박사(Dr. Seiderman)는 아이들의 교육은 센터가 제공하는 주요한 요소임에는 틀림없지만, 센터의 주된 임무는 가족 지원에 있고, 특히 아버지–자녀 관계를 개선할 수 있는 프로그램을 개발 보급하는 것이라고 말한다. 매학기 초에 전체 학부모 모임을 통해서 학부모들이 요구와 필요로 하는 프로그램에 대해 의견을 수렴하고, 학부모들의 요구에 맞는 프로그램을 연간 계획에 충실히 반영한다. 아버지교육 프로그램은 아버지를 비롯한 성인 남성을 유아교육에 참여하도록 독려하는 데 있다. 이러한 아버지교육의 기저에는 가족중심 철학(Family-centered philosophy)이 바탕이 된다. 가족중심 철학은 아이들 개개인의 성장과 발달에 맞는 교육을 제공하는 것이 아니라, 아이들을 가족 전체의 맥락에서 이해하고, 가족을 중심으로 아이들에게 적합한 양육과 교육을 제공하는 것이다. 다시 말해, 아이들을 가족에서 분리해서 교육시키는 것이 아니라 가족 전체를 통합적으로 접근하는 철학의 기본 전제가 바탕이 된다. 가족중심 철학에서 핵심은 부모와 협력이다. 부모들도 아이들과 마찬가지로 교육의 대상, 상호소통의 대상, 협력의 파트너로 받아들이고 있다. 무엇보다 중요한 것은 학교와 가정 중 어느 한쪽이 교육의 주체가 되고, 한쪽이 교육의 대상이 되는 것이 아니라, 상호존중을 바탕으로 상호 간의 학습(Mutual learning)을 목적으로 한다는 점이다. 이러한 가족중심 철학의 바탕에는 보울비의 애착이론, 유리 브론펜브레너의 시스템이론(Urie Bronfenbrenner's System Theory), 고든의 부모효율성훈련(PET), 그리고 엡스타인의 부모참여모델이 있다.

③ 프로그램

아동센터의 아버지교육 프로그램에서 실시하는 프로그램은 다양하다. 앞서 간단히 언급한 매주 일요일 오전에 아버지모임을 기본으로 다음과 같은 활동을 실시하고 있다.

• 아버지 개별상담: 학기 초 부모 상담을 실시하는데, 일반적으로 아버지, 어머니가 함께 교사와 개별 상담시간을 갖는다. 학기별 정기상담에서

는 부모의 학력, 직업, 관심사, 배우자 관계(초혼, 재혼, 사실혼, 별거, 동거 등), 자녀의 성장 발달에 대한 기본 입장 등에 대한 정보를 설문을 통해 제출한다. 이를 바탕으로 부부 관계, 부부 자녀 관계에 대한 이슈나 어려움 등에 대해 논의하게 된다. 부부 관계가 원만한 부부에게는 별로 민감한 사안은 아닐 수 있겠지만, 부부가 별거 상태이거나 재혼가정의 부부에게는 민감한 질문은 삼가고, 학부형이 먼저 결혼상황이나 배우자 관계에 대해 이야기를 하지 않는 경우에는 사적인 질문은 하지 않는 것을 원칙으로 하고 있다. 60-70% 정도가 한부모가정이기 때문에 싱글맘, 싱글대디에 대한 선입견 없이 비교적 자유로운 분위기에서 개별상담이 진행된다. 매학기 정기적인 부모상담 이외에 아버지나 어머니의 요청이 있을 경우나 아이가 학교에서 문제행동을 일으켰을 때, 교사의 요청에 의해 면담을 소집하기도 한다.

• 아이와의 놀이지도: 유아교육과 초·중등교육의 교육과정에서 가장 큰 차이점은 놀이중심 통합교육과정의 운영이라고 볼 수 있다. 대다수의 아버지들이 아이의 육아와 교육에서 가장 어려워하는 점이 아이들과의 놀이라고 볼 수 있다. 아동센터에서 실시하는 아버지를 위한 아이들과의 놀이지도는 아버지와 아이들이 쉽게 접근할 수 있는 활동부터 시작한다. 예를 들어 정기 아버지모임에서 아이들과 함께 아침식사를 만드는 요리활동부터 시작하도록 하고 있다. 식재료를 준비하고 상차림을 하는 등 모든 활동을 아버지와 아이들이 함께하는 것이다. 아침식사가 끝나고 유치원 안팎의 청소와 교구 수리도 아버지와 아이들이 함께하는 유용한 놀이활동의 일환으로 작용한다. 그리고 평일에도 아버지가 센터에 아이를 데려

다 주고, 데리러 올 때도 자연스럽게 아버지들에게 교실 출입을 허용한다. 아버지들이 교실에 들어와서 자신의 아이와 혹은 다른 아이들과 같이 블록 쌓기도 하고, 아이들과 함께 책을 보는 일은 흔하게 볼 수 있는 장면들이다. 아이들과 함께 목공놀이를 하고, 함께 실외에서 뛰고 몸을 부딪치며 스스럼없이 노는 장면들을 볼 수 있다. 아버지와의 개별 면담에서나 교사-학부모 모임에서도 아이들과의 놀이에서 활용할 수 있는 여러 가지 방법을 소개하고 놀이영상을 함께 시청하기도 한다. 무엇보다 중요한 것은 아버지들이 편하게 교실에 출입하도록 허용하고 자연스럽게 아이들과 놀이를 할 수 있도록 교사가 유도하고 아버지에게 아이들과의 놀이를 적극 격려하는 데 있다.

- 아버지교육: 아버지 모임 이외에도 지역사회(지역 대학, 도서관, 박물관, 경찰서, 소방서, 예술회관, 교육부 등)에서 강사를 초빙해서 아이들의 발달이나 부모교육, 혹은 지역사회와 함께하는 아버지교육활동 등을 주제로 초청강연을 실시한다. 아버지교육의 실시 배경에는, 아이들은 학교에서 이루어지는 교육만으로 잘 성장하고 발달하는 것이 아니라, 가정과 학교, 지역사회가 함께 키워나가는 것이라는 신념이 바탕에 깔려 있다. 1년에 1-2회 실시되는 아버지 대상 아버지교육에서는 배우자와 자녀들과의 대화법, 아이들과의 놀이방법, 가정폭력에 대한 교육, 배우자-자녀와의 갈등해결방법, 자유토론, 역할극 등 다양한 주제로 아버지들이 필요로 하는 정보와 활동을 제공하고 있다. 아버지교육 특강이 끝나면 참여한 아버지들이 집으로 돌아가기 전에 설문조사를 통하여 특강에 대한 만족도를 조사하고, 원하는 주제에 대해서 의견을 수렴하고 있다.

• 이중언어교실(ELS): 센터에 등록한 아이들의 절반이 중남미에서 온 아이들이고 학부모들도 중남미 출신이 많은 관계로 센터와 지역사회가 협력하여 이중언어교실을 매주 화요일마다 열고 있다. 미국 내에서 중남미 출신 이민자의 인구는 급속히 증가하고 있다.[1] 이에 따라 중남미 이민가정의 문맹률이 높고, 자녀들도 학교교육에 적응하지 못하며 친구들이나 교사와 문제를 일으키거나 일탈행동으로 인한 정학 혹은 퇴학도 증가하고 있는 추세이다. 연방 정부와 주 정부에서는 지역 도서관이나 대학, 그리고 유아교육기관을 비롯한 학교에서 이중언어교실을 의무적으로 이행하도록 권장하고 있다. 아동센터에서도 지역사회와 함께 협력하여 매주 화요일 저녁에 ELS 교사[2]가 주관하는 이중 언어교실을 개최하고 있다. 학부모의 영어수준을 초/중/고급으로 나누어 각기 운영하고 있는데, 지역사회의 여러 기관(도서관, 대학, 학교)과 연계하여 운영하고 있다. 수업은 주로 2-3시간 정도 진행되는데, 직장을 마치고 오는 학부모들을 위해 간단한 식사와 다과를 준비한다. 자유롭게 이야기를 나누는 시간이 끝난 후 한 시간의 수업을 두 차례에 걸쳐 실시한다. 첫 번째 수업에서는 영어를 중심으로 교수-학습이 이루어진다면, 두 번째 수업에서는 질의응답과 소그룹 토의를 하기도 하고, 영어를 실제 상황에서 활용해 볼 수 있도록 상황극, 게임, 혹은 레크리에이션을 통해 부담 없이 효과적인 영어 학습을 할 수 있도록 한다.

우리나라도 다문화가정이 급격하게 늘어가는 추세이며 이러한 가정의 아이들과 부모들을 위한 교육이 절실한 상황이다. 이들을 향후 대한민국 국민으로 받아들이고, 하나의 대한민국을 향해 나아가는 동반자로 생각한다면, 이들을 위한 교육 프로그램과 재정지원이 시급한 과제라고 볼 수 있다. 이민자가정의 아이들이 학교에서 왕따를 당하는 현실과 소외되는 문제에 대해 안일하게 대처하는 것이 아니라, 이들을 위한 관심과 노력이 필요하다. 이민자가정의 부모들을 위한 '한글학교', '부모상담 프로그램', '다문화 축제' 등과 같은 활동을 통해서 협력의 동반자로 받아들여야 한다.

• 교사–학부모협의회(Parent Teacher Association): 교사–학부모협의회는 미국에서 가장 흔히 볼 수 있는 학교-가정 협력프로그램 중 하나이다. 매 학기 정기적인 모임을 통해 아이들의 교육과 관련된 현안을 토의하고, 유아교육기관에서 결정해야 할 사안들에 대해 학부모들의 의견을 수렴하는 활동이다. 예를 들어 좁게는 유아교육기관의 교육과정과 교재 채택 문제부터 시작해서, 넓게는 유아교육기관에서 계획하는 행사와 프로그램에 대해 논의하고 학부모들의 의견을 묻는 모임이라고 보아도 무방하다. 또한, 교사–학부모협의회를 통해 부모교육을 실시하기도 하고, 유아교육기관의 과외활동에 필요한 기금마련을 위한 계획을 수립하기도 한다.

• 소풍 & 캠핑프로그램: 아버지들은 아이와의 상호작용에서 야외체험활동이나 소풍, 캠핑 프로그램을 통해 적극 참여하게 되는데, 무엇보다 아버지들은 실내놀이보다 실외놀이(스포츠 활동이나 캠핑)를 편하게 받아들이는 경향을 보인다. 일요 아버지모임이나 교사–학부모협의회를 통해 스포츠 활동이나 소풍-캠핑 프로그램의 일정이 정해지면, 소그룹 단위의 토의를 통해 구체적인 계획을 수립한다. 기간, 장소, 인원, 프로그램 구성 등 야외활동을 계획하고, 진행할 때 아버지들의 자원봉사를 기본으로 한다. 실제로 샌프란시스코 바닷가로 캠핑프로그램을 1박 2일로 진행할 때,

참가신청을 받고, 장소를 예약하며, 참가비를 수금, 캠핑 프로그램을 조직하는 프로그램의 진행 전반을 아버지모임에 일임하고 있다. 캠핑은 봄, 여름, 가을에 실시하는데, 캠핑 기간 동안 식사는 아버지들이 준비하도록 하고, 아이들과 아버지들이 함께하는 놀이와 야외체험활동은 유치원에서 계획하고 있다. 특히, 바닷가 낚시활동이나 캠프파이어는 아버지와 아이들이 가장 좋아하는 활동이다. 낚시 대회로 시상도 하고, 캠프파이어 시간을 통해 아버지들과 아이들이 평소 하고 싶었던 이야기를 하며 서로에 대한 유대감을 확인할 수 있는 시간으로 구성하고 있다.

④ 시사점

페어팩스 샌 앤셀모 아동센터의 아버지교육/아버지참여 프로그램은 지역과 인종의 특성을 충분히 반영하여 건강한 아버지-자녀 관계를 지향하는 좋은 모델이라고 볼 수 있다. 또한, 유아교육기관에서 아버지교육을 계획할 때 필요한 아이디어와 많은 시사점을 제공해주고 있다.

첫째, 아버지 친화적인 프로그램으로서 의미가 크다. 가정의 대부분이 중남미 출신의 이민자가정이고, 60-70% 정도가 한부모가정이라는 현실적인 제약이 많은 상황에서도, 교육을 통해 가난과 문맹의 악순환을 끊어내고자 하는 시도가 단순히 기관에서 아이들을 교육하는 것으로 그치지 않고, 아버지교육 프로그램을 통해 아버지들의 적극 참여를 유도하고 그들의 변화를 추구한다는 점에서 커다란 시사점이 있다. 아버지들이 자유롭고 편안하게 센터에 출입하고, 센터를 아버지 자신들의 아지트와 같이 받아들이게 하는 것이 인상적이다. 아버지들이 스스럼없이 교실을 출입하고, 주방에서 음식을 만들며, 기관을 청소하고 수리하는 등 아버지들이 센터에 소속된 식구라는 소속감을 심어주는 데 성공하고 있다.

둘째, 아버지들의 출신 지역 문화를 존중하고 있다. 대부분의 아버지들이 중남미 이민자 출신이기 때문에, 예를 들면 아버지들이 좋아하는 축구경기를 함께 시청하고[3], 센터의 운동장에서 축구시합도 한다.

셋째, 아버지들이 하고 싶어 하고, 또 잘 할 수 있는 아버지교육 프로그램을 구성하고 있다. 일례로, 아버지들을 센터의 강당에 모아놓고 지루한 부모교육 강의를 들려주기보다는 아버지들이 편히 생각하는 요리활동, 센터 청소와 교구수리, 소풍과 캠핑활동, 스포츠와 레크리에이션활동 등의 다양한 활동을 통해 친화력을 높인다. 센터에서 일방적으로 아버지들에게 교육과 참여를 강요하지 않고, 아버지 모임을 통해 아버지들 스스로가 계획하고 실행하며 평가하도록 하는 것이다. 특히, 가정지원 프로그램은 아버지를 아버지답게 역할을 바로 찾을 수 있도록 돕고, 아버지-자녀 관계에서 재미있고 유익한 상호작용을 할 수 있도록 하며, 아이와 아버지 양쪽 모두가 함께 성장을 경험할 수 있도록 기획하고 있다.

⑤ 베이 에리어 남성참여연대

베이 에리어 남성참여연대(Bay Area Male Involvement Network)는 1996년 샌 앤셀모 아동센터의 소장과 휴렛 재단(The Hewlett Foundation)의 기금 출연으로 창립되었다. 샌프란시스코 만 지역의 15개 시민단체가 협력하여 지역의 모든 남성들이 참여하는 아버지교육 프로그램을 실시하고 있다. 캘리포니아 대학교 버클리와 산호세 지역을 포괄하여 지역의 남성들이 공원이나 도시의 빈민가에서 대청소를 주관하기도 하고, 아빠와 아이들이 함께하는 미니마라톤 대회를 주관하기도 하였다. 유아교육기관에서 실시하는 아버지교육 프로그램에 남성참여연대가 초청강사를 지원하고, 할아버지-손자손녀 프로그램에 레크리에이션 강사와 식사를 제공하기도 하였다. 지역의 남성들이 솔선수범하여 지역을 정화하고 아버지교육 프로그램을 통해 건전한 캡틴-리더로서 아버지의 역할을 자리매김하고 있다.

3) 아빠프로젝트-유아가정교육 프로그램
① 개요

아빠프로젝트(The Dad's Project-An Early Childhood Family Education Program, ECFE program)는 1970년대 중반 미네소타 주의 세인트 클라우드(St. Cloud)에서 처음 시작하였다. 프로젝트 초기에는 네 살 아이들의 아버지들을 대상으로 시작하였는데, 점차 신생아부터 유아기 아이들의 아버지까지 확대되어 실시되었다. 미네소타 주에서는 매년 30만 명이 넘는 학부모들과 아이들이 이 프로젝트에 참여하고 있는데, 아빠프로젝트는 1984년에 처음 시행된 일명 '슈퍼 토요일(Super Saturday)'이라고 불리는 토요아버지학교 프로그램이다. 아빠프로젝트는 크게 세 가지 활동으로 구성되는데, 아버지-자녀와의 놀이, 수업참관, 아버지교육으로 나뉜다. 아빠프로젝트는 매월 2회, 두 시간씩 토요일 오전에 진행된다.

아빠프로젝트의 총 책임을 맡고 있는 글렌 팜(Glen Palm)에 의하면, 아빠프로젝트는 세인트 클라우드 내에 있는 부모교육과 함께 진행되는 주요 프로그램이다. 아빠프로젝트는 아버지들과 유아들을 위한 다양한 프로그램을 제공하고 있으며 초보 아빠들을 위한 워크숍과 매월 1회 실시하는 건강검진, 매학기 일주일에 한 번 열리는 아버지교실, 아버지의 날(6월 셋째 주 일요일) 전 주에 열리는 지역아버지축제가 있다.

② 배경

아빠프로젝트는 긍정적인 아버지-자녀 관계를 지원하는 데 목적이 있다. 슈퍼 토요일 프로그램은 주로 아버지와 자녀 간 상호작용과 놀이를 통해 아버지와 유대를 강화하는 데 중점을 둔다. 아버지들을 위한 부모교육은 20대 초보 아빠를 위한 아버지교육특강, 자녀와 함께 살지 않는 아버지들을 위한 아버지교육, 자녀와 관계에 어려움을 겪는 아버지들을 위한 아버지교육 클리닉 등 실질적으로 도움을 줄 수 있는 다양한 프로그램을 제공하고 있다. 이러한 일련의 프로그램을 통해 주요한 질문은 "왜 아버지는 중요하고, 또 반드시 필요한가?"이다. 아버지들의 역할의 중요성에 대해 함께 인식하고 아버지들이 실생활에서 직면하는 문제들에 대한 해결책을 제시하며, 아버지에 국한하지 않고 모든 성인 남성들이 아버지교육 프로그램에 관심을 가지고 참여할 수 있도록 기획하여 실행하고 있다.

한 가지 중요한 점은 아버지와 어머니가 함께 참여하는 부모교육 프로그램과 아버지만 참여하는 아버지교육 프로그램의 균형을 잘 맞추어 진행하는 것이다. 최대한 많은 아버지들이 참여할 수 있도록 아버지교실은 평일을 지정하여 저녁식사와 간단한 다과를 준비하여 퇴근 후 부담 없이 바로 아버지교실에 참여할 수 있도록 배려하고 있다. 아이들의 양육과 교육은 엄마의 몫이라는 고정관념에서 벗어나 아빠들도 아이들의 양육과 교육에 적극적으로 참여하고 아빠들이 선호하는 활동[4](스포츠 활동, 목공놀이, 만들기, 컴퓨터게임 등)부터 시작하여 아빠들이 어려워하지만 꼭 필요한 활동(동화책 읽기, 노래 부르기, 그림 그리기 등)으로 서서히 난이도를 높여가는 것을 원칙으로 한다. 다음의 내용은 아빠프로젝트의 총 책임을 맡고 있는 글렌 팜의 지역방송국과 아빠프로젝트에 관한 인터뷰 내용 중 일부이다.

'슈퍼 토요일'에서 현재 실시하는 다양한 프로그램에 만족하지 않고 보다 많은 아빠들이 아이들과의 관계가 개선되고 서로에 대한 신뢰가 깊어지기를 바랍니다. 아버지날 모든 주에서 실시하는 지역아버지축제에서는 주변의 공원을 전부 빌렸습니다. 아빠들이 함께 디자인한 티셔츠와 모자를 쓰고 공원 주변 청소를 했으며, 체육대회를 개최했습니다. 지역에서 유명한 식당들이 점심식사를 제공했고, 지역의 여러 단체에서 음료수와 기념품을 후원해 주었으며, 여러 단체와 개인이 재정적으로 기부활동을 했습니다. 시장님을 비롯한 시청 공무원, 경찰서 직원들, 소방서와 시립도서관 근무자들, 지역학교의 교직원, 시민단체에서 함께 참여하였고, 성인 남성이라면 누구나 자녀의 나이와 성별에 상관없이 참여하도록 기획하였습니다. 우리는 앞으로도 아빠프로젝트를 통해 학교와 가정, 가정과 지역사회가 함께 성장하는 모델을 만들어가고 싶습니다. 개인적으로는 결손가정 아이들을 위한 공동부모양육 프로그램과 정식으로 결혼은 하지 않았지만 동거하고 있는 커플들을 위한 워크숍을 진행할 계획도 가지고 있습니다. 아버지양육 매뉴얼(Daddy Kit)을 만들어 예비 아빠나 초보 아빠들에게 제공한 것이 무엇보다 보람찬 일이었습니다. 우리는 기존에 소개된 아버지교육 프로그램을 바탕으로 앞으로도 새롭고 도전적인 아버지교육 프로그램을 만들어 나갈 것입니다.

③ 시사점

아빠프로젝트는 기존의 아버지교육 프로그램과 지역사회와의 협력 측면에서 가장 강력한 시사점을 갖고 있다. 아빠프로젝트–유아가정교육 프로그램이 시사하는 바를 요약하면 다음과 같다.

첫째, 아버지의 날 전 주에 실시하는 '아버지축제'는 학교와 학부모, 지역사회의 좋은 협력 모델을 제시하고 있다. '아버지축제'는 유아교육기관과 학부모들이 참여하는 유아교육기관의 작은 행사가 아니라, 유아교육기관의 '아버지축제' 행사를 지역의 성인 남성 모두를 초대하는 축제의 형식으로 발전시킨 점은 눈여겨볼 만하다.

둘째, 슈퍼 토요일 프로그램을 개방형 아버지교육 프로그램으로 발전시켜가고 있다는 점이다. 아버지들의 호응이 좋은 세부 프로그램은 유지 발전시키고, 수정이 필요한 부분은 아버지들의 요구와 필요, 의견을 종합적으로 수렴하여 개선시켜가고 있다는 점이다. 슈퍼 토요일 프로그램은 매학기 말 아버지들에게 설문결과와 스텝회의를 통하여 프로그램의 여러 측면에 대한 평가와 논의를 거쳐 다음 학기에 반영하고 있다. 한 예로, 대인관계에 문제가 있는 아이들을 위해 놀이치료사를 초빙해서 아버지와 아이가 함께 놀이치료를 받게 된 경우가 있다. 프로그램의 예산이 허용하는 범위 내에서 아버지들의 요구를 최대한 수렴하여 프로그램에 충실히 반영하는 것이 이 프로그램의 운영원칙이라고 할 수 있다.

마지막으로, 아버지-아이들의 상호작용 시간의 중요성이다. 대다수의 아버지들이 직장생활과 대외적인 일들로 아이들과의 놀이시간 부족을 문제점으로 지적하고 있다. 게다가, 아버지들이 아이들과 언제, 어떻게, 무엇을 하고 놀아야 할지 잘 알지 못하며 어려움을 느끼고 있는 게 현실이다. 슈퍼 토요일 아버지-아이들의 놀이시간을 통해서 아버지와 아이들이 일대일로 놀이할 수 있도록 흥미로운 환경을 구성하고 지원하는 것은 큰 의미가 있다고 할 수 있다.

우리의 프로그램이 가진 가장 실제적이고 실질적인 강점 중 하나가 아버지와 아이들이 함께 상호작용하고 놀 수 있는 시간과 장소를 제공하고 있다는 점입니다. 가끔씩은 아버지들과 아이들이 편안하고 쾌적한 공간에서 재미있게 놀이를 하며 함께 책을 읽고 노래를 부르며, 땀이 흥건하게 신체를 부딪치며 놀이하는 것을 보면, 세상에 이런 '신성한 공간'이 있나 싶을 정도입니다. 슈퍼 토요일 프로그램은 반드시 아버지와 아이들만 초대하는 것이 아닙니다. 아버지가 다른 일정이 있을 때는 할아버지나 삼촌이 아버지 자리를 대신하고, 아버지가 없는 아이들은 남성 자원봉사자들과 함께 활동을 합니다. 처음에는 아버지가 없는 아이들이 심리적으로 위축되어 있는 듯 보이지만, 계속 프로그램에 참가하면서 그런 감정은 이내 사라집니다. 그 이유는 신나고 재미있는 활동을 하는 동안 아이들은 다른 생각할 시간과 여유가 없거든요. – '슈퍼 토요일 프로그램' 교사 인터뷰 내용

4) 필라델피아 부모아동센터

① 개요

미국 펜실베이니아 주 필라델피아에 소재한 부모아동센터(Philadelphia Parent Child Center: Men as Teachers)는 1973년에 개원하여 흑인 아버지와 아이들을 대상으로 아버지교육 프로그램을 꾸준히 실시해오고 있다.[5] 1995년부터는 아버지교육 프로그램을 헤드스타트 프로그램과 연계하여 '교사로서의 아버지(Men as Teacher)' 프로젝트를 시작하였다. 이 프로젝트의 목적은 아버지들에게 양육기술을 보급하고, 아버지-자녀 관계의 유대를 증진하며, 부모교육의 효율성을 증진하는 데 있다. 특히, '교사로서의 아버지' 프로젝트는 아버지 스스로 아버지 역할의 중요성을 인식하고, 바람직한 아버지상을 구현할 수 있도록 지원하기 위해 기획되었다. 역량증진이

론(Empowerment theory)[6]은 '교사로서의 아버지' 프로젝트의 이론적 배경이다. 역량증진이론은 아버지들에게 아버지교육 과정에서 공평한 기회를 분배하고, 사회경제적 지위에 상관없이 평등한 입장을 견지하며, 아버지들이 자아존중감과 아버지 역할 및 양육방법에 대한 정보와 기술의 효과적인 학습을 통하여 아버지 스스로 역량을 증진하도록 돕고 있다.

프로젝트에 참여하는 모든 아버지들에게 프로젝트의 기본 취지와 왜 '교사로서의 아버지 역할'이 중요한지 합리적 근거를 제시하고 실제 생활에 필요한 양육기술과 자녀들을 대하는 태도의 중요성에 대해 소개한다. 프로젝트의 진행자들과 아버지교육 전문가들은 첫 시간에 (프로젝트에 참여하기를 꺼려 하는)아버지들의 불편함이 없도록 편안한 분위기를 조성한다. 재미있고, 의미 있으며, 보람찬 시간이 되도록 아버지들의 흥미와 관심 주제에 귀 기울이며 이를 적극 반영해 긴밀한 유대와 소통을 이어간다. 특히, 프로젝트에 참여하는 대다수의 아버지들이 흑인이고 저소득층이라는 점을 염두하며 아버지들에게 인종차별적 발언이나 태도를 주지 않도록 주의하고, 사회적 약자라고 깔보거나 무시하는 감정을 느끼지 않도록 긍정적이고 격의 없는 분위기에서 프로젝트를 진행하도록 교육진행자들에게 사전교육을 실시하고 있다.

프로젝트에 참가하는 아버지들에게 (어머니와는 다른)아버지만의 고유한 역할과 아버지들이 가진 강점을 강조하고, 아버지가 아이들의 놀이와 교육에 적극적으로 참여할 때 나타나는 효과에 대해 강조한다. 이러한 일련의 아버지교육을 통해 아버지들은 새로운 양육기술과 자녀와의 세부적인 상호작용방법(놀이, 책읽기, 스포츠, 레크리에이션 활동, 자녀와의 대화법 등)에 대해 학습하고, 아버지들이 뚜렷한 목표를 설정하고 각각 목표에 맞는 역량을 강화할 수 있도록 다양한 기회를 제공하고 있다.

② 세부 내용

앞서 언급한 바와 같이 '교사로서의 아버지' 프로젝트는 헤드스타트 프로그램과 연계되어 실시되고 있다. 아버지들을 대상으로 4개월간 6회의 정기 아버지교육을 실시하고, 매주 아버지훈련교실을 열고 있다. 주중 아버지훈련교실은 1) 프로그램의 목표에 대한 교육, 2) 교육과정에 대한 소개, 3) 취업설명회, 4) 아버지인성교육, 5) 아버지-자녀 관계 증진 훈련, 6) 집단 및 개인 심리상담 등으로 구성되어 있다. '교사로서의 아버지 프로젝트'는 다음의 여섯 가지 교육주제로 구성되어 있는데, 한 세션당 90분으로 각각 실시되고 있다.

• 1단계 훈련

- Session 1 교육주제: 아버지의 가치, 아버지 됨의 의미, 양육참여와 가계부양의 차이, 아이에게 좋은 롤모델이 되는 방법, 아버지 본인의 아버지와의 관계에 대한 분석
- Session 2 교육주제: 인종차별주의의 원인과 대처법, 흑인 남성과 흑인 아버지에 대한 편견-부정적 이미지에 대한 토론, 인종차별주의가 미치는 폐해, 인종차별의 경험-사례나누기-해결방법, 흑인 아버지에 대한 편견과 인종차별이 아버지 역할에 미치는 영향
- Session 3 교육주제: 자신의 운명 개척훈련-마인드맵, 아동학대 예방교육(학대의 원인과 결과-흔들린아이증후군 관련 비디오시청), 약물 중독-알코올 중독이 아버지에게 미치는 영향, 가정폭력 예방교육, 아이에게 건강한 가

치를 심어주는 법

- Session 4 교육주제: 아이에게 인종에 대한 자부심 교육법, 흑인문화 자긍심 강화교육, (아이들을 위한)인종차별에 대한 대처방법 교육

- Session 5 교육주제: 교사로서의 아버지의 역할, 놀이의 중요성에 대한 교육, 놀이환경 만들기, 올바른 언어사용법-자녀와의 올바른 대화방법, 아동발달에 대한 이해

- Session 6 교육주제: 긍정적인 훈육전략 만들기, 훈육의 올바른 정의, 아이의 나이와 발달에 적합한 양육기준 설정하기, 아이에게 선택권을 부여하는 방법, 다양한 훈육전략을 실제 상황에서 사용훈련

• 2단계 훈련

- 리더십 강화훈련: 소그룹 중심 워크숍, 참가한 아버지들에게 역할 부여 (그룹의 리더 역할, 상담자 역할, 기록원, 발표자 등)[7]

- 의사소통훈련: 명확한 메시지 전달훈련, 상대가 가진 문제에 대한 분석연습(원인, 결과, 해결방법), 리더가 갖추어야 할 덕목과 소양에 대한 훈련

- 역할극(Role-play): 역할극은 매회 모임에서 실시되는 프로그램의 핵심이 되는 교육과정이다. 역할극을 통해 아버지들이 가정과 직장, 지역사회에서 직면하는 다양한 문제들에 대해 알아보고, 문제의 핵심과 해결방법에 대해 자유롭게 토론한다.

• 3단계 훈련

- 대그룹 토론회: 각 소그룹에서 논의된 주요 주제와 이슈에 대해 전체적으로 토론한다. 예를 들어, 가정에서 아버지의 리더십에 관한 토론이나 양

육기술, 자녀와의 효과적인 대화법, 체벌의 기준 등 다양한 주제에 대해 실제 상황에서 적용하는 방법에 대해 토론하는 시간을 갖는다.

– 비디오시청: 역할극이나 소그룹활동은 아버지교육 전문가와 심리치료사가 녹화를 하는데, 수업의 처음이나 마지막에 함께 시청하고 아버지들의 생각과 의견을 자유롭게 제시하고, 아버지교육 전문가와 심리치료사들이 합리적 분석을 통해 평가하는 시간을 갖는다.

③ 평가

교사로서의 아버지 프로젝트에 참여한 아버지교육 전문가와 심리치료사 등 여러 연구자들이 프로젝트의 효과에 대한 실험연구를 진행하였다. 지난 2002년 페이건과 스티븐슨이 실시한 연구는 총 38명(생부 28명, 계부 6명, 조부 1명, 동거인 3명)의 아버지나 아버지 역할을 하는 성인 남성이 참가하였다. 프로젝트는 흑인 아버지들에게 매우 긍정적인 효과를 가져다주는 것으로 나타났다. 프로젝트 참가 후 아버지들의 자존감 점수가 향상되었고, 자신의 양육기술과 방법이 유의미하게 개선되었으며, 배우자와 자녀들과의 관계 역시 개선되는 등의 효과가 있었다고 보고하였다. 하지만 프로젝트에 참가했던 아버지들 중 별거 중인 아버지들에게는 프로젝트의 효과가 미미하였음을 보고하였는데, 별거 중인 아버지들은 내적동기부여 점수가 현격히 낮았고, 심리적으로 불안정하였으며, 참가 중 태도도 불성실하였다고 보고되었다. 별거 중인 아버지들에게는 집중적인 심리치료를 통해서 마음의 문을 열게 하고, 자신의 문제와 가정 내 여러 문제에 대해 허심탄회하게 이야기할 수 있도록 하는 것이 향후의 과제라고 설명하고 있다.

④ 시사점

필라델피아 부모아동센터의 아버지교육 프로그램이 주는 시사점은 큰 의미가 있다. 먼저, 아버지교육 프로그램은 흑인 저소득층 가정의 아버지들과 아이들로 대상을 특정하였다는 점에서 기존에 소개된 아버지교육 프로그램과는 성격을 달리하고 있다. 필라델피아는 식민지시대 영국 귀족들을 중심으로 개발된 도시였으며, 미국 최대의 노예시장이 있었다. 남북전쟁 당시 노예해방을 선언한 이면에는 남북전쟁에서 남군에 전세가 밀리고 있었고, 노예해방은 흑인 병사들의 전략적 모병과도 맞물려 있다. 노예해방은 말 그대로 전쟁에 참전한 군인들에게 노예의 신분을 없애준다는 개념으로, 흑인 노예들에게 시민권과 참정권을 보장하지는 않았다. 따라서 북군의 승리로 끝난 남북전쟁 이후, 필라델피아, 뉴욕, 윌밍턴, 볼티모어를 잇는 미국의 북동부 지역에 흑인 빈민가가 탄생하게 되었다. 1800년대 후반부터 1960년대에 이르기까지 흑인은 정치, 교육, 경제, 사회, 문화 등 사회 전반에서 뿌리 깊은 차별과 불이익을 감수해야만 했다. 1954년부터 1968년까지 15년에 걸친 시민권운동[8]으로 인권 신장은 회복되었으나 가난의 대물림, 범죄, 약물중독, 문맹률, 가정폭력, 이혼 등 다양하고 심각한 문제들은 흑인 사회에 여전히 남아 있는 실정이었다. 연방 정부와 주 정부 차원에서 흑인 사회와 가정의 문제를 국가적 문제로 인식하고, 교육을 통한 흑인 사회와 흑인 가정의 변화를 기획한 것이 헤드스타트 프로그램 등 보상교육 프로그램으로 구체화된 것이다. 아울러, 흑인은 물론 사회적 약자들을 교육하고 경제적 지원을 통해 건강한 시민사회를 이루는 것은 물론 잠재적인 사회문제(범죄, 폭력, 빈곤, 질병 등)를 예방하는 효과도 기대하고 있다.

최근 한국 사회도 양극화 현상이 두드러지고, 다문화가정 등 이민자가정이 급증하면서 여러 가지 사회문제들이 발생하고 있다. 눈에 보이는 차별과 눈에 보이지 않는 차별을 막론하고 사회적 약자로 느끼는 소외감이 팽배하고 있는 현실을 직시할 필요가 있다. 이들 가정의 빈곤, 저학력, 알코올이나 약물 중독, 가정폭력, 부모-자녀 관계의 악화, 가출, 범죄, 질병 문제 등 다양하고 심각한 문제들을 풀어갈 해법으로 필라델피아 부모아동센터에서 실시하는 아버지교육 프로그램을 대안으로 제시할 수 있다. 아버지들을 계몽하고 교육하는 것으로 위에 열거한 모든 문제를 풀어갈 수는 없겠지만, 다각적인 노력과 이들 가정에 대한 지원 프로그램을 통해, 이들을 건강한 한국의 시민사회 일원으로 받아들이고, 지역사회 발전에 기여할 수 있도록 지원하는 것이 필요하다.

5) 필라델피아 유치원 전 단계의 헤드스타트 남성참여 프로젝트
① 개요

필라델피아 지역에서는 필라델피아 부모아동센터와는 별도로 '유치원 전 단계의 헤드스타트 남성참여 프로젝트'를 운영하고 있는데, 이 프로그램에서도 강력하고 경쟁력 있는 아버지교육 프로그램을 실시하고 있다.

1995년에 처음 시작된 이 프로그램은 아버지들의 교실 참여를 강조하고, 아버지교육과 참여의 일환으로 아버지들이 학교와 지역사회에 직접 참여하는 자원봉사 프로그램을 효과적으로 운영하고 있다. 앞서 소개한 부모아동센터가 흑인 아버지들과 자녀들에 국한하여 실시하는 아버지교육 프로그램이었다면, 필라델피아 학군 유치원 전 단계의 헤드스타트 남성참여 프로젝트는 유아교육기관과 아버지를 비롯한 지역의 남성모임, 그리고 가정을 잇는 지역사회 중심의 포괄적 남성참여 프로젝트라고 할 수 있다.

② 세부내용

이 프로젝트는 '아버지와 자녀들 간의 긴밀한 신체적-정서적 유대감을 증진'하는 데 핵심 목적을 두고 있다. 세부 실행목표로 학교의 교실수업에 많은 아버지들이 자원봉사자로 참여할 수 있도록 유도하고 있다. 아버지들이 아이들과 함께 책을 읽고, 놀이를 할 수 있도록 평소에 아버지들에게 교실을 자유롭게 개방하고 있다. 아울러, 모든 아버지들이 한 학기에 적어도 1회는 반드시 학교 수업이나 행사에 참여하는 것을 의무사항으로 규정하고 있다. 그리고 주 1회 각 지역의 헤드스타트 센터에서 실시하는 '아버지의 날'에 참석해야 한다.

현장의 유아교육교사들을 비롯한 전체 교직원을 대상으로 아버지참여 실시계획과 시행방법에 대한 훈련을 병행하고 있다. 레크리에이션 강사는 다양한 연간행사에서 아버지-아이들의 레크리에이션 활동을 지원한다. 표 6-1은 유치원 전 단계 헤드스타트 남성참여 프로젝트에서 실시하는 연간 행사를 소개하고 있다.

주 정부의 교육부에서도 아버지 지원그룹을 구성하여 보다 구체적으로 아버지교육 프로그램과 행사들을 지원하고 있다. 아버지를 대상으로 한 아버지교육에서 다루는 주제들은 다음과 같다.

- 아버지 됨의 의미: 자신의 유아기 회상, 아버지 자신의 아버지(아이의 할아버지)와의 관계, 아버지가 된 경험, '좋은 아버지란 무엇인가?' 논의, 아버지 참여의 기대효과

행사명	행사기간	행사내용
야유회	6월 2째 주 (아버지의 날 전 주의 주말)	게임, 레크리에이션, 체육대회
남성을 위한 부모교육교실	매월	아버지교육특강, 워크숍, 세미나
남성자원봉사자훈련	매월	자원봉사자훈련, 직업교육, 채용박람회
리더십훈련 프로그램	매월	리더십훈련, 학교-가정 협력 훈련, 의사결정훈련
건강 심포지움	매월	댄스교실, 패션쇼
비디오제작	비정기	아버지교육 시청각 교재 제작

표 6-1 헤드스타트 남성참여 프로젝트의 연간 행사

- 배우자와의 관계: 아내와의 관계에서 걸림돌, 엄마와 아빠 역할의 차이점, 아내와의 대화법, 갈등상황 해결전략 및 실행방법
- 아이의 자존감: 자존감의 정의, 아버지 역할과 아이의 자존감의 관계, 아버지 역할의 중요성, 반영적 양육태도, 효과적인 아버지의 양육기술, 아이와의 대화법, 아이와의 놀이방법, 자녀와의 갈등해결 전략
- 아이의 읽기능력 발달: 책 읽기의 중요성 논의, 아이에게 맞는 책 고르기, 아이와 함께 책 읽기, 독서와 아이의 학업성취도, 올바른 독서지도법
- 긍정적 행동조절 전략: (아이에 대한) 바람직한 보상의 사용법, (아이의 행동을) 무시해야 할 때와 반응(개입)해야 할 때, 훈육의 기준

마지막으로 레크리에이션은 이 프로젝트에서 가장 중심이 되는 요소라고

할 수 있다. 예를 들어, 모든 야외활동은 아버지와의 요리활동을 포함시키고 있고, 지역 대학 방문 시에도 대학 캠퍼스에서 레크리에이션을 겸한 체험활동, 수영활동, 실내체육관에서의 스포츠 활동, 운동경기 등을 한다. 이는 아버지들의 참여 신청을 받아 주로 주말이나 휴일에 실시하고 있다.

③ 시사점

이 프로젝트는 기존의 프로그램과 같이 단순히 유아교육기관 자체에서 실시하는 아버지참여 프로그램이 아니라, 필라델피아 전체 학군에 걸친 유아기 자녀를 가진 모든 성인 남성을 아우르는 포괄적 프로그램이라는 데 큰 의미가 있다. 이 프로젝트의 효과에 대한 페이건(Fagan, 2007)의 연구를 살펴보면, 프로그램에 적극적으로 참여한 아버지들은 자녀들과의 상호작용시간이 76분에서 93분으로 증가하였고, 자녀들의 학업준비도 점수 역시 증가하였으며, 반면 아버지-자녀 간 갈등은 현격하게 줄어든 것으로 보고하였다.

　우리나라에서도 미국의 헤드스타트 모델을 벤치마킹하여 유아교육기관을 중심으로 한 가족지원 프로그램이 실행되고 있다. 대표적으로 2004년에 민간기업과 사회단체를 중심으로 시작된 위스타트(We Start), 2007년 보건복지부 주도로 실시된 드림스타트(Dream Start) 프로그램, 그리고 1992년부터 삼성복지재단에서 저소득층 가정 아이들을 대상으로 실시한 포괄적 보육 서비스(삼성어린이집)가 있다. 우리나라에서도 빈곤 아동의 수가 2005년 기준으로 100만 명 정도 추산되고 있는데, 이 수치는 10명의 아동 중 1명은 빈곤 가정의 아이라는 의미다. 빈곤과 저학력의 문제는 단순히 복지정책으로만 해결할 수 없으며, 교육적인 접근과 함께 균형 있게 이루어져야 한다. 앞서 미국의 사례에서 살펴보았듯이 경제적 취약계층이 안고 있는 구조적인 문제는 가족, 부모, 지역사회의 문제와 맞닿아 있다.

하지만, 안타깝게도 우리나라에서 시행하고 있는 위의 세 가지 프로그램에서는 아버지교육 프로그램이 아예 없거나 미미하다. 물론, 세 프로그램이 부모교육의 범주에서 개별상담을 하거나 양육정보를 제공하는 등 여러 가지 활동을 진행하고 있으나, 아버지를 위한 프로그램의 부재에 큰 아쉬움이 있는 것은 사실이다. 미국의 아버지교육 프로그램에서 보았듯이 가정폭력, 이혼, 부모-자녀 간 갈등, 가출, 알코올-약물 중독, 비행, 범죄 등을 부모-자녀 간 관계에서 접근하였다는 점은 의미하는 바가 크고, 특히 아버지가 바로 자리매김할 수 있도록 지원하는 이유와 방법에 대해 그 의미를 되새겨 볼 필요가 있다.[9]

2. 우리나라의 아버지교육 프로그램

앞에서는 미국의 아버지교육 프로그램을 살펴보았다. 유아교육기관 중심의 프로그램을 기본으로 연방 정부와 주 정부의 주도로 실시되는 프로그램(헤드스타트 프로그램)도 있었고, 지역사회와 시민단체, 그리고 유아교육기관의 협력을 중심으로 지역의 사회문화적 특성을 고려한 혼합형 혹은 맞춤형 아버지교육 프로그램을 다양하게 소개하였다. 이를 바탕으로 우리나라에서 시도되었거나, 진행되고 있는 아버지교육 프로그램을 살펴보고자 한다. 아버지교육 프로그램을 살펴봄으로써 우리나라의 유아교육기관은 물론, 유아교육기관과 가정, 지역사회가 함께 설계할 수 있는 아버지교육 프로그램을 구상해보고자 한다.

1) 스포츠 대디 프로젝트

스포츠 대디 프로젝트(Sports Daddy Project)는 2009년 KBS 스포츠취재 제작팀 정재용 기자와 저자가 기획하여 제작하였다. 저자의 논문 「아버지와의 동작활동이 유아의 자아유능감 발달에 미치는 영향(2000)」의 결과를 토대로, 아버지가 아이들과의 스포츠 활동을 통해 얻은 아버지-자녀 간의 유대감 증진과 아이들의 자아유능감 발달에 미치는 영향을 기본 주제로 출발하였다. 먼저, 한국과 서양 여러 나라(미국, 프랑스 등)의 스포츠 대디의 사례를 취재하였는데, 아버지와 자녀들이 어떤 스포츠 활동을 하고 있는지, 스포츠 활동은 아버지-자녀 관계에 어떤 긍정적인 효과가 있는지, 아버지와 아이들의 스포츠 활동을 저해하는 요소들은 무엇이 있는지, 스포츠 대디 운동은 앞으로 어떻게 전개되어야 할지에 대한 방향성 등 다양하고 광범위한 취재와 스포츠 대디를 대상으로 한 인터뷰가 폭넓게 진행되었다. 스포츠 활동의 효과를 검증하기 위해 중앙대학교 부속유치원에서 실제로 12주간 아버지-아이들의 스포츠 활동을 실시하였다. 비교집단과의 사전·사후 검증을 통해 스포츠 활동의 효과를 보고하고, 향후 스포츠 대디 프로젝트의 확대 실시를 위한 전제조건(아버지의 근무시간, 아버지의 육아와 교육참여, 스포츠시설 확충, 스포츠프로그램의 개발 및 보급 등)을 제시하였는데, 유아기 자녀를 둔 부모들의 큰 호응이 있었다.

① 개요

2009년 KBS 스포츠취재 제작팀에서는 한국의 생활체육개혁 특집 프로그램으로 '스포츠 대디 프로젝트'를 다큐멘터리 형식의 프로그램으로 제작하였다. 프로그램의 기획회의에서는 한국 사회의 급격한 변화와 가정구조의 재편으로 아버지 역할이 축소되고 있다는 점에 집중했다. 유교적 가부장제로 대변되는 아버지의 권위는 시대적 요청에 맞게 다시 조율될 필요가 있었다. 더욱이 한국의 가정들은 핵가족화, 출산율 감소, 여성의 사회진출, 맞벌이 부부 증가, 부부간 갈등 및 부모-자녀 간 갈등, 이혼 및 한부모가정의 증가 등 급변하는 사회문화적 요인으로 인해 여러 위기에 노출되어 가고 있는 실정이다. 더구나 과거 한국 사회에서 아버지의 역할은 사회생활을 통한 가계부양의 의무에 한정되어 있었으나, 최근에는 아버지들의 양육참여, 공동육아, 가사분담 등 사회적인 요구에 직면하고 있다. 자녀양육과 교육의 측면에서 볼 때 아버지들의 참여는 매우 중요한 의미를 가지고 있다. 최근의 활발한 아버지 관련연구에서는 유아의 신체, 인지, 사회-정서 등의 전인적 발달, 유능감, 성 역할 등 다양한 아버지 참여의 효과를 소개하고 있다.

KBS 스포츠취재 제작팀은 '스포츠 대디 프로젝트' 실시 전에 가족 참여 스포츠 활동실태를 알아보기 위해 전국의 아버지, 어머니, 자녀들(총 8,108명)을 대상으로 설문조사를 실시하였다. 지역별로 10대부터 50대가 넘는 다양한 연령층과 가구 수입 등 기본적인 설문부터 부모와의 운동경험, 횟수, 운동을 통한 부모-자녀 간 친밀도 조사 등 다양한 문항으로 아버지와의 스포츠 활동 실태에 관한 설문을 실시하였다(KBS 스포츠취재 제작팀, 2009).

부모와의 운동경험이 있는 응답자는 19%에 불과하였고, 일주일에 1회 이상 자녀와 1회 30분 이상 운동하는 부모는 20%였다. 연령대가 높을수록 자녀와 운동하는 횟수가 적은 것으로 드러났고, 다수의 부모(80%)는 자녀들과 운동을 전혀 하지 않거나 한 달에 1-3회 정도 하는 것으로 나타났다.

　운동 횟수가 높을수록 자녀친밀도와 부모친밀도가 높아졌다고 응답하였는데, 전체 설문응답자 중 40.2%가 운동을 하는 가장 큰 이유는 건강해지기 위해서라고 응답하였다. 40%의 자녀들은 운동을 하는 주된 이유가 부모님과 대화를 하기 위해 아니면 관계 개선을 위해라고 답했으며, 부모 중 40%는 자녀와의 대화와 관계 개선을 위해 자녀와 운동을 한다고 응답하였다.

　설문에 참여한 자녀들은 부모님과 운동을 하면서 얻은 가장 큰 효과로 '대화가 늘었다(49%)' 와 '부모님과 관계가 좋아졌다(26%)'로 나타났으며, 부모들의 설문 결과에서도 자녀와 운동을 하면서 얻는 가장 큰 효과도 '관계가 좋아졌다(44%)'와 '대화가 늘었다(37%)'로 나타났다.

　이외에도 지역별[10], 연령별, 성별에 따른 설문문항이 있었는데, 가족참여 스포츠 실태조사를 통해 주목할 만한 결과는 부모와의 스포츠 활동이 자녀와의 친밀도(대화와 부모-자녀 관계)에 큰 상관이 있음을 밝힌 것이라고 할 수 있다.

　스포츠 대디 프로젝트는 아버지들이 다른 활동에 비해 손쉽고 부담 없이 참여할 수 있는 신체활동이나 스포츠 활동을 통해 아버지와 자녀 간 유대감을 높이고, 유아들의 전인적 발달을 도모하는 데 목적이 있다. 로스 파크(Parke, 1986)를 비롯한 여러 아버지 연구자들의 선행연구에서 아버지는 어머니와 달리 아이들과의 놀이에서 신체접촉을 훨씬 더 많이 하는 것으로 나타났다. 그리고 아버지는 아이들과의 놀이 상황에서 신체활동을 선호하며, 아이들과 함께 부딪히고 뒹굴면서 유대감은 물론 친밀함을 형성한다고 보고되었다.

아버지와 아이들이 하는 스포츠 활동과 신체놀이가 중요한 이유는 여러 가지가 있다. 스포츠 활동과 신체놀이는 아이는 물론 아버지들을 흥분시키고, 흥미진진하며, 예측이 불가능한 스릴과 모험의 요소를 가지고 있다. 로스 파크는 390명의 어머니와 아버지, 그리고 아이들을 대상으로 한 연구에서 엄마 아빠의 놀이 성향 차이를 비교하는 연구를 실시한 적이 있는데, 엄마들은 정적인 놀이와 인지적 놀이 활동(독서, 읽기와 쓰기와 그리기, 노래 부르기, 만들기 등)에 치중하는 반면 아빠들은 아이들과 활발한 신체활동을 선호하는 것으로 조사되었다. 아이들은 신체활동을 통해 몸의 각 부분의 기능을 이해하고, 스스로 신체 각 부분의 움직임을 시험해보며, 감정을 조절하고 통제하는 방법을 배우기도 하였다. 아울러, 아이들은 아빠의 말과 행동을 관찰하고 모방하는 행동을 통해 성 역할에 대한 인식을 발달시키며, 아빠들은 사회적 지도와 소통하는 방법과 문제해결능력을 아이들에게 가르치는 경험을 하였다고 보고하였다.

스포츠 대디 프로젝트는 두 방향으로 기획되었다. 먼저, 국내외 ·10가정의 스포츠 대디 취재를 통하여 아버지와 자녀들이 하는 스포츠 활동의 실태와 스포츠를 통해 아버지-자녀의 유대감과 친밀감이 긍정적으로 형성된 사례를 보고하였다. 중앙대학교 부속유치원에서도 역시 실제로 아버지와 아이들을 대상으로 스포츠 프로그램을 진행하였다. 이를 바탕으로 다큐멘터리를 제작하여 2009년 12월 13일 방송하였다 .

② 진행 및 내용

스포츠 대디 프로젝트 중 실험연구의 형식으로 아버지와 아이들 간의 스포츠 활동은 중앙대학교 부속유치원에서 2009년 8월 16일부터 11월 1일까지 6회(2주에 1회)에 걸쳐 실시하였다. 연구도구로는 저자가 사용한 유아의 자아유능감 도구를 재구성한 '유아용 자아유능감 검사'와 아버지 참여도의 측정을 위해 "유아용 아버지양육 참여도 검사'(최경순, 1992; 윤영란, 1999) 및 저자 박사 논문(김근규, 2008)[11]에서 사용한 호킨스와 동료연구자(Hawkins, Bradford, Palkovitz, Christiansen, Day, & Call, 2002)들이 개발한 '아버지용 양육참여도 검사: Father Involvement Inventory-IFI' 중 일부 문항(총 9문항: 자녀와 함께하는 시간-3문항, 자녀의 격려와 애정표현-3문항, 자녀에 대한 관심-3문항)을 발췌하여 사용하였다.

중앙대 부속유치원의 만 5세반 3학급에서 18명의 참가자(남아 8명, 여아 10명)를 모집하여 실험집단으로 선정하고, 17명의 통제집단(남아 8명, 여아 9명)의 프로그램 실시 전후의 변화를 비교분석하였다. 실험집단과 통제집단의 사전-사후 검사를 통하여, 유아의 자아유능감은 어떤 식으로 변화하고 유아와 아버지 자신들이 인식한 양육참여도의 변화를 분석하는 것으로 아버지-유아의 스포츠 활동을 통해 효과를 검증하였다.

스포츠 활동프로그램은 권오진 아빠놀이학교 교장과 연구자[12]들이 검토 후 6개의 스포츠 활동을 선정하였다. 대학체육관에서 놀이전문가의 지도로 스포츠 활동을 진행하였는데, 진행자는 놀이방법과 진행순서를 설명하고 아버지와 아이들이 그날의 활동을 함께 실시하였다. 1시간~1시간 30분 정도의 활동이 끝나면, 가정에서도 할 수 있는 활동의 시연과 함께 가정에서도 스포츠 활동이 지속적으로 이루어지도록 관련 문서와 정보를 공유하였다.

연구에서 사용한 스포츠 활동의 상세 내용은 표 6-2와 같다. 스포츠 활동 프로그램은 정식 스포츠라기보다는 게임의 요소가 가미된 유사스포

회차	스포츠 활동 명	활동내용
1	신문지 야구	• 신문지 야구: 신문지를 활용하여 야구 배트와 공을 만든다. • 가정에서 활용할 수 있는 놀이: 신문지 공 축구, 신문지 격파, 신문지 눈 날리기 퍼포먼스
2	참치캔 볼링	• 직선으로 굴러가지 않는 타원형의 참치캔을 굴려 목표물을 맞춘다. • 가정에서 활용할 수 있는 놀이: 박스 굴러가기, 박스 징검다리 통과하기, 박스로 만든 성 부수기
3	젓가락총 사격	• 젓가락총 사격: 젓가락총을 만들어 단체 사격대회를 한다. • 가정에서 활용할 수 있는 놀이: 앉아서 달리기, 이불 보드 경주, 역지사지놀이
4	풍선 오래치기	• 풍선 오래치기: 부푼 풍선을 반복적으로 쳐 최대한 긴 시간 동안 땅에 안 닿게 한다. • 가정에서 활용할 수 있는 놀이: 제멋대로 풍선잡기, 줄풍선 밑을 포복으로 통과하기
5	동화책 탁구	• 동화책 탁구: 아빠와 아이가 책을 탁구채로서 사용하여 탁구공을 주고받는다. • 가정에서 활용할 수 있는 놀이: 중앙에 있는 그릇에 탁구공 넣기, 탁구공 반동을 종이컵으로 받기
6	양궁놀이	• 양궁놀이: 대나무로 만든 활과 화살을 이용하여 과녁을 맞춘다.

표 6-2 스포츠 활동 상세 내용

츠 활동이라고 할 수 있으나, 이러한 신체활동을 통해 아버지와 아이들이 스포츠 활동에 관심을 가지고 가정에서도 쉽게 응용하여 아버지-자녀들이 상호작용을 할 수 있도록 격려하였다. 아버지와 아이들이 할 수 있는 스포츠 활동은 정식 스포츠에 국한되지 않고, 신체를 이용한 활동, 간단한 게임, 레크리에이션, 산책 및 야외 여가활동 등 다양하고 포괄적으로 접근하였다.

③ 평가

스포츠 대디 프로젝트에서 도전적이고 긍정적인 요소들을 다수 발견하였다. 국내외의 열 명의 스포츠 대디 사례분석을 통한 스포츠 활동의 효과에 대한 평가는 다음과 같다.

첫째, 아빠와의 초기 신체 경험은 향후 아버지-자녀 간의 유대와 신뢰감 형성에 커다란 영향을 미친다. 어린 시절 아버지와의 신체적인 접촉은 아이와 주양육자 간의 애착의 형성과도 밀접한 연관이 있다. 자녀들은 유아기 아버지와의 상호작용을 통해 대화하는 방법을 모방하고, 롤모델로 삼기도 한다. 아버지가 어린 시절 자신에게 한 애정의 표현이나 해준 말들의 기억이 자신의 정체감의 형성에 밑바탕이 된다. 아버지와 함께 땀을 흘리고, 자신에게 보여준 배려와 존중의 태도는 향후 타인과의 사회-정서적 관계의 형성에 큰 영향을 주는 것으로 나타났다.

둘째, 스포츠 대디 프로젝트의 실험 연구에서 아버지와 아이의 스포츠 활동은 유아의 자아유능감 발달에 큰 영향을 주는 것으로 드러났다. 특히, 신체적 자아유능감과 사회-정서적 자아유능감은 비교집단과 비교에서 월등하게 높아진 것으로 보고하였다. 아이가 아빠와의 신체활동을 통해 성취감을 맛보고 자신감을 가지게 되며, 이는 유아기 중요한 발달과제인 자율성의 획득과 주도성의 신장으로 이어졌다. 아이가 자신의 느낌과 감정을 놀이를 통해 여과 없이 드러내고 표현하게 되는 것은 스포츠 활동이 지닌 또 하나의 장점으로 볼 수 있다. 아울러, 스포츠 활동을 통해 친구와 같은 친숙한 아버지의 모습을 경험하고 서로 자유로운 의사소통과 협력의 과정을 통해 상호 간의 신뢰를 구축하고, 자신은 물론 상대방에 대해서도 긍정적인 자아상을 획득하는 계기가 마련되었다. 연구의 결과에서는 신체적 자아유능감 점수와 사회적 자아유능감 점수가 통계적으로 유의미하게 증가한 것으로 보고되었고, 더 나아가 스포츠 활동을 통해 획득한 자신감이나 자기신뢰, 내적인 동기부여의 요소가 성취감으로 이어져 향후 인지적 자아유능감이나 유아들이 직면하는 문제들에 대한 해결능력이 확장될 것으로 기대된다.

마지막으로, 아버지와 아이들의 스포츠 활동은 아버지들에게도 긍정적인 효과가 있음이 입증되었다. 아버지들은 스포츠 활동을 통해 아이들과 어떻게, 무엇을 하고 놀고 상호작용을 할지에 대해 어려워하던 부분이 양육기술의 획득으로 많이 해소되었음이 연구 결과 드러났다. 실험집단의 아버지들은 자녀와의 스포츠 활동을 통해 양육참여도가 높아졌고 자녀들의 양육에 있어서 자신감을 가지는 계기가 되었다. 이러한 양육에서의 자신감은 아버지들의 양육참여에 있어 강한 동기부여의 요소가 되었으며, 스포츠 활동을 비롯한 아이들의 생활습관, 학습지도, 배우자와의 관계 등 여러 다른 양육참여가 필요한 부분에도 긍정적인 태도를 가지게 된 것으로 나타났다.

④ 시사점

우리나라의 여러 유아교육기관에서도 아버지들을 유아교육 현장이나 아이들과의 놀이 활동에 참여시키려는 시도가 있었다. 부모교육특강이나 아버지참여수업, 체육대회, 야외 활동 등이 유아교육기관에서 이루어지는 일반적인 프로그램들이다. 이러한 측면에서 볼 때 스포츠 대디 프로젝트는 아버지들이 아이들과 일상생활에서도 쉽게 할 수 있는 신체활동을 직접 경험해 볼 수 있는 기회를 제공하였다는 측면에서 상당한 의의를 가진다. 부모교육특강이나 세미나 등의 아버지교육 프로그램도 아이들의 성장과 발달에 대한 이해라는 측면에서 반드시 필요한 활동이지만, 이론적인 접근과 함께 실생활에서 활용이 가능한 활동을 경험하게 하고 필요한 놀이기술을 제공하는 것 역시도 중요하다.

원시시대부터 아버지들은 주로 수렵활동을 하며, 농사를 짓고, 물고기를 잡아 가족의 생계를 책임져왔다. 때로는 이웃과의 물리적 충돌이나 전쟁과 같은 재난의 상황에서도 가족을 보호하고 적들과 싸워야하는 등 투쟁심과 강인한 남성성을 사회문화적으로 요구받아 왔다. 현대사회로 들어서면서 아버지와 어머니의 성 역할에 대한 경계가 낮아지고 남성과 여성의 성 역할에 대한 고정관념도 점차 해소되어가는 추세에 있지만, 분명한 것은 성정체성의 측면에서 볼 때 남성성은 반드시 구현되어야 할 필요가 있다. 성별의 차이나, 개개인의 성향에 따라 다소간 차이는 있겠지만, 사람들의 대부분은 육체적 노동이나 신체활동을 통해 성취감을 경험하고, 불안을 해소하며, 열정을 학습한다.

올림픽의 기원은 과거 전쟁에서 사용하던 병사들의 무예가 운동 종목으로 지정된 것이다. 또 병사들이 사용하던 무기들이 운동의 도구가 되기도 하였다. 물론 모든 운동 종목이 그런 것은 아니지만, 현대의 대다수의 운동 종목들이 고대 병사들이 즐기던 종목들이었고, 근현대 스포츠로 자리 잡게 되었다. 과거에는 전쟁의 상황에서 적들은 반드시 제압하고 무찔러야 할 대상이었으나 현대의 스포츠에서는 동반자적 관계 내지는 정정당당하게 겨루어야 할 경쟁자이다. 상대와 힘과 기술을 겨루고, 이기든 지든 승자를 축하하고 패자를 격려하는 자연스럽고 깨끗하며 정정당당한 스포츠정신이 우리가 박수와 갈채를 보내는 이유인 것이다.

현대사회가 디지털에 과하다 싶을 정도로 의존하게 되면서, 현대인의 신체의 힘, 생각하는 능력, 사회적 인간관계는 약해지고 있다. 아날로그적인 활동이 경시되어가는 풍조는 아이 어른 할 것 없이 컴퓨터, 스마트폰, 인터넷, SNS, 온라인 게임 등 디지털 환경에 둘러쌓인 현실이 말해주고 있다. 그래서 이들을 디지털 원주민(Digital native)이라고 부르고 있는지도 모른다. 현대인의 건강문제는 논외로 하더라도 이러한 디지털 환경들은 개인과 개인이 분리되고, 스스로 유리벽에 가두는 육체적·심리적 경계를 축소시켜가고 있다. 사람과 사람이 직접 눈을 맞추고 대화를 하며 서로의 감정을 직접 느끼며 공감하고 소통하기보다는 화면과 문자, 사진과 동영상 등 2차적으로 생성된 데이터를 통해 생각하고 판단하며 상대를 평가하기에 이르렀다. 자연과 인간이 만나고, 사람과 사람이 부대끼며 공동의 목적을 위해 땀 흘리며 직접 경험하고 대화하며 협력하는 아날로그적인 가치가 점점 사라져가는 현실을 냉정히 되돌아볼 필요가 여기에 있다. 신체활동과 스포츠는 인간의 삶에 필수불가결한 핵심가치이자 활동이라는 것, 인간이 추구하는 본능과 쾌락의 원천이자 삶을 이끌어갈 힘이 신체활동과 스포츠에 있다는 것을 다시 한 번 강조하고자 한다.

이러한 측면에서 볼 때 아버지들은 신체활동과 스포츠 활동에 대해서는 친숙하고 우월한 유전자의 명맥을 잇고 있는 장본인이다. 남성다움의 가치를 아들에게 물려줄 의무가 있고, 딸에게 좋은 동반자이자 협력자라는 것을 전수해야 할 책임감이 아버지들에게 있는 것이다.

2) 아버지학교

아버지학교(Father School Program)[13]는 1995년 온누리 교회의 하용조 목

사와 두란노의 김성묵 장로가 처음으로 기획·보급한 한국 최초의 아버지교육 프로그램이다. 같은 해 10월 5일 두란노서원에서 처음으로 아버지학교가 열렸는데, 총 65명의 아버지가 참여하였다. 두란노아버지학교 운동본부가 1995년 10월 아버지학교를 처음 개설한 이후 2016년 12월 기준으로 국내외에서 실시된 아버지학교는 6,484회를 돌파하였고, 아버지학교를 수료한 누적 아버지 수는 332,028명에 이르고 있다(두란노아버지학교 운동본부, 2017).

아버지학교운동은 한국 사회가 산업화, 근대화, 민주화가 급속하게 진행되면서 물질만능주의, 편의주의, 성적문란과 도덕성의 결여 등 사회적 병폐가 만연해지고 있다는 현실을 주목하고 있다. 특히, 이러한 사회적 부조리와 근대화 과정에서 발생하는 부작용들이 한국 사회와 가정들에 고스란히 투영되었고, 이로 인해 가정이 붕괴되고, 가정의 중심이 되어야 할 아버지의 위상과 역할이 와해되고 있다는 데 문제를 깊이 인식하고, 아버지학교운동의 취지를 설명하고 있다.

① 역사

아버지학교운동은 1995년 10월 시작된 이후, 현재까지 국내뿐 아니라 해외에서도 왕성하게 실시되고 있다. 프로그램 초기에는 교회를 중심으로 아버지학교가 개설·운영되었지만, 군부대, 교도소, 노숙자, 다문화가정, 학교, 관공서, 기업체아버지학교, 해외아버지학교[14] 등으로 확대되고 있다. 아울러, 청소년을 위한 감동비전캠프, 열린아버지학교, 부부학교, 부자(父子)캠프 등의 활동을 어머니학교와 연계하여 실시하고 있다. 이외에도 아버지학교에서 실시하고 있는 주요 행사들로는 비전나이트, 가족한마당, 세계대회, 전국대표자회의, 학술세미나 등이 있다. 여기에는 아버지학교 스텝을 비롯한 봉사자와 가족들이 참여하고 있다. 아버지학교 운동본부는 세 가지 모토를 설정하였는데, 영적각성운동, 가정회복운동, 나라살리기운동이 그것이다.

• 영적각성운동: 아버지들의 바람직하지 못한 삶은 한 세대의 아픔으로 끝나지 않고, 아버지의 영향력은 대를 이어 답습된다. 신이 가정의 영적 리더로 아버지들을 세우셨는데, 아버지들의 영적각성을 통해 아버지들의 삶의 근본적인 변화를 유도하고 바로 설 수 있도록 하는 데 있다.

• 가정회복운동: 부부간 갈등, 부모-자녀 갈등, 가정폭력, 가출, 별거, 이혼 등 가정의 위기는 한국 사회가 직면하고 있는 가장 시급한 문제들로 보고, 이러한 가정문제가 지역과 사회를 병들게 하는 근본적인 이유 중 하나라고 인식하고 있다. 아버지가 바로 서야 가정이 바로 서고, 가정이 바로 서야 사회가 건강해지며, 나라와 민족이 바로 설 수 있다고 보고 아버지학교운동이 무너지고 있는 가정을 바로 세우는 가정회복운동의 선봉에 서고자 한다.

• 나라살리기운동: 역사적으로 나라와 민족의 위기 때마다 시대를 관통하는 중요한 운동들이 있었다. 국채보상운동, 3·1운동, 근대화운동, 민주화운동 등을 예로 들 수 있는데, 아버지학교운동도 현대사회에서 직면하고 있는 여러 가지 사회문제의 시작이 가정문제, 부모-자녀 간의 문제에서 시작된다고 보고, 아버지학교운동을 통해 이러한 위기를 극복할 수 있는 단초를 마련할 수 있다는 신념에서 출발하고 있다.

1995년 아버지학교의 첫 개설 이후, 5년 후인 2000년 4월에 처음으로 미국에서 아버지학교가 개설되었다. 이후에도 해외에서 한인교포아버지와 현지의 아버지들을 대상으로 2016년 12월 기준, 65개국[15] 273개 도시에서 58,880명의 아버지들이 아버지학교를 수료하였다.

② 프로그램 구성

아버지학교는 "아버지가 살아야 가정이 산다!"는 슬로건을 모토로 하여 5주간 다섯 개의 주제로 구성되는데, 1) 아버지의 영향력, 2) 아버지의 남성, 3) 아버지의 사명, 4) 아버지의 영성, 5) 아버지와 가정이다. 각 주제가 시작될 때마다 참석자들끼리 서로 소개하고 밀접한 관계를 형성하는 친교 시간으로 시작해서, 노래와 비디오 시청, 저녁식사와 함께하는 소그룹 토론시간, 개별 혹은 그룹발표, 강사들의 강의 등으로 구성되어 있다.

• 아버지의 영향력 : 지금의 나는 나의 아버지로부터 좋은 영향과 나쁜 영향을 받았고, 이는 현재 나의 아버지 됨에 어떻게 적용되고 있으며, 실제로 나의 아이들에게 어떻게 행해지고 있는지 살펴보게 한다. 한 가지 흥미로운 사실은 대부분의 참여자들이 본인의 아버지와 애증(愛憎)의 기억을 가진다는 사실이다. 단적인 예로, 발표시간에 본인의 아버지에게 보내는 편지를 소개하는 것을 통해 아버지와 화해하고 눈물로 용서와 사랑을 고백함으로써 과거의 상처가 치유되는 장면을 볼 수 있다. 참가자들은 자신의 아버지를 생각할 때면, 처음에는 분노와 원망으로 시작하였지만, 나중에는 아버지를 용서하고 사랑을 고백하는 것을 현장에서 볼 수 있다. 아버지의 영향력에 대한 세션에 대해 좀 더 구체적으로 살펴보면, 아버지의 역할과 기능을 소개하고 있다. 아버지가 가진 네 가지 기능과 역할, 즉,

1) 가정을 결속하는 역할, 2) 포기 없는 사랑을 하는 사람, 3) 인도자로서의 아버지, 4) 아이들이 자라 홀로 설 수 있도록 돕는 역할을 강조하고 있다. 자녀의 성장에 미치는 아버지의 영향력에 대한 호프만(Hoffman), 라딘(Radin), 빌러(Biller) 등의 연구물을 소개하고, 아버지의 순기능과 역기능에 대해 살펴보는 기회를 갖는다.

• 아버지의 남성 : 두 번째 만남에서는 현재 본인의 남성성과 진정한 남성성의 회복을 다루고 있다. 과거로부터 내려오는 왜곡된 남성문화, 예를 들어 남성들의 체면과 겉치레 문화, 일과 직장, 음주문화, 왜곡된 성문화, 남성 중심의 레저활동과 폭력문화, 사이버문화(음란사이트) 등 한국의 성인 남성문화와 관련된 주요 이슈와 문제점을 다양하게 생각해보게 한다. 한국의 남성들이 가지고 있는 소위 남자다움이란 술을 잘 마셔야 하고, 섹스를 즐길 줄 알아야 하며, 마초적인 성향이 남성성을 대변한다는 그릇된 생각이 깊숙이 뿌리박혀 있다. 때로는 가족구성원들에게 거친 언어와 폭력으로 자신의 힘을 과시함으로써 권위를 세워야 한다는 잘못된 편견을 바로잡도록 해준다. 많은 한국 남성들의 집단적 무의식에 자리 잡고 있는 여러 가지 고정관념이 있다. 가령 "진정한 남자라면 강해야 한다. 절대 눈물을 흘려서는 안 된다. 반드시 성공해야 한다. 남에게 쉽게 도움을 요청해서는 안 되며, 실수를 쉽게 인정해서도 안 된다. 사랑타령은 여자들의 전유물이다"와 같은 정형화된 고정관념에 대해 참가자들의 생각을 이야기하고 바꾸는 기회를 갖는다.

참가자들에게 진정한 남성성의 구현은 아버지로서의 책임감(Responsibility, 남편으로서, 아이들의 아빠로서의 책임감), 순결하고 정직한 생활(성적인 순결, 삶의 순결, 도덕적 투명성 등), 리더십, 가족구성원들과의 사랑의 회복으로 이루어진다는 것을 강조하고 있다. 특히, 두 번째 만남에서는 배우자와의 관계에 초점을 맞추고 있는데, 배우자를 부르는 여러 가지 호칭(와이프, 집사람, ○○엄마, 실명 등)을 아내로 통일하여 부르도록 권장하고 있다. 특히, 아내에게 보내는 편지와 "아내가 사랑스러운 스무 가지 이유"를 적어보는 과제를 통해 아내와의 관계를 되돌아보고 관계 회복에 주안점을 두고 활동을 진행한다.

• 아버지의 사명 : 아버지의 사명을 주제로 이루어지는 세 번째 만남에서는 남편으로서, 아버지로서의 역할을 중심으로 프로그램을 진행한다. 아버지가 되는 길과 남편으로서의 사명(권위적인 사랑, 표현하는 사랑, 배려, 그리고 아내를 성숙하게 하고 성장할 수 있도록 돕는 사랑)에 대해 이야기를 나누고 토론하는 시간을 가진다. 또한, 아버지는 삶의 원천이고, 삶의 지표가 될 수 있으며, 아이들의 자부심이자 아이의 미래를 개척하는 힘을 가진 사람이라는 것을 깨닫게 된다.

아버지의 사명을 실천과제로 자녀들에게 보내는 편지를 쓰게 하고, 자녀에게 아버지의 사랑을 표현하는 연습을 한다. 아울러 자녀가 사랑스러운 스무 가지 이유를 적어오게 하고 있는데, 처음에는 숙제를 어려워하던 참가자들이 잇단 글쓰기 숙제를 하면서 글쓰기를 통한 자신의 생각과 감정을 정리하는 능력이 향상되고 있음을 확인할 수 있게 된다.

또 하나의 과제, 아내와의 데이트가 있다. 이는 많은 참가자들이 쑥스러워하기도 하는데, 결혼 후 직장과 일에 묻혀 지내는 동안 식어버렸던 아내와의 관계를 개선하고 회복하는 데 좋은 계기가 되었다는 참가자들의 말이 있었다. 아내와 대화를 할 때 필요한 대화의 요령과 자녀들과의 친밀한 관계의 형성을 위해 아버지가 갖추어야 할 말과 태도 등을 발표하고 연습

아내와의 대화 시 필요한 대화의 요령	자녀와의 친밀한 관계형성을 위한 노력
1) 맞장구 쳐주기 2) 분위기 깨는 말 하지 않기 3) 자존심 건드리는 말하지 않기 4) 정감있게 말하기 5) 말할 기회 주기 6) 반복해서 말하지 않기 7) 칭찬하기 8) 좋은 말을 골라서 하기 9) 유머 사용하기 10) 인정하는 말하기	1) 아침인사 먼저하기 2) 식탁에서 대화하기 3) 공부하란 말보다 아버지가 먼저 책 읽는 모습을 보여주기 4) 자녀가 결정한 일에 대해 존중해주기 5) 약속 지키기 6) 체벌하지 않기 7) 같은 일로 반복해서 야단치지 않기 8) 한 달에 한번 자녀와 데이트하기 9) 자녀가 아빠를 돕도록 하기 10) 자녀 앞에서 아내와 화해하는 모습 보이기 11) 가훈 정하기 및 가족놀이 하기 12) 다른 사람의 장점 말하기

표 6-3 아내와 대화 시 필요한 대화의 요령과 자녀와 친밀한 관계형성을 위한 노력

해보는 기회를 갖는다.

• 아버지의 영성 : 네 번째 만남에서는 아버지의 영성(靈性)과 권세(權勢)라는 주제로 모임을 진행하는데, 바람직한 방법으로 아버지의 권위(權威)를 세우는 다양한 방법들에 대해 학습할 기회를 갖는다. 자녀를 축복하고 잘 준비된 말씀, 그리고 교양과 훈계로 아이들을 가르치는 연습을 하게 된다. 또, 아버지의 신앙을 포함한 아버지가 아이들에게 남겨줄 수 있는 소중한 유산에 대해 생각해 보게 함으로써 아이에게 물질적 풍요보다 아버지의 철학과 정신을 남겨주는 것이 자녀들의 미래를 밝히는 길이라는 것을 알려준다. 아울러, 아버지의 올바른 권위의 사용[16]을 통해 아이들을 훈육하고, 양육의 기본 원칙과 정당함을 잘 유지하도록 지도한다.

• 아버지와 가정 : 마지막 만남의 주제는 아버지와 가정이다. 이제까지의

과정들을 전체적으로 회상하고 평가하는 시간을 가지며 행복한 가정으로 나아가는 방향을 모색하게 한다. 부부간 사랑을 돈독하게 하고 행복이 넘치는 가정을 위해서 아버지의 노력을 강조하고 있는데, 남녀 간의 차이점에 대한 이해, 좋은 대화를 위한 훈련, 부부 대화의 규칙을 학습하는 기회를 갖는다.

부모가 신체적-정신적으로 건강하고 밝으면 온 가족이 건강하고 행복하지만, 부모의 분위기가 어둡고 건강하지 않으면 가족 전체가 어둡고 침울해진다는 사실을 통해 부모의 역할의 중요성이 강조되고 있다. 가정은 사회를 구성하는 가장 기본적이고 핵심적인 조직이며 아버지는 가정의 리더로서 권위를 내세우기보다는 희생하고 봉사할 준비와 각오가 되어야 함을 설명한다. 마지막 만남에서 참여자들은 아내와 자녀들을 초청하고, 근사한 저녁식사를 함께하도록 하고 있다. 식사 후에는 간단한 레크리에이션과 장기자랑 시간을 가지고, 마지막으로는 자녀들이 보는 앞에서 아내에 위한 세족식을 갖는다. 이를 통해 앞으로 섬김과 나눔의 삶을 실천하겠다는 것을 몸소 실행하며 아내와 자녀들 앞에서 '아버지 순결서약'을 통해서 다짐하는 시간을 갖고 아버지학교 수료식을 마무리한다.

③ 평가

2005년 두란노아버지학교 운동본부에서는 아버지학교 개설 10주년 기념으로 처음으로 학술대회를 개최하여 그간의 아버지학교운동에 대한 학술적인 평가를 실시하였다. 처음에는 기독교계를 중심으로 아버지학교운동이 실시되었지만, 각계각층의 아버지를 대상으로 한 아버지학교를 개설하고, 해외에 거주하는 한국 이민자 아버지들을 대상으로 하는 해외아버지학교로 그 폭을 넓혀갔다. 2008년 제2회 학술대회와 2010년 3회 학술대회를 거쳐 2013년에 4회 학술대회가 열렸는데, 아버지교육 관련 연구자들과 아버지학교 관계자들이 학술대회를 통해 그동안의 활동을 평가하여 학문적으로 아버지학교운동의 효과가 검증되었다. 또, 향후 아버지학교운동의 전개방향을 모색해보는 시간을 가졌다. 4회에 걸친 학술대회를 통해 아버지학교운동의 구성에서부터 세부프로그램에 이르기까지 다각적인 분석과 평가가 이루어졌다.

오늘날의 한국 사회가 안고 있는 여러 가지 병폐와 부조리의 중심에 가정 문제가 있고, 많은 문제들이 아버지의 문제라는 인식이 아버지학교운동의 출발점이 되었다. 아버지학교운동은 교회와 여러 종교기관은 물론 관공서, 군대, 교도소, 다문화가정, 그리고 해외 이민자아버지들을 대상으로 빠른 속도로 보급되었고 많은 아버지들과 예비 아버지들의 교육에 큰 역할을 담당했다. 2016년 12월 기준 한국을 포함한 세계의 66개국에서 총 6,484회 이상이 개설되었고, 331,028명 이상의 아버지들이 참가하였다.[17]

아버지학교의 개설 초기에는 기독교계를 중심으로 프로그램이 진행되어 기독교 아버지학교운동에 국한된 한계점으로 인해 한국 사회에 큰 반향을 일으켰음에도 불구하고 저평가되었다. 하지만, 아버지학교운동의 영역이 종교를 초월하여 사회 각계각층의 아버지들을 대상으로 기독교적 색채를 줄이고 아버지들이 직면한 상황에 맞는 프로그램(관공서, 기업체, 군대, 수형자, 다문화가정, 해외 아버지학교)을 기획하고 보급함에 따라 영향력 있는 아버지교육 프로그램으로 자리매김 할 수 있게 되었다.

아버지학교운동은 미국의 '약속을 지키는 사람운동(Promise Keepers Movement)'에 착안하여 한국의 실정에 맞게 기획되었다(민동권 & 유안나, 2010).[18] 그리고 1990년 캘리포니아에서 시작된 부트 캠프(Boot Camp for New Dads, BCND) 프로그램을 참고하였는데, 아이를 양육해본 경험이 있는 숙련된 아버지들이 초보 아빠를 대상으로 실시한 파더 멘토링 프로그램(Father mentoring program)이었다. 두란노아버지학교운동은 한국적인 상황에 맞게 특화된 프로그램이라고 할 수 있다. 5번의 시간에서 아버지들이 편안함을 느낄 수 있도록 친교 시간과 레크리에이션, 비디오상영, 강의, 식사와 함께 자연스럽게 이루어지는 그룹 토의, 발표와 인터뷰 등 다양한 프로그램으로 구성되어 있는 것이 특징이다. 강의의 내용은 4-6가지 중심 주제로 구성되어 있고 전·후반을 30-40분가량으로 나누어 참석자들이 집중할 수 있도록 배려하였다. 5-8명의 아버지들이 한 조를 이루어 그룹리더(훈련과정을 이수한 자원봉사자)가 자연스럽게 참가자들이 마음의 문을 열게 함으로써 자유로운 집단심리상담과 같은 효과를 기대할 수 있다. 조별로 소그룹 토의와 발표시간을 2시간 정도 할애함으로써 모든 참가자들이 충분히 토론하고 자신의 의견을 발표할 수 있는 기회를 충분하게 부여함으로써 바람직한 아버지 역할을 스스로 찾아갈 수 있게 하는 효과가 있다. 참가자 아버지들이 과거 자신의 아버지로부터 받은 아픔의 상처를 드러내게 하고, 과거의 상처를 종이에 적어서 태우게 하는 '태우기 의식'을 통해 과거와 화해하고 지금의 자녀와의 관계 개선에 응용한다. 촛불의식과 세족식, 그리고 참가자가 직접 아내와 자녀 앞에서 하는 '순결서약'은 기존의 어떤 아버지교육 프로그램에서도 다루어지지 않았던 신선한 접근법이라고 할 수 있다.

민동권과 유한나(2010)는 아버지학교를 수료한 후 2-3개월이 지난 아버지들과 배우자를 대상으로 한 설문을 바탕으로 연구를 진행한 바 있다. 아버지들의 설문 158부와 배우자의 설문 150부를 바탕으로 아버지학교 프로그램의 효과를 분석하였다. 아버지들을 두 그룹(그룹 A: 원래 좋은 아버지로 평가된 그룹/그룹 B: 부족한 아버지로 평가된 그룹)으로 나누어 비교분석하였는데 결과는 다음과 같다.

첫째, 두 그룹의 아버지들 모두 아버지학교 수료 후 아내와의 대화 방식, 자녀와의 대화 방식, 애정표현 등에서 의미 있는 변화가 생긴 것으로 인식하였다. 둘째, 참가한 아버지들의 토의와 발표, 그리고 과제수행은 아버지의 행동변화에 도움이 된 것으로 나타났다. 기존에 알고 있던 부모양육 관련 정보나 아버지학교에서 강의를 통해 습득한 정보를 인식하는 것에 그치는 것이 아니라, 실제 생활에서 실천해보는 기회를 가짐으로써 지속가능한 긍정적인 아버지의 역할을 인식하고 있다는 점이 주목할 만하다.

셋째, 아버지학교 수료 직후에는 애정표현 행동이 늘어났지만 시간이 지나면서는 아버지의 애정표현이 줄어드는 것으로 나타났다. 아버지들의 지속적인 양육태도의 유지와 긍정적인 아버지/배우자의 역할을 발전시키기 위해서는 내적동기의 유지, 적절한 환경/분위기의 조성, 꾸준한 보수교육 등을 필요로 한다. 이런 맥락에서 아버지학교는 수료 후에도 참가자들에게 뉴스레터나 아버지 역할을 상기시키는 문구와 아버지학교의 사진이 실린 달력 등을 보내고 있다. 다수의 아버지학교 수료자들은 아버지학교의 스텝이나 리더 혹은 자원봉사자로 지속적으로 참여하고 있는데, 이러한 일련의 활동들도 장기적인 측면에서 볼 때 아버지 역할의 긍정적인 유지 발전을 위해 중요한 의미를 지니고 있다.

④ 시사점

아버지학교는 아버지교육 프로그램의 제공에만 그치는 것이 아니라 소외된 가정과 독거노인, 소년 소녀 가장 돕기, 환경운동, 사회정화운동 등에도 적극적으로 참여하고 있다. 수해 복구 작업이나, 봉사활동을 통해 한국 사회에 긍정적인 기여를 이어가고 있다. 최근에는 특수아를 둔 부모를 대상으로 한 프로그램, 한부모가정 캠프를 실시하고 있다. 특히, 아버지학교와 마찬가지로 부부 관계, 어머니-자녀 관계에 어려움을 겪는 어머니들을 위해 어머니학교로 영역을 확대하여 1999년 1월부터 아버지학교와 보조를 맞추어 행사를 진행하고 있다.

아버지학교는 한국의 가정문제에 관심을 갖고, 가정에서 일어나는 많은 문제들이 아버지들로부터 비롯된다는 가정에서 출발하였다. 문제가 있는 가정은 치유되어야 하고 아버지부터 바로 서야 할 필요가 있다는 문제 제기는 한국 사회에서 꼭 필요한 지적임에 틀림이 없다. 인구노령화와 저출산 문제, 독신 인구의 증가, 실업문제, 연금문제, 양극화 현상 등 한국 사회가 앞으로 직면할 사회변화에 대해 미연에 대비해야 할 필요가 있다. 건강한 가정은 사회와 나라라는 거대한 나무를 지탱하는 뿌리와 같은 역할을 한다고 가정할 때, 가정의 구성원들 모두가 함께 성장해야만 한다. 특히, 한국의 전통적 가정의 모습에서 아버지들은 경제적인 부양의 책임 이외에는 아내와 아이들의 관심 밖에 있었다. 직장 일과 사회적인 성공에 몰두한 아버지들은 가정 밖에서의 역할에 더 가치비중을 두고 살아온 것이 사실이다. 아버지의 관심과 사랑에 목마른 아이들은 자연스럽게 아버지와의 관계가 애착과 유대감, 친밀감이 없는 도구적인 관계로 고착화되었고, 대화와 의논의 대상에서 제외되어 갔다. 이후, 성장한 아이들은 아버지에 대해 어렵고 소통하기 어려운 대상으로 인식하기에 이르게 되었다. 이런 측면에서 볼 때, 아버지학교운동은 한국 사회의 기본적인 변화를 가정변혁운동으로부터 출발하였다는 측면에서 큰 의의가 있다.[19]

퇴계 이황(李滉, 1501~1570) 선생은 율곡 이이와 함께 한국 역사 속 가장 조명 받는 사상가 중 한 명이자 조선시대 중기 문신이자 대표적인 유학자다. 퇴계 이황은 1501년 경북 안동부 예안현(지금의 안동시) 온계리(溫溪里)에서 의정부 좌찬성 이식과 부인 춘천 박씨 사이에서 막내로 태어났다. 그러나 그의 아버지 이식은 이황이 겨우 생후 7개월일 때 세상을 떠났고, 홀어머니의 가르침 아래 성장하였다. 이황의 가정은 불행의 연속이었다. 을사사화로 자신의 벗이자 존경하는 형 이해(李瀣)가 희생되었고, 27세에 첫 부인(김해 허씨)과 사별하였으며, 46세에 두 번째 부인 안동 권씨와도 사별하였다. 자신의 둘째 아들과 증손자의 요절도 겪었다.

이황은 아버지가 일찍 세상을 떠나 본보기로 삼을 아버지상은 없었지만, 유교 경전을 항상 가까이하며 그 속에서 좋은 아버지와 남편으로 군자의 도를 행하고자 노력하였다. 이황이 17세부터 처가살이를 시작하여 떨어져 지낸 맏아들에게 쓴 편지들 중 일부가 지금까지 전해져오고 있는데, 아버지의 자상함과 집안일을 꼼꼼히 챙기는 섬세한 가장의 모습이 기록되어 있다. 아들에게 "늘 책을 가까이 하고, 학문에 매진하라"는 격려와 동시에 "선비로서의 인품과 교양을 갖추라"는 당부를 남겼다. 이외에도 친구와 벗들을 대할 때 갖추어야 할 도리와 대인관계에 대한 조언, 집안 살림살이의 운영방법, 친인척들과의 관계와 처신요령, 손자들에게 어떤 책을 읽히고 공부시킬지 등에 관한 내용이 담겨 있다.

나에게 좋은 아버지가 없어서, 좋은 아버지가 될 수 없었다는 말은 핑계에 불과하다. 세상의 많은 훌륭한 아버지들은 끊임없는 노력과 수양을 통해 바람직한 아버지의 상을 만들어 왔다. 이것이 유교의 기본원리인 수기치인의 핵심이다.

토의 주제

1. 미국의 아버지교육 프로그램 중 우리나라에 적용했으면 하는 좋은 예를 들고 그 이유를 말해보세요.

2. 스포츠 대디 프로젝트(Sports Daddy Project)가 아버지교육에 주는 시사점은 무엇입니까?

3. 일상생활에서 아버지와 자녀가 쉽게 함께 할 수 있는 활동을 3~4가지 열거해 보세요.

4. 아버지 학교운동이 한국 사회의 아버지들에게 미친 긍정적인 영향은 어떤 것들이 있습니까?

5. 아버지-자녀 관계 개선을 위해 정부나 지방자치단체 및 지역사회가 무엇을 어떻게 지원하면 좋을지 토의해 보세요.

주

1 향후 15-20년 이내 미국에서 소수인종 중 중남미계 인구 분포가 1위로 바뀌게 된다는 인구관련 통계가 많이 있고, 2017년 현재도 중남미계 인구가 흑인 인구 보다 많은 지역들이 대다수 있다.

2 이중언어를 가르치기 위해서는 ELS 교사 자격증을 소지해야 한다.

3 월드컵 축구 기간이나 아메리카 대륙컵 축구시합 기간에는 샌 앤셀모 아동센 터 강당에서 대형화면으로 아이들이 아버지와 함께 경기를 시청하고 응원하도 록 하고 있다.

4 학기 초에 아버지들을 대상으로 설문 조사를 실시하여 아버지교실에서 하고 싶 은 활동과 배우고 싶은 활동에 대한 정보를 미리 파악하여, 이를 기초로 프로그 램을 계획한다.

5 필라델피아는 미국 북동부 지역에 위치한 역사적으로 유서 깊은 도시 중 하나 로, 콜럼버스가 처음 신대륙에 도착한 곳이다. 미국의 독립선언문이 선포된 도 시로, 1790년부터 1800년도까지 10년간 미국의 수도였고, 남북전쟁 당시 북군 의 최대주둔지이자 북군사령부가 설치 운영된 곳이다. 현재 인구비율 중 흑인 인구가 거의 절반에 육박하는데(44.3%), 이는 필라델피아가 가진 역사적 배경 이 주요한 요인 중 하나이다. 인종차별과 빈부격차가 심한 도시 중 하나로, 저소 득층 흑인 비율이 매우 높고 문맹율도 높아서 흑인 가정의 가난 대물림, 범죄, 알코올중독, 가정폭력, 이혼 등이 사회적 문제로 대두되고 있는 실정이다.

6 역량증진이론(empowerment theory)의 핵심은 한 개인이 자신의 삶을 스스로 통 제할 수 있도록 돕는 것이다. 아버지교육의 입장에서는 아버지 자신이 자신의 역할과 임무를 충분히 이해하고 숙달해가는 과정에서 지지받고 힘과 권한을 부 여하는 데 있다. 아버지들이 자신이 소속된 커뮤니티에서 민주적이고 합리적인 방식으로 타인과 소통하고, 자신이 맡은 역할을 할 수 있도록 격려하는 것을 기 본으로, 아버지들과 부모교육 관련 정보를 공유하고, 아버지교육 프로그램을 제공하며, 행정적-재정적인 지원(2009 예산, $5,931,254.30:Head Start 예산 + 연 방정부 지원금 + 주정부 지원금 + 기부금) 등 다면적이고 포괄적인 지원시스템을 의미한다.

7 1. 아버지들에게 소그룹에서 각각의 역할을 주고 자신의 역할과 임무에 대해 설 명한다.

2. 아버지들은 개인의 문제, 사생활을 공개하지 않는다는 동의서에 반드시 서명하여야 한다.

3. 아버지들이 각자 역할은 각 세션마다 교대로 맡게 된다.

4. 그룹 내의 아버지가 가진 개인적 문제나 가정사에 대해 문제를 해결해 주어서는 안 되며, 아버지 본인이 스스로 해결방법 찾을 수 있도록 하는 것을 원칙으로 한다.

8 말콤 엑스(Malcolm X), 마틴 루터 킹 주니어(Martin Luther King Jr.), 엘리야 무하마드(Elijah Muhammad) 등 흑인 인권운동가들이 주도한 인종차별과 흑백분리에 맞서 인권회복을 기치로 한 시민권 회복 운동이다. 원래 1800년대부터 시작된 흑인시민권운동(African American Civil Right Movement)을 계승한 인권운동으로 흑인인권을 회복하고 정치적 참정권, 교육의 균등한 기회보장, 사회문화적 차별을 금지하는 법안들(Civil right Acts: 1957, 1960, 1964, 1965, 1968)이 통과되는 것으로 결실을 보게 되었다.

9 어린이는 나라와 민족의 미래하는 표현이 아이들을 중심으로 본 아동 중심적 견해라면, 가정이 바로 서야 지역사회가 바로 서고 나라의 건강한 미래를 도모할 수 있다는 표현은 가정 중심의 철학적 접근이라고 볼 수 있다. 그 출발선상에 아버지가 있다는 사실을 명심해야 한다.

10 영남권(경상남북도, 부산, 대구 지역 포함)이 전국의 다른 지역에 비해 자녀와의 운동 횟수와 친밀도가 낮은 것으로 조사되었는데, 전국의 여타 지역의 부모-자녀 간 친밀도 지수가 30%를 상회한 데 비해 영남권은 25%대에 머물렀다. 또한, 부모들 대상 설문에서도 과거 자신의 부모님과 운동한 경험도 영남권 부모들은 16%에 불과하였는데, 이는 전국평균 19-21%보다 낮은 것이다.

11 Keun K. Kim (2008). The Impact of Fathers' Involvement and Parenting Styles on Their Children's Social Competence: A study of Korean fathers in the United States. The University of Georgia in Athens, Doctoral Dissertation.

12 김낙흥(중앙대학교 유아교육과 교수)외 보조연구자 2인.

13 사단법인 두란노아버지학교운동본부: www.father.or.kr

14 해외아버지학교는 미국, 중국, 일본, 동남아, 호주, 러시아, 중동, 유럽, 아프리카 등 해외 이민 가정의 아버지를 대상으로 실시하고 있는데, 아버지학교 정신은 언어와 국경을 초월하여 아버지학교 개설 요구에 부응하고 있다.

15 해외아버지학교 개설국가는 캐나다, 미국, 멕시코, 과테말라, 니카라과, 파나

마, 아르헨티나, 영국, 독일, 이탈리아, 프랑스, 코트디부아르, 가나 헝가리, 터키, 이스라엘, 카타르, 아랍에미리트, 인도, 카자흐스탄, 몽골, 네팔, 방글라데시, 태국, 스리랑카, 말레이시아, 인도네시아, 중국 일본, 캄보디아, 베트남, 홍콩, 대만, 괌, 라오스, 싱가포르, 호주, 뉴질랜드 등이 있다.

16 에베소서 6장 4절 "아비들아 너희 자녀를 노엽게 하지 말고 오직 주의 교양과 훈계로 양육하라"는 구절 인용을 통해, 아버지들이 아이의 잘못을 훈계할 때, 아이들이 분노하게 해서는 안 된다는 사실에 대해 소개하고 있다. 예를 들어, 아버지가 이성을 잃고 자녀에게 체벌을 할 때, 아버지의 사랑의 매는 더 이상 사랑의 매가 아니라, 동물들을 길들이는 채찍이 되고 만다.

17 2016년 12월 기준 국내 일반/열린 아버지학교 4,874회 272,148명의 아버지/예비아버지가 수료하였고, 국외 아버지학교는 1,610회 58,880명의 아버지가 수료하였다(두란노아버지학교운동본부, 2017).

18 민동권 & 유안나 (2010). 두란노아버지학교의 효과와 그 지속성에 대한 논리 모형 중심의 분석.

19 필자는 2006년 4월 미주 애틀랜타 아버지학교와 샬롯 아버지학교에 자원봉사자로 참여하였고, 2011년 필라델피아 아버지학교(9기)에 참여하였다.

7장

유아교육 현장에서의 아버지교육 프로그램 실제

앞장에서 국내외의 여러 아버지교육 프로그램에 대해 살펴보았다. 외국의 사례와 한국의 아버지교육 프로그램 사례분석을 통해 우리나라 실정에 맞는 효과적인 아버지교육 프로그램을 개발하여 보급하는 것이 궁극적인 목표이다.

이 장에서는 유아교육기관에서 아버지참여와 아버지교육을 계획하고 실행하는 데 있어서, 고려해야 할 여러 가지 요소를 살펴보고 유아교육 현장에서의 활용방안을 모색해 보고자 한다.

1. 아버지교육 프로그램 계획 수립

과거부터 현재까지, 유아교육 프로그램에서의 아버지교육과 참여는 아직도 미미한 수준이다. 여러 연구들을 살펴보면, 아버지들이 유아교육현장에 왜 참여해야 하는지에 대한 인식이 부족하고, 여성이 다수인 유아교육 현장에 참여했을 때, 아버지들이 불편함을 느낀다는 보고가 다수 있다.

유아교육에서 아버지참여가 아버지만의 참여라고 보는 협의의 개념에 문제점이 있다는 학자들의 비판에 따라 아버지참여보다 좀 더 확장된 개념으로 남성참여(Male involvement)의 개념이 도입되었다(Levine, Murphy, & Wilson, 1993). 남성참여는 아버지뿐만 아니라 아이들의 삶에서 중요한 남성 모두를 포괄해서 유아교육 프로그램에의 참여를 목적으로 하는 개념이다. 예를 들어, 아이의 형, 삼촌, 할아버지, 새아빠, 그리고 남자 유치원 교사나 남자 교직원까지도 아우르고 있다.

1) 아버지교육과 참여를 방해하는 요소

유아교육기관에서 아버지 참여 프로그램을 최초로 시도한 기관은 1960년 초반 이화유치원이다(청소년과 부모, 2011, http://blog.naver.com/isophia/142021649). 이후에도 아버지를 부모교육에 참여시키려는 시도들이 있었는데 아버지를 대상으로 자녀의 양육과 교육에 도움이 되는 내용에 대한 강의, 공개좌담회, 혹은 워크숍, 그리고 아버지-유아들 간의 역할놀이 등 다양한 방법으로 아버지교육과 참여를 시도하였으나 아버지들의 참석률은 매우 저조하였다. 아버지들의 참석률이 저조했던 이유는 여러 시각에서 추론해볼 수 있는데, 한국의 산업화 시대에 아버지들의 노동시간이 과중했기 때문에 유아교육현장에 참여하기가 현실적으로 어려웠고, 당시만 해도 육아와 자녀들의 교육에 대한 지원은 어머니의 역할이라는 시각과 인식이 팽배했기 때문이다.

1980년대에 유아교육에 대한 사회적 관심이 증대하고, 유아교육 프로그램이 다양하게 발전해가는 과정에서 부모교육의 형식으로 아버지참여가 다시 조명이 되는 계기가 되었다. 1990년대에 들어서며 유아교육기관에서 부모교육의 일환으로 행해졌던 기존의 어머니 참여수업과는 별도로 아버지 참여수업을 계획하고 실시하기에 이르렀다. 아울러, 재롱잔치나 유치원음악회에 어머니와 아버지들을 포함한 가족들을 초대하며 소극적 형태이긴 하지만, 부모를 비롯한 가족들의 유아교육현장의 참여가 이루어졌다. 유치원 체육대회는 기존의 다른 형태의 아버지참여 프로그램보다 아버지들이 선호하는 활동으로 인식되었는데, 이는 아버지들이 신체활동을 선호해서 다른 형태의 참여보다는 활발하게 이루어졌기 때문이다.

2000년대 이후에는 아버지 참여수업이 유아교육기관의 연중행사로 확실하게 자리 잡았으며, 부모교육특강이나 아버지교육세미나, 워크숍, 교사와의 면담, 유치원가족음악회, 아빠와의 캠프프로그램 등 아버지교육과 아버지참여 프로그램의 형태가 다양해지고 프로그램의 질도 높아지고 있다.

이러한 흐름에도 불구하고, 여전히 유아교육기관에서 실시하는 아버지교육과 참여에 따르는 어려움은 여전히 중요한 과제로 남아 있다. 예를 들어, 아버지참여관련 연구물들(Beatty & Gary, 1991; Johnson & Palm, 1992)에 보고되는 아버지가 유아교육기관에 참여할 때 방해가 되는 요인들은 다음과 같다.

- 유아교육기관의 교사들 다수가 여성이어서 아버지들이 방문과 참여 자체에 불편함을 느낀다.
- 아버지참여수업에서 이루어지는 활동들의 대부분이 보통 여성들이 잘 할 수 있는 활동(만들기, 노래, 그림그리기, 동화책 구연)이거나, 여성이 선호하는 활동이 주종을 이루고 있다.

- 아버지교육(특강, 워크숍) 또는 아버지참여수업 내내 아버지들은 불편함과 부담을 느끼고 있다.
- 어머니들이 '아버지참여의 중요성'에 대해 명확하게 설명하지 못한다.
- 아버지 본인들도 아버지 참여가 왜 필요한지 필요성을 못 느끼고 있다.
- 과중한 업무시간 때문에 편한 마음으로 참여하기 힘들다.

2) 아버지교육 프로그램의 기본 전제

아버지교육 프로그램을 실시하기 전에 우선 아버지교육 프로그램의 목표를 설정하고 범위와 내용을 설정해야 한다. 예를 들어, 자녀와의 대화와 상호작용 증진, 사회–정서적 발달, 양육 관련 정보와 양육기술의 보급 등 프로그램 전체와 세부 목표의 설정이 중요하다. 유아교육기관에서 아버지교육 프로그램을 기획할 때에는 유아교육과정과 연간계획에 포함하여 세부실행방안을 바탕으로 수립되어야한다. 일반적으로 아버지교육 프로그램을 위한 계획을 수립할 때 고려해야 할 원칙은 다음과 같다.

- 유아교육기관의 교육철학과 아버지의 교육목표와의 일관성 유지를 위한 노력
- 가정의 특성과 아버지의 직업, 학력, 생활수준, 시간적 여유, 요구사항 등이 반영될 것
- 유아교육기관과 아버지 간의 상호신뢰 기반을 최우선적으로 마련할 것
- 단기 달성목표와 중장기간 목표가 함께 고려될 것
- 유아교육기관의 현실에 적합한 프로그램을 기획할 것
- 프로그램이 가정 및 직장생활에 지장을 주지 않을 것
- 많은 아버지들이 참가할 수 있는 교육 내용과 방법을 고려할 것(시기, 장소, 시간 등)
- 실현가능성과 지속성을 고려할 것

- 전체 교직원이 학기 초 연간계획을 통해 아버지교육 프로그램에 대해 숙지할 것
- 세부 프로그램의 진행자와 담당자를 선정하여 사전준비를 철저히 할 것

아버지교육 프로그램을 계획할 때 어떤 활동을 할 것인지를 계획하기 전에, 아버지교육 프로그램이 추구하는 목표와 방향을 어떻게 설정할 것인지에 대해 우선적으로 규정하여야 한다. 아버지교육을 통해 아이들의 양육과 교육을 어떻게 연계할 것인지를 먼저 고려하고, 아버지들의 참여를 이끌어낼 흥미로운 프로그램의 구성을 기획하는 것이 바람직하다. 다음은 유아교육기관에서 아버지교육을 실시할 때 설정해야 할 핵심적인 고려사항이다(Morrison, 2016).

① 아버지 의견을 적극적 수렴

아이들의 입학 때 유아교육기관에 제출해야 하는 서류들 중에 부모의 신상(나이, 학력, 직업, 취미, 관심사 등)에 관한 서류들이 있다. 유아교육기관에서 부모교육과 아버지교육 프로그램을 실행할 계획이 있다면, 부모교육 관련 설문을 미리 받아두는 것이 좋다. 예를 들어, 부모의 양육철학, 양육 방식, 아이의 교육 중 관심분야, 부모교육의 필요성에 대한 요구조사, 선호하는 아버지교육 프로그램 등 학부모들의 다양한 의견을 묻고 이를 바탕으로 아버지교육 프로그램을 계획하는 것이 효과적이다.

② 아버지들에 대한 우호적 분위기 조성

우리나라의 많은 유아교육기관에서 실행하고 있는 아버지교육 프로그램은 아버지참여수업이나 온 가족이 참여하는 체육대회가 주를 이룬다. 부

모교육이나 학부모 면담에서도 주로 어머니들이 참여하고 있는 실정인데, 유아교육분야 종사자의 대다수가 여성이라는 점과 아버지들이 유아교육 기관에 방문하는 것 자체가 낯선 사회문화적 분위기가 아버지들의 저조한 참여의 원인이 되고 있다. 아버지들을 동반자 혹은 협력자로 받아들이고 아버지들이 편안하게 유아교육기관에서 제공하는 부모교육이나 아버지교육 프로그램에 참여할 수 있는 우호적인 분위기를 조성하는 것이 중요하다. 실행방안으로는 유아교육기관에서 가정으로 보내는 가정통신문에 아버지를 위한 부문을 넣어 자녀양육 관련 정보를 공유하고, 자녀와의 대화법, 아버지교육 프로그램 안내 등 아버지들도 바람직한 자녀양육을 위한 공동체의 일원이라는 것을 인식하게 하는 것이 중요하다.

③ 아버지의 눈높이에 맞는 의사소통

아버지들이 자녀양육과 관련하여 어떤 부분에 관심이 있는지 파악한 후에는 아버지들과의 효율적인 의사소통이 중요하다. 스마트폰 애플리케이션을 이용하거나 SNS를 사용하여 학급에서의 활동 결과물을 게시하여, 아이들이 유치원/어린이집에서 어떤 활동을 하는지 공개할 수 있다. 유아교육기관의 행사나 아버지교육 관련 행사에 대한 참여의사를 묻는 투표를 실시하거나, 일대일 채팅을 통하여 아버지들의 질문에 간략하게 답하는 형식의 의사소통도 효율적이다. 유아교육기관의 웹사이트에 아버지들을 위한 커뮤니티를 개설하거나 담임교사나 상담교사의 이메일을 공개하여 아버지들이 자유롭게 교육과 양육에 관해 상담할 수 있도록 개방하는 분위기를 조성하는 것도 교사와 아버지들 간의 의사소통을 원활하게 할 수 있는 방법이 된다.

④ 아버지들에게 말할 수 있는 기회를 충분히 부여할 것

유아교육기관에서 실시하는 학부모 상담이나 부모교육특강 및 아버지교육 프로그램에 참여하는 아버지들을 교육의 대상으로 대하기보다는 협력자 내지는 동반자로 받아들여야 한다. 아버지들의 이야기를 충분히 듣고, 말할 수 있는 기회를 최대한 많이 부여하는 것이 중요하다. 사적인 이야기가 아니고, 아버지-자녀 관계나 아이의 성장과 발달, 자녀와의 놀이, 아이의 문제행동에 대한 지도방법, 갈등이나 문제해결방법 등에 관련된 이야기라면 아버지들의 이야기를 충분히 듣고 함께 토의하는 시간을 갖는 것이 좋다.

⑤ 구체적 실행계획

아버지들과의 상담이나 대화는 아버지들의 견해에 대해 공감하고, 문제를 단순 명료하게 정리하며, 긍정적인 메시지로 마무리 하는 것이 좋다. 상담과 대화에 그치지 않고, 아버지들이 실생활에서 시도해볼 수 있는 구체적 활동에 대한 실행계획을 함께 마련해보는 것이 좋다. 아버지 스스로가 실행계획을 세워보도록 하고, 도움을 요청하는 경우에는 너무 전문적인 정보를 제공하기보다는 쉽고 편안하게 실천할 수 있는 것부터 단계적으로 제시하는 것이 바람직하다.

⑥ 후속조치

아버지와의 상담이나 아버지들을 대상으로 하는 교육 프로그램은 일회성의 행사에 그쳐서는 안 된다. 꾸준하고 지속적으로 아버지들이 실행계획을 잘 이행하고 있는지 모니터링하고, 그 결과물을 업데이트하는 것이 중

요하다. 예를 들어, 아버지와 아이들이 집에서 놀이나 신체활동 등 아버지 양육 참여에 대한 설문을 정기적으로 보내어 체크하는 방법이나, 아버지와 아이들이 함께할 수 있는 과제물을 제공하는 방법, 혹은 아버지들이 아이들과의 활동을 학급의 홈페이지나 SNS 커뮤니티에 업로드하는 방법 등이 있다. 또한 유아교육기관에서 아버지들에게 지속적으로 꾸준한 관심을 가지고 아버지-자녀 간의 활동을 격려하고 지지하는 것이 중요하다.

3) 아버지교육 프로그램 기획과 실행 절차

유아교육기관에서 아버지교육 프로그램을 실시하고자 할 때는 유아교육기관의 연간계획 수립과 함께 이루어져야 한다. 아버지교육 프로그램의 운영 절차는 아버지 관련 실태분석, 프로그램의 목표와 원칙, 프로그램의 세부내용 선정, 구체적 활동계획의 수립, 프로그램의 평가의 순서로 이루어진다.

① 아버지 관련 실태분석

아버지들의 요구와 관심 그리고 아버지교육 프로그램의 내용이나 형식에 대한 설문을 기초로 하여 이전에 실시한 아버지교육의 성과와 개선방향을 반영하고 종합적으로 검토한다. 아버지들이 선호하는 활동이나 아버지교육의 형식과 시간 등을 설문을 통해 의견을 충분히 수렴하고, 전문가들의 조언과 효과가 검증된 프로그램을 반영한다. 이를 통해 아버지들이 많이 참여할 수 있는 아버지교육 프로그램의 형식과 내용에 대한 대략적인 윤곽을 잡을 수 있다.

② 프로그램의 목표와 원칙

프로그램의 목표와 원칙은 아버지교육 프로그램을 추진하는 궁극적 목표와 꼭 지켜야 할 원칙을 마련함으로써 프로그램의 방향성을 설정하는 것이다. 전년도 아버지교육 프로그램의 실시 후에 참가자를 대상으로 한 만족도 조사결과가 있다면, 아버지들이 어떤 프로그램을 선호하고 왜 선호하는지 분석하는 것이 목표와 원칙을 재고하고 업데이트하는 데 유용한 방법이 된다. 아버지교육의 목표는 해당 유아교육기관의 아버지교육 철학과 아버지들의 요구와 관심, 그리고 지역적 문화적 특성이 고려되어야 한다. 예를 들어, 다음과 같은 아버지교육 프로그램의 목표를 설정할 수 있다.

- 아버지의 유아교육에 관한 참여도 증진
- 자녀의 발달과 교육에 대한 이해
- 부부 관계/ 아버지-자녀 관계의 개선
- 자녀양육기술 보급
- 아버지-자녀 간 놀이 및 상호작용의 기회 제공

아버지교육의 원칙으로는 아버지교육 프로그램을 월 1회 혹은 연간 4회(분기별 1회) 정도 개최함을 원칙으로 한다. 혹은, 아버지교육 프로그램은 아버지-자녀 관계에 관련된 주제로 한정(가족 전체의 문제, 배우자와의 문제, 조부모와의 관계로 확장하지 않을 것)함으로써 관심과 주제가 분산되지 않도록 유의한다.

③ 프로그램의 세부내용 선정

아버지교육의 세부내용은 아버지교육의 목표의 효과적 달성을 위한 것으로 아버지교육 프로그램의 목표를 기본으로 수립되어야 한다. 국내외의 아버지교육 관련 프로그램은 각 기관의 여건과 지역사회의 특징이 고려되었고, 다양하기 때문에 그중에서 어떤 프로그램을 어떤 방식으로 실행할 것인지에 관한 문제이다. 따라서 기존에 소개된 프로그램을 단순히 답습하는 정도에 그치는 게 아니라 보다 많은 아버지들이 참여하고 최대의 효과를 달성할 수 있도록 엄격하게 선정될 필요가 있다.

④ 구체적 활동계획의 수립

아버지교육 프로그램의 구체적 활동계획은 아버지교육의 궁극적 목표를 달성하고 원칙을 실천하기 위한 세부계획으로써의 의미를 가진다. 원론적인 목표와 원칙을 실현하도록 보다 구체적이고 실제적인 접근을 요하는 활동의 세부내용을 포함하여 어떤 활동을 선택하고, 언제 실시할 것이며, 누가 어떤 방법으로 진행할 것인지가 명시되어야 한다. 또한 각 활동에 필요한 예산을 확보하고 자료는 어떤 것들을 사용할 것인지 구체적으로 계획되어야 한다.

⑤ 프로그램의 평가

아버지교육 프로그램의 계획과 목표와 원칙을 수립하고, 행사가 진행된 다음에는 평가의 계획을 세워야 한다. 참석자 아버지를 대상으로 한 평가는 물론, 행사의 진행을 담당한 교사와 직원, 강사, 자원봉사자 등 전체 구성원의 평가를 취합하여 좋았던 점, 부족했던 점, 개선방향 등을 기록으로 남기고 향후의 아버지교육 프로그램의 기획에 충실히 반영하도록 해야 한다.

2. 아버지교육 프로그램 계획과 활용의 실제

유아교육기관과 아버지들은 동등한 관계, 수평적 관계, 동반자적 관계, 협력적 관계를 맺어야 한다. 교육의 목표 달성을 위해서는 공동의 관심과 협력이 필수불가결한 요소가 된다. 아버지들에게 다양한 유형의 아버지교육 프로그램을 제공하고 유아교육기관과의 긴밀한 상호신뢰 관계를 구축하는 일이 선행되어야 한다. 앞서 6장에서 소개한 아버지를 위한 다양한 프로그램을 유아교육기관에서 모두 실시하기에는 어려움이 있으므로 각 기관의 실정과 아버지들이 많이 참여하고 프로그램의 효과를 극대화할 수 있는 쉽고 용이한 프로그램부터 계획하고 실행하는 것이 바람직하다. 본 절에서는 유아교육기관에서 실시할 수 있는 아버지교육 프로그램의 유형을 알아보고 상황에 맞게 적용할 수 있는 활동에 대해 세부적으로 살펴보고자 한다.

1) 부모참여모델 6가지를 활용한 아버지교육 프로그램
① 유형1 양육정보 및 기술의 보급

• 아버지교육: 아버지들에게 유아교육기관의 교육철학, 운영방침 및 교육 프로그램을 소개한다. 대부분의 학부모들은 유치원/어린이집에서 아이가 어떻게 지내는지, 어떤 활동을 하는지에 대해 알고 싶어 한다. 학부모 오리엔테이션이나 학부모-교사 협의회, 부모교육특강 등의 활동을 통해 상세한 정보를 공유할 때, 아버지들은 양육과 교육에 대해 잘 이해하고 적극

적으로 참여할 수 있는 동기를 가지게 된다.

• 아버지교실: 아버지들에게 부모교육과 아버지-자녀 관계와 관련된 다양한 주제에 대해 배울 기회를 제공한다.

• 아버지 참여수업: 모든 아버지들이 참여수업에 참석하기는 쉽지 않지만, 최대한 아버지들이 참여할 수 있도록 홍보하고 독려해야 한다. 참여하는 아버지들에게는 아동발달, 아버지-자녀 관계, 놀이지도 등에 대해 친절하고 상세히 안내한다. 아버지들을 일일교사나 자원봉사자로 활용하는 방법도 유용한 방법이 될 수 있다.

• 지역사회의 시설 활용·방문하기: 지역 도서관, 미술관, 박물관 등 지역사회의 특성에 맞는 시설을 견학하고 현장학습이 이루어지도록 가족단위의 활동을 적극 장려하도록 한다.

② 유형2 아버지와 유아교육기관과의 의사소통

• 휴대폰 & SNS를 이용한 정보공유: 유치원/어린이집 행사에 관련된 정보를 문자나 SNS를 통해 공지한다. 월간 혹은 주간 계획안을 카카오톡이나 밴드에 공지하고, 교실에서 일어나는 활동과 관련된 사진을 게시할 수 있다. 단, 학급에서 일어나는 활동을 찍은 사진이나 동영상을 게시하기 위해서는 학기 초 학부모의 동의서를 반드시 받아야 한다. 또한, 유아교육기관 내부 자료로 학부모-교사들만 공유하는 것을 원칙으로 하고 외부에 유출하거나 다른 SNS나 인터넷에 게시하지 않는 것을 학부모 동의서에 명시한다.

• 소식지(Newsletter): 소식지나 가정통신문을 통해 기관의 부모교육 프로그램, 행사, 활동 및 교육 과정 등 관련된 정보를 공유한다.

• 가정학습자료 및 활동소개: 집에서 아버지-자녀들이 할 수 있는 월간 활동프로그램을 소개하고 양식을 가정으로 보낸다. 아버지들은 자녀와의 활동계획과 일정을 유치원/어린이집에 제출하도록 한다. 아버지와 자녀의 놀이, 학습지도, 야외활동계획, 음악회, 운동경기장, 미술관, 도서관, 할아버지-할머니댁 방문, 친척, 이웃집 방문 등의 다양한 형식의 활동이 포함될 수 있다.

③ 유형3 학교 및 지역사회에서의 사회봉사

• 초청강사/일일교사: 학기 초 아버지들의 직업과 전문분야에 대한 정보를 취합하여, 유아교육과정에 맞는 주제에 따라 아버지들을 초청강사나 일일교사로 초빙하여 수업의 일부분을 맡기는 활동이다.

• 지역사회 봉사활동: 유아교육기관의 아버지모임을 결성하고 주말을 이용하여 유아교육기관의 시설을 정비하고 유치원/어린이집 주변을 청소하는 활동이다. 유아교육기관에서는 활동전후 식사와 다과를 제공하고 아이들과의 놀이와 레크리에이션 활동을 계획하여 프로그램의 참여 동기를 부여한다. 무엇보다 아버지모임이 잘 운영될 수 있도록 아버지들 간의 유대증진을 위한 노력이 필수적인 요소이다.

④ 유형4 아버지-자녀 가정학습지원

• 가정용 도서대출 및 도서목록제공: 아버지와 자녀가 함께 책을 읽는 활동을 권장하기 위해 유아교육기관의 책을 대여하고, 아동용 도서목록과 아버지교육 도서목록을 제공한다. 독서 목록을 만들어 아이와 아버지가 읽은 책을 확인하고, 월별로 아버지와 유아들의 독서실적을 바탕으로 시

상을 한다.

• 아빠와 함께하는 과제: 자녀들의 숙제를 돕는 방법에 대한 정보를 제공하고, 아버지와 자녀가 함께하는 과제를 주어 아버지의 참여를 유도한다. 가정학습에 사용할 책, 과제물, 아이들의 포트폴리오 등을 정기적으로 보낸다.

• 아버지를 위한 웹사이트: 유치원/어린이집의 홈페이지에 커뮤니티 섹션을 만들고 아버지모임이나 아버지교육 정보란을 만든다. 아버지들에게 교실 활동에 대한 정보를 제공하고, 아빠와 아이가 가정에서 교실 프로젝트 및 활동을 확정할 수 있게 한다. 아버지 간의 부모교육, 자녀양육 관련정보를 교환하거나 자녀의 발달과 관련한 온라인 토론을 할 수 있도록 한다.

⑤ 유형5 공동체와의 협력

• 지역사회의 행사: 아버지의 날, 지역행사 및 축제(벚꽃축제, 연등행사, 대학축제, 음악회, 특산품축제, 프로축구-야구 단체관람 등), 아버지모임 야유회, 체육대회 등 지역의 문화와 특성에 맞는 행사참여를 통해 학부모와 학교, 지역사회와의 긴밀한 협력관계를 유지한다. 이웃이나 유치원 자모회 또는 같은 반 아버지모임 등 작은 단위의 모임을 통해 아버지 간의 유대를 강화한다. 미국에서는 각 가정에서 음식을 조금씩 가져와서 모임(Potluck)이나 몇 가정의 아이들과 부모가 함께하는 놀이시간을 통해 학부모들은 물론 아이들 간에도 친밀한 관계를 만들어 간다.

• 지역사회 단체와의 교류: 지역의 도서관, 박물관, 미술관, 동물원, 식물원, 경찰서, 소방서, 대학교, 지역 내에 있는 기업들은 주로 유아교육기관

의 어린이들을 위한 방문프로그램을 갖추고 있다. 해당 기관을 현장학습 형식으로 방문하거나 현장의 관계자를 유아교육기관에 초청하여 아이들의 지역사회에 대한 인식을 넓히고, 유아교육기관과 가정, 지역사회 간의 협력을 강화한다.

⑥ 유형6 의사 결정 참여

• 부모교육 관련 유아교육기관의 프로그램 결정: 학부모를 대상으로 기관에서 부모교육과 아버지교육 프로그램 실시 계획 과정에서 학부모들에게 의사를 묻고 어머니들은 물론 아버지들이 선호하고 많이 참여할 수 있는 프로그램을 선정하도록 선택권을 부여한다.

• 교육과정 개발 및 검토: 유아교육 과정(단원 중심, 주제 중심 교육과정)을 선정할 때에도 학부모들에게 공개하고, 유치원/어린이집 프로그램에도 학부모들의 의사를 충분히 반영한다. 양질의 프로그램은 기관에서 일방적으로 선정하기보다는, 학부모-교사협의회를 통해 충분하게 설명하고, 동의를 구하며, 교사–학부모 모두가 적극적으로 참여할 때 바람직한 방향으로 구성될 수 있다. 아울러, 학부모들도 유아교육과정에 대해 배우고 이해하는 데 도움이 된다. 아버지들이 유아교육 과정에 대해 잘 알고 있을 때, 유아교육기관에 대한 신뢰와 아이들의 놀이와 교육에 적극적으로 참여하게 된다.

• 나눔장터 및 바자회: 가정에서 쓰지 않는 물품(아동용 옷, 유모차, 장난감, 책, 가정용품 등)을 깨끗하게 세척하여 유치원 강당에서 나눔장터를 개설한다. 가정의 물품은 기부형식으로 받고 일정의 금액을 받고 판매하여 수익금을 부모교육이나 아버지교육 관련 행사를 진행하는 기금으로 활용한

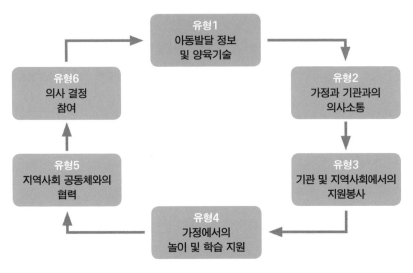

그림 7-1 아버지참여 모형

다. 아버지들이 다니는 직장이나 지역사회에서 후원금을 받아 아버지모임
을 위한 기금을 조성하고, 아빠와 자녀가 함께하는 활동에 사용할 계획을
수립하고 계획의 전반에 아버지들에게 의사결정권을 부여한다.

• 아버지모임을 지원 할 인력의 관리 및 정책 수립: 아버지모임에서 주관
하는 캠프나 체육대회, 야유회, 등산, 현장체험학습을 보조할 자원봉사자
나 레크리에이션 강사를 섭외하고, 유아교육기관의 예산과 지원금, 그리
고 아버지모임의 기금을 어떤 형식으로 얼마나 지출할 것인지 결정한다.
계획의 수립, 행사진행, 예결산 등을 아버지모임과 자모회 학부모교사협
의회를 통해 결정하고 실행한다.

활동목표	구체적 전략
1. 아버지와 신뢰관계 형성	• 교실을 방문하는 아버지들 환영하기 • 아버지들과 우호적-협력적 관계를 유지하기 • 정기적으로 문자보내기(부모교육 & 자녀의 발달에 관한 정보) • 아버지들의 질문에 답글 남기기(온라인 커뮤니티)
2. 아버지들의 자녀교육의 목표 파악	• 영역별 발달지표, 관찰기록 등 아이의 발달에 관한 정보공유하기 • 자녀의 발달과제에 대한 공유(학부모 상담시간 활용) • 유아교육기관의 목표와 아버지의 자녀교육목표 간 이견 조율하기
3. 아버지들과의 의사소통	• 아버지의 문화적 배경을 고려한 최상의 의사소통방법 찾기 • 아버지가 문자, 전화, 이메일, 카카오톡, 밴드 등의 사용이 편한 시간 확인 • 온라인 커뮤니티 활동 격려하기
4. 교사로서의 아버지에 대한 지지	• 아버지가 최고의 선생님이라는 인식 심어주기 • 아버지와 함께 아이의 장단점 파악하기 • 아버지의 자녀교육 관련 질문에 성실하게 답하기
5. 아이들의 학업상황에 대한 정보공유	• 유아의 신체, 인지-언어, 사회-정서 영역의 발달에 관한 정보제공 • 유아의 건강-영양에 관한 정보공유 • 아버지들이 선호하는 의사소통방법 파악하기
6. 아버지참여에 대한 지원	• 아버지-유아의 독서진도표 제공 • 아버지-유아의 놀이방법에 관한 정보제공(신체활동, 스포츠) • 아버지-유아가 함께하는 과제 보내기
7. 아버지의 다양한 역할	• 아이에게 멘토링하는 방법(자녀와의 효과적 대화법, 리더십교육 등) • 아버지를 자원봉사자(일일교사, 초청강사 등) 활용하기 • 아버지참여수업에서 역할부여(동화구연, 노래지도 등) • 아버지와 자녀가 시간을 정해놓고 같이 공부하는 시간을 갖도록 권장하기

표 7-1 활동목표와 구체적 전략

2) 아버지교육 프로그램의 계획

유아교육기관에서 연간/월간 계획을 수립할 때, 아버지교육 프로그램에 대한 연간 및 월간 계획도 함께 수립하여야 한다. 아버지들만을 위한 교육 계획의 수립이 현실적으로 어렵다면 부모교육계획 속에 아버지교육계획을 포함하여도 좋다. 아버지교육계획의 예는 다음 표 7-2와 같다.

3. 아버지교육 프로그램의 유형

유아교육기관에서 바람직한 아버지교육 프로그램을 실행하기 위해서는 교사와 아버지 상호 간의 신뢰와 긴밀한 협력이 필요하다. 아버지들에게 다양한 프로그램을 제공하고 가정과 유아교육기관과의 협력을 통해 유아 교육기관에서는 바람직한 유아교육 목표를 달성할 수 있다. 유아교육현장에서 활용할 수 있는 아버지교육 프로그램은 앞서 국내외의 사례에서 살펴본 바와 같이 여러 가지 접근법이 있으나, 실제로 아버지들의 참여의 중요성에 대한 인식 부족과 유아교육기관의 준비도 미비로 활발하게 이루어지지 못하는 게 현실이다.

유아교육기관에서 실시하는 기존의 부모교육 및 아버지교육 프로그램의 유형은 유아교육기관이 처한 현실에 맞는 적합한 적용이 필요하다. 아무리 좋은 프로그램도 아버지들의 참여가 저조하다면 효과를 기대하기 어렵기 때문이다. 본 절에서는 엡스타인의 6가지 부모참여모델을 바탕으로 유아교육기관에서 활용할 수 있는 활동들에 대해 살펴보기로 한다.

아버지교육계획 (○○유치원/어린이집)

- 아버지교육의 목표: 유치원과의 협력/자녀교육의 참여/바람직한 아버지 역할 학습
- 세부원칙:
  1. 월 1회 아버지교육 관련 프로그램에 참여유도
  2. 가정통신문 및 여러 매체를 이용한 긴밀한 의사소통
  3. 아버지 참여를 통해 유치원/어린이집의 교육과정을 이해
  4. 아버지-자녀 관계의 증진을 위한 자녀와의 상호작용 기회의 부여

- 월별 일정:

월	행사명	활동내용	자료/비고	담당자
3	• 학부모오리엔테이션 • 부모상담	• 신입 학부모를 위한 생활안내 • 유아의 발달 특성/학부모 배경조사/아버지 교육 관련 설문	유치원/어린이집 소개자료 학부모 설문지	원장 담임교사
4	• 학부모자원봉사신청 • 주말농장신청	• 학부모-교사 협의체 구성 및 자원봉사 지원서 배부 • 유아교육기관의 텃밭/주말농장 신청서 배부 및 접수	신청서 양식	원감 사무장
5	아버지교육 & 특강	• 부모교육 강사 초빙 '아버지교육특강'-가정의 달	강사 섭외 예산 책정 시간-장소 결정	부모교육 강사
6	아버지참여수업	• 아빠와 함께하는 참여수업(각 반별 주제활동 선택)	주제-날짜 협의 후 결정	각반 담임교사
7	영양/건강/안전교육	• 방학 전 여름철 위생과 물놀이 안전교육 • 식생활 습관지도	안전매뉴얼 배부	영양사/간호사 지역사회 안전요원
8	아빠랑 캠프	• 캠프참여희망자 모집/야외 캠핑프로그램 진행	캠프참여신청서 캠핑장 섭외	레크리에이션 강사 체육교사
9	• 아버지교육 & 특강 • 가을걷이 프로젝트	• 아버지교육 강사 초빙 '아버지교육특강' • 농장-텃밭에서 가꾼 채소/과일 수확	강사섭외, 예산, 차량, 안전지도	부모교육 강사 각반 담임교사
10	• 가을운동회 • 등산프로젝트	• 가족이 모두 참여하는 가을운동회 • 아빠와 함께하는 등산/소풍	초대장, 지역사회 인사초청, 홍보, 안전교육	전체 교직원 레크리에이션 강사
11	• 김장프로젝트 • 할아버지 참여수업	• 수확한 배추/무로 학부모-아이들-지역사회 구성원과 함께 김치 담그기(김장) • 할아버지(할머니, 삼촌)들과 아이들이 함께 하는 참여수업(각반별 활동주제 선정)	안내문 발송, 재료 준비 참여수업 공지, 활동운영계획	전체 교직원
12	• 가족음악회 • 불우이웃돕기	• 온 가족과 유아들이 함께하는 송년음악회 • 지역사회의 독거노인/보육원/양로원 방문	초대장, 지역사회 인사초청, 김장, 쌀, 기부금 후원 공지	전체 교직원
1	• 온라인 통신 • 아버지교육	• 겨울철 안전지도 • 온라인을 통한 아버지교육	안전교육매뉴얼 아버지교육정보	각반 담임교사
2	• 졸업식 • 홈커밍데이	• 초등학교 입학 전 학업준비 및 생활안내(졸업생 초청) • 재학생들과 졸업생이 함께하는 홈커밍데이 진행	졸업장/기념품 초등학교 방문 레크리에이션, 다과	전체 교직원 담임교사 레크리에이션 강사

표 7-2 아버지교육계획의 예

1) 의사소통

① 홈페이지

요즘은 대다수의 유아교육기관들이 인터넷 홈페이지를 자체 운영하고 있는데, 아버지교육을 위해 이를 잘 활용할 필요가 있다. 유치원/어린이집은 홈페이지에 커뮤니티 방을 개설하고 학급별 학부모 모임을 운영하기도 한다. 홈페이지를 통해 부모교육 관련 연구물 등을 게시하고 학부모들끼리의 채팅이나 상담실을 운영할 수 있다. 홈페이지를 통해 아버지교육 프로그램의 일정이나 아버지들의 참석 여부를 투표를 통해 진행할 수도 있다.

기관의 연간교육계획안, 월간계획안을 게시하고, 부모교육 및 아버지교육프로그램과 관련된 정보를 공유하며, 보다 상세한 정보제공을 통해 학부모들이 유용하게 활용할 수 있도록 계획할 수 있다. 예를 들어, 아이들이 읽는 책의 선정 기준, 유아의 연령과 발달에 적합한 장난감 및 교재 교구의 선택기준, TV시청지도 기준, 부모교육 관련 정보, 자녀와의 대화법,

그림 7-2 유치원 홈페이지나 SNS 활용

놀이방법 안내, 야외활동 장소 추천, 학부모회의 결과 등 학부모들이 필요한 정보를 제공함으로써 적극적인 부모들의 참여를 유도할 수 있다.

홈페이지가 유용하게 활용되기 위해서는 홈페이지를 체계적으로 관리하고, 유용한 정보를 지속적으로 제공할 수 있어야 한다. 홈페이지가 반드시 유아교육기관의 운영과 관련된 정보만을 게시해야 한다는 고정관념에서 벗어나 부모교육과 관련된 뉴스나 최신 기사를 싣는 등 유연하고 개방적인 접근이 필요하다.

② 가정통신문

가정통신문은 기관에서 가정으로 유아교육과정이나 행사스케줄 및 제반 활동을 공지하는 소식지와 같은 역할을 한다. 주간계획안과 같이 매주 금요일에 정기적으로 보내는 경우와 특별한 행사가 있는 경우 긴급하게 보내는 비정기적인 경우도 있다. 가정통신문의 내용은 주로 기관에서 실시하는 교육내용 안내, 가정에서 부모-자녀 간의 활동, 준비물 공지, 견학이나 현장체험학습 일정안내, 학부모면담, 행사일정 공지, 식단안내 등, 유치원/어린이집의 교육과정이나 가정학습, 부모교육과 관련한 내용 등 다양한 정보를 실을 수 있다. 또한, 아이들이 읽으면 좋을 추천도서목록, 위생정보(미세먼지대처법, 독감예방접종안내), 안전교육(여름철물놀이안전, 응급처치메뉴얼), 자녀양육정보, 부모-자녀 간 효과적 대화법 등 계절과 상황에 따라 적절한 내용을 추가할 수 있다.

부모교육이나 아버지교육 프로그램과 관련해서는 원내에서 실시하는 학부모-교사회나 부모교육 등의 행사에 직접 참여하기 어려운 경우 학부모들을 위해 가정통신문을 통하여 행사를 소개하고 행사의 결과를 간

| 원훈
올고 곱고
씩씩하게
자라나는
어린이 | **가정통신** | 2017-4-5호
http://cafe.naver.
com/johyungkids
Tel. 803-5199 |

2017학년도 조형유치원 부모교육 안내

조형학부모님께
안녕하세요!

신학기 시작이 엊그제 같은데 벌써 5월이 코앞에 온 것 같습니다. 참 시간이 빠르게 흐르는 것처럼 느껴집니다. 항상 가정 내 두루 평안하시길 바라고 하루하루 행복한 일들만 가득하시길 바라겠습니다.

우리 원에서는 '서울남부교육청 유아교육 협력네트워크 사업'의 지원을 받아 「뇌발달과 인성」이라는 주제로 '한국인성심리연구소' 소장님을 모시고 자녀교육에 대한 학부모 연수를 계획하였습니다. 부디 참석하시어 우리 자녀를 이해하고 교육하는데 도움 되시기를 바랍니다.

유치원에서 자리 배치 및 준비를 위해 <u>2017년 4월 26일(수)까지</u> 참석여부에 표시를 하셔서 담임선생님께 제출바랍니다. 선착순 15명입니다. 감사합니다.

조형유치원 부모교육은 분기별 실시될 예정입니다. 열심히 참석하신 분께는 소정의 상품이 있습니다. 많은 관심과 참여 바랍니다.

★ 강의제목 : 우리 아이 행복한 뇌 만들기
★ 일시 : <u>2017년 5월 11일 목요일</u> 오전 10:00~11:30
★ 장소 : 조형유치원
★ 강사 : 유지혜
　　　　한국가족상담협회 가족상담사
　　　　서울시교육청 성동영재교육원 위촉강사
　　　　한국인성심리연구소 대표

2017년 4월 21일
조형유치원장 드림

< 절 취 선 >

2017학년도 조형유치원 부모교육

_____ 반　유아성명 : _____　학부모사인 : _____

참석합니다(※참석하실 부모님 성함을 적어주세요)
H.P.) 010-

*2017년 4월 26일(수)까지 참석여부에 표시를 하셔서 담임선생님께 제출바랍니다.

그림 7-3　가정통신문 견본

략히 요약하여 참석하지 못한 학부모와도 공유하는 것이 중요하다. 가정통신문은 기관의 사정에 따라 주 1회(금요일), 월 2회 등 발행주기를 정할 수 있다.

가정통신문을 통해 기관의 교육내용을 학부모와 공유하고, 가정과의 협력관계를 유지할 수 있다. 또 가정통신문은 행사나 면담일정, 부모교육 일정 등 기관에서 실시하는 활동에 대한 학부모의 이해를 높인다. 이는 부모와 자녀가 가정에서도 기관의 교육내용의 연장선상에서 학습과 놀이를 할 수 있도록 한다. 가정통신문을 작성할 때에는 통신문의 목적이 일목요연하게 드러나도록 간략하게 정리하는 것이 좋다. 즉, 쉬운 용어로 설명하고, 중요한 행사나 일정의 공지는 적어도 1-2주일 전에 학부모들이 알 수 있도록 발송하도록 한다.

③ 전화

휴대폰이 급속하게 보편적으로 보급되면서 유선전화보다는 휴대폰의 사용이 빈번해지고 있다. 문자나 애플리케이션을 이용한 SNS의 사용 등이 신속하고 편리하게 학부모들과 연락을 주고받는 효과적인 통신수단이 되고 있다. 유아교육기관에서는 아이에게 긴급한 문제가 발생하거나 기관의 행사나 중요한 일정 등을 문자로 보내는 등의 신속성과 편리함을 동시에 갖춘 소통 수단으로 잘 활용할 필요가 있다.

전화로 학부모에게 연락을 할 때에는 간단한 안부인사와 함께, 전하고자 하는 내용을 간결하게 요약해서 전달하여야 한다. 학부모의 이야기를 잘 듣고, 중요한 내용은 메모를 하여 쌍방의 만족스러운 대화가 될 수 있도록 하여야 한다.

전화 통화를 통해서 아이의 발달이나 영양 및 건강, 그리고 교우관계 등 다양한 주제로 간단한 형식의 학부모 면담으로 활용할 수도 있다. 학부모는 자녀에 대한 관심과 유아의 발달이나 유치원/어린이집에서의 생활을 알게 되는 기회가 될 수 있고, 교사는 학부모의 자녀에 대한 관심사항이나 유용한 정보를 얻는 계기가 될 수 있다.

하지만, 무거운 주제의 이야기나 가정사 등의 민감한 이슈나 주제에 대해서는 전화로 의사소통하기보다는 면담 스케줄을 잡아서 교사-학부모 면담의 형식으로 진행하는 것이 좋다.

아버지와 어머니들이 비교적 자유롭게 전화통화가 가능한 시간을 파악하고, 교사도 전화 면담이 가능한 시간을 학부모에게 알려줌으로써 쌍방의 사생활을 침해하지 않도록 하는 것이 중요하다. 아무리 중요한 사안이라고 하더라도, 너무 이른 시간이나 늦은 시간에 통화를 하거나 주말이나 휴일에 전화를 하는 것은 서로에게 불편함을 줄 수 있고, 결례를 범할 수 있으므로 주의하여야 한다. 학부모와의 전화통화도 기록으로 남겨서 학부모-교사 면담시간에 활용하는 것도 바람직하고 유용한 방법이다.

④ 간단한 메모(기록)

유아가 건강 상태가 좋지 않거나, 기분이 좋지 않은 날에 학부모들은 아이가 기관에서 잘 지냈는지 궁금할 수 있다. 교사에게 약을 투여해달라는 부탁을 하거나, 집에서 부모-자녀 간 감정이 상하는 일이 있었다면, 기관에 비치된 투약요청서를 이용하거나 간단한 메모를 교사에게 전달할 수 있다.

교사도 마찬가지로 비정기적으로 아이가 원에서 있었던 일을 메모하여 가방에 넣어 보내거나 유아의 학급에서의 생활을 간략하게 요약하여 보내는 것도 학부모와의 유용한 의사소통 수단이 된다. 교사는 아이의 문제행동이나 잘못된 점을 지적하기보다는 아이의 긍정적인 면을 학부모와

날짜	유아 이름	증상	투여 방법	긴급연락처
3/4	○○○	꽃가루 알레르기	점심식사 후 시럽 한 스푼 (3ml)	아빠: 010-0000-0000 엄마: 010-0000-0000
메모	국화반 선생님, ○○가 꽃가루 알레르기 증상이 많이 나아져서 어린이집에 가고 싶다 해서 보내는데, 아직 재채기를 합니다. 오늘 점심식사 후 동봉하는 시럽 한 스푼만 먹여주시면 감사하겠습니다. ○○아빠 ○○○ 드림			

표 7-3 투약신청양식 예시

나누는 것이 좋다. 학부모들은 교사의 섬세한 관심과 배려로 인해 교사를 더 신뢰하게 되고, 교사는 학부모의 협력을 이끌어낼 수 있는 좋은 계기가 된다.

2) 학부모-교사 협력활동

① 학부모 오리엔테이션

신학기 시작 전이나 초기에 신입 원아의 부모를 대상으로 실시하는 학부모 오리엔테이션이 유아교육기관이 부모와 하는 첫 활동이다. 기관의 교육철학, 교육방침, 교육과정 및 프로그램, 차량운행안내, 식단, 안전메뉴얼 소개 등 유치원/어린이집 생활 전반에 걸쳐 학부모들에게 필요한 정보를 제공한다. 원장을 비롯해 전체 교직원을 소개하고 학부모들의 질의응답을 통해 상호 신뢰할 수 있는 관계를 형성할 좋은 기회로 삼아야 한다. 부모교육과 관련된 활동(학부모면담, 부모교육특강, 아버지참여수업, 아빠와 함께하는 야외현장학습, 운동회 등)들을 소개하고 유아기 부모의 역할의 중요성을 강조하고 적극적인 협조와 참여를 요청하여야 한다.

학부모 오리엔테이션을 꼭 신입 원아의 부모를 대상으로 제한할 필요는 없으며, 모든 부모들과 교직원이 만나는 학부모-교사협의회 형식으로 통합하여 실시하여도 좋다.

② 학부모 면담(상담)

학부모 면담은 교사와 학부모가 정해진 면담일정에 따라 기관의 상담실에서 만나 유아의 전반적인 발달과 관련된 기록과 관찰일지, 검사자료, 작품 파일 등을 바탕으로 진행한다. 학부모와의 개별면담은 엄마-아빠 모두가 반드시 참석하도록 하고, 아이의 발달과정이나 문제행동, 부모-자녀관계 등을 깊고 넓게 논의하도록 한다. 개별면담의 기회는 주로 한 학기에 1회 정도(연간 2회)가 일반적인데, 학부모의 요청이 있을 때는 면담의 시간과 장소, 면담내용, 부모가 준비해야 할 사항 등을 사전에 공지하여 주어진 시간이 낭비되지 않도록 한다.

- 교사가 개별면담을 준비하는 과정에서 숙지할 사항
  - 면담일정의 공고는 면담 2–3주 전에 할 것
  - 면담의 목적과 내용을 명확하게 할 것
  - 면담 일정은 학부모의 일정을 최대한 고려할 것
  - 면담에 필요한 자료를 사전에 준비할 것
  - 지나친 전문용어는 삼갈 것
  - 부모를 가르치려는 태도는 피할 것
  - 부모의 이야기를 잘 경청할 것
  - 부모의 사생활에 관한 지나친 개입이나 충고는 삼갈 것
  - 주어진 면담시간에 모든 문제를 해결하려고 하지 말 것

－ 사전에 부모에게 질문지를 배부하여 이를 바탕으로 준비할 것

③ 학부모-교사협의회

학부모-교사 협의회는 전체 학부모와 교직원이 만나 자녀교육에 대해 공통관심사나 부모교육의 전반적인 문제를 논의하는 모임이다. 기관의 사정에 따라 반별로 진행하거나 소그룹으로 좌담회 형식으로 실시할 수도 있다. 협의회 개최를 위해 따로 일정을 잡기보다 유아교육기관에서 실시하는 행사(학부모 오리엔테이션, 아버지참여수업, 부모교육특강, 가족음악회 등) 전후에 간략하게 실시하는 것이 효과적이다. 일반적인 학부모-교사협의회의 진행과정은 다음과 같다.

- 교사와 학부모, 학부모와 학부모의 소개
- 모임의 목적에 관한 안내
- 여러 가지 주제로 자유 발언(부모-자녀 관계, 아이의 교육에 관한 주요 주안점-신체, 언어, 인지, 사회, 정서, 올바른 식습관, 아이의 문제행동, 건강문제 등)
- 학부모의 발언 요약정리 및 발제
- 자유토론
- 평가 및 정리

3) 아버지교육 프로그램의 예

① 아버지교육특강

굳이 아버지교육특강에 아버지들만 참석할 필요는 없으며, 오히려 부부가 함께 참석하는 것이 더 효과적이다. 아버지교육과 관련된 여러 주제들

(아버지의 역할, 부부간 대화법, 아버지-자녀대화, 아버지-자녀와의 놀이, 갈등상황 해결방법 등)에 대해 부부가 함께 강의를 듣고, 부부가 함께 생각해보고, 토의를 하는 시간을 갖는 것이 무엇보다 중요하다.

아버지교육특강의 주제는 사전에 아버지들의 설문을 통해 의견을 수렴하고 주제에 맞는 강사를 섭외하도록 하는 것이 좋다. 특강의 주제와 강사 선정이 끝나면, 3-4주 전에 특강 일정을 공지하고 각 가정에 통신문이나 초청장을 보내는 것이 좋다. 통신문에 들어갈 내용으로는 강의주제, 일시, 장소, 간략한 강사 소개, 그리고 특강의 세부 일정(소개, 강연의 주제, 질의 응답 등) 등이 있다. 강사와 학부모의 동의하에, 아버지교육특강 동영상을 촬영하고 유아교육기관의 홈페이지에 게시하여 참석하지 못한 아버지들과 공유하도록 한다.

② 워크숍

아버지들을 위한 워크숍은 아버지들이 함께 모여 주제를 정해놓고 깊은 토론과 학습을 하는 활동을 말한다. 예를 들어, 전문가의 지도하에 자녀와의 효율적인 대화법에 대해 학습하거나, 유아교육 전문가에게 자녀와의 놀이방법이나 동화책 구연방법을 배우며, 자녀와 함께할 수 있는 신체활동 및 스포츠 활동방법의 학습 등이 있다. 아버지모임이 있는 유아교육기관이라면, 아버지들이 주축이 되어 워크숍을 기획하도록 기회를 부여하고, 진행에 필요한 부분은 기관과 협의하도록 한다.

③ 아버지참여수업 및 자원봉사

아버지참여수업은 아버지들을 유아교육현장에 직접 참여할 기회를 부여함으로써 유아교육과정에 대한 이해를 높이고 기관과 아버지 간의 협력을 강화할 수 있는 중요한 활동이다. 일반적으로 유아교육기관에서는 연간 1–2회 정도 실시하고 있는데 단순한 수업참관과 같은 소극적 형태의 참여부터 아버지들이 수업의 일부를 진행하거나 아이들이 함께하는 활동을 포함하는 적극적 형태의 참여수업이 있다. 아버지와 유아가 함께하는 프로젝트를 진행하기도 하고, 요리활동, 만들기, 게임, 그림그리기, 노래 부르기 등 유아교육과정에 있는 활동을 하기도 한다.

하지만, 아버지 참여수업을 꼭 교실에서만 진행할 필요는 없다. 아버지들이 원한다면 기관의 강당이나 체육관에서 신체활동이나 게임, 혹은 스포츠 활동이나 레크리에이션 위주로 진행하여도 좋다. 무엇보다 아버지들이 쉽고 편하게 아이들과 자유롭고 신나게 할 수 있는 활동을 계획하는 것이 아버지참여수업의 효과를 극대화하는 데 도움이 된다.

아버지참여수업을 통해 아버지들은 유아교육기관을 신뢰하고 협력하는 관계를 형성하는 계기가 된다. 또한 기관의 교육목표를 이해하고, 유아교육과정에 직접 참여함으로써 자녀의 발달에 대한 올바른 이해와 놀이 방법을 습득하는 기회를 갖는다. 자녀와의 긍정적 상호작용이나 대화를 통해 아버지는 자녀와의 바람직한 관계를 형성하고, 친밀감을 증진시킬 수 있다. 수업에 참여한 모든 부모들에게 이름표를 부착하도록 하고 간단하게 아버지들을 소개하는 시간도 갖는 것이 좋다. 아버지 중 노래나 악기 연주, 판토마임, 마술, 그리기, 동화책 구연 혹은 만들기에 재능이 있는 아버지를 초빙하여 참여수업 중간에 짤막한 수업진행을 맡기는 것도 좋은 수업계획이 된다.

아버지참여수업 이외에도 아버지들을 자원봉사자로 유아교육현장에 참여시키는 것도 좋은 방안이 된다. 가령, 특수한 직장에 근무하는 아버지들(소방서, 경찰서, 도서관, 미술관, 오케스트라, 항공사, 국가기관 등)이 있다면 아버지를 초빙해서 일일교사나 보조교사로 봉사할 기회를 주는 것도 좋은 방법이다. 아버지들이 자신의 직장과 하는 일에 대해 소개하고 간단한 비디오나 동영상을 시청하며 아이들과 다양한 직업에 대해 생각해보는 시간을 갖는다. 학기 초, 학부모 오리엔테이션 시간에 기관의 모든 아버지와 어머니들을 대상으로 자원봉사(혹은 자원교사 및 일일보조교사) 희망여부, 가능한 시간, 전문/전공 영역 등을 파악한다. 그리고 학급에서 다루는 학습의 주제와 일치하거나 부합하는 경우, 해당 학부모를 초대하여 동화구연, 노래 지도, 그림 지도, 만들기 지도, 신체 및 스포츠 활동 등 작은 단위의 수업을 진행하도록 폭넓게 활용하여 아이들의 흥미와 학습의 결과를 높일 수 있다.

④ 운동회

운동회는 아버지들이 가장 참여율이 높은 활동 중 하나로, 유아교육기관의 모든 가족과 지역사회의 구성원을 초대하여 지역사회와 유아교육기관 그리고 가족이 함께하는 파트너십으로 활용하는데 유용한 활동이다. 기본적으로는 기관에서 진행을 하지만, 일부 프로그램운영(심판, 진행자, 안내방송, 응급처치요원 등)을 아버지들에게 맡기는 방법도 유용하다. 또한, 학부모의 가족구성원(할아버지, 할머니, 삼촌, 이모 등)도 함께 초대하여 운동회와 게임, 레크리에이션에 참여를 유도한다. 지역사회에서 소외된 이웃도 초대하여 지역사회 구성원들과도 호혜적 관계를 유지하도록 하고, 협력의 동반자로 인식하는 좋은 계기로 삼는다.

⑤ 야외활동 프로그램

야외활동 프로그램(스포츠, 등산, 캠핑 등)은 유아교육기관에서 일반적으로 실시하는 아버지교육 프로그램은 아니다. 그러나 기관이 있는 지역의 특성을 최대한 활용하여, 등산, 텃밭채소 가꾸기, 과수원프로젝트, 해

☆ 남자가족 등반대회 안내 ☆

바스락바스락, 사박사박, 부스럭부스럭... 가을 산책을 나가시면 자연스럽게 들을 수 있는 낙엽의 소리입니다. 아빠와 함께하는 시간이 부족한 우리 아이들에게 아빠의 사랑을 듬뿍 느끼게 할 수 있는 아빠와 함께하는 등반대회 행사를 소개합니다. 우리 친구들은 모두들 건강하고 활발하여 사랑스런 모습으로 열심히 참여하는 모습에서 감사와 사랑 속에 정성을 쏟아 넣습니다. 이 시간 비록 길진 않아도 우리 아이들은 아빠의 사랑을 알 수 있답니다. 작고 짧은 시간이지만 아빠의 사랑을 느낄 수 있는 소한 시간이 되어 보시길 바랍니다.

☆ 장 소: 반송공원
☆ 일 시: 10월 8일(토요일)
   [오전 10시 ~ 오전12시 30분 (약 2시간 30분소요예정)]
(팀별로 등반시간이 다릅니다.)
  머루팀, 낙상홍팀 – 10시부터 등반시작
  도토리팀, 보리수팀 – 10시 10분부터 등반시작
  버찌팀, 산수유팀 – 10시 20분부터 등반시작
☆ 참석대상: ○○○유치원 원아 및 아빠(남자가족)
☆ 준비물 : 간식, 물
☆ 복 장: 아버지– 편안한 복장, 원아– 원복

★꼭 읽어주세요 ★
* 산을 천천히 오르면서 나무, 풀, 꽃, 곤충 등을 관찰하고, 산에서 나는 소리를 들으면서
  자녀와의 대화를 나누세요.
* 자녀와 손을 꼭 잡고 걸어주세요.
* 자녀들이 산에서 뛰거나 넘어지지 않도록 안전에 최선을 다하시길 부탁드립니다.
* 공공질서에 대하여
– 쓰레기는 반드시 쓰레기통에 버릴 수 있도록 해주세요.
– 행사가 끝날 때까지 남을 배려하는 마음과 양보의 미덕으로 안전사고 일어나지 않도록
  주의해 주세요.
– 행사가 끝난 뒤 주변을 원아들과 함께 정리해 주세요.
* 응급상황을 대비하여 비상 약이 준비 되어있습니다. 교사에게 말씀해 주세요.
★   는   팀 입니다.
★ 등반대회 코스 안내는 입구에서 배분합니다. 꼭 받아서 출발해주세요.

그림 7-4 남자가족 등반대회 예

변 모래놀이의 날, 아빠랑 캠프 등 다양하게 프로그램을 진행할 수 있다. 먼저, 야외활동 프로그램을 공지한 다음 많은 아버지들이 참여할 수 있는 날짜와 시간, 장소를 결정한다. 프로그램의 세부계획을 세우고, 필요한 물품목록을 작성한다. 프로그램의 당일 안전수칙과 응급상황발생시 대처요령을 모든 참가자들에게 주의시킨다.

그림 7-4는 다양한 가족구조와 아버지들의 직장 등 여러 상황을 고려한 남자가족 등반대회의 예를 소개하고 있다.

다산 정약용(茶山, 丁若鏞, 1762~1836) 선생은 조선 후기의 대표적인 문신이자 중농주의 실학자로서 저술가·시인·철학자·과학자·공학자로서 큰 업적을 남겼다. 특히, 토지 무상 분배, 공동노동-공동분배를 함으로써 토지 불평등을 개선하고자 하였다.

2012년 유네스코가 세계 기념인물로 선정한 다산 정약용은 18년 유배 생활 동안 182권의 책을 저술하였으며 503권을 완성하였다. 그는 정조의 총애를 받고 중용되었던 학자로 과학지식과 공학에 뛰어난 재능이 있었다. 한강에 배다리를 설계하고 가설하기도 했으며, 수원 화성 축조 당시 거중기를 고안하였다. 사회적으로 소외받는 서민을 위한 정치와 경제 개혁안을 구상하여 발표하였다. 그러나 정조가 승하한 후 신유박해 때 전남 강진으로 유배형에 처해졌다. 유배지에서 남긴 저서 『목민심서』, 『흠흠신서』, 『경세유표』 등은 지금까지도 명저로 남아 있다. 유배 기간 동안 최악의 상황임에도 불구하고 최선을 다해 남편으로서 아버지로서의 역할을 다했다. 가족에 대한 염려와 안타까운 마음을 글로도 남겼는데, 특히 아이들에게 학문을 대하는 태도와 인간윤리의 실천을 강조하였다. 비록 가족과 함께하지는 못하였지만, 두 아들에게 쓴 편지를 통해 아버지의 빈자리를 채우고자 하는 열정과 노력을 엿볼 수 있다.

다산은 아들을 위해 면학 환경을 만들어주는 데 심혈을 기울였다. 그가 36세에 황해도 곡산 도호부사로 부임했을 때, 두 아들을 위해 책을 두 수

레 가득 싣고 와서 '서향묵미각(書香墨味閣)'이라고 이름 붙인 공부방을 직접 꾸며준 일화는 유명하다.

그가 두 아들에게 남긴 편지에는 다음과 같은 당부와 지혜가 담겨 있다.

"시대를 아파하고 세속에 분개하지 않으면 그것은 시가 아니다. 아름다운 것을 아름답다고 하고 미운 것을 밉다고 하며, 착함을 권장하고 악함을 징계하지 않으면 그것은 시가 아니다."

"자신의 재물을 자신이 사용하면 그것은 유형적으로 사용하는 것이다. 자신의 재물을 남에게 베풀면 그것은 정신적으로 사용하는 것이다. 물질을 유형적으로 사용하면 장차 해어지고 부서질 수밖에 없다. 그러나 무형적으로 향유하면 변하거나 소멸되지 않는다."

"재물을 깊이 감추려면 남에게 베푸는 것이 가장 좋다. (중략) 재물이란 단단히 움켜쥐면 움켜쥘수록 더욱더 미끄럽게 빠져나가는 메기와 같은 것이다."

다산은 비록 자신은 영어의 몸이 되었어도, 가족의 안녕과 자녀들의 교육을 위해 주어진 환경에서 최선을 다했다. 다산 선생이야말로 유교의 가르침을 몸소 실천한 유자의 참 모습을 보여주고 있다.

토의 주제

1. 유아교육기관을 비롯한 여러 교육기관에서 실시하는 아버지교육과 참여
   활동을 계획할 때 어떤 어려움이 있습니까?
2. 아버지들이 교육기관에서 실시하는 아버지교육과 참여프로그램에 참여

하기 힘든 이유는 무엇입니까?

3. 유아교육기관에서 아버지참여를 높이기 위해 어떤 점들을 고려하고 개선해야 합니까?

4. (만약 당신이 아버지라면) 7장에 소개된 여러 가지 아버지교육 및 참여프로그램 중 본인이 가장 선호하는 프로그램은 무엇이며, 그 이유는 무엇입니까?

5. (7장에 소개된) 아버지들이 가장 선호할 만한 아버지참여 프로그램 하나를 선정하고 세부계획을 세워보세요.(소그룹토의 및 발표)

제3부

아버지교육의 실제

8장

부부가 함께하는 육아와 교육

현대사회의 가족구조와 가족문화의 변화는 부부의 역할에 큰 영향을 미치게 되었다. 근대화와 산업사회, 민주화과정을 거치면서 여성의 사회진출의 증가와 맞벌이가정이 보편화되었다. 맞벌이가정이 늘어나게 되면서 육아와 가사분담, 자녀의 교육에 아버지들의 참여를 요구하는 사회적인 분위기가 조성되었다. 이는 아버지들이 느끼는 부담과 함께 부부간의 갈등 요인으로도 작용하고 있다. 부부간의 갈등으로 인한 가정폭력, 부모-자녀 관계의 악화, 그리고 높아지고 있는 이혼율[1]도 심각한 사회문제로 대두되고 있다. 유교적 전통 아래에서 한국의 전통적 아버지의 역할과 현대사회에서의 새로운 아버지 역할에 대한 사회적 기대 사이에서 많은 아버지들이 어려움을 겪고 있는 현실이다.

이 장에서는 건강한 가정은 건강한 부부 관계로부터 출발한다는 명제를 바탕으로 바람직한 부부 관계를 유지하고, 친밀한 부모-자녀 관계와 화목한 가정을 위한 바람직한 부부 관계에 대해 알아보기로 한다. 부부의 공평한 역할을 강조하는 공동육아와 부부의 대화법, 갈등해결전략을 알아보고, 공동육아를 실현하기 위한 자녀와의 활동의 실제에 대해 살펴보기로 한다.

1. 바람직한 부부 관계

건강한 가정의 중심에는 바람직한 부부 관계가 위치하고 있다(문미옥 외, 2012). 전통적인 가정에서 연령과 성별에 따른 위계질서가 중시되었다면, 현대사회에서는 민주적인 부부 관계가 중심을 이루고 있다. 그만큼 성공적인 결혼생활의 선결조건으로 바람직한 부부 관계가 강조되고 있고, 건강한 부부 관계의 형성과 유지를 위한 노력이 뒤따라야 한다. 부부간의 다름에 대해 이해하고 평등하고 민주적인 관계를 정립하는 것이 건강한 부부관계의 출발점이 된다. 자녀들은 아버지가 어머니를 대하는 태도와 어머니가 아버지를 대하는 태도를 보고 배우며, 타인을 대하는 태도를 배우게 된다.

 일반적으로 결혼을 앞둔 미혼 남녀들은 단지 독립된 성인 남녀가 만나 가정을 이룬다고 생각하기 쉽다. 가정을 집단공동의 목표와 가치를 위한 개인의 기여와 희생의 개념으로 받아들이기보다는, 부부 개인의 이익과 행복추구를 위한 개념으로 먼저 받아들인다. 이로 인해 여러가지 갈등요인이 발생할 수 있다. 예를 들어, 시부모나 친정부모, 다른 형제자매와의 관계 역시도 전체 확대가족을 위해서 부부가 반드시 고려해야 할 중요한 부분이다. 현대사회가 부부 관계를 전체 확대가족과 연계하여 생각하지 않음으로 인해서 확대가족 내에서 가족과 가족의 결속력과 유대가 점점 약해지고 있는 현실이다. 전체 확대가족 내에서 자신의 가정을 생각하기보다는, 자신의 가정에 부속된 개념으로 전체 확대가족을 생각한다. 부부 자신과 본인 자녀 중심의 개인적이고 이기적인 추세로 흘러가고 있다.

다시 부부 관계로 돌아가 보면, 현대의 부부들은 가정이라는 제도적인 틀 안에서 남편과 아내가 독립된 부분을 추구하는 경향이 높아지고 있다. 단적인 예로, 부부 각자가 개인적으로 재정관리[2]를 하거나 가정에서의 남편과 아내가 역할 분담을 확실하게 하고, 부부공동으로 하는 일 등의 계획으로 세분화하는 부부들이 늘고 있다.

이러한 개인주의적 성향이 한국 사회의 전통적 가치인 전체 가정공동체의 결속을 약화시키고 이웃과 지역사회와의 유대도 약화되는 등의 문제로 나타나고 있다. 이러한 개인주의적 성향과 공동체 전체의 가치가 충돌할 때 부부간의 갈등이 야기되고, 이는 가정의 해체로 이어지고, 또 이런 가정의 문제가 사회 전체의 문제로 확대되어 가고 있다.

1) 부부가 된다는 것의 의미

사랑하는 이성을 만나 가정을 이루는 것은 한 사람의 인생에 있어서 가장 의미 있고 중요한 일이다. 부부가 된다는 것의 의미는 남편으로서, 아내로서 상대방에게 희생할 준비가 되었다는 의미이다. 하지만 남편으로서 아버지로서의 책임을 다할 각오[3]로 실제 부부생활을 실천하는 부부는 많지 않다.

예비부부들은 결혼 전에 "내가 과연 이 사람을 위해 나를 희생하고 헌신할 준비가 되어있는가?, 내가 아내에게 기대하는 것과 아내가 나에게 기대하는 것들을 잘 조율해 나갈 수 있겠는가?, 다름에 대해 잘 이해하고 다름에서 발생하는 갈등을 잘 해결해 나갈 수 있는가?"에 대한 명확한 답변을 찾아야만 한다.

이러한 질문에 대한 답변을 찾았다면, 어떻게 건강한 부부 관계를 유지해 갈 것인지 구체적인 세부계획을 마련해야 한다. 예를 들어, 가정의 수입과 지출의 관리, 내 집 마련의 장단기 계획, 가사분담, 자녀양육 및 교육에서의 역할, 노후계획 등 구체적인 계획과 실행방법을 결혼 초기에 마련해야한다. 이러한 장기적이고 거시적인 계획을 통해 부부는 서로 간의 신뢰를 확보하고 조화로운 결혼생활을 영위해갈 수 있게 된다.

이상의 객관적이고 논리적인 접근으로 부부 관계를 이해하고 의미를 규정하는 것은 중요하다. 이는 부부간 갈등요소를 미연에 방지하고, 효율적인 부부 관계를 유지하는 유용한 방법임에는 틀림없지만, 부부간에 무엇보다 중요한 핵심요소는 사랑과 애정을 기반으로 하는 상호신뢰의 관계이다. 부부간에 서로에 대한 애정지수가 높은 부부는 상대의 요구와 기대수준을 보다 잘 이해하고 부부 사이에 개방적인 의사소통을 통해 서로를 격려한다(김근규, 2008). 또한, 배우자의 자율성과 독립성을 인정하고 상대방의 견해를 잘 경청하고 자신의 의견과 이유에 대해 설명한다. 이러한 상호신뢰와 존중을 바탕으로 바람직한 부부관계는 물론 함께 성장하는 민주적인 부부관계가 되어가는 것이다.

2) 부부의 결혼만족도와 이혼

앞서 짧게 살펴보았듯이 지금의 부부 관계는 안정적 공동체의 운영보다는 부부 개인의 만족도를 추구하는 경향이 우세한 실정이다. 이러한 경향은 부부 개인의 이익과 목적이 달성되는 결혼 생활에 대한 만족을 중요시한다. 부부가 결혼 전에 생각했던 이상적인 가정생활이 기대수준에 미치지 못할 때 이는 부부간의 갈등으로 이어지고, 이런 이유로 이혼을 선택하는 부부들이 늘어가고 있다.[4] 2015년 1월 1일부터 12월 31일까지 전국의 시·구청 및 지역 주민센터에 신고한 혼인신고서와 이혼신고서를 기초로 한 통계청 자료(2016)에 의하면 전체 혼인건수는 30만 2천 8백 건으로 전년대비 0.9%(2천 7백 건) 감소한 것으로 나타났다. 이혼 건수는 10만 9천 2백 건으로 집계되었는데, 전년대비 5.5%(6천 4백 건) 감소한 것으로 나타났다. 조(粗)이혼율[5](인구 1천 명당 이혼 건수)은 2.1건으로 1997년(2.0건) 이후 가장 낮은 수치를 기록했다. 평균 이혼연령은 남자 46.9세, 여자 43.3세로 이혼 연령이 증가 추세로 나타났으며, 이혼부부의 평균 혼인지속기간은 14.6년으로 나타났다. 한 가지 특이할 만한 수치는 혼인지속기간이 20년 이상인 부부의 이혼이 29.9%로 가장 많았다는 점인데, 결혼 후 5년 미만의 이혼율(22.6%)이 그 다음으로 많았다.

한편, 다문화가정에서 외국인과의 이혼은 8천 2백 건으로 나타났고, 전체 이혼율 중 외국인과의 이혼 비중은 7.5%를 차지한 것으로 보고되었다. 시도별 조이혼율은 인천(2.5건), 제주(2.4건), 충남·강원(2.3건) 순으로 집계되었다.

이혼 사유를 분석한 자료를 보면, 부부간의 성격차로 인한 갈등, 경제적 이유, 시가(媤家) 혹은 처가(妻家)와의 갈등, 배우자의 외도 등으로 나타났다. 이와 같은 이혼율의 통계를 살펴보면 부부가 애초에 기대했던 결혼생활과 다르거나 결혼만족도가 낮을 때, 해결방법으로 결혼 초기(결혼 5년 이내)에 빠른 이혼을 선택하고 있다(전체 이혼 중 22.6%). 아울러, 결혼 20년 이상이 된 부부가 장기간의 갈등을 방치하거나 참고 있다가, 자녀들의 혼인 및 출가 이후에 이혼을 선택하고 있다(전체 이혼 중 29.9%). 표 8-1은 부부간 결혼만족도와 관련된 설문이다(한재익, 문채영, 이임향, 2001).

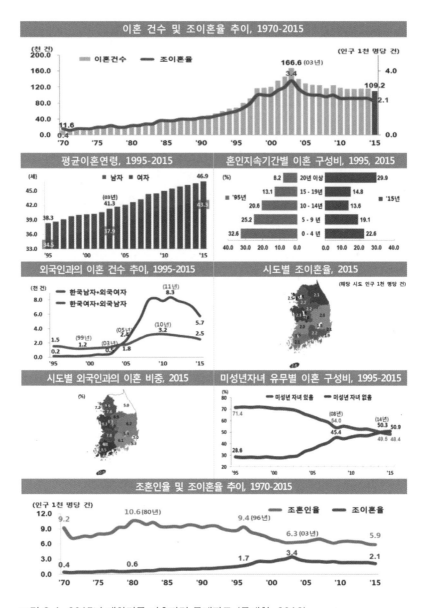

그림 8-1 2015년 대한민국 이혼관련 통계자료 (통계청, 2016)

번호	질문사항	결코 없다 ①	가끔 그렇다 ②	때때로 그렇다 ③	자주 그렇다 ④	항상 그렇다 ⑤
1	자신이 희생하면서까지 아내(남편)가(이) 원하는 것을 이루어 주고 싶습니까?					
2	자신이 원치 않는 것이라도 아내(남편)가(이) 요구하면 기쁘게 행합니까?					
3	아내(남편)의 성격을 좋아합니까?					
4	아내(남편)의 친구들을 좋아합니까?					
5	아내(남편)와(과) 함께 이루고자 하는 목표를 가지고 있으며 그 이익을 나누고 있습니까?					
6	자신의 소신을 아내(남편)에게 자유롭게 표현합니까?					
7	아내(남편)의 약점을 알면서도 아내(남편)에 대해 만족합니까?					
8	아내(남편)에게 성적 매력을 느낍니까?					
9	부부생활에서 만족을 느낍니까?					
10	아내(남편)와(과) 함께 있고 싶은 마음이 점점 커집니까?					
11	아내(남편)가(이) 잘되는 것에 순수하게 긍지를 느낍니까?					
12	사고방식과 생활양식에 있어서 아내(남편)와(과) 공통점이 있습니까?					
13	자녀들이 아내(남편)를(을) 닮기를 원합니까?					
14	자녀들이 아버지에 대한 존경심을 갖도록 도와주고 있습니까?					
15	친척들이 아내(남편)를(을) 좋아하도록 도와주십니까?					
16	다른 사람 앞에서 아내(남편)가(이) 자신보다 더 낫게 보이기를 원하십니까?					
17	아내(남편)의 말과 의견을 완전히 믿으며 서로 숨기는 것이 없습니까?					
18	다시 태어난다면 지금의 아내(남편)와(과) 결혼하시겠습니까?					
19	아내(남편)와(과) 결혼한 것을 후회하십니까?					
20	이혼이나 별거를 생각해 본 적이 있습니까?					

표 8-1 결혼만족도 설문지

2. 부부공동양육

결혼을 한 모든 부부들이 자녀를 원하고 갖는 것은 아니지만, 결혼한 부부가 자녀를 갖는 것은 자연스러운 인간발달의 과정이고 인간사회에서 보편적으로 기대되는 일이다. 자녀를 갖는다는 것은 전통적으로는 부모가되어 가계를 잇고, 자신의 후손을 남긴다는 의미이며, 또한 부모가 됨으로서 자녀를 돌보고 가르치는 양육행동을 통해 정서적 안정과 사회적 역할을 다했다는 성취감을 얻을 수 있다. 이와 같이 자녀를 잘 돌보고 키우는 일(양육)과 잘 가르치는 일(교육)은 모든 부모의 의무이자 책임감이며모든 부모에게 부여된 특권이라고 할 수 있다. 모든 아이들에게는 엄마와아이가 함께하는 시간도 필요하고, 아빠와 함께하는 시간도 필요하며, 엄마 아빠 아이들 모두가 함께하는 시간도 반드시 필요하다. 이 세 가지 요소가 균형을 이루며 가정생활에서 잘 운영될 때 이상적인 가정이 될 수있다. 엄마 아빠가 따로 아이들을 키우고 가르친다는 생각보다, 온 가족이 함께 한다는 신념이 진정한 의미의 부부공동양육을 출발하게 하고완성하게 한다.

1) 공동양육의 정의

공동양육(Co-parenting)이라는 개념이 소개될 당시 원래 정의는 부부가 별거를 하거나 이혼을 한 후 함께 살지 않는 상태에서 자녀양육을 위해 함께협력하는 것이었다. 모든 부모들이 안정적인 결혼생활을 유지하면서 자녀를 양육하는 것이 가장 이상적인 형태이겠지만, 부부간 갈등이나 이견을좁히지 못하고 결별을 하게 될 때에도 차선의 선택으로 자신의 자녀를 위해 부모로서의 역할을 다한다는 데에 초점이 맞추어져 있는 개념이라고 할 수 있다. 서구 사회의 헌법조항[6]들에서는 부모가 된다는 것은 권리이자 의무로 규정하고 있다.

이혼이나 별거 중인 부모가 자신의 자녀를 공동으로 양육한다는 개념이 현재 결혼생활을 유지하고 있는 엄마와 아빠가 함께 육아와 교육에 참여하는 개념으로 점차 변화되었다. 이제까지의 부모교육연구는 엄마와 아빠의 양육스타일이나 참여가 유아의 학업성취도나 사회성 발달에 미치는 영향들에 대한 연구가 주종을 이루었다. 이러한 선행연구에서는 아빠와 엄마의 양육관점의 차이와 다른 요인들 때문에, 엄마 아빠가 함께 참여하는 공동양육 모델의 계발에는 미흡했던 것이 사실이다.

부부공동양육은 혼인의 법적상태와 상관없이 부부가 함께 공동으로 협력하여 자녀의 양육과 교육에 대한 부모로서의 의무를 충실히 이행한다는 개념으로 자리잡아가고 있다. 다시 말해서 부부공동양육의 개념은 꼭 부부간의 공동양육만을 의미하는 것은 아니다. 사실 결혼하지 않은 동거 커플의 공동양육이나 또 한부모가족에서는 가족구성원 중에서 주양육자 역할을 할 수 있는 가족이 함께 아이를 양육하는 경우도 넓은 의미의 공동양육의 범주에 들 수 있다. 아울러, 좀 더 넓은 범주에서 볼 때, 조부모(할아버지와 할머니)들의 양육참여도 공동양육의 모델에서 다루어져야 할 부분이다. 공동양육을 엄마 아빠의 공동양육 모델로만 한정짓는 것은 공동양육의 개념을 너무 좁게 본 개념이므로 엄마와 아빠, 다양한 가족구성원을 비롯한 가정공동체와 커뮤니티가 함께하는 적극적 형태의 양육참여가 좀 더 진일보한 공동양육의 개념으로 볼 수 있다. 현대사회 가정에서 부부가 함께 참여하는 공동양육 모델을 찾아보기 어려운 몇 가지 이유에 대해 살펴보기로 하자.

첫째, 육아의 효율성(시간)을 들 수 있다. 부부가 함께 아이와 놀이에 참여하면 이상적인 공동양육 모델이 되겠지만, 현실적으로 엄마가 아이의 양육을 담당하는 시간에 아빠는 다른 개인적인 일을 하고, 반대로 아빠가 아이를 돌볼 때, 엄마는 개인적인 일을 할 수 있다. 예를 들어, 아빠가 아이를 씻기고 침대에서 책을 읽어줄 때, 엄마는 밀린 회사일을 하거나 이메일을 체크하기도 하고, 공과금이나 가계부를 정리할 수 있다. 주말에는 엄마가 친구들이나 지인을 만날 때, 아빠가 자녀들을 돌보는 경우도 있다. 반대로, 아빠가 직장일로 바쁘거나 주말에 출근을 해야 하는 경우가 생기면, 엄마가 아이의 육아를 전적으로 담당한다. 따라서, 엄마와 아빠 그리고 자녀가 모두 함께하는 시간은 식사시간이나 야외활동, 외식을 함께하는 경우를 제외하고는 드물 수 있다. 공동양육이 꼭 다 함께 같은 시간에 같은 공간에서 모두가 활동에 참여하는 것은 아니지만 엄마, 아빠, 자녀 모두가 함께 활동을 하는 시간이 중요함에도 불구하고 현실에서는 절대적으로 부족하다는 지적을 할 수 있다. 엄마와 아빠의 물리적 역할 교대는 진정한 의미의 부부공동양육을 저해하는 요소일 수밖에 없다.

둘째, 부부가 함께하는 것의 불편함을 들 수 있다. 한국의 많은 아버지들은 엄마 아빠 아이 셋이서 함께 놀이를 하거나 시간을 보내는 것에 익숙하지 못하다. 권경아(2012)의 연구에 따르면, 대체로 아빠들은 아내와 함께 아이의 놀이에 참여할 때 소극적인 경우가 많다고 보고하였다. 엄마가 놀이를 주도해 주기를 바라는 아빠가 많다는 뜻인데, 양육에 관한 실제적 방법의 부족이 주원인이 될 수 있다. 아빠들의 소극적 양육참여와 놀이상황에서 보이는 낮은 자신감이 선행 연구들에서 다수 보고되었다.

셋째, 공동양육 모델을 실생활에 응용할 프로그램의 부재를 꼽을 수 있다. 공동양육 모델에 대한 연구가 체계적으로 진행된 지는 국내외를 비롯해서 얼마 되지 않은 것이 현실이다. 부모공동양육 모델에 대한 좋은 사례들과 효과의 검증도 활발하게 진행되지 않아, 엄마 아빠가 어떤 놀이와 활동을 할 것인지 막연한 측면이 있다. 교육현장에서 제안할 만한 부부공동양육 프로그램의 계발이 미미한 실정이고, 사용 가능한 콘텐츠 부족 역시 중요한 이유 중 하나이다. 따라서 부부가 함께 참여하는 다양한 공동양육 모델을 기획하여 부모들에게 보급하는 일이 과제로 남아 있다.

2) 성공적 부부공동양육의 조건

성공적인 부부공동양육이 이루어지기 위해서는 선결되어야 할 몇 가지 조건이 있다. 첫째, 엄마와 아빠, 그리고 아이 이렇게 함께 놀이를 하거나 공동 활동을 하는 시간이 고정적으로 확보되어야 한다. 앞에서도 언급한 바와 같이, 한국의 아버지들은 공동양육 상황에서 아이와의 놀이나 상호작용에 개입하지 않거나(아내에게 미루거나) 소극적으로 개입하고 있다. 엄마가 아빠 대신 놀이를 주도해주기를 바라는 이면에는 자신의 놀이와 교육에 대한 확신이 부족한 점도 있고, 또 친근한 아빠의 모습이 어색해서일 수도 있다. 전통적인 유교문화로부터 아버지와 어머니의 역할에 대한 고정관념이 의식 속에 자리 잡고 있거나, 친근한 아버지의 모습보다는 근엄한 아버지의 모습이 바람직하다는 생각이 저변에 깔려 있기 때문일 수 있다. 하지만 과거 산업화 과정에서 오로지 부양의 목표에 충실해 일개미처럼 생활했던 아버지들의 모습을 지금의 현실에 그대로 적용해서는 안된다. 현대를 사는 아버지들은 건강한 가정생활을 위해 가사와 아이의 양육과 교육에 적극적으로 참여하여야 한다. 물론, 처음에는 서툴고 시행착

오도 있겠지만, 아내와 함께 슬기롭게 지혜를 모은다면 좋은 결과가 있을 것이다.

둘째, 성공적인 공동양육을 위해서는 부부간 팀워크가 필수적이다. 좋은 부부 관계에서 긴밀한 유대와 협력이 이루어지고, 자녀와도 좋은 관계를 유지할 수 있다. 아이들이 편식을 하게 되면 건강을 해칠 수 있듯이, 엄마와 아빠 어느 한쪽만의 사랑과 관심으로는 자녀가 건강하게 자랄 수가 없다. 이것이 엄마와 아빠의 고른 사랑과 관심이 필요한 이유이다. 맥케일 (McHale, 2012)의 연구에 의하면, 엄마의 양육참여는 아이들의 정서와 인지언어발달과 학업성적에 영향을 미쳤고, 아빠의 양육참여는 아이들의 사회성과 대인관계, 학업에서 문제해결능력과 외향적인 행동이나 태도에 영향을 미친 것으로 보고하였다. 정서와 사회성, 학업수행능력, 정서발달 등 어느 한쪽만 발달해서는 자녀의 전인적인 발달을 이룰 수 없으므로 부부의 공동양육참여는 무엇보다 중요하다. 또한 배우자와의 상호신뢰를 바탕으로 부부의 정서적 유능감(Emotional competence)이 발달하게 되는데, 기본적으로 돈독한 부부 관계가 성공적 공동양육의 결정적 요인이 된다.

마지막으로, 부부간 일관성 있는 양육목표와 양육형태가 중요하다. 배우자와 충분한 협의를 통해 자녀양육의 공통된 목표는 무엇이며 어떻게 자녀를 대할 것인지에 대한 일치된 기준이 필요하다. 성공적인 공동양육을 위해서는 배우자와의 긴밀한 협력을 기본으로 정서적, 물리적인 지원이 뒤따라야 한다. 또한, 부부가 자녀양육을 위해 수행해야 할 의무와 가사의 역할이 철저하게 분담되어야 한다. 부부공동양육과 관련된 연구들을 살펴보면 주로 아내들은 남편으로부터 정서적인 지원을 바라고 육아의 부담으로부터 쉴 수 있고 회복할 수 있는 휴식을 원하는 것을 볼 수 있다. 반면에, 남편들은 아내에게 실제적인 양육기술에 대한 정보와 그리고 존중을 기대하는 것으로 나타났다. 부부가 서로가 원하는 것을 충족시켜 주고 지지해주는 것이 부부공동양육이 성공적으로 이루어지는 조건이 된다.

3) 공동양육의 실제 적용

외부의 특별한 도움 없이도 부부가 함께 공동양육을 성공적으로 실행하기 위해서는 배우자와 공통적으로 고려해야 할 몇 가지 사항들이 있다.[7] 예를 들면 부부간의 모든 의사소통은 상호존중의 원칙하에 이루어져야 하고, 부부간 이견이 있을 때에도 상호 간 협의를 통해 결정이 이루어져야 한다. 메리 맥코이(Mary McCoy, 2017)는 부부공동양육의 실제 적용을 위한 원칙들을 아래와 같이 정리하여 소개하였다.

① 명확한 원칙의 수립

공동양육을 효과적으로 실행하기 위해서는 부부가 동의하는 명확한 원칙을 세우는 것이 중요하다. 자녀의 양육과 교육 그리고 놀이와 아이와의 상호작용에 대해 누가, 언제, 무엇을, 어떻게 할지 남편과 아내가 담당해야 할 역할을 분명히 한다. 일단 명확한 공동양육의 원칙이 세워지면, 일관성 있고 지속적인 실행을 위해 부부가 공동으로 노력해야 한다. 하지만, 부부 중 어느 한쪽이 피치 못할 사정이 생겨 원래 계획하였던 역할을 감당하지 못하는 경우가 생기는 경우에는 상대방에게 먼저 양해를 구하고 협의를 통해 원칙을 유연하게 적용하는 것도 반드시 필요하다.[8]

② 공동의 의사결정

아이들과의 여러 활동 계획(독서, 건강, 식사, 스포츠 활동 등)을 세울 때 부부가 각자 강점이 있는 부분을 먼저 결정하고, 역할을 배분한다. 부부가 공동으로 의사결정과정을 거쳐 양육계획을 수립하게 되면, 역할의 혼선을 미연에 차단할 수 있을 뿐만 아니라 오해를 줄일 수 있는 장점이 있다. 부부의 공동양육은 어느 한쪽의 독단적인 결정에 의해서는 효율적으로 진행되기 어렵다. 따라서, 계획의 수립단계부터 실행과 평가의 전 과정에서 필요한 의사결정은 부부의 공동 참여와 협의로 이루어져야 한다.

③ 지속적인 의사소통

의사소통은 부부공동양육의 성공을 가늠하는 핵심 중의 핵심요소라고 할 수 있다. 공동양육의 계획을 수립하는 단계부터 실행을 거쳐 평가에 이르기까지 부부간의 합리적인 소통은 서로의 입장을 잘 이해하게 해주고, 이견을 조율하는 데 반드시 필요한 절차이자 거쳐야 할 과정이다. 부부가 정례적인 미팅을 하고, 중요한 일정은 이메일이나 핸드폰 어플[9]을 통해 재확인시키며, 전화나 문자 등 의사소통의 모든 수단을 효율적으로 이용하는 것이 바람직하다.

④ 일정의 공정한 배분

부부가 아이의 양육과 교육, 그리고 가사분담 계획을 수립할 때, 물리적으로 정확히 50대 50으로 나누는 것은 바람직하지 않다. 그것보다는 엄마가 잘 하는 일(요리, 가계부 정리, 공과금 납부 및 은행 업무, 장보기, 읽기-쓰기-말하기 및 학습 지도 등)과 아빠가 잘하는 일(쓰레기 분리수거, 청소, 아이와의 신체활동, 야외활동-캠프, 스포츠, 친지방문 등)을 우선적으로 배정한다. 엄마와 아빠가 함께 교대로 할 수 있는 일(설거지, 빨래, 아이의 등하원 지도 등)은 공동의 일로 부부의 여건이나 주변의 상황에 맞게 융통성 있게 계획한다. 무엇보다 부부가 일정과 활동에 대한 정보를 함께 공유하는 것이 중요하다. 그리고 부부 모두 예상치 못한 일이 생길 때를 대비하여 엄마 아빠를 대신해 아이를 돌보아 주거나 활동을 대신해 줄 제3의 조력자(조부모, 친척, 이웃, 도우미 등)의 목록을 반드시 마련해 두어야 한다.

⑤ 긴급상황에 대한 대비

가정생활을 하다보면 긴급한 일들이 생기기 마련이다. 예컨대 아이가 갑자기 아파서 병원에 가야 한다든지, 부부가 반드시 참여해야 할 경조사가 생길 수도 있다. 직장이나 일과 관련된 긴급한 업무가 생길 수도 있고, 엄마나 혹은 아빠가 아파서 자녀양육이나 가사업무를 전혀 돌볼 수 없는 경우도 발생한다. 상황이 생길 때마다 그때그때 알아서 처리하겠다는 생각보다는, 상황을 정해놓고 대안을 미리 계획해 두어야 한다. 만약 가족이 전혀 예기치 않은 사고에 직면하더라도 차분하게 앞에서 만들어놓은 매뉴얼대로 대처할 필요가 있다.

⑥ 비용의 분담계획

가정의 경제를 부부가 함께 공동으로 운영하는 것이 일반적이지만, 부부가 각각 독립적으로 재정관리를 하는 부부들이 늘고 있는 추세이다. 자신의 수입과 지출을 관리하는 부분과 부부가 공동으로 지출하는 부분(주택마련비용, 관리비, 식비, 교육비, 공과금 등)으로 나누어 가계를 운영하기도 한다. 경제적인 문제는 부부간 갈등을 일으키는 중요한 요소가 될 수 있으므로, 자녀의 양육 및 교육과 관련된 비용에 대해서는 긴밀한 협의와 논의가 필요하다. 전혀 예상치 못했던 비용이 발생하는 경우 공동의 예산에서 집행할지, 수혜자 부담원칙을 지킬지에 관해서도 충분한 논의를 거쳐야 한다.

4) 성공적 공동양육을 위한 아버지의 실천방안

① 가사 및 육아분담

아이의 출산을 전후로 부부는 엄마와 아빠로서의 역할에 대해 고민하고 가사와 육아분담, 양육을 계획해야 한다. 부부가 육아와 가사분담에 대해 이야기를 나누며 새로운 상황에 대한 두려움을 줄여갈 수 있다. 부부가 함께해야 할 일과 따로 할 수 있는 일들을 구분하고 의논하여 가사와 육아분담 목록을 만들어 공동양육을 구체적으로 계획하고 실천하는 것이 바람직하다.

② 빨래

보통의 맞벌이 부부들은 평일에 바쁘기 때문에 주로 주말에 한꺼번에 빨래를 한다. 주중에 빨래 바구니에 속옷과 겉옷을 구분해서 모아두었다가 주말에 한꺼번에 세탁을 하고, 세탁소에 맡길 옷은 따로 구분해 놓도록 한다. 빨랫감을 정리할 때는 두 사람이 함께 대화하는 시간으로 활용하여도 좋다. 자녀들도 자기 옷을 옷장에 정리할 때 하나씩 수납하는 것을 돕도록 격려한다.

③ 장보기와 외식

아이들이 먹는 우유나 간단한 먹거리는 필요할 때마다 집 근처 마트에서 구입하고, 주말에는 온 가족이 일주일 동안 먹을 식재료를 구입한다. 장을 보러가기 전에 냉장고와 주방에 있는 식재료를 확인하고 구입목록을 작성한다. 어린 아이들이 있다면, 장을 보러갈 때 데려가는 것도 좋은 놀이와 학습의 기회가 된다. 쇼핑카트에 아이들을 태우고 이것저것 물건 이름을 알려주고 신선한 과일과 채소 등 식재료를 고르는 방법을 알려준다.

④ 요리

요리는 아빠와 아이들이 함께할 수 있는 또 하나의 즐겁고 재미있는 놀이 시간이 될 수 있다. 예를 들면 아침에 일어나서 계란을 두 개 깨어서 푼다. 식빵에 계란을 입혀서 후라이팬에 올리브오일을 둘러서 노릇노릇하게 구워낸다. 식힌 다음 아이가 먹기 좋은 크기로 잘라주면 아이가 우유와 함께 먹는다. 식사시간을 너무 엄격하고 조용한 시간으로 생각할 필요는 없다. 아이가 식사시간에 장난을 치면서 음식을 대하면 곤란하지만, 식구들끼리 아무런 대화도 없이 무미건조하게 식사를 하는 것도 바람직하지 않다. 아빠가 준비한 음식이 입맛에 맞는지 물어보고, 아이 주변에서 일어나는 일들에 대해 이야기를 나누는 시간으로 활용해도 좋다. 식사시간을 되도록 재미있고 부담없이 음식을 맛보고, 가족 간에 수다를 떠는 시간으로 계획하는 것도 좋은 방법이다. 가령, 맞벌이 부부가 식사준비 당번을 특별히 정해놓지 않았다면, 먼저 퇴근하는 사람이 밥을 하고 국과 밑반찬을 준비할 수 있다. 만약, 아내가 식사를 준비했다면, 남편이 설거지를 하고, 반대로 남편이 식사를 준비했다면 아내가 설거지를 하는 것이 자연스럽다. 자신의 입맛에 꼭 맞지 않는 음식이라도 아내나 남편이 해주는 음식과 정성에 감사를 표하고, 먹기 전에 잘 먹겠다고 말하고, 먹고 나서 잘 먹었다는 감사의 말을 하도록 한다.

⑤ 집안청소

요즘처럼 공기오염이 심한 환경에서는 온가족이 함께 집안청소를 하는 것이 중요하다. 먼저 집 안의 먼지를 진공청소기로 빨아들이고, 구석구석에 쌓인 먼지도 물걸레로 닦는다. 공기청정기와 에어컨에 있는 필터도 자주 갈아주어야 한다. 아이들도 어릴 때부터 자기 물건을 수납하고, 자기 방을 정리정돈할 수 있도록 지도하는 것도 좋은 교육방법이다. 특히, 분리수거와 음식쓰레기와 일반쓰레기를 바깥에 내어놓을 때에는 아이들도 모두 참여시켜서 가족공동체로서의 역할과 의무를 가르치는 계기로 삼아도 좋다.

⑥ 아이의 정기검진

보통 아이의 생일을 기점으로 병원에 예약을 해서 정기적으로 검진을 받고, 시기별로 해야 하는 예방접종 목록을 체크한다. 병원에 도착해서 차트에 아이의 진료기록과 병력 등을 작성하고 대기 순번을 기다렸다가 병실로 가서 담당 의사를 기다린다. 간호사가 와서 아이의 체온과 신장, 머리둘레와 체중 등 기본적인 측정을 한 후에, 담당의사가 오면 청진기로 아이의 가슴과 등을 번갈아가며 살펴보고, 귓속과 눈, 코, 입안을 살펴본다. 그리고 아이의 차트를 살펴보고 설문지 작성을 요청한다. 의사는 아이의 키와 몸무게 등 발달상황을 알려주고, 신체검진의 결과를 알려준다. 아이의 건강과 관련된 궁금한 점이나 아이의 건강과 관련해서 질문을 받은 다음 아이가 접종해야 할 백신의 종류를 설명해주고 다음 검진일정을 알려준 뒤 병실을 나간다. 간호사가 들어와 아이의 팔과 다리에 백신을 주사하면 정기검진은 끝이 난다. 부부는 자녀가 병원에 가는 일정을 공유하고, 언제 누가 아이를 데리고 병원에 갈 것인지 미리 계획해두는 것이 좋다.

⑦ 공과금 납부와 가계부 관리

부부가 공동으로 재정을 관리한다면 역할을 분담해서 계획성 있게 하는 것이 좋다. 아내가 가계의 금전출납을 전담하고 있다면 월말에 나오는 전기세, 수도세, 집 대출금상환과 기타 관리비를 기한 내에 납부하도록 한다. 신용카드의 사용내역을 관리해서 통계분석을 해주고 항목별로 정리해주는 웹사이트의 도움을 받는 것도 참고할 만하다. 가정의 지출 항목을 식료비, 공과금, 교육비 등 몇 가지 범주로 나누어서 연간 지출 규모를 파악한다. 매달 어느 항목에 대략 얼마나 쓰고 있는지 중간 정산을 해보고, 상반기 예-결산을 하며, 연말에는 일 년의 총수입과 총지출을 항목별로 정리해서 내년의 예산을 책정하고 다음 해 예산계획에 반영하도록 한다.

⑧ 자녀와 함께하는 양육과 교육 그리고 놀이

아이들은 연령에 맞는 성장 스케줄이 있다. 물론 개인차는 있겠지만, 연령과 신체-인지-사회정서 발달에는 일반적인 성장곡선이 있다. 따라서 각 시기별로 엄마와 아빠가 아이의 양육과 교육 및 놀이에 대한 기준을 마련해 놓는 것이 중요하다. 아빠의 양육참여를 기본 가정으로 하여 아이들과 할 수 있는 양육과 관련된 활동을 소개한다.

• 씻기기 : 아이에게 목욕은 아이의 위생과 건강한 생활을 위해 매우 중요한 활동 중의 하나이다. 아빠는 아이들과의 목욕을 아이와의 신체적-정서적 유대감을 높일 수 있는 활동으로 활용할 수 있다. 대부분의 신생아들은 물을 좋아하는데, 엄마의 뱃속에서 양수라는 물속에 머물러 있었기 때문에 선천적으로 친근함을 느끼기 때문이다. 아이를 씻기는 방법에는 특별한 매뉴얼이 없으므로 아이와 물놀이 형식으로 자연스럽게 진행하는 것이 좋다. 3세에서 5세 정도 아이와의 목욕활동의 예를 들어보면 다음과 같다.

– 아이와 함께 유아용 치약으로 이를 닦는다.

– 아이 스스로 옷을 벗도록 도와준다.

– 적정한 물 온도를 확인하고, 물을 받는다.

– 아이가 좋아하는 목욕용 장난감들을 물 위에 하나씩 띄워준다.

– 아빠도 욕조에 들어가 아이와 물장구를 치면서 함께 논다.

– 물 위에 떠 있는 장난감 동물의 이름을 물어보고 장난감의 색깔도 물어본다.

– 장난감을 세어보기도 하고, 장난감으로 역할놀이도 할 수 있다.

– 물놀이 장난감을 정리한다.

– 유아용 샴푸로 아이의 머리를 감긴다.

– 아이의 몸에 비누칠을 하고 부드러운 목욕타월로 깨끗하게 씻겨준다.

– 샤워기로 아이의 몸을 헹궈주고 큰 수건으로 감싸준다.

• 옷 갈아입히기 : 아이가 목욕이 끝나고 방으로 돌아오면, 먼저 머리부

터 발까지 온몸에 있는 물기를 완전히 닦아준다. 그리고 로션을 온몸에 골고루 발라준다. 면봉으로 귓속에 있는 귀지나 물기를 제거해주고, 콧속에도 코딱지나 분비물을 깨끗하게 제거해준다. 그 후, 아이가 잠옷으로 갈아입도록 도와준다.

• 재우기 : 아이를 부부가 번갈아가면서 재우는 것도 부모-자녀 간 유대감을 높여주는 좋은 활동이다. 잠자리 동화는 엄마 아빠와 아이들이 함께 할 수 있는 멋진 활동 중의 하나이다. 엄마 아빠와 아이들이 함께 동화책을 읽는 것은 부모와 아이들의 아름다운 추억이 될 수 있다. 어느 날은 아빠가, 어느 날은 엄마가, 어느 날에는 아이가 동화책을 선택할 수 있도록 한다. 때로는 엄마 아빠가 어린 시절 들었던 구전 동화나 옛날 이야기를 해주는 것도 좋고, 엄마 아빠의 어린 시절 이야기, 할아버지 할머니 이야기를 해주어도 좋다. 아이의 머리에 손을 얹고 축복기도를 해주고, 이마, 볼, 입술 등에 뽀뽀를 해주고 인사를 한다.

• 신체 및 스포츠 활동 : 앞에서도 살펴본 바와 같이 다수의 아버지 관련 연구들을 살펴보면 일반적으로 아버지들은 아이와의 신체적인 접촉을 매개로 하는 동적인 활동들을 선호한다. 반면에 엄마는 책을 읽거나 조용한 놀이, 노래를 함께 부르는 등 정적인 활동을 선호한다. 아버지들은 아이들이 자라서 자신과 함께 운동을 하기를 기대하기도 하는데 특히, 아들을 둔 아빠의 경우는 아이를 장래의 운동파트너로 기대하는 경향이 있다. 만약 아빠들이 아이들과 동화책을 함께 읽는 것이 어렵거나 노래를 불러주는 데 영 소질이 없다면, 아빠와 아이가 쉽게 할 수 있고 즐겁게 시간을 보

낼 수 있는 신체놀이가 좋은 대안이 될 수 있다. 아이들이 아버지와 기본적인 신뢰감을 형성하는데 신체활동이나 스포츠보다 더 좋은 활동을 찾기가 쉽지 않기 때문이다.

3. 부부간 대화의 기술

앞서 여러 장에 걸쳐 부부간의 대화와 효율적인 의사소통은 바람직한 부부관계를 위해 매우 중요한 요소임을 강조한 바 있다. 그만큼 대화의 기술은 부부 관계는 물론이고 타인과 긍정적 관계형성을 좌우하는 결정적 요인이 된다. 본 절에서는 부부사이의 합리적이고 효과적인 의사소통을 위한 대화의 기술에 대해 알아보기로 한다.

1) 대화의 기술

① 적극적 경청

상대방의 이야기에 귀를 기울이고 잘 듣는 것이 성공적인 대화의 출발이 된다. 보통 배우자의 말을 잘 듣기보다는 내가 하고 싶은 이야기를 먼저 하는 것을 자주 볼 수 있다. 그리고 표면적으로는 상대방의 이야기를 듣는 듯하지만, 본인이 미리 문제의 결론을 내고 건성건성 상대방의 이야기를 듣기도 한다. 상대가 말을 많이 하고 자신이 말을 덜 했다고 해서 상대방의 이야기를 잘 경청하였다고 볼 수는 없다. 대화의 시간과 주도권이 누구에게 있는 것이 중요한 것이 아니라, 상대방의 이야기를 열린 마음으로 잘 경청하겠다는 태도와 마음의 자세가 더 중요하다는 것이다.

대화는 단지 정보의 교환과 상대방의 의견을 묻는 것에 국한되지 않는다. 배우자가 대화를 통해 자신의 생각이나 감정을 상대방에게 알리고 싶

부부간 효율적 의사소통을 위한 원칙
1. 대화의 주제와 목표를 명확히 설정한다.
2. 대화를 통해 상대방이 말하고자 하는 핵심을 파악한다.
3. 적합한 시간과 장소를 정한다.
4. 전달 내용과 감정을 분리한다.
5. 상대방의 말을 적극적으로 경청한다.
6. 섣불리 결과를 예단하지 않는다(모든 가능성을 열어둔다).
7. 상대방이 이해하기 쉬운 언어를 사용한다.
8. 상대방을 존중하는 태도를 유지한다.
9. 쌍방이 수긍하는 결론에 이르지 못한 경우 결론을 미룬다.
10. 도출된 결론에 따른 각자의 실행 방법을 함께 결정한다.

표 8-2 부부간 효율적 의사소통의 원칙

은 경우와 배우자에게 인정받고 공감을 필요로 하는 경우도 많다. 따라서 배우자가 나의 이야기를 적극적으로 경청하고 진심으로 공감해주면 배우자는 "당신은 내 이야기에 관심을 가지고 있고, 충분히 나를 이해하려고 노력하고 있구나"라는 생각을 가지게 된다. 이는 부부간의 유대와 신뢰감의 형성에 큰 영향을 미치게 된다. 표 8-2는 부부간 효율적인 의사소통을 위한 원칙을 소개하고 있다.

② 상대방에 대한 존중

부부간의 격의 없는 대화에서도 상대방에 대한 예의와 존중이 반드시 필요하다. 상대방에 대한 존중은 부부간의 대화에 있어서 대화의 시작에서부터 대화의 끝까지 지켜야 할 기본적인 덕목이다. 흔히 우리가 사용하는 고려와 배려의 개념을 통해 존중의 의미를 되짚어 보자. '고려'와 '배려'의 차이는 이를 행하는 주체에 있다. "고려해보겠다"는 의미는 내가 주체가 되어 상대방의 말과 생각을 판단한다는 의미이며, 배려는 상대방의 말과 입장을 내 생각보다 우선순위에 두겠다는 의미이다. 또한 배려는 상대방을 위한 나의 노력과 헌신의 마음가짐을 내포하고 있다. 부부간의 대화 속에서 '배려'가 중요하게 다루어져야 하는 이유는 아이들이 가진 개성과 재능을 먼저 살피고 거기에 맞게 부모의 지원이 따라야 하기 때문이다.

③ 분명한 메시지의 전달

부부가 대화를 할 때 잘 듣고 상대방을 존중하는 것도 중요하지만, 자신의 의사를 명확하게 전달하는 대화의 기술도 필요하다. 상대방이 충분히 자신의 의사를 표현했다고 생각되면, 문제의 핵심을 파악하고 이에 대해 자신의 견해를 솔직하게 전달하는 것이 중요하다. 대화(對話)는 사전적 의미 그대로 상대방과 마주하고 이야기를 주고받는 것이다. 상대방의 이야기를 잘 들었다면, 나의 생각과 느낌을 그대로 이야기하는 것이 중요하다. 그리고 상대방이 나의 이야기를 충분히 이해하였는지 확인함으로써 생각과 견해의 차이를 좁혀 나갈 수 있게 된다.

만약 나의 생각에 상대방이 동의하지 않거나 여전히 문제해결의 실마리를 찾지 못한다면, 내 생각과 주장에 대해 논리적으로 설명하고 핵심을 다시 짚어주고 논의를 이어나갈 필요가 있다.

④ 대화의 결론과 실행

모든 대화에는 쌍방이 도출하는 합의와 결론에 이르게 된다. 어느 한쪽이 일방적인 주장을 하고 동의를 강요하는 경우를 제외하면 긍정적인 형태의 협의를 통해 서로가 동의하고 합의하는 결론에 도달하는 것이 일반적이다.

결론에 이르게 되면, 결론을 실행할 방법 역시 함께 고민해야 할 과제로 남게 되는데, 언제, 누가, 무엇을, 어떻게 할지를 계획하여야 한다. 부부가 결론의 실행계획을 의논할 때에는 양자택일의 방법이나 조건부 실행방법, 그리고 역할 분배 방법 등을 사용할 수 있다.

부부 관계에서 쌍방이 모두 100% 만족하는 결론에 도달하기는 쉽지 않다. 그래서 교대실행방법(Take turn methods)[10]이 유용한 방법이 될 수 있다. 어느 한쪽의 양보를 일방적으로 요구하기보다는 자신이 원하지 않는 결론에 도달하였더라도 다음의 사안에서 주도권을 요청하는 타협의

결론 실행방식	대화의 예
양자택일 방법	예 1: 당신 주말에 야구랑 골프 둘 다 하기는 현실적으로 어려울 것 같아요. 둘 중에 당신이 더 하고 싶은 운동 한 가지만 선택해요. 예 2: 여보, 당신이 아이들 씻기고 재우는 걸 도와줄지, 인터넷뱅킹으로 공과금 납부, 부모님 용돈 송금을 하실지 말해주시겠어요?
조건부 실행 방법	예 1: 이번에 김치냉장고를 바꾸면 예산이 부족하니 세탁기는 다음에 바꾸도록 합시다. 예 2: 아이들이 그림 그리는 걸 더 좋아하니, 미술학원을 먼저 보내게 되면 피아노와 수영은 다음으로 미루는 건 어떨까요?
역할 분배 방법	예 1: 아침에 아이 학교 데려다주는 것은 당신이 출근하면서 하고, 저녁에 학원에서 데리고 오는 건 제가 하도록 할게요. 예 2: 여보, 어버이날 제가 장인장모님께 드릴 선물이랑 카드 준비할테니, 시부모님 선물이랑 카드는 당신이 준비 좀 해주시겠어요?

표 8-3 결론 실행방식과 대화의 예

방법을 사용할 수 있기 때문이다.

결론적으로, 부부 관계도 민주주의 원리가 그대로 적용되어야 한다. 인격체로서 서로를 존중하고 동등한 관계를 유지하여야 한다. 상대방의 의견을 존중하되, 자신의 의견 또한 자유롭게 말할 수 있어야 한다. 자신의 의무를 다하고 권리 역시 정당하게 행사하여야 한다. 이견이 있을 때에도 상대를 굴복시키는 데 목적이 있는 것이 아니라, 대화와 타협으로 접점을 찾아가려는 목표의식을 가지고 최선의 노력을 다해야 한다.

2) 갈등해결의 기술

이견과 갈등을 경험해보지 않은 부부는 아마도 없을 것이다. 부부간의 이견과 이로 인한 갈등은 인간사에서 어찌 보면 당연하고 필연적으로 발생할 수밖에 없다. 화목한 가정의 부부들도 주도권을 쥐려하거나 양보와 타협을 거부하면서 갈등의 상황으로 치닫는 경우를 종종 볼 수 있다. 이견과 갈등은 사회구성원 모두에게 발생하는 보편적인 현상이기에 이를 너무 부정적으로 바라볼 필요는 없다. 오히려, 갈등의 긍정적 측면이 있다면, 부부관계에 역동성이 있다는 방증(傍證)이기도 하고 갈등의 극복을 통해 가정생활과 부부 관계가 개선되는 긍정적 효과도 있다는 것이다. 무엇보다 중요한 사실은 건강한 부부 관계를 위해서는 갈등을 바람직한 방향으로 해결해야 한다는 것이며, 갈등의 해결을 위해서는 기술이 필요하다는 사실이다. 곤잘레스 미나(Janet Gonzalez- Mena, 2013)[11]는 갈등해결의 전략 (R.E.R.U.N strategy)을 제안하였다. 부부간의 이견이나 부모-자녀 간의 갈등의 해결을 위한 다섯 단계의 전략을 소개하였는데 내용은 다음과 같다.

① 올바른 인식

갈등해결의 기술 첫 단계는 문제의 올바른 인식에 있다. 상대방의 생각이나 감정을 올바르게 인식하여야만 갈등의 원인을 정확하게 파악할 수 있다는 것이다. 상대방이 화가 났는지, 화가 났다면 왜 화가 났는지, 화의 원인은 무엇인지를 파악하는 데 목적이 있다. 올바른 인식을 통하여 문제의 소유자가 나인지 상대방인지 명확하게 구분하여야 한다.

② 충분한 설명-소명

만약 문제의 소유자가 상대방이라면, 상대방이 문제에 대해 충분히 설명하고 소명할 기회를 주어야 한다. 이는 고든이 제안한 적극적 경청의 일부와 괘를 같이하는 개념으로 이해하여도 무방하다. 반대로 문제의 소유자가 나 자신이라면, 상대방이 이해하기 쉽게, 단순하고 명확하게 문제에 대한 나의 의견을 설명하는 것이다.

③ 합당한 이유 및 근거

충분한 설명과 소명의 과정에서 문제의 당사자는 감정적 요소를 걷어내는 것이 중요하다. 부부가 감정이 격앙된 상태에서는 문제해결은 더욱 요원해지고, 오히려 문제를 더 악화시킬 수밖에 없다. 문제의 핵심과 감정이 분리가 되었다고 판단이 될 때, 문제의 근본 원인을 상대방과 하나씩 이야기해보고, 합당한 이유와 근거를 찾아보아야 한다. 단, 본인은 물론 상대방도 최대한 정직하고 진솔하게 말해야 한다는 전제가 있어야 한다.

④ 정확한 이해

갈등해결의 기술에서 가장 어려운 부분은 '정확한 이해'[12]의 과정이다. 가령, 상대방이 문제에 대해 충분하게 설명하고 합당한 근거를 제시하였음에도 불구하고 본인이 도저히 이해할 수 없는 경우에는 난관에 봉착할 수밖에 없다. 모든 이해의 과정은 엄청난 인내심을 필요로 한다. 인내심은 시간과의 싸움이고 주관적인 견해를 걸러내고 객관적인 시각을 유지하려는 노력이 반드시 수반되어야 한다. 이해의 과정이 상대방과 나 모두에게 어려운 경우에는 입장을 서로 바꾸어서 이야기해보는 것을 추천하고 있다. 남편이 아내의 입장에서, 아내가 남편의 입장에서 갈등해결의 순서를 처음부터 다시 시작해보는 방법이 있다.

⑤ 협상

협상은 갈등해결의 마지막 단계이다. 갈등해결이 한쪽이 승자가 되고 한쪽이 패자가 되어 끝나서는 곤란하다. 서로가 만족하는 결과를 얻었다면 다행이겠지만, 어느 한쪽이 만족스럽지 못하다면 그것은 바람직한 결론에 도달한 것이 아니라는 것을 명심해야 한다. 또한 양쪽 모두가 만족스럽지 못하다면 한쪽이 한 걸음씩 양보하는 미덕을 발휘해야 하는데, 이것을 소위 '협상의 기술'이라고 부른다. 상대방이 원하는 것을 하나 양보하고, 내가 원하는 것을 한 가지 요구하는 것도 협상의 원칙이다. 최선의 결과는 아니지만 차선의 결과를 얻는 것이 동반자로서의 부부관계와 서로의 신뢰를 유지하는 데 좋은 방안이 되는 것이다.

묵재 이문건(默齋 李文楗, 1494~1567)은 조선 중기의 문신으로 정암(靜庵)
조광조(趙光祖)의 문하에서 수학을 하고, 1513년(중종 8년) 소과에 합격하
였다. 1519년에 일어난 기묘사화로 조광조가 사사되자, 귀양길에 오르게
되었다. 6년 후에 사면복권이 되었으나 명종 즉위 후 을사사화에 연루되
어 성주에서 유배생활을 하다가 생을 마감하였다.

그 귀양지로 떠난 이듬해 부인이 외아들 이온(李熅)을 데려와 함께 살다
가 병으로 외아들을 잃고, 이온의 아들 손자 수봉(守封)의 탄생 순간부터
6세까지의 성장과정 등을 시와 산문으로 기록하였다. 부인(안동 김씨)에게
서 자녀들이 여럿 있었으나 천연두로 모두 잃고 유일하게 장성한 아들이
둘째 아들 온(熅)이었다. 묵재가 58세인 1551년 1월 5일 손자가 태어난 후
유배지에서 손자를 직접 기르며 무려 17년간 육아일기를 기록으로 남겼
는데, 이것이 『양아록』이다.

손자 수봉은 가문의 대를 이을 유일한 혈육이었고, 몰락하는 가문을
일으킬 유일한 희망이었기에 손자에 대한 할아버지의 사랑은 각별할 수
밖에 없었다.

『양아록』에는 "열이 불덩이 같고 종기는 잔뜩 곪았는데, 몸 전체가 모두
그러하였다. 눕혀 놓아도 고통스러워하고 안아도 역시 아파했다. 아이가
아프다고 호소를 해도 구할 방법이 없다. (중략) 이틀 밤낮을 틈틈이 미음
을 먹이고 어루만져 주며 답답함을 위로해 주었다"는 기록이 있는데, 할아

버지가 얼마나 손자를 애지중지, 노심초사 하였는지 짐작할 수 있다. 또, 손자에게 직접 미음을 먹이고, 배변을 받아주는 일을 도맡아 하였고, 손자가 바깥에 나가서 해가 저물 때까지 돌아오지 않으면 마음을 졸이며 문 앞에 서 있다가 기쁘게 맞이하고 마음에 담아둔 이야기를 해주었다.

『양아록』에는 손자 수봉이 사춘기에 접어들면서 통음(痛飮)을 일삼자 눈물로 조언을 하고 체벌을 가하는 장면도 나온다.

"술 취하고 구토하여 밥을 못 먹은 적이 매우 잦다. 응당 풀이 시들고 꽃이 마르는 것과 같은 처참한 일이 있기에 그래서 눈물을 흘리며 이렇게 써서 후에 참고하도록 한다."

"극도로 화가 나는 것을 이기지 못해 대살가지로 등과 궁둥이를 때렸더니 숨을 잘 쉬지 못하기에 그만두었다."

할아버지의 사랑과 눈물은 헛되지 않았다. 손자 수봉은 훗날 임진왜란에 의병을 일으켜 조선을 구하는 데 앞장을 서는 훌륭한 인물이 되었다. 아버지의 빈자리를 훌륭하게 대신해준 할아버지가 있었기에 멸문지화 직전의 가문이 다시 일어서게 되었고, 나라를 위해 헌신하는 애국지사가 나오게 된 것이다.

토의 주제

1. 결혼만족도를 구성하는 핵심 요인은 어떤 것들이 있는지 토의해보세요.(2인 1조)
2. 자신이 생각하는 대한민국 가정에서 이혼의 주된 이유는 무엇인지 말

해보세요.

3. 남편이 이혼을 생각하는 이유와 아내가 이혼을 생각하는 이유는 어떻게 차이가 있을지 생각해봅시다.

4. 부부공동양육을 계획해보고 실행 방안에 대해 이야기해봅시다.(소그룹)

5. 부부간 갈등해결 상황을 하나 설정하고, 해결전략(RERUN)의 순서에 맞게 적용하여 연습해봅시다.(2인 1조)

1 2009년 OECD 통계에 의하면 OECD에 가입한 아시아 국가 중 우리나라의 이혼율이 1위인 것으로 나타났다. 2015년 기준 대한민국의 한해 이혼 건수는 10만 9,200건으로 집계되었다. 전체 이혼 건수 중 결혼 후 4년 이내 이혼이 22.6%를 차지하고, 결혼 20~30년 이상 부부의 황혼 이혼율도 43,000건으로 급격히 증가하고 있는 추세이다.

2 남편과 아내의 개인적 재정(개인 물품구입 비용, 교양 취미활동, 경조사 비용, 부모님 용돈 등)과 공동 재정(주거비, 관리비, 생활비, 의료비, 연금 및 보험금, 공동적금, 공과금, 자녀교육비, 전체 가족의 경조사비 등)으로 나누어 생활하는 부부가 늘고 있다.

3 각오(覺惡)는 앞으로 해야 할 일이나 겪을 일에 대한 마음의 준비, 도리를 깨쳐 앎을 뜻한다.

4 http://kostat.go.kr/portal/korea/kor_nw/2/1/index.board?bmode=read&aSeq=352513

5 조이혼율은 이혼에 관한 가장 기본적인 지표로서 1년간 발생한 총 이혼 건수를 당해 연도의 총 인구로 나눈 수치를 1,000분비로 나타낸 것으로, 인구 1000명당 이혼 건수를 의미한다.

6 예를 들어 이탈리아 헌법 제 30조를 보면, 부모가 된다는 것은 권리이자 의무이다. 부모의 권리는 제3자에 의해서 제약될 수 없으며, 부부가 별거나 이혼을 하더라도 유지된다. 자녀 또한 양친의 관심과 사랑을 계속 받을 법적 권리가 있다. 최근 네덜란드에는 자녀의 생부와 생모뿐만 아니라, 계부와 계모를 포함하여 4명의 부모 모두에게 양육의 책임을 규정하는 법안이 상정되어 있다.

7 자녀들 앞에서 부부가 불화하는 모습을 보여주지 않는 것이 최선이다. 하지만, 살아가면서 부부간 다툼 없이 살기란 거의 불가능하다. 많은 부모들이 자녀를 위해 최선을 다하고자 하지만, 그 최선이 항상 가능한 것은 아니다. 부부간 갈등이 아이들에게 어떤 영향을 미치는지에 대해 연구한 커밍스(Cummings, 2012)에 따르면, 아이가 어떠한 가정 분위기에서 성장했는지에 따라 아이의 정서적인 표현방식이 다르게 나타난다고 한다. 그리고 부부간 갈등은 아이들의 공격적 성향과 주의집중력, 불안감과 안정성과 깊은 연관이 있다고 보고하였다.

8 유연안정성(Flexicurity) 혹은 안정유연성(Secure flexibility)은 유연성(Flexibility)과 안정성(Security)의 합성어로서, 명확하고 확고한 원칙을 바탕으로 하지만 실제 적용에서는 유연하고 융통성 있는 적용을 하는 것을 의미한다. 원칙에 얽매

여 원칙에 갇혀버리는 경우를 '원칙의 감옥' 또는 '원칙의 모순'이라 말한다. 원칙을 세우는 궁극적 목표가 실생활을 이롭게 하는 데 있다면, 여러 실제 상황의 여러 변수를 감안한 탄력적인 적용이 반드시 필요하다.

9 요즘 사용하는 스마트폰에는 일정을 관리해주는 기능을 가진 어플이 다양하게 탑재되어 있다. 중요한 일정(학부모 회의, 소풍, 졸업식, 생일잔치, 스포츠행사)은 이러한 어플을 활용해 잊지 않고 미리 챙기는 것이 좋다.

10 교대실행방법(Take turn methods)이란 사안 1에 대한 선택권을 소유한 사람이 사안 2에 대해서는 양보하는 방법이나, 양쪽에서 결과의 '실행우선순위 목록'을 정하고 교대로 주도권을 사용하는 실행방법이다.

11 Gonzalez-Mena (2013). Child, Family, and Community: Family-Centered Early Care and Education. Pearson.

12 "내가 사랑한 모든 것은, 내가 그것들을 이해했기 때문에 사랑한 것이다"라는 말처럼 이해의 중요성을 인식할 필요가 있다.

9장

다양한 가정에서의 아버지 역할

현대사회의 일반적인 사회현상의 하나로 가족구조의 다양화를 들 수 있다. 여성의 사회활동 증가와 경제적인 이유로 인한 맞벌이가정, 이혼율의 급속한 증가로 인한 한부모가정과 재혼가정, 외국인과의 결혼에 대한 편견 완화와 국제화의 결과로 다문화가정이 많이 생겨나고 있다. 그리고 각 가정이 처한 다양한 현실(이혼, 실직, 파산 등)과 인구의 노령화로 인한 조손가정이 늘어나고 있다. 본 장에서는 현대사회 가정의 여러 형태를 살펴보고 아버지와 남성가족의 역할에 대해 살펴보고자 한다.

1. 맞벌이가정

경제활동에 참여하는 여성의 수가 급속하게 증가하면서 맞벌이가정은 꾸준하게 늘고 있다. 이러한 사회적 현상으로 인해 자녀양육은 주로 어머니가 담당해야 한다는 고정관념에서 아버지도 가사와 자녀양육에 적극적으로 참여해야 한다는 사회적 기대로 바뀌어가고 있다. 더구나 청년취업률이 유사 이래 가장 낮은 수치를 기록하고 있고, 이러한 영향으로 결혼시기가 남자는 32세, 여자는 30세로 늦어지고(통계청, 2016), 결혼 후에도 부부 모두 경제활동을 계속 유지하려는 특징을 보이고 있다.

1) 맞벌이가정에 대한 이해

전통적으로 남성은 가정 바깥에서, 여성은 가정에서 가사와 자녀양육을 담당함으로써 부부가 역할을 분리하여 담당하여 왔다. 하지만, 산업화의 진전으로 여성 인력의 필요성과 여성의 경제활동 참여가 보편적으로 인식되면서 맞벌이가정은 지속적으로 증가하고 있는 추세이다. 맞벌이가정이 증가하는 원인은 부부의 학력과 전문성 증가, 여성의 취업 기회 확대, 자본주의 사회에서 경제력을 우선시하는 특성, 생계유지의 목적보다는 자아실현의 욕구에 비중을 두는 현실, 부부간 수평적 권력구조 전환 등이 있다. 하지만, 사회적 인식의 전환과는 별도로 여전히 여성은 자녀출산과 양육 그리고 직장생활까지 짊어져야 하는 이중, 삼중고에 시달린다. 이로 인한 불평등한 가사와 양육분담이 부부간 갈등의 주된 요인이 되기도 한다. 한편 맞벌이가정이 부부 관계에 긍정적인 요소로 작용하기도 한다. 부부간 협력이 강화되고 배우자의 직업과 전문성에 대한 존중, 성취감과 자아실현 욕구의 충족, 그리고 가계소득 증가로 삶의 질이 높아지는 등 결혼만족도를 높여주는 결과를 가져다주기도 한다.

2) 맞벌이가정의 현황 및 특성

맞벌이가정은 결혼한 부부가 모두 사회-경제적 활동에 참여하고 있는 가정을 말한다. 사회구조적 변화와 남성과 여성의 사회경제적 지위의 평등

실현의 관점에서 볼 때 기혼 여성이 사회-경제 활동에 참여하는 것은 긍정적 요소를 가지고 있다. 더구나, 평균수명이 길어짐에 따라 노후대비의 차원에서라도 부부는 경제활동을 통해 부를 축적해야 한다는 부담감이 있고, 이 또한 다른 요인으로 작용하고 있다. 한 자녀 내지는 두 자녀 가정이 늘어남에 따라 과거에 비해 자녀양육시간이 단축되어 기혼 여성들이 사회 경제활동을 통해 자아실현과 삶의 질 개선에 더욱 관심을 두게 되었다.

우리나라 여성의 경제활동 참가율은 산업화 이후 꾸준하게 증가하고 있는데, 2011년 우리나라 여성의 경제활동 참가율은 49.7%로 집계되었다. 연령별 경제 활동 참가율을 살펴보면 25~29세 여성이 72.4%로 가장 높

출처 : 통계청「경제활동인구조사」

■ 국제간 비교

' 한국의 여성 경제활동참가율은 OECD 32개 국가 중 하위권을 기록하고 있음

구 분	2014년	2013년	2012년	2011년	2010년	2009년
					〈 OECD주요국가 여성경제활동참가율 비교 〉	
한국	57.0%	55.6%	55.2%	54.9%	54.5%	53.9%
일본	66.0%	65.0%	63.4%	63.0%	63.2%	62.9%
미국	67.1%	67.2%	67.6%	67.8%	68.4%	69.0%
OECD 평균	62.8%	62.6%	62.3%	61.8%	61.8%	61.5%

※ 자료 : OECD, Employment Outlook 2015

표 9-1 여성경제활동인구 및 참가율

고, 40~49세 여성은 66.3%로 나타나고 있다. 반면, 30~39세 여성의 경제활동 참가율은 55.5%로 상대적으로 낮게 나타나고 있는데, 이는 결혼과 출산, 육아 등의 원인이 큰 것으로 나타났다. 표 9-1은 최근 10여 년간 우리나라 여성의 경제활동 참가율의 추이를 보여 주고 있다. 국제 사회의 통계와 비교해 보았을 때, 우리나라 여성의 경제활동 참가율은 다른 나라에 비해 상대적으로 낮은 수치를 보여주고 있다(표 9-1 참조).[1]

맞벌이가정이 직면하고 있는 현안에는 가사문제, 자녀양육 및 교육, 부부 및 가족과의 관계, 직장생활의 어려움 등이 있다. 맞벌이가정에서 직면하고 있는 현안과 어려움에 대해 자세히 살펴보면 다음과 같다.

① 가사문제

여성의 취업은 직장생활과 가사활동을 병행해야 하는 어려움이 있다. 맞벌이가정에서 많은 남편들이 가사활동에 적극적으로 참여하는 사회적 분위기가 조성되어 있지만, 여전히 가사 문제는 여성이 주로 담당해야 한다는 사회적 통념이 남아 있다. 이에 따라, 가사 문제와 역할분담의 문제가 부부간 갈등의 요인으로 작용할 수 있다. 그리고 좋은 아내와 좋은 어머니로서의 두 가지 역할을 모두 충실히 수행해야 한다는 수퍼우먼신드롬 스트레스가 기혼 직장여성의 신체적·정신적 과로로 이어질 수 있다.

② 자녀양육 및 발달

출산휴가 후 직장으로 복귀를 서두를 수밖에 없는 현실로 인해 주양육자와 영유아기의 결정적 애착 시기를 간과하기 싶다. 출생 초기는 주양육자인 엄마와 아빠와의 기본적 신뢰감을 형성해야 하는 중요하고 결정적인 시기이다. 그러나 주양육자의 외부 경제활동으로 인한 양육의 결여는 아이의 바람직한 발달에 심각한 영향을 미칠 수 있다. 아이가 행여 발달상의 문제(언어 및 행동발달, 학습장애, 사회성 발달 등)를 보이게 되면 전적으로 엄마의 잘못이라는 그릇된 인식이 직장여성의 심각한 양육스트레스의 원인이 되기도 한다.

③ 자녀교육의 문제

아버지들이 자녀의 양육과 교육에 참여하는 비중이 종전에 비해 많이 늘었다고는 하지만 여전히 자녀교육을 위해 어머니가 담당하는 역할은 크게 남아 있다. 특히 유아교육기관 등록, 부모참여, 방과후 프로그램, 학습지도 등은 어머니의 몫으로 남아 있고, 아버지들은 부수적이거나 소극적 역할을 담당하고 있는 형편이다. 이 또한 기혼 직장여성의 부담으로 작용하고 있다.

④ 부부 관계 및 가족 관계

부부가 협력하여 이상적인 형태의 부부공동양육이나 합리적 가사분담이 이루어진다면 가장 이상적인 형태의 맞벌이가정[2]이 될 수 있다. 하지만, 부부가 현실적인 문제들에 직면하게 되면, 언제든 갈등으로 발전할 수 있는 여지가 충분히 있다. 특히, 양가 부모님에게 자녀로서의 도리를 다해야 한다는 도의적 효행의 의무 역시도 맞벌이가정이 겪는 어려움 중의 하나이다.

⑤ 직장에서의 어려움

직장에서의 성차별이 많이 개선되었다고는 하지만, 직장의 특수한 여건에 따라 여전히 기혼여성에 대한 홀대와 편견, 차별대우와 불이익 등의 문제가 남아 있다. 낮은 육아휴직 수당 및 복귀 후 불이익에 대한 불안감 등으로 육아휴직제도의 이용률이 여전히 낮은 실정이다. 또한 과중한 업무부담과 직장상사나 동료와의 갈등 등 직장스트레스는 부부 관계와 부모-자녀 관계에 악영향을 미칠 수 있다. 또한 직장에서 업무만족도가 낮거나 자신의 직위에 대해 확신이 없을 때, 자녀양육에 대한 불안감으로 인해 출산을 기피하거나 미루는 경향이 있다.

3) 맞벌이가정의 아버지 역할

기혼 직장여성에게 가장 어려운 부분은 가사와 자녀양육에 대한 문제이다. 실제로 많은 맞벌이가정 여성들은 가사 및 육아와 직장활동을 병행하는 데 어려움을 느끼고 있다. 맞벌이가정의 어머니를 대상으로 한 여러 연구들에서도 자신의 직장생활과 양육스트레스는 자녀양육에 대한 자신감과 효능감을 떨어뜨리는 주요 요인이 된다고 지적하고 있다. 또한, 자녀에 대해서 막연한 죄책감을 갖거나 부모-자녀와의 관계에서 부정적 영향을 미치는 것으로 나타났다. 전통적 부모의 성 역할과 현재 자신의 사회경제적 지위와 역할 사이에서 혼란을 겪기도 하는 것으로 보고되었다. 가사와 육아와 관련된 일들의 대부분이 여성의 몫으로 인식되는 상황은 남편의 적극적 협력 없이는 현재의 상황을 개선하기 어렵다. 표 9-2는 통계청(2016)에서 조사한 맞벌이가정의 부부가사분담 실태에 관한 자료이다.

통계청의 조사에서 흥미로운 사실은 맞벌이가정 남편들의 가사의 분담

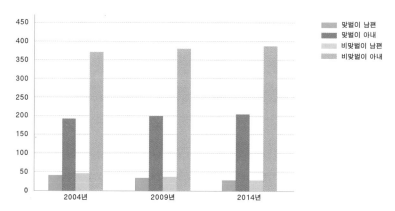

표 9-2 맞벌이가정의 부부가사분담 실태

에 대한 인식이다. 설문에 참여한 남편들의 53.5%가 '가사분담을 공평하게 해야 한다'라고 응답하였지만, 실제 가사분담에서는 소극적으로 참여하고 있다는 점이다. 2014년 기준 맞벌이 부부의 가사는 아내가 80% 이상 주도하는 것으로 나타났다. 그리고 남편들의 가사노동시간이 하루 40분인데 비해, 아내들은 3시간 14분에 달하는 것으로 조사되었다.

이 자료에 의하면 아직도 맞벌이가정의 가사와 육아의 대부분은 여전히 아내에게 과중하게 부담지워지고 있는 것을 볼 수 있으며, 맞벌이가정의 아버지와 비맞벌이가정의 아버지들 간의 가사노동시간에는 유의미한 차이가 없었다. 비맞벌이가정에서 부부간 가사와 육아시간의 격차는 더욱더 큰 것으로 조사되었다. 이와 같은 결과를 보았을 때, 가사와 육아의 분담에 대한 인식은 과거에 비해 많이 개선되고 있지만 실제로 아버지들의 가사분담과 육아에 참여하는 비율은 여전히 저조한 현실임을 알 수 있다.

위에서 살펴본 바와 같이, 맞벌이가정 아버지들은 가사와 육아에 참여해야 한다는 인식과 관심은 증가하고 있지만, 실제 가족과 함께 보내는 시간 부족으로 인해 부부 관계와 아버지-자녀 간의 관계는 낮은 유대감을 보이고 있다. 이와 같은 현실은 2016년 여성가족부 조사에서도 여실히 드러나고 있다. 아버지와 고민을 나눈다는 청소년 자녀는 4.0%로 보고되었고, 아버지와 야외활동이나 스포츠 활동을 한 번도 하지 않았다는 자녀는 82.3%로 높게 나타났으며, 아버지와 문화생활을 하지 않는 자녀는 93.5%로 집계되는 등 아버지와 자녀의 실제 활동시간이나 상호작용의 질은 여전히 낮은 실정이다.

최근 좋은 아버지의 역할에 사회적 관심이 집중되면서 예전과 같이 가족을 부양하는 경제적 역할은 물론 자녀의 양육과 교육에 적극적 참여를 요구하는 사회적 분위기가 조성되고 있다. 이에 따라, 맞벌이가정에서의 아버지의 바람직한 역할수행을 위한 지침을 아래와 같이 소개하고자 한다.

① 부부의 역할분담

바람직한 맞벌이가정의 모델이 잘 정착하기 위해서는 무엇보다 가족 구성원들의 긴밀한 협력이 중요하다. 특히, 아버지가 적극적으로 가사분담에 참여하고 가족과 함께하려는 노력이 필요하다. 주양육자로서의 기본적인 역할은 건강한 부부 관계로부터 출발한다. 그러므로 배우자와의 의사소통을 통해 경제활동계획, 가사분담, 자녀양육 및 교육, 가정의 대소사에 관한 결정 등 긴밀한 동반자적 신뢰관계를 유지하는 것이 중요하다. 주중과 주말에 자녀들과 일정한 시간을 함께 보내는 계획을 마련하고 실행에 옮기는 것 역시도 맞벌이가정에서 아버지가 반드시 실천해야 할 과제이자 기본적 의무이다. 이러한 아버지의 적극적인 참여가 부부간의 신뢰감과 결혼만족도를 높이는 것은 물론 자녀와의 정서적 유대를 증진할 수 있다.

② 가족구성원의 지지

맞벌이가정의 어머니들은 가정과 직장, 자녀양육 등 여러 가지 역할을 동시에 수행해야 한다는 부담감에서 자유롭지 못하다. 이런 어머니들에게 가장 힘이 되는 것은 가족의 적극적인 공감과 지지일 것이다. 남편을 비롯한 자녀들은 직장생활을 하는 어머니들이 직면하는 어려움에 대해 이해와 공감을 표현함으로써, 어머니의 가족구성원으로서의 일체감과 공동체의식을 높일 수 있다. 만약, 직장생활을 하는 배우자의 가정에서의 역할에 대해 불평하거나 불만을 표하게 되면, 본인의 자존감과 유능감이 낮아지는 것은 물론 가족구성원 모두에게 부정적인 결과로 작용할 가능성이 높다. 배우자가 하는 일에 대해 신뢰와 긍정적 반응, 그리고 지지와 격려를 보내는 것이 일을 하는 여성들에게 가장 큰 힘이 될 수 있다.

③ 긍정적 자아개념의 정립

아이들이 문제행동을 보이거나 바람직하지 못한 발달 양상의 책임이 모두 부모에게 있는 것은 아니다. 하지만 기혼 취업여성들이 가지는 자녀양육에 대한 불안감이나 죄책감은 낮은 자기 확신과 낮은 효능감에 영향을 미치는 것으로 나타나고 있다. 이러한 심리적 불안과 스트레스는 어머니 본인은 물론 배우자와 자녀 모두에게 부정적인 영향을 준다. 어머니 자신이 자신의 역할에 대해 긍정적으로 생각하고, 직장생활을 하는 동기와 이유에 대한 확고한 신념을 가질 때 전체 가족구성원에게 안정감을 가져다 줄 수 있다. 어머니 자신이 직장과 가정에서 마지못해 역할을 수행하고, 낮은 정도의 자아존중감을 갖는다면 본인은 물론 가족구성원 모두가 스트레스와 불안에 쉽게 노출될 가능성이 높다.[3] 이러한 긍정적 자아개념은 기혼의 직장여성은 물론 모든 어머니들에게도 필요한 중요한 요소이다.

따라서, 자신의 일에 대한 확신과 내적 동기부여는 어머니 본인이 우선적으로 확고하게 정립하고, 부부 관계와 자녀와의 관계를 항상 긍정적으로 바라보는 심리적인 태도가 필요하다. 모든 문제와 어려움을 혼자서 해결하려는 시도를 하기보다는 배우자와 가족구성원은 물론 전문가 그룹의 지지와 도움에 개방적인 자세를 갖는 것이 중요하다.

④ 대리모(代理母)[4] 와 유아교육기관

어머니 혼자서 가사와 자녀양육과 관련된 모든 일을 담당하기는 어렵다. 물론 각 가정이 처한 현실과 사정에 따라 다르겠지만, 가사와 자녀양육을 도와줄 수 있는 외부의 지원이 필요하다. 일반적으로 가사와 자녀양육을 보조해주는 재원으로는 가사도우미나 조부모, 유아교육 관련 기관으로 나눌 수 있다. 기혼 직장여성의 과중한 업무와 가사가 자녀양육의 큰 부담으로 작용한다면, 자녀를 안심하고 맡길 수 있는 양육자 리스트를 만들고, 가사활동에 도움을 줄 수 있는 사람을 알아보는 것도 바람직한 방법의 하나가 될 수 있다. 또한 자녀를 안심하고 보낼 수 있는 유아교육기관을 선정하는 것도 중요하다. 맞벌이가정은 무엇보다 많은 시간 자녀를 맡겨야 하기 때문에 질 높은 보육과 교육서비스를 갖춘 유아교육기관을 찾는 것이 중요하다. 표 9-3은 부모들이 유아교육기관을 선정할 때 기준으로 삼아 활용할 수 있는 기준표이다.

영역별 기준	세부기준
1. 물리적 환경	1-1. 시설설비기준 적합성(채광, 온도, 조명, 환기, 청결도) 1-2. 실내환경구성 1-3. 발달에 맞는 교재교구 1-4. 흥미영역구성 1-5. 실외놀이시설
2. 관리/유지활동	2-1. 기관시설유지관리 2-2. 교직원관리 2-3. 학부모와의 소통 2-4. 지역사회와의 협력 2-5. 근무자의 전문성/재교육
3. 교육과정	3-1. 국가수준의 교육과정 3-2. 균형 잡힌 교육과정(아동발달범주적용) 3-3. 다양한 교육활동 3-4. 개인차의 고려 3-5. 운영계획(일간, 주간, 연간 계획)
4. 실행 및 상호작용	4-1. 교수학습방법 4-2. 교사-아동 상호작용 4-3. 정서적 지원 4-4. 인성교육 4-5. 교사 대 아동비율
5. 건강/영양	5-1. 시설청결도 5-2. 위생 5-3. 균형 잡힌 영양식단(급·간식) 5-4. 질병관리 5-5. 수면/휴식/간호시설
6. 안전	6-1. 시설안전 6-2. 소방 설비/비상대피훈련 6-3. 응급처치 6-4. 차량안전 6-5. 영유아의 안전
7. 비용	7-1. 원비책정의 투명성 7-2. 비용대비 교육의 질 7-3. 원비 이외의 비용 7-4. 비용책정의 합리성 7-5. 비용대비 만족도
8. 이용편의성	8-1. 시설이용의 편의성 8-2. 기관과 가정의 정보공유 8-3. 방과후 프로그램 8-4. 교육/보육시간의 편의성 8-5. 교사의 친절도/분위기

표 9-3 유아교육기관 선정기준

⑤ 맞벌이가정의 가사운영 계획

맞벌이가정에서는 평일 계획과 주말과 휴가의 계획을 연초에 수립하는 것이 바람직하다. 부부의 평일 일정(요일별 일정), 가사분담계획, 자녀양육 및 교육계획을 기본적으로 마련하고, 주말이나 휴일에 어떻게 시간을 보낼 것인지 월별로 미리 계획하는 것이 좋다. 평일에 요일별로 아이들의 등원과 하원 시 부부 중 누가 데려다주고 데리고 올 지 정하고, 집에서 보내는 시간 동안의 가사활동분담(식사준비, 설거지, 청소, 빨래, 분리수거, 장보기, 공과금납부, 가계부정리 등)과 아이들과의 활동(엄마와의 놀이, 아빠와의 놀이, 야외활동, 이닦기, 옷입기, 잠자기 등)을 계획하여야 한다. 주말에 온 가족이 함께할 일정과 활동(가족여행, 운동경기 관람, 놀이공원 방문, 캠핑, 소풍 및 야외활동, 스포츠 및 여가활동, 가족 및 친지방문 등)을 계획하고, 월별로 중요한 가족행사(가족의 생일, 각종 기념일, 경조사 등)를 미리 계획하여 준비물과 비용을 계획해 두어야 한다. 연간-월간-주간 계획을 짤 때 고려해야 할 사항은 각 가정이 처한 현실과 상황에 맞는 실현가능한 계획을 수립하는 것이다. 가족 간의 친밀감을 높일 수 있는 여러 활동을 온 가족이 함께 토론해 보고 예산을 책정하고, 예상하지 못하는 일이 발생하는 경우를 대비하여 다양한 대안들을 미리 확보해두어야 한다.

⑥ 제도적 지원 및 복지정책

청년실업률의 급속한 증가(전체 실업률의 9.3%, 통계청, 2017년 5월 기준)와 혼인 평균연령의 지체(남성 32세, 여성 30세), 출산율 저하[5]는 한국 사회가 직면한 시급한 문제들이다. 이에 대한 방안으로 정부는 맞벌이가정을 위한 다양한 제도적·경제적 지원방안을 내놓고 있는데, 대표적으로 보육시설의 확충과 질 높은 보육 및 교육서비스의 제공, 출산 및 육아휴직제도의 정착, 육아휴가 의무제 실시 등이 있다. 맞벌이가정의 부모들이 가장 필요로 하는 것은 자녀를 믿고 맡길 수 있는 시설 확충이다. 그런 점에서 국공립 유아교육시설의 확충과 직장 내 보육시설 설치는 가장 시급한 문제라고 할 수 있다. 그리고 직장에서 출산과 육아와 관련하여 출산 및 육아휴직제를 명확히 실시하고 기혼의 직장여성들이 아무런 불이익이 없이 휴직이나 휴가를 신청할 수 있는 분위기가 조성되어야 한다. 무엇보다 각종 보육정책과 직장 내에서 탄력근무제, 육아휴직제가 잘 이루어질 수 있도록 법률적 보장이나 행정명령 등으로 강제 규제할 필요성이 있다. 중앙정부와 지방자치단체의 지속적인 관심과 직장 내 담당자들의 협력과 지원 등 사회 전반에서의 협력을 이끌어 낼 때만이 그 결실을 보게 될 수 있을 것이다.

2. 한부모가정

1) 한부모가정에 대한 이해

핵가족화로의 급속한 가정구조 변화와 이혼율의 증가로 한부모가정이 늘어가고 있다. 한부모가정이란, 말 그대로 부모 중 어느 한쪽 부모와 자녀가 이루고 있는 가정을 말한다. 종래에는 결손가정이나 이혼가정으로 지칭하기도 하였지만, 부정적 어감과 시각 때문에 한부모가정으로 통일하여 부르고 있다. 한부모가정은 대개 배우자와의 사별, 이혼, 별거, 미혼모, 미혼부 등이 주요 원인으로 볼 수 있지만, 가장 주요한 원인은 이혼과 배우자 사망으로 볼 수 있다. 이러한 원인 이외에 한쪽 부모가 법적으로나 현실적으로 역할을 하지 못하고 장기간 별거하고 있는 가정(별거 가정, 재소자 가정 등)도 포함하고 있다. 특히, 한국 사회에서 이혼율이 꾸준히 증가함에 따라 한부모가정 역시 가파른 증가 추세에 있다. 따라서, 자녀의 교육과 복지의 측면에서 관심있게 다루어져야 할, 한국 사회가 당면하고 있는 주요 현안 중 하나가 한부모가정에 대한 문제이다. 한쪽 부모가 자녀의 양육과 교육을 담당하기 때문에 직면하는 여러 가지 현실적인 어려움(사회의 부정적 인식, 양육 및 교육의 결핍, 아동방임 및 학대 등)으로 인해 심각한 사회문제를 야기하기도 한다. 한쪽의 부재로 인해 질 높은 자녀양육과 발달에 적합한 교육적 지원에 어려움이 있고, 이러한 사실은 자녀의 전반적인 발달에 부정적인 영향을 미치는 것으로 나타나고 있다. 실제로 학교에서 정학이나 퇴학, 가출이나 범죄에 연루된 많은 청소년들 중에 한부모가정의 자녀가 차지하고 있는 통계들이 다수 보고되고 있다는 점에서 보다 관심 있는 대처가 시급하다.

2) 한부모가정의 현황

2016년 통계청 자료에 의하면 대한민국의 전체 가구(18,705,000가구) 중 한부모가정은 1,783,000가구로 10.49%를 차지하고 있는 것으로 나타났다. 한부모가정의 수는 1985년 848,000가구(8.9%), 1990년 889,000가구(7.8%), 1995년 960,000가구(7.4%), 2000년 1,124,000가구(7.9%), 2005년 1,370,000가구(8.6%), 2010년 1,594,000가구(9.2%)로 지속적인 증가 추세에 있다. 한부모가정의 원인으로는 이혼(32.8%), 사별(29.7%), 유배우(23.9%)[6], 미혼모 및 미혼부(10.4%) 등의 순으로 조사되었다. 한부모가정의 원인 중 가장 높은 비중을 차지하고 있는 이혼율 역시 꾸준한 증가 추세에 있는데, 2016년 기준 107,328건으로 집계되고 있다.

		2010	2011	2012	2013	2014	2015
		■■■	■■■	■■■	■■■	■■■	■■■
전체가구 대비 한부모가구 현황	전체가구	17,339	17,687	17,951	18,206	18,457	18,705
	한부모가구	1,594	1,639	1,677	1,714	1,749	1,783
	저소득한부모가족	185	189	218	222	225	230
	한부모가족(한부모가족지원법)	108	115	131	140	142	131
	비율	9.2	9.3	9.3	9.4	9.4	9.5

표 9-4 한부모가정 현황(통계청, 2016)

이러한 수치는 우리나라 전체 가구에서 10가구 중 1가구는 한부모가정인 셈이 된다. 2010년 기준으로 볼 때, 72.2%가 모자가정으로 1,246,690가구로 나타났고, 부자가정은 347,448가구로 전체의 27.8%를 차지하였다. 과거에는 사별에 의한 한부모가정이 많은 비중을 차지하고 있었으나, 최근에는 이혼에 의한 한부모가정이 점차 늘어나고 있는 추세이다. 아울러 별거 중인 가정, 미혼모 및 미혼부 가정 등의 가정 역시 2020년까지 지속적으로 증가할 것으로 예상하고 있다. 최근에는 자녀의 교육을 목적으로 부부가 국내와 해외에 따로 체류하는 기러기부부가 증가하고 있는데, 이 또한 한부모가정의 형태로 볼 수 있다.

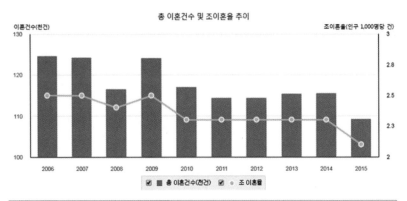

행정구역별	성별	2016		2015	
		혼인건수	이혼건수	혼인건수	이혼건수
▲ ▽ ⊟	▲ ▽ ⊟	▲ ▽ ⊟	▲ ▽ ⊟	▲ ▽ ⊟	▲ ▽ ⊟
전국	계	281,635	107,328	302,828	109,153
	남	-	-	-	-
	여	-	-	-	-

표 9-5 2015-2016 혼인 및 이혼건수(통계청, 2016)

3) 한부모가정의 부모 역할

한부모가정의 증가는 갑자기 생긴 일시적인 사회현상이 아니라, 현대사회의 가족체제가 변화하고 있다는 사실을 잘 말해주는 단면으로 볼 수 있다. 과거에는 한부모가정을 결손가정(缺損家庭)[7]으로 지칭하는 등 한부모가정에 대한 부정적인 시각이 깔려 있었던 것이 사실이다. 그러나 급격한 이혼율 증가와 각 가정이 처한 현실이나 가정 내부의 여러 가지 문제 등으로 이제 한부모가정이 늘어나면서 예전보다는 한부모가정에 대한 편견이나 부정적인 시각이 다소 완화되고 있는 측면이 있다. 한부모가정이 직면하고 있는 문제에는 경제적 어려움, 사회적 편견으로 인한 심리적 위축, 자녀양육의 문제 등이 있다. 이외에도 부모 중 한쪽이 자녀를 양육하고 생활하는 한부모가정은 가족 내부에서도 부모-자녀 관계에서 생기는 여러 가지 갈등의 잠재적 요소를 안고 생활하고 있다. 한부모가정에 대한 사회적 인식과 편견이 완화되었다고는 하지만, 여전히 한부모가정의 부모와 자녀들은 사회의 부정적 시각에서 자유롭지 못하다. 양쪽 부모가 자녀를 양육하는 형태를 기본으로 사회의 정책과 제도가 연동되고 있는 현실에서 한쪽 부모가 자녀를 양육하는 것은 쉽지 않은 현실이다. 한쪽 부모가 모든 경제활동과 가사활동, 그리고 자녀양육을 담당해야 하는 부담감은 가사 운영비와 자녀양육비[8]에 대한 과중한 부담으로 이어지고, 자녀의 기대와 요구를 맞추기 쉽지 않기 때문에 부모-자녀 간 갈등의 원인이 되기도 한다. 다음은 한부모가정에서 양육자가 현재의 상황에 적극적으로 대처하고 향후를 계획할 때 필요한 체크포인트이다.

① 양육자 자신의 역할 점검하기

한부모가 자녀를 양육할 때 생기기 쉬운 감정은 자녀에 대한 미안함과 죄책감, 자신에 대한 수치심과 좌절 또는 무기력감 등이 있다. 자녀에 대해서는 짜증나고 귀찮은 대상이기도 하고 측은한 마음 등 복잡한 감정의 양상이 드러나기도 한다. 자녀를 이전보다 잘 양육해야 한다는 강박관념이 양육태도에 반영되어 독재적이거나 강압적인 방법을 사용할 수 있다. 반대로 한부모가정의 원인이 부모 자신에게 있다는 죄책감으로 자녀에게 지나치게 관대하거나 허용적인 태도를 보일 수도 있다. 감정의 변화에 따라 쉽게 좌절하는 모습이나 자녀에게 과도한 친절을 베푸는 등 감정의 기복을 보이는 것은 금물이다. 일관적인 말과 행동을 통해 안정적인 부모 역할을 자녀에게 보이는 것이 중요하다. 양육자는 한부모가정 초기에 자녀와의 대화와 상호작용을 통해 자녀에게도 현실에 대해 적극적으로 설명하고 이해를 구해야 할 필요가 있다. 긍정적인 언어를 사용하도록 노력하고, 일관된 양육태도로 자녀가 심리적으로 동요하지 않도록 하여야 한다.

② 분위기의 전환 및 전략적 발상

한부모 가정이 되고나면 원인이야 어떻든 남은 한쪽 부모와 자녀는 심리-정서적 불안 및 스트레스와 함께 현실적인 경제적 어려움에 직면하게 된다. 앞으로 어떻게 가정을 꾸려나가야 할지, 자녀의 양육과 교육은 어떻게 해야 할지 막막한 현실에 모든 것을 포기하고 싶은 충동에 빠지기도 한다. 특히, 자신의 현실을 속시원하게 의논할 상대가 없다는 고립감으로 인해 심리적 불안감이 더욱 커질 수밖에 없다.

모든 위기가 기회가 될 수는 없다. 하지만, 위기를 기회로 전환하려는 노력과 긍정적인 생각[9]이 필요하다. 현실을 받아들이고 다시 일어설 힘이 없을 때에는 주변에 도움을 요청해야만 한다. 주변에 가장 편한 친구나 가족에게 현재의 상황을 솔직하게 말하고 힘들다고 고백하는 것이 좋다. 자녀와 함께 가까운 곳으로 여행을 떠나거나 머리를 식히는 것도 좋은 방법이 된다. 앞으로 책임져야 할 가정의 경제활동과 자녀양육에 대한 현실적인 계획이 필요하다. 혼자서 모든 일들을 감당하려고 하지 말고, 주변에서 자신을 도와줄 수 있는 사람과 재원을 마련하는 것이 중요하다. 자신의 내면을 들여다보고 현 상황을 극복할 수 있다는 자기 확신의 시간을 갖도록 노력해야 한다.

③ 법적-제도적 지원체제 이용하기

2016년부터 한부모가족지원법(2016.12.20.공포 및 시행)이 마련되어 시행되고 있는데, 한부모가정을 위한 법적·제도적 지원체제가 처음으로 마련되었다는 점에서 의의가 크다. 한부모가족 지원대상자는 만 18세 미만(취학 시 만 22세 미만, 「병역법」에 따른 병역의무를 이행하고 취학 중인 경우, 병역의무를 이행한 기간을 가산한 연령 미만의 자)의 아동을 양육하고 소득인정액 기준 중위소득 52% 이하에 해당하는 한부모가족의 경우 한부모가족지원법에 따른 한부모가족 지원대상자로 지원받을 수 있다(한부모가족지원법 제4조, 제5조). 한부모가족증명서 제출을 통해 지원대상자로 선정되면 여러 가지 지원을 받을 수 있다.

- 경제적 지원: 복지급여, 복지자금 대여
- 주거지원: 주택분양임대 우선권, 한부모가족 복지시설 이용
- 법률지원: 대상 − 이혼가족, 별거가족, 미혼모−미혼부가족, 조손가족,
  − 상담내용: 인지청구 및 자녀양육비 청구를 위한 법률 상담, 소송대리 등
- 상담 및 정서적 지원서비스: 아동양육 및 교육서비스, 장애인, 노인, 만성질환자 부양 서비스, 취사, 청소, 세탁 등 가사 서비스, 교육−상담 등 가족 관계 증진 서비스, 상담−심리치료 서비스 등

한부모가정에서는 가족구조의 갑작스러운 변화에 따라 부모나 자녀 양쪽 모두 심한 심리적 스트레스에 노출되기 쉽다. 상실감과 무기력을 호소하기도 하고 신체적 건강에 큰 영향을 줄 수 있다. 주변의 도움과 상담 및 치료를 통해 현실을 그대로 받아들이고 적극적인 현실대처 계획을 세우는 것이 중요하다. 보호자는 주양육자로서 자신의 역할을 확실하게 하고

무엇보다 자녀와 긍정적인 관계를 유지하여야 한다. 자녀도 역시 신체적, 정신적으로 혼란스러운 상황이므로 잘 극복할 수 있도록 세심한 배려와 정서적 지원을 해주어야 한다.

3. 재혼가정

1) 재혼가정에 대한 이해

재혼가정은 최소 한쪽 배우자가 과거에 결혼한 적이 있으며 한 명 이상의 자녀를 두고 있는 형태의 가정을 말한다. 계부(繼父), 계모(繼母)[10]라는 부정적 어감 때문에 대개 새엄마, 새아빠 등으로 부르기도 한다. 미국에서도 재혼가정을 "Step family: 의붓가정(계부모가정)" 혹은 "Stepfamily: 복합가정"으로 부르고 있는데, "Blended family: 혼합가정"과 함께 쓰고 있다. 요즘에는 '혼합가정', '재혼가정' '재결합가정' '재구성가정' 등 다양하게 부르고 있다. 재혼가정의 대부분은 이혼 등의 이유로 생긴 한부모가정의 재결합 형태로부터 출발한다. 최근 이혼율 증가는 한부모가정의 증가로 이어지고, 다시 재혼가정의 증가로 이어지는 연쇄적 사회현상으로 볼 수 있다.

2) 재혼가정의 현황 및 특성

이혼한 남녀를 일컫는 소위 '돌싱(돌아온 싱글)'이 늘면서 자녀의 유무와 관계없이 자연스럽게 재혼을 하는 사례가 늘어가고 있다. 지난 2013년 통계청 자료가 최신 자료인데, 이에 따르면 2013년을 기준으로 지난 30년 동안 재혼증가율은 남자의 경우는 227.6%, 여자의 경우는 93.5%로 조사되었다. 법적으로 혼인신고를 하지 않은 동거 형태의 재혼가정의 수까지 합

표 9-6 재혼건수 동향분석(통계청, 2016)

산하면 조사된 재혼증가율보다 훨씬 더 많은 재혼가정이 있다고 볼 수 있다.

지난 2004년부터 2006년까지 31~33만 건의 결혼 비율 중 재혼의 비율 은 남성 기준 16.7~18.9%를 차지하고 있고, 여성 기준 18.0~21.1%로 조 사되었다. 평균 재혼 연령은 남성은 44.4세, 여성은 39.7세로 나타났고, 20 세 미만의 자녀를 둔 중년재혼이 다수를 차지하고 있다.

재혼가정은 초혼가정보다 복잡한 친족관계를 가지게 되어 여러 가지 특 성과 고려해야 할 점들이 있다. 재혼가정은 계부모 한쪽이 이혼이나 사별 을 통해 재혼한 경우와 양부모 모두 이혼이나 사별 후에 다시 결혼을 하 는 경우 등 여러 가지 복잡한 상황에 직면하게 된다. 재혼가정의 특성과 고려사항을 크게 세 가지로 나누어 정리하면 아래와 같다.

① 가족구성원의 유대와 결속문제

- 재혼을 통해 계부와 계모가 되면 상대방의 자녀와의 관계에서 어려움이 예상된다.
- 계부모도 부모로서의 자신의 역할에 대해 혼란을 가질 수 있고, 양쪽 자녀와의 차별 등으로 인한 가정불화의 잠재적 요인이 많이 있다.
- 재혼가정의 자녀들 역시 생부나 생모와의 관계 설정과 현실의 부모 사이에서 혼란과 어려움을 겪고 있다.
- 재혼부부의 이혼상담 비율이 높은 것으로 나타나고 있는데, 이는 재혼 시에도 결혼만족도가 높지 않은 것으로 보고되고 있다.
- 다수의 재혼가정이 또 다시 가정 해제의 가능성[11]에 직면할 수 있다는 점은 재혼가정 가족구성원 간의 유대와 결속의 약화로 이어지고 있다.
- 재혼가정 가족구성원들의 가치관과 가족문화의 차이로 인한 충돌이 갈등의 요인이 되어 심리-정서적으로 불안함에 직면할 수 있다.

② 자녀들이 직면하는 어려움

- 재혼 당시 양쪽 부모가 유자녀인 경우, 자녀들 간 갈등의 가능성이 높다.
- 중년 및 노년 재혼의 경우, 증여 및 상속과 관련한 법적 갈등의 요인이 된다.
- 계부모의 신체, 정서 및 성적 학대 문제에 관한 사례가 보고되고 있으나, 재혼가정 내부에서 일어나는 심각한 문제들은 가정의 특수한 상황 때문에 드러나고 있지 않는 경우가 많다.
- 재혼부부의 사회·경제적 지위에서 차이가 크다면, 부부간의 갈등과 부모-자녀 간의 갈등의 주요 원인이 될 수 있다.

- 재혼가정의 자녀들이 새 가족에 편입되기를 거부하거나 반항의 표시로 문제행동을 일으키는 경우가 많다.

③ 사회의 부정적 시선과 편견의 극복

- 재혼가정을 바라보는 주위의 시선과 편견은 가족구성원들이 극복해야 할 가장 큰 문제이다.
- 두 번째 결혼에서는 반드시 실패하지 말아야 한다는 강박관념[12]이 계부모들에게 커다란 중압감과 스트레스의 원인이 된다.

3) 재혼가정의 부모 및 아버지 역할

인간의 전 생애에서 가장 큰 고통과 아픔 중의 하나는 생부나 생모와의 이별이다. 이혼 가정의 자녀들은 가정파탄의 책임이 자신에게 있을 수 있다는 죄책감과 한쪽 부모를 잃어버렸다는 상실감, 그리고 자신의 삶을 내던지고 싶은 자포자기의 마음과, 육체적 심리적으로 심한 무기력감에 빠지기도 한다. 초혼가족과는 달리, 혈연적 유대가 없고 서로 다른 사회문화적 배경을 가진 계부모와 자녀들이 원만한 관계를 형성하는 것은 실제 어려운 일이며 재혼가족이 직면하는 가장 힘든 문제 중의 하나이다.

모든 사람들에게는 심리적 초두효과(Primary effect)[13]와 신생아 초기에 주양육자와 맺어진 애착과 육체적·심리적 유대가 자신의 심리와 감정은 물론 타인과의 심리사회적 관계를 지배하게 된다. 이전 결혼에서의 배우자와 여러 문제에 대한 이견과 갈등으로 결별을 하였지만, 배우자와 좋았던 처음의 기억과 학습효과가 재혼가정에서 새 배우자와의 관계와 감정적 유대를 지배하는 기준점이 되는 것이다. 자녀들도 마찬가지로 생모나 생부와의 영유아기의 강한 애정적 유대와 각인된 긍정적 기억이나 추억이 자신의 심리와 감정은 물론 재혼가정의 가족들과의 관계에도 깊은 영향을 미치게 된다. 처음에 자신이 경험한 가정을 기준으로 삼아 현재의 가정을 판단하게 되고 기대수준에 못 미치게 될 때 과거로 회귀하고 싶은 본능과 현실 사이에서 끊임없이 갈등하게 되는 것이다.

계부모(繼父母)가 견지해야 할 가장 기본적 입장과 역할은 지금의 현실에 대한 올바른 인식과 자신의 역할(배우자로서의 역할, 부모로서의 역할 등)에 대한 확실한 기조를 세우는 것이다. 기본적으로 새 배우자와 신뢰를 바탕으로 자녀들과 애정적 부모-자녀 관계를 형성하는 것이 첫 번째 과제이다. 자녀의 원래 친부모의 존재를 부정하고, 그들의 흔적을 지우는 것에 목적이 있는 것이 아니라, 친부모로부터 심리적으로 서서히 이별할 수 있도록 기다려주고 도와주는 데 목적이 있어야 한다.

재혼가정의 부모-자녀 관계는 이전 가정의 부모-자녀 관계보다 느린 속도로 형성되어 간다. 새로운 가족구성원이 쉽게 단기간 친밀한 관계로 발전하기 어렵기 때문에 속전속결식의 비현실적인 기대는 낮추는 것이 바람직하다. 재혼가정이 하나의 가족으로 유기적인 결합을 하기 위해서는 다소 오랜 기다림과 인내의 시간이 필요하다. 자녀의 심리상태를 그대로 인정해주고 친부모와도 정기적인 만남을 통해 좋은 관계를 유지할 수 있도록 도와주어야 한다. 서로의 생각이 다르다고 해서 영원히 적대시하는 것은 결코 바람직하지 않다. 대화를 통해 생각의 다름을 파악하고, 서로를 인정하며, 각자가 가진 고유한 영역을 존중해주어야 한다.

특히 재혼가정의 아버지는 새 가정에서 리더의 역할을 감당해야 한다. 새로운 가장으로서의 권위를 앞세우기보다는 배우자와의 협력관계를 면저 정립하는 것이 우선되어야 한다. 배우자와의 대화를 통해서, 가사운영 계획을 보다 철저하게 세우고 가정의 경제활동과 관련된 세부계획도 수립하여야 한다. 자녀양육에 관한 철학과 기조에 관해 배우자와 충분히 논의하고 합의를 도출하여야 한다. 자녀의 현재 심리상태를 있는 그대로 인정하고, 자녀의 발달과 성장배경에 대해 면밀하게 파악하여야 한다. 자녀가 좋아하는 것과 싫어하는 것, 자녀가 지금 가장 필요로 하는 것에 대해 이야기할 수 있도록 서로 개방적인 대화 채널을 만들고 지속적으로 유지하여야 한다. 새로운 가족의 친척과 좋은 관계를 형성하도록 배려하고, 친한 친구의 관계에 특별한 노력을 기울이도록 해야 한다. 새로운 환경에 적응하지 못하는 자녀들은 교우관계에 많이 의지하게 되는데, 건전한 친구들과 교제를 할 수 있도록 특별히 배려와 관심이 필요하다. 무엇보다 자녀의 도전적인 말과 행동에 일관성 있게 대처하는 의연한 아버지의 역할[14]과 자세가 필요하다.

4. 다문화가정
1) 다문화가정에 대한 이해

지구촌시대는 문화, 인종에 대한 다양성이 보편화되면서 이질감에서 오는 편견보다는 다양성의 존중, 새로운 조합의 시도라는 측면에서 새로운 형태의 가족이 출현하게 되었다. 대표적으로 다인종가정(Multi-ethnic family)이나 다문화가정(Multi-cultural family)을 들 수 있다. 단일 민족이라는 자부심이 더 이상 이상적 가치만은 아니라는 인식이 퍼지게 되면서, 다양한 국제결혼의 형식을 통해 가족을 구성하거나 이민자들이 대한민국으로 편입되는 등, 그 숫자도 해마다 증가하는 추세이다. 이에 따라 여러 가지 문제점들이 발생하고 있는데, 다수의 다문화가정이 자녀양육과 교육의 기회에서 소외되거나 차별의 문제에 직면하고 있다.

다문화가정은 다른 민족적·문화적 배경을 가진 성인 남녀로 구성된 가정을 말하는 것으로 국제결혼가정, 외국인 근로자 가정 등을 포함하고 있다. 국제화시대의 영향으로 국가와 국가 간 교류가 활발해지고 민간 차원의 교류도 활발하게 진행되면서 많은 외국인들이 국내에 유입되고 있다. 또한 타국에서 경제활동을 위해 들어온 국내 이주노동자 가족들이 늘고, 결혼을 통해 국내로 이주하는 여성들도 증가하고 있다. 최근에는 국제결혼을 통해 가정을 이루는 다문화가정의 다수가 한국 남성과 외국인 여성의 결혼이 차지하는 비중이 높아지고 있는 것이 특징이다. 이러한 형태의 국제결혼을 하는 다문화가정들은 전반적으로 사회경제적 지위가 상대적으로 낮은 계층이 많은데, 결혼이민자 여성들은 의사소통의 문제, 문화적 차이로 인한 갈등, 차별 대우, 부부간의 갈등 및 자녀양육의 어려움 등의 문제에 직면하고 있다.

2) 다문화가정의 현황

통계청(2015) 자료에 의하면 2014년 다문화 결혼은 24,387건으로 2013년(26,948건)에 비해 9.5% 줄어들었고, 2010년(35,098건) 이후 4년째 감소세를 보이고 있는 것으로 나타났다. 다문화가정 관련 통계를 처음 발표한 2008년(36,629건)과 비교해보면 점차적으로 감소하고 있는 추세이다.

다문화결혼은 2013년 기준 국내 혼인 총 건수의 8%를 차지하는 것으로 나타났는데, 2008년(11.2%)을 정점으로 매년 점차적으로 하락하고 있다. 그 이유로는 2011년부터 '국제결혼 건전화 조치의 시행'으로 국제결혼

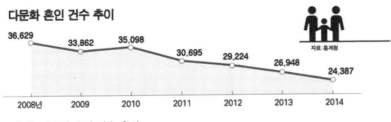

표 9-7 다문화 혼인 건수 추이

의 법적 요건이 강화되고, 비자 발급 기준에 한국어 어학 수준과 한국인 배우자의 소득 여건이 추가된 영향이라는 분석이 있다.

다문화가정 여성 배우자의 국적은 중국(29.5%)이 가장 많았고, 베트남 (20.9%), 일본(5.5%), 필리핀 (4.7%) 등의 순으로 나타났다. 통계청의 자료에서 특이한 점은, 베트남 출신 배우자의 비율이 2010년(27.6%)을 정점으로 매년 급격히 감소하고 있다는 점이다. 반면 일본 출신 배우자의 비율은 2008년 3.2%에서 매년 증가하는 것으로 나타나고 있는데, 2013년에는 처음으로 5%를 넘긴 것으로 조사되었다. 다문화결혼이 점차 감소세로 돌아서면서 다문화가정 출생아 수는 2014년 기준 21,174명으로 2013년과 비교하면 0.5% 감소한 것으로 나타났다.

한편, 다문화가정의 이혼 건수는 2014년 기준 12,902건으로 집계되었는데, 이는 전년도에 비해 4.3% 감소한 수치이며 2011년(14,450건) 이후 계속 감소하고 있는 추세이다. 다문화가정의 자녀연령대를 살펴보면 6세 미만이 59.6%로 가장 많은 것으로 나타났고, 초등학생, 중학생, 고등학생, 대학생의 순으로 집계되었다. 이러한 통계를 바탕으로 살펴보면 6세 미만의 다문화가정 자녀의 양육문제를 비중있게 다룰 필요성이 제기된다. 특히, 다문화가정 어머니의 경우는 자녀양육에 깊이 관여하기 때문에 다문

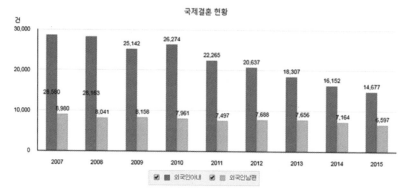

표 9-8 국제결혼 현황

화가정의 모자관계 문제를 깊이 주목할 필요가 있다.

　일반적으로 다문화가정이 직면하는 문제들 중 가장 큰 문제는 다문화가정에 대한 편견이다. 다음으로는 이주여성들의 한국 사회 적응을 위한 한국어교육과 문화교육, 경제적 지원, 직업훈련 및 취업의 알선, 그리고 다문화가정 자녀교육을 위한 교육적 지원의 순으로 나타났다(통계청, 2015). 주로 이주여성과의 국제결혼이 농촌 지역에 집중되어 있는 점을 감안하면 이들을 위한 경제적 지원과 취업 지원이 필요한 것이다. 아울러 이주여성들의 자녀양육문제는 언어 미숙과 문화적 이해의 부족으로 인한 갈등으로 지적되고 있다. 특히 주양육자로서 자녀양육에 대한 확신이 부족하고 양육자의 언어문제가 자녀의 언어발달 지체로 이어지기도 한다. 이런 것들은 다문화가정의 자녀들이 취학한 후에 학습 부진으로 나타나기도 하고, 교우관계에 심각한 문제를 야기하기도 하며 따돌림으로 이어지기도 한다.

3) 다문화가정의 부모 및 아버지 역할

다문화가정은 자녀양육에 필요한 보육과 교육기회의 측면에서 충분한 혜택을 받지 못하고 있는 것으로 파악되고 있다. 특히 유아교육기관을 비롯한 일선 학교에서 다문화가정 자녀들이 소외되는 경우가 많아 아이들의 바람직한 성장발달에 부정적인 영향을 미치고 있다. 다문화가정도 일반 가정과 마찬가지로 자녀의 양육과 교육에 관련된 역할은 주로 여성이 담당하고 있는 것으로 조사되었다. 다문화가정에서 맞벌이 부부의 비율이 높은 관계로 종일제 유아교육기관을 이용하는 경우와 가정에서 자녀들이 혼자 집에서 지내는 시간이 많은 것으로 밝혀졌다. 특히 저소득층 다문화가정에서는 아이를 유아교육기관에 보내지 못하는 경우도 다수 있는 것으로 조사되었다(여성가족부, 2006).

① 사회복지 서비스의 활용

다문화가족지원센터가 전국에 211여 곳 설치되어 있다(2013년 기준). 다문화가족지원센터에는 통역 및 번역사, 건강가정사, 사회복지사 등 관련분야에서 자격을 갖춘 전문인력이 준비되어 있으며, 다문화가정을 대상으로 다양한 교육 프로그램을 실시하고 있다. 한국어수업을 비롯하여 한국문화-예절교실, 자녀양육기술, 상담프로그램 등을 운영하고 있는데, 이를 적극적으로 활용하는 것이 바람직하다. 새로운 문화에 대한 적응과정에서 언어습득과 의사소통기술을 익히는 것은 성공적인 한국생활의 정착에 중요한 역할을 한다. 또한 부부간의 대화와 갈등해결에 대한 기술을 익히고, 부모-자녀 관계 및 자녀양육과 관련한 기술을 습득하는 것이 가정의 화목을 위해 중요하다. 특히, 취학 전 유아들을 대상으로 학업준비를 돕

는 멘토링 서비스와 지방자치단체에서 운영하는 프로그램들에 참여하고
이를 적극 활용할 필요가 있다.

② 다문화가정의 긍정적인 자아개념 형성

한국의 다문화가정은 상당수가 이주여성들과의 결혼으로 이루어진 특징
이 있다. 따라서, 이주여성은 물론 자녀들이 직면하는 외모나 생김새 차
이, 의사소통의 문제, 문화차이 등의 문제로 정체성에 혼란을 가져올 수
있다. 자신을 올바르게 이해하고 현재의 자신을 그대로 받아들이는 것이
중요하다. 이주여성 자신이 가지고 있는 기존의 고유한 문화를 포기하는
것이 아니라 자신의 문화를 바탕으로 새로운 문화에 접목하려는 노력이
필요하다. 자신이 가진 장점과 가치에 대해 소중하게 생각하는 것과 한국
문화와의 접목을 통해 새로운 가정문화를 세워가는 것이 중요하다. 다문
화가정에 대한 차별과 불이익에는 과감하게 맞서고, 이를 극복하려는 의
지가 있어야 한다. 가족구성원은 물론 주변의 이웃이나 지역사회의 구성
원들과도 적극적인 의사소통을 통해 유대감을 형성하고자 하는 노력을
하여야 한다.

③ 이중언어교실의 활용

부부간, 부모-자녀 간 의사소통 및 이웃과 지역사회와의 의사소통은 한국
생활의 성공적인 정착을 위해 반드시 필요한 부분이다. 관공서, 병원, 유
아교육기관의 교사 등과 정확한 의사소통이 필요한 경우가 많은데, 이때
를 위해 적절한 한국어 구사능력을 갖출 수 있도록 노력하고, 다문화가족
지원센터나 한국어교실 등 어학프로그램에 적극적으로 참여할 수 있도록

한국인 아버지는 적극적으로 도와주어야 한다. 여성배우자 자신이 언어가 아직 미숙하다면 주변의 통역 서비스를 이용하거나 주변의 이웃들에게 적극적으로 도움을 요청하려는 노력이 필요하다. 부부간, 부모-자녀 간의 원활한 의사소통이 이루어지지 않을 때는 갈등의 원인이 되기도 하고, 다문화가정 자녀들은 학습발달이 지체되거나 심리적 위축과 교우관계에서 어려움을 겪을 수 있다. 또한 다문화가정의 자녀들이 공격행동, 주의력 부족, 불안한 심리상태를 보이는 경우에는 부모(특히, 아버지)가 먼저 현재 상황을 파악하고 주변에서 상담이나 교육 프로그램을 이용할 수 있도록 하여야 한다.

④ 아버지교육 프로그램의 적극적 참여

다문화가정에서 아버지의 역할은 무엇보다 중요하다. 한국문화와 언어가 서툰 배우자가 한국생활에 잘 적응할 수 있도록 잘 배려하고 도와줄 의무가 있다.

국제결혼이 증가하고 있는 추세이지만, 다문화가정의 이혼은 국내의 이혼 총 건수의 9.6%(11,245건, 2010년 기준)를 차지할 만큼 높은 비중을 차지하고 있다. 2011년 한국가정법률상담소 자료에 의하면, 다문화가정 이혼의 주된 원인은 배우자의 이혼강요 및 경제적 갈등(42.2%), 가정폭력(32.2%), 남편의 가출(12.4%) 등으로 조사되었다. 다문화가정의 자녀들이 학업을 중단하는 사례 역시 증가하고 있는 추세인데, 교우와 선생님의 차별(23.8%), 경제적 어려움(18.6%), 학업부진(9.7%), 부모의 이혼(5.1%) 등의 순으로 조사되었다(전국다문화가족실태조사, 2013).

이러한 통계를 바탕으로 볼 때, 다문화가정의 남편과 아버지들이 보다

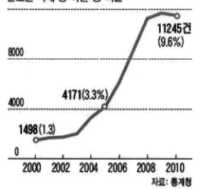

국제결혼 부부의 이혼 건수
괄호는 국내 총 이혼 중 비율

11245건
(9.6%)

8000

4171(3.3%)

4000

1498(1.3)

0

2000 2002 2004 2006 2008 2010
자료: 통계청

표 9-9 국제결혼 부부의 이혼 건수

적극적으로 배우자의 심리를 정서적으로 지원하고, 부자 관계에 보다 깊은 관심이 필요한 것으로 보인다.

앞장에서 소개한 아버지학교 운동은 다문화가정의 아버지들을 대상으로 아버지학교 프로그램을 실시하고 있는데, 다문화가정을 위한 아버지학교에서는 부부간 갈등이나 부모-자녀 간 갈등, 문화적 차이로 인한 오해와 불신, 그리고 자녀양육의 문제 등을 깊이 있게 다루고 있다.

자녀가 또래 교우집단에서 따돌림을 받지 않도록 주의를 기울이고, 한국 사회에서 다양한 인간관계를 경험하도록 도와주는 것이 중요하다. 아버지는 자녀의 교육에 깊은 관심을 가지고 자녀가 학교에서 직면하는 일들에 대해 이해하고 적극적인 상호작용의 기회를 충분히 활용하여야 한다. 무엇보다 한국인으로서 정체성의 확립과 사회의 구성원으로 필요한 기술을 익히도록 도와야 한다.

5. 조손가정

조손가정은 현대사회의 급격한 이혼율 증가와 빈곤과 실직, 부모의 가출, 경제적 파산 그리고 인구의 노령화 등의 사회적 추세와 무관하지 않다. 조손가정은 일종의 변형된 가족의 형태로서 각 가정이 처한 상황과 '내 혈통은 내가 책임져야 한다"는 혈연관계에 중요성이 반영된 가족 형태라고 할 수 있다. 조손가정이 전체 가구 수에서 많은 비중을 차지하고 있지는 않지만, 높아지는 이혼율과 노인 인구의 증가와 맞물려 앞으로도 꾸준한 증가 추세를 이어갈 것으로 예상하고 있다.

1) 조손가정에 대한 이해

조손가정이란 손자녀를 친부모가 직접 양육할 수 없는 상황에서 조부모와 18세 이하의 손자녀로만 구성된 가족을 말한다(여성가족부, 2007). 조손가정은 공식적 용어로 사용되지 않고 있는 개념으로, 조손세대, 조손가구, 조손가족 등 다양한 용어로 사용되고 있다. 일반적으로 조손가정의 개념에는 손자녀와 조부모가 함께 사는 양육보호의 형태와 조부모 동거 등 두 가지 형태로 구분하고 있다. 양육보호의 범주에는 친부모의 사망이나 가출, 미혼모, 미혼부, 부모의 사고나 질병 등으로 부모의 역할을 수행할 수 없을 때, 조부모가 보호자로서 손자녀를 양육하는 것을 의미한다. 또 조부모 동거는 부모와 손자녀가 조부모와 함께 거주하면서 조부모가 자녀양육을 담당하는 것을 말한다.

일반적으로 조부모가정은 조부모가 세대를 구성하고 부모의 역할을 대행하며 자녀에 대한 법적인 의무와 권한을 가지게 된다. 조손가정의 형성에 가장 큰 원인을 살펴보면 부모의 이혼, 가출, 별거 등과 같은 가족의 해체에 이유가 있다. 이러한 형태의 가족 해체는 경제적 파탄이 주요 원인이 되는 경우가 다수를 차지하고 있다(김혜선, 2004). 또한, 맞벌이가정의 증가로 자녀양육을 조부모가 담당하기 때문에 조손가정은 앞으로 꾸준히 증가할 것으로 예상되고 있다.

조손가정의 가장 시급한 문제는 인구노령화로 인해 조부모가 손자녀를 양육하면서 당면하는 경제적 문제와 자녀양육의 어려움을 들 수 있다. 조손가정의 증가는 일시적인 사회현상이라기보다 현재와 미래에 전개될 새로운 가족 형태로 받아들이는 것이 합당하다. 따라서 국가적인 대책의 마련이 시급한 시점으로 보인다.

2) 조손가정 현황

2006년 통계청 자료에 의하면 1995년에 비해 조손가정은 두 배 정도 증가한 것으로 보고 있다. 조손가정의 다수가 조부모 중 한 명이 평균 두 명의 손자녀를 양육하고 있는 것으로 나타났다. 특히, 조손가정의 월평균 가구소득은 최저생계비에도 못 미치는 수준으로 열악한 것으로 나타났다. 그리고 조부모들의 평균나이가 72.6세로 경제자립도가 현저하게 떨어지고 조손가정의 절반에 가까운 46.7%가 정부와 공공기관의 지원금에 의존하고 있는 것으로 나타났다. 더구나 조부모가정의 70% 가량은 경제적 빈곤과 건강 이상으로 이중·삼중고에 시달리고 있는 것으로 조사되었다.

좀더 상세하게 조손가정의 현황을 들여다보면 상황이 매우 심각하다. 조손가정 내에서 손자녀를 주로 양육하는 사람은 조부모가 86.6%를 차지하고 있다. 2010년 여성가족부 조사에 의하면 조손가정의 66.2%가 손자녀 양육비 조달의 어려움을 겪고 있는 것으로 나타났다. 이러한 경제적 어려움에도 불구하고 친부와 친모가 조부모에게 양육비를 주는 비율은 25% 미만에 불과하였다. 실제로 친부의 경우 25% 정도가 양육비를 지원하고 있었고, 친모의 경우에는 15% 정도에 불과하였다. 양육비를 보내오는 것도 정기적인 것이 아니라 비정기적으로 송금하는 것으로 나타났다.

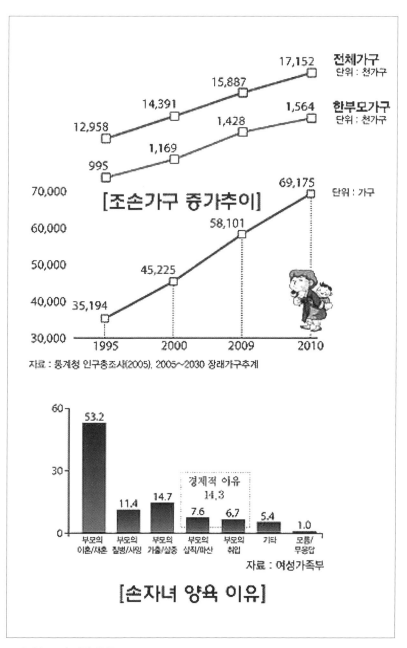

전체가구
단위 : 천가구

17,152

15,887

14,391

12,958

한부모가구
단위 : 천가구

1,564

1,428

1,169

995

[조손가구 증가추이]

단위 : 가구

70,000

69,175

60,000

58,101

50,000

45,225

40,000

35,194

30,000

1995   2000   2009   2010

자료 : 통계청 인구총조사(2005), 2005~2030 장래가구추계

60

53.2

30

경제적 이유
14.3

11.4   14.7   7.6   6.7   5.4   1.0

0

부모의   부모의   부모의   부모의   부모의   기타   모름/
이혼/재혼   질병/사망   가출/실종   실직/파산   취업   무응답

자료 : 여성가족부

[손자녀 양육 이유]

표 9-10 조손가정 현황

3) 조손가정의 조부모 역할

2010년 여성가족부의 조사에 의하면, 조부모가정의 취학 전 유아들 중 70.3%는 어린이집을 이용하고 있고, 26.2%는 유치원을 이용하고 있는 것으로 나타났다. 이러한 수치는 유아교육기관에서 조손가정의 조부모에게도 유아기 자녀를 위한 부모 역할에 대한 적극적 관심을 갖도록 하고 현장에서의 체계적인 지원이 필요하다는 것을 의미한다.

앞서 살펴본 바와 같이, 조손가족 손자녀들의 경우 대부분은 이혼이나 별거 등 가족 해체를 경험하고 여러 가지 어려움에 직면하고 있다는 점에서 각별한 주의가 필요하다. 특히 친부모의 부재에 따른 상실감이 매우 크고, 경제적인 어려움으로 바람직한 자녀양육의 사각지대에 놓여 있을 가능성이 크다. 조부모의 입장에서 보더라도 노후에 경제적인 어려움과 손자녀 양육의 어려움 등에서 오는 많은 스트레스로 말미암아 정신적·심리적 압박에 시달리는 경우가 많이 있다. 조부모의 건강과 심신의 쇠약이 자칫 손자녀 양육에 부정적인 영향을 미칠 수도 있기 때문에 각별한 관심과 지원이 필요하다. 다음은 바람직한 손자녀 양육을 위해 조부모와 부모가 고려해야 할 사안들이다.

① 조부모의 신체적, 정신적 건강관리

조손가정은 대부분 경제적으로 열악한 상황에 놓여 있을 개연성이 높다. 이러한 경제적 어려움이 조부모들의 건강관리와도 직결된다. 개인적인 차이는 있겠지만 신체적 노화기에 접어들면서 많은 신체질환을 갖고 있는 경우가 많은데, 이러한 신체적 약화가 심리적 위축을 가져다주게 된다. 조부모의 심신의 쇠약은 개선의 기미가 보이지 않는 암울한 상황과 함께 우울증에 노출되기 쉽다. 손자녀를 잘 양육해야 한다는 일종의 의무감이 과중한 부담으로 작용할 수 있으므로 조부모의 건강의 유지와 관리는 조부모가정에는 매우 중요한 필수요건이라고 볼 수 있다. 정기적인 건강검진과 예방 활동 그리고 꾸준한 운동을 통해 건강관리에 만전을 기해야 한다. 신체의 건강은 불안한 감정과 우울증을 예방하고 조절하는 데도 도움이 된다.

② 지역사회와의 협력

대부분의 조부모들은 사회생활에서 은퇴를 앞두고 있거나 이미 은퇴한 시기이기 때문에 지역사회의 협력이 어려운 상황에서 손자녀를 양육하고 있다. 소속된 단체나 기관이 없이 조부모 개인이 손자녀를 양육하게 되면 고립감을 느끼기 쉽다. 또한 양육스트레스와 경제적 어려움을 의논할 곳이 없음으로 인해, 심한 좌절감을 느끼기도 한다. 조손가정이 속한 각 지역의 사회복지관과 시군구청에는 조손가정을 위한 여러 프로그램을 확보하고 있다. 지역사회에서 운영하는 다양한 프로그램에 참여하고 경제적 지원은 물론 도움의 손길을 줄 수 있는 지역사회와의 관계망을 확보하는 것이 중요하다. 손자녀 양육과정에서의 어려움은 유아교육기관의 교사와 적극적으로 상담하고 양육기술과 부모교육과 관련한 정보들을 학습하고 활용하는 것이 좋다. 손자녀의 친부모와 적극적으로 의사소통을 하고 다른 가족 구성원들과도 현재의 상황을 알리고 공유하는 것이 중요하다. 또 다른 가족구성원들이나 지역사회의 자원봉사자들과 손자녀가 상호작용을 많이 할 수 있는 기회를 만들고 활용할 수 있도록 한다. 이러한 활동은 친부모의 빈자리를 메워주는 좋은 대안이 되기도 한다.

③ 최신 양육정보의 업데이트

모든 사람들은 자신이 경험한 사실에 기초하여 상대를 대하게 된다. 조부모들도 과거 자신의 양육경험을 바탕으로 손자녀를 대하게 된다. 과거 권위주의적이고 강압적인 양육태도로 자녀를 양육하였다면 현재의 손자녀에게도 동일하거나 유사한 양육방법을 사용할 가능성이 매우 높다. 현대사회의 사회적 분위기나 교육환경은 고려하지 않고 종래의 양육방식을 그대로 고수하게 되면 조부모와 손자녀의 관계는 부정적으로 형성될 수밖에 없다. 따라서 유아교육기관의 전문가들에게 조언을 구하고 부모교육 관련 서적들을 학습하면서 실제로 손자녀 양육을 해야 한다. 조부모의 권위는 권위대로 합리적이고, 민주적인 양육의 실제는 실제대로 조화를 이루어나가는 것이 조부모가정이 풀어나가야 할 가장 중요한 과제 중의 하나로 볼 수 있다.

④ 부모교육 프로그램의 적극적 참여

조손가정의 경우 손자녀의 연령이나 성에 따른 발달 특성에 대한 이해가 우선되어야 한다. 손자녀의 발달 특성에 대한 정보는 유아교육기관에서 학부모상담을 통해 얻고, 기관에서 실시하는 부모교육 프로그램(엄마참여수업, 아빠참여수업, 부모교육특강, 할아버지 할머니 참여수업 등)에도 적극적으로 참여하는 것이 바람직하다.

유아교육기관에서도 조손가족의 조부모에게 일반가정의 부모들과 동등하게 부모교육 프로그램에 참여할 수 있도록 권장하여야 한다. 조부모의 연령 때문에 젊은 부모들 사이에 참여하는 것이 부담이 될 수도 있겠지만 손자녀의 양육과 발달에 필요한 다양한 정보를 얻고 실제 양육 상황에 접목하는 것이 손자녀의 바람직한 성장발달에 꼭 필요하다는 점을 인식하는 것이 중요하다. 한편, 조손가정의 손자녀들이 취학 후에도 낮은 학업성취도와 낮은 자존감을 보이기도 하는데, 학업준비도를 높이고 학습 분위기를 조성하도록 하여야 한다. 조부모 역시도 현재의 상황을 있는 그대로 받아들이며 부모로서의 역량을 강화하고 주어진 현실 내에서 최선을 다하고자 하는 노력이 중요하다.

⑤ 정부 및 기관의 지원체계 활용

대부분의 조손가정은 경제적인 어려움과 직면하고 있다. 친부모의 경제적 지원을 기대하기 어려운 현실이라면 손자녀 양육에 필요한 양육비를 해결하는 문제가 가장 시급하다. 국가와 지방자치단체에서는 표 9-11과 같이 조손가정을 위한 지원을 하고 있다. 정부나 지방자치단체에서 실시하는 조손가정을 위한 복지서비스에는 어떤 것이 있는지 알아보고 이를 적극 활용할 수 있도록 한다.

지원분류	지원부처	지원내용
보육지원정책	보건복지부	영유아보육비지원사업
	농림축산식품부	농어촌 영유아양육비지원사업
교육지원정책	교육부	농촌지역 저소득층 자녀 유치원교육비 지원사업
	교육부	저소득층 고교생자녀 학자금지원
	농림축산식품부	농업인 고교생자녀 학자금지원
급식지원	보건복지부, 교육부	아동급식지원사업

표 9-11 조손가정을 위한 지원책

대한민국임시정부 주석을 지낸 독립 운동가이자 민족주의자였던 백범 김구(1876~1949) 선생은 외세의 힘을 빌지 않은 온전한 자주독립을 평생의 소원으로 삼았다. 민족을 향한 피 끓는 사랑과 헌신은 아직도 백범정신으로 살아 남아 지금도 우리 마음에 큰 감동을 준다.

일제강점기 동안, 생사의 기로를 넘나드는 독립운동을 하면서도 어린 자녀들의 교육에 관심을 갖고 훈계의 말들을 편지로 남겼다. 김구 선생의 아내가 세상을 뜨자 김구 선생의 어머니가 대신 두 손자를 키우며 임시정부를 뒷바라지하였다. 상해 임시정부의 상황이 나빠지자 그의 어머니는 아들의 일에 방해가 되지 않기 위해 손주들과 귀국하여 김구와 떨어져 지내기도 하였다. 조국을 위해 자신을 바치며 어쩌면 다시는 사랑하는 아들들을 볼 수 없을지 모른다는 생각으로 쓴 편지에서 자식들이 나라를 사랑하고 올바르게 자라기를 간절히 바라는 강인한 아버지의 모습을 엿볼 수 있다.

인 · 신 두 아들에게

너희들이 아직 어리고 반 만 리 먼 곳에 있어 수시로 나의 이야기를 자세히 말해줄 수 없구나. 그래서 그간 내가 겪어온 바를 간략히 적어 몇몇 동지에게 맡겨 너희들이 아비의 살아온 길에 대해 알고 싶을 정도로 성장하거든 보여주라고 부탁하였다. 내가 가장 안타깝게 생각하는 것은 너희들이 장성하였으면 부자간에 서로 따뜻한 사랑의 대화로 족할 것이나, 세상일이란 뜻대로 되는 것이 아니구나. 내 나이는 벌써 쉰셋이건만 너희들은 겨우 열 살, 일곱 살의 어린아이이니, 너희들의 나이와 지식이 더할수록 나의 정신과 기력은 쇠퇴할 따름이다. 또한 나는 이미 왜구(倭仇)에게 선전포고를 하여 언제 죽을지 모르는 사선(死線)에 선 몸이 아니냐. 지금 일지를 기록하는 것은 너희들로 하여금 나를 본받으라는 것이 결코 아니다. 내가 진심으로 바라는 것은 너희들 또한 대한민국의 한 사람이니, 동서고금의 많은 위인 중 가장 숭배할 만한 사람을 선택하여 그들에 대해 배우고 본받게 하려는 것이다. 나를 본받을 필요는 없지만, 너희들이 성장하여 아비의 일생 경력을 알 곳이 없기 때문에 이 일지를 쓰는 것이다. 다만 유감스러운 것은 오래된 사실들이라 잊어버린 것이 많다는 점이다. 그러나 일부러 지어낸 것은 전혀 없으니 믿어주기 바란다. _김구(1997). 『백범일지』 중에서

과거부터 한국의 아버지들은 선공후사(先公後私, 개인의 안위나 사적인 일보다 조국과 민족을 위한 공적인 일을 위해 희생함)를 군자의 덕목이자 도리라고 믿어왔다. 그렇다고 해서, 가정과 자녀를 전혀 돌보지 않고 공적인 일에만 매진했던 것은 결코 아니다. 공적인 일을 우선적으로 하되, 시간과 여력이 있는 대로 가정과 자녀를 위해 최선을 다하는 모습을 백범일지에서 김구 선생이 아들에게 남긴 글을 통해 알 수 있다.

현대를 살아가는 아버지들 가운데에서도 국가를 위해 헌신하는 군인, 경찰, 소방공무원을 비롯한 여러 공무원들과 나라 경제를 위해 밤낮없이 최선을 다하는 아버지들이 무수히 많이 있다. 가족을 사랑하고 함께하고 싶어도 함께하기 어려운 현실과 격무에 시달리는 아버지들이 가족을 위해서 할 수 있는 최선은 여건이 허락하는 대로 가족과 함께하려는 노력,

그리고 시간이 날 때마다 진정성 있는 아버지의 사랑을 표현하는 것이다. 하지만, 여전히 많은 아버지들이 아내와 자녀에게 애정표현을 쑥스러워한다. 그러나 모든 사랑은 반드시 표현되어야 한다. 살아있는 모든 것들에게 사랑은 반드시 필요하다. 아버지의 사랑은 말이든 글이든 행동으로든 자녀를 향한 사랑이 진정한 마음으로 기도되어야 한다. 이때 비로소 사람과 사람 사이, 남편과 아내 사이, 아버지와 자녀 사이에 애정의 싹이 트고, 신뢰의 꽃이 피며, 사랑의 열매를 맺게 되는 것이다.

토의 주제

1. 현대사회 가정이 직면하고 있는 일반적 사회현상과 이슈가 되고 있는 사회문제들은 어떤 것이 있습니까?

2. 맞벌이가정들이 직면하는 어려움에는 어떤 것들이 있으며, 남편과 아내의 역할 분담은 어떻게 하는 것이 바람직합니까?

3. 아이를 위해 유아교육기관을 선정할 때 반드시 체크해야 할 선정기준에는 어떤 것이 있습니까?

4. 한부모가정이나 재혼가정의 자녀들이 직면하는 어려움에는 어떤 것이 있습니까? (2인 1조)

5. 한국의 다문화가정이 안고 있는 특징과 문제점 및 개선방안에 대해 토의해보세요. (소그룹)

1 우리나라와 다른 나라의 경제활동 참가율과 여성 비율은 다음 표를 참조하자.

국가별	2015년	
	경제활동 참가율(%)	여자(%)
한국	62.6	51.8
일본	59.6	49.6
미국	62.6	56.7
독일	60.2	54.7
오스트레일리아	64.9	59.0

2 한 조직이 아무런 문제없이 잘 운영되고 있다는 것은 눈에 보이지 않는 누군가가 조직을 위해 자신을 희생하고 있다는 말이기도 하다. 맞벌이가정이 화목하게 잘 유지되기 위해서는, 아버지-어머니의 성실함과 가족을 향한 조건 없는 사랑, 그리고 끝임 없는 양보와 희생이 필요하다.

3 이러한 긍정적 자아개념은 기혼 직장여성은 물론 모든 어머니들에게도 필요한 중요 요소이다.

4 대리모(代理母, Surrogate mother)는 1) 어머니의 역할을 일부 대신하거나 전부 대신하는 사람(가사도우미, 아이의 부양육자-할머니, 교사 등), 2) 아이 출산을 위해 난자를 제공하거나, 임신, 출산 및 양육을 대신해주는 사람을 뜻한다.

5 2017년 1월 출생 신생아 수는 35,100명으로 지난해 같은 기간에 비해 4,400명 감소했다. 2016년 2월부터 2017년 1월 12일까지 신생아 합계는 401,900명으로 1년 전보다 34,106명 감소하였다. 이러한 추세라면 2017년 출생 신생아 수는 40만 명 이하로 기록될 것으로 예상하고 있다. 앞으로 40년 후인 2057년 예상 신생아 수는 약 20만 명 수준으로 떨어져 심각한 인구절벽 문제에 직면할 것으로 보인다.

6 유배우란 배우자가 있지만 법률적 혹은 실제로 부부 관계를 유지하고 있지 않는 형태의 가정을 뜻한다.

7 결손가정(Broken family, 缺損家庭)은 국어사전에는 "부모의 한쪽 또는 양쪽이 죽거나 이혼하거나 따로 살아서 미성년인 자녀를 제대로 돌보지 못하는 가정"으로 나와 있다. 정상적인 형태의 가정의 범주를 벗어나 비정상적 형태의 가정으로 보는 부정적 시각이 깔려 있는 개념이라 볼 수 있다. 한부모가정(Single parent family, 母子家庭 혹은 父子家庭). 부부간 여러 가지 이유로 한쪽 부모가 자녀

와 생활하는 형태의 가정을 뜻한다.

8 이혼 및 별거 중인 가정의 한쪽 부모 중 80%가 자녀양육비를 지원하고 있지 않은 것으로 조사되었다.

9 "신은 한쪽 문을 닫을 때, 반드시 다른 한쪽 문을 열어놓는다." 영화 〈사운드 오브 뮤직〉 중에 나온 말이다. 주저앉아 포기하고 싶은 마음이 들수록, 일어서고 싶다는 더 강렬한 욕망을 가진 것이 인간의 본성이다.

10 계부모(繼父母): 계(繼)의 뜻은 1) 잇다, 2) 이어나가다, 3) 계속하다, 4) 지속하다, 5) 이어받다 등이 있다. 따라서 계부모란 "부모의 역할을 이어받은 부모"라는 의미로 해석할 수 있다.

11 새로운 배우자에 대한 기대가 만족스럽지 못할 때 다시 이혼을 하는 경우가 생길 수 있다.

12 박소현(서울가정법률사무소 상담위원, 2016)에 의하면, 경제적 자립도가 낮은 재혼 여성의 경우 "자녀가 계부로부터 학대를 당해도 자의식이 부족한 엄마의 경우에는 방조하는 사례가 많다" 그리고 "이혼 시 경제적 독립의 어려움과 '재이혼녀'라는 사회적 낙인으로부터 자유롭지 못하기 때문에 더욱 악순환이 반복되고 있다"고 밝혔다.

13 초두효과(初頭效果, Primary Effect)란 처음 입력된 정보가 나중에 습득하는 정보보다 더 강한 영향력을 발휘하는 것을 말한다. 사람과의 만남에서 첫인상에 한동안 지배받는 원리와 같은 것으로, 미국 다트머스대학의 심리·뇌 과학자인 폴 왈렌 교수의 연구에 따르면 뇌의 편도체는 0.017초라는 짧은 순간에 상대방에 대한 호감과 비호감, 신뢰와 불신의 여부를 판단한다고 한다(한경 경제용어사전, 2017).

14 빈발효과(Frequency Effect)란 첫인상이 좋지 않게 형성되었다고 할지라도, 반복해서 제시되는 행동이나 태도가 첫인상과는 달리 진지하고 솔직하게 되면 점차 좋은 인상으로 바뀌는 현상을 말한다. 재혼가정에서 아버지의 역할은 자녀와 출생 초기에 좋은 애착관계의 형성을 경험하지 못하였다고 하더라도, 꾸준하게 지속적으로, 그리고 진심으로 자녀를 대하게 되면 아버지-자녀 관계가 점차 호전될 가능성이 높음을 시사하고 있다.

10장

아이의 건강과 안전

1. 자녀의 건강과 안전에 대한 이해

내 아이가 건강하고 안전하게 잘 자라는 것은 모든 부모들의 희망사항이
다. 아이들이 건강하게 자라는 것은 물론이고, 사고의 위험요소로부터 아
이를 안전하게 지키고, 위기와 사고의 순간에 적극적으로 대처하는 것은
부모가 각별히 신경써야 할 가장 중요한 주제 중의 하나이다. 본 장에서는
아이들의 성장과 발달에 필요한 영양과 건강 개념에 대해 살펴보고, 자녀
의 안전을 위협하는 여러 요소로부터 건강한 생활을 유지하는 방법과 사
고에 대처하는 능력을 기르는 것에 목적을 두고 살펴보고자 한다.

1) 건강의 개념 및 내용

일반적으로 건강의 개념은 신체의 상태를 의미하는 말이다. 넓은 의미의
건강은 신체적 측면 발달의 순조로운 진행은 물론 사회적, 정신적으로도
문제가 없는 상태를 포괄하고 있다.

모든 영유아는 부모에게 선천적으로 물려받은 유전인자를 기초로, 출생과 더불어 주변 환경과 섭생의 영향을 받으며 성장하고 발달하게 된다. 발육은 신생아의 출산 후부터 성인으로 자라기까지의 과정에서 나타나는 현상을 말하는데, 외적인 변화와 내적인 변화를 포함하고 있는 개념이다. 신체의 크기, 대근육과 소근육의 발달을 성장이라 하는데, 신체기능이나 운동기능을 비롯하여 인지, 사회-정서의 발달도 성장의 범주에 속한다.

건강에 관한 관심이 증가함에 따라 건강은 종래에 질병 치료의 2차적이고 수동적인 개념에서 요즘에는 예방과 건강한 상태의 지속이라는 예방적 의미로 변화하고 있다. 예방적 차원의 건강증진은 질병이 발생한 후에 대처방법을 찾기보다는 사전에 개인의 건강과 관련된 여러 가지 요소(청결, 식생활습관, 영양, 정기검진, 운동 등)의 중요성에 대해 인식하고, 필요한 지식이나 정보의 습득을 통해 적극적으로 실천하는 의미를 포함하고 있다.

미국유아교육협회(NAEYC)에서도 유아가 건강한 생활습관을 통하여 개인의 건강의 중요성에 대해 인식하고, 바람직한 식생활습관을 교육받고 실천할 수 있는 능력을 기르는 것을 강조하고 있다. 우리나라의 제6차 유치원 교육과정에서도 유아의 심신의 조화로운 발달을 위해 건강하고 안전한 생활습관의 형성을 명시하고 있다. 청결한 생활과 고른 영양의 섭취, 질병에 대한 적절한 대처와 예방, 그리고 운동과 휴식을 통한 건강을 유지하는 데 중점을 두고 있다. 아울러, 유아의 건강한 생활습관을 통해 정신건강을 관리하도록 하며, 주변에서 발생할 수 있는 사고와 위험을 예방하고 안전에 대한 지식과 태도를 학습할 수 있도록 하고 있다.

건강교육의 내용에 포함되어야 할 내용은 미국의 건강교육증진협회

목표		내용
1	건강증진 & 질병예방 기본개념 이해	건강과 질병예방의 기본개념에 관한 학습 건강증진과 위험요소 줄이기 교육 병행
2	건강생활의 요소 분석	건강에 영향을 주는 긍정적 부정적 요소에 대한 학습
3	건강생활정보 습득	유용한 건강생활정보와 그릇된 정보를 구분하기
4	건강증진을 위한 의사소통	건강증진과 위험요소제거를 위한 효과적인 의사소통의 연습
5	건강증진을 위한 의사결정능력배양	흡연, 음주, 약물 등을 거절하는 방법의 학습
6	건강증진의 목표 정하기	건강한 생활의 개념, 실행, 유지에 대한 구체적인 목표 및 실행방안 세우기
7	건강증진 행동의 연습 및 실천	현재의 생활습관점검 및 유해한 환경과 위험요소를 제거하는 방법 실천하기
8	개인, 가족, 지역사회의 건강지킴이 교육	자신과 가족의 건강, 그리고 지역사회의 건강과 안전에 대한 교육

표 10-1 미국의 건강교육기준

(American Association for Health Education: AAHE)가 제시한 10가지 항목을 기준으로 삼고 있는데, 각 항목의 구성은: 1) 개인의 건강, 2) 정신건강, 3) 가족생활, 4) 영양, 5) 질병예방, 6) 안전, 7) 지역사회와 관련된 건강, 8) 학대, 9) 소비자로서의 건강, 10) 환경과 관련된 건강으로 이루어져 있다. 미국질병통제예방센터(Centers for Disease Control and Prevention: CDCP)에서 1995년에 발간한 8가지 건강교육기준(National Health Education Standards)에서는 유아기부터 초·중등학교 교과과정에서 개인의 건강과 가족의 건강, 그리고 지역사회의 건강을 구체적으로 다루고 있다. 실제로 표 10-1 8가지 건강교육기준은 유·초·중·고등학교 교사들이 교육과정을 구성할 때 필수적으로 다루어지고 있으며 교과과정의 일환으로 학생들에게 건강교육을 실시하고 있다.

2) 자녀의 발달 특성과 안전교육

현대의학의 발달로 위생과 예방의학의 중요성이 강조되면서 질병이나 전염병으로 사망하는 아이들의 숫자는 현격하게 줄어들고 있다. 하지만 안전사고를 비롯한 각종 사고로 인한 사망자 수는 오히려 증가하고 있는 실정이다. 아이들의 생활환경 주변에서 발생하는 각종 사고를 예방하기 위해서는 사고 후에 적절한 대처도 중요하지만 사고를 미연에 방지하기 위한 안전교육을 실시하는 것이 중요하다.

UN에서 제정한 아동인권조례(2016)에 의하면, 모든 아이들은 안전하게 보호되어야 하고, 안전한 환경에서 성장할 수 있도록 배려하여야 한다고 규정하고 있다. 이를 바탕으로, 유아를 위한 건강과 안전교육은 유아의 신체적, 정신적, 정서적 건강을 포함하는 것은 물론 건강한 식생활을 통한 영양과 대인관계를 비롯한 사회적 건강의 개념을 동시에 포괄하고 있다. 건강과 안전의 문제를 별개로 보는 것이 아니라 두 개념을 교육과정에서 같이 다루어야 한다.

유아기는 물론 유소년기와 청소년기에 이르기까지 아이들은 주변의 사물에 대한 왕성한 호기심을 가지고 스스로 탐색해 보고자 하는 욕구가 강렬하다. 하지만, 위험한 상황에서 판단력 부족으로 초래될 위험의 상황에 대처할 능력은 부족하기 때문에 부모는 물론 교사들도 평상시에 안전에 대한 교육을 수시로 실시하는 것이 바람직하다. 특히, 유아들을 위한 안전지도 및 교육은 순간적으로 일어나는 불의의 사고를 미연에 예방하고, 사고 상황에서도 올바르게 대처할 수 있는 능력을 기른다는 측면에서 중요한 의미가 있다. 제6차 유아교육과정에서는 유아의 안전지도에 대한 내용을 포함하고 있는데, 그 내용은 다음과 같다.

① 안전하게 놀이하기

아이들이 안전한 환경에서 놀이를 하도록 한다. 유아교육기관의 실내·외 놀잇감과 시설·설비를 안전하게 이용하는 데 필요한 정보와 기술, 그리고 올바른 태도를 학습하도록 한다.

② 교통안전 규칙 지키기

교통안전 규칙의 중요성과 필요성을 숙지한다. 자동차사고의 위험을 이해하고 사고로부터 자신을 보호하기 위한 정보와 사고에 대처하는 기술, 그리고 올바른 태도를 기르는 것을 포함한다. 여러 가지 교통수단(버스, 승용차, 지하철, 배 등)의 안전한 이용법을 알고 긴급 상황에서의 대처요령을 지도한다. 또한 교통신호와 표지판 및 횡단보도 이용방법 등 보행안전에 관련된 규칙을 지키도록 지도한다.

③ 위험한 상황을 알고 대비하기

사고의 위험이 있는 요소를 미리 파악하도록 한다. 위험한 상황에서 부적절한 행동을 하지 않도록 하고 추락사고, 약물사고, 질식사고, 곤충이나 동물에 의한 사고에 대한 안전교육을 실시한다.

④ 환경오염 대비하기

유아가 물, 공기 등 환경오염에 대한 심각성을 인식하게 하고 깨끗한 환경을 보호하기 위한 바람직한 생활습관 및 태도를 길러 준다. 실제 생활에서 실천할 수 있는 일들을 생각해보고 경험을 통해 학습하도록 한다.

3) 건강과 안전교육의 실제

미국건강안전실행기준(National Health and Safety Performance Standard, 2017)[1]에서는 유아들을 위한 지침을 제공하고 있다. 아이들이 신체의 각 부분의 명칭과 기능에 대해 올바르게 이해하는 것은 자아존중감의 발달은 물론 안전교육을 위한 좋은 방법이다. 정기적인 건강검진을 통해 예방접종, 시력 및 청력 검사, 혈압검사, 구강 및 치아검진, 혈액검사 등은 유아의 건강과 안전을 이해하는 데 반드시 필요한 중요한 활동이다. 또한 올바른 식습관과 운동은 건강 유지와 관리를 위해 필요하다.

　미국건강안전실행기준의 '유아의 건강과 안전을 위한 지침서'에서 권장하는 유아교육기관과 부모들이 건강 및 안전교육에서 아이들에게 가르쳐야할 주제와 내용은 다음과 같다.

> ① 신체 기관에 대한 학습 (예: 내 몸 바로 알기)
> ② 타인과의 바람직한 의사소통 (예: 바른말 고운 말 쓰기)
> ③ 감정을 표현하는 방법 (예: 솔직한 자신의 감정을 전달하기)
> ④ 영양과 올바른 식습관 (예: 내 몸에 좋은 음식 골고루 먹기)

⑤ 나이에 알맞은 신체활동 (예: 여러 가지 스포츠 활동 경험하기)

⑥ 위생 보건교육 (예: 손 씻기, 이 닦기, 목욕하기, 기침 및 재채기 예의 등)

⑦ 갈등상황 해결방법 (예: 공격성, 폭력 및 왕따 예방교육)

⑧ 건강하고 안전한 행동 (예: 안전한 놀이와 위험한 놀이 구분하기)

⑨ 독극물 및 중독사고 (예: 독성이 있는 물질의 위험성과 대처방법 학습하기)

⑩ 휴식과 수면의 중요성 (예: 쉬는 시간의 중요성에 대해 알기)

⑪ 흡연과 간접흡연의 유해성 (예: 담배로부터 나를 지키는 방법)

⑫ 올바르게 약 먹는 방법 (예: 약을 먹어야 하는 이유와 올바른 섭취방법 알기)

⑬ 안전 (예: 가정폭력, 학대예방교육, 자동차 안전–안전띠매기, 자전거 안전, 야
외놀이 안전, 화재, 수상 안전, 구조요청방법 등)

⑭ 응급처치요령 (예: 응급상황에서 올바른 행동과 대처방법 학습하기)

2. 자녀의 건강관리와 아버지의 역할

유아기는 자신의 신체기관에 대해 인식하고 조절능력이 향상되는 시기이
다. 식습관을 비롯한 올바른 생활습관은 유소년기와 청소년기를 거쳐 성
인이 된 이후의 생활습관의 기초가 된다. 자녀의 건강한 생활습관 형성은
주로 부모와 가족에 의해 크게 영향을 받는다. 또한 유아교육기관에 다니
면서 기본생활습관 지도를 받게 되는데, 유아교사의 역할과 비중도 높아
지고 있다. 따라서 부모와 교사 모두 기본생활습관의 중요성을 인식하고
올바른 생활습관을 형성할 수 있도록 손 씻기와 이 닦기 등의 위생교육과
휴식과 낮잠, 그리고 올바른 식습관을 지도하여야 한다.

1) 건강한 생활습관

① 손 씻기

위생교육의 첫걸음은 손을 깨끗이 씻는 것으로 출발한다. 부모와 교사가 항상 손을 청결하게 유지하는 것을 직접 보여주는 것이 중요하다. 손을 씻는 올바르고 정확한 방법을 알려주고, 스스로의 건강을 유지할 수 있도록 격려해주는 것이 바람직하다.

〈손을 씻어야 하는 경우〉
- 바깥에서 집에 들어왔을 때
- 간식이나 식사하기 전
- 용변을 본 후
- 동물을 만진 후
- 만들기나 놀이 활동 후

〈손 씻는 방법〉
- 물을 틀고 손을 물에 적신다.
- 비누를 사용하여 손에 골고루 거품을 낸다.
- 손바닥, 손등, 손가락, 손톱 주위, 손목까지 문지른다.
- 흐르는 물에 10초 이상 헹군다. (물이 손목 위에서 손가락으로 흐르게 한다)
- 수건으로 손을 깨끗이 닦는다. (혹은 손 건조기로 물기를 제거한다)

② 이 닦기

양치질은 치아 사이에 있는 음식물을 제거하고 충치가 생기지 않도록 예방하는 중요한 위생활동이다. 치아 관리가 잘 되지 않는 경우 충치는 물론 잇몸 질환까지 발생하게 된다. 인체에서 세균으로부터 감염이 쉽게 되는 부분이 구강 부위임으로 올바른 이 닦기는 유아기에 형성해야할 기본 생활습관이다.

양치질은 하루 세 번을 기본으로 아침, 점심, 저녁에 한 번씩 하는 것이 좋지만, 식후에 바로 하는 것은 좋지 않다. 식후에는 음식물로 인해 입안이 산성으로 변해 있는데, 치아표면을 보호하는 법랑질(에나멜질, Enamel) 부분이 약해져 있다. 이때 양치질을 하는 경우 치아 손상이 일어날 수 있기 때문에 식후 30분 정도 후에 양치질을 하는 것이 좋다.

영유아기에는 부모의 도움을 받아 칫솔질을 시작하게 되지만, 유아기 소근육이 발달(신발 끈 묶기, 단추 채우기 등이 가능한 시기)하게 되면 아이 스스로가 양치질을 할 수 있게 된다. 처음에는 엄마나 아빠가 아이와 함께 세면대 앞에 서서 함께 이를 닦는 놀이 형식으로 자연스럽고 재미있게 유도하는 것이 좋다. 아이가 이를 닦은 후 간단히 검사를 해주고 잘 안 닦인 부분에는 칫솔질을 도와주면서 칭찬하고 격려해주는 것이 좋다.

아이들이 좀 더 친숙하고 즐거운 이 닦기 활동을 할 수 있도록, 작고 부드러운 유아용 칫솔과 유아용 치약을 준비해주고, 쉽게 거울을 보며 칫솔질을 할 수 있도록 세면대 높이를 조절해주거나 안전한 발판을 준비해주는 것이 바람직하다. 세 살 이전에는 치약을 삼킬 수 있기 때문에 불소가 함유된 치약을 사용하지 않도록 하고, 이후부터는 불소가 함유된 치약을 조금씩 순차적으로 사용하도록 한다.

입안 내부가 아이들에게는 잘 안보이기 때문에 구석구석 칫솔질을 잘할 수 있도록 치아의 모형을 세면대에 두고 올바른 양치질 방법을 가르쳐주는 것도 좋은 방법이 된다.

〈올바른 양치질 방법〉

- 이와 잇몸이 접하는 곳에서 칫솔모를 비스듬히 세운다(45도정도).
- 앞니부터 잇몸에서 이 방향으로 회전식[2]으로 닦는다.
- 윗니는 위에서 아래로, 아랫니는 아래에서 위로 손목을 돌려 치아표면을 털어내듯이 닦는다.
- 양치질은 이만 닦는 것이 아니라 잇몸과 혓바닥도 닦는 것이다.
- 일반적으로 이를 닦는 순서는 오른쪽 윗니 안쪽 → 오른쪽 윗니 바깥쪽 → (아랫니) → 왼쪽 → 양쪽 치아표면 → 잇몸 → 혓바닥 → 입안 헹구기 이다.

건강한 치아의 유지와 관리를 위해서는 매일 양치질을 하는 활동 이외에도 정기적인 치과검진으로 관리해주어야 한다. 많은 아이들이 치과검진이나 치료에 두려움을 가지고 있는데 치과도구가 내는 소음과 뾰족한 도구 그리고 충치치료에 따른 고통이 원인이 된다. 따라서 아이들이 정서가 불안할 때나 컨디션이 좋지 않을 때는 치과 방문을 피하는 것이 좋다. 치과치료가 하나도 아프지 않다고 하는 것은 다음 방문에 전혀 도움이 안 되므로 조금 힘들겠지만 더 아프지 않기 위해서 참고 치료하는 것이 필요하다는 것을 상기시켜줄 필요가 있다. 치과에 두려움이 있는 아이라면, 특별한 치료약속이 없을 때에도 정기적인 검진을 위한 방문을 통해 친숙함을 가질 수 있도록 하는 것도 좋은 방법이다.

아이들에게 치아건강에 도움이 되는 음식(우유[3], 계란, 멸치, 등 푸른 생선, 버섯, 굴, 사과, 당근, 오이 등 씹어 먹는 과일이나 야채 등)을 섭취하는 것이 왜 중요한지 설명해주고 격려해줄 필요가 있다. 6세 전후로 유치가 빠지고 영구치가 나게 되는데 청소년기까지 완전히 영구치로 대체된다.

유아교육기관에서도 치아건강과 관련된 주제의 활동을 할 때 치과 견학, 치과의사 선생님의 방문교육, 이 닦기 놀이, 노래, 동화, 역할놀이 등 다양한 활동을 통해 아이들이 치아의 소중함을 인식하게 하고, 올바른 이 닦는 방법과 치아관리와 검진의 중요성에 대해 충분히 이해할 수 있도록 돕는 것이 중요하다.

③ 식생활습관 및 행동지도

앞서 언급하였지만 유아기는 일생에서 필요한 기본생활습관이 형성되는 중요한 시기이다. 유아기는 자율성과 주도성이 발달하면서 아이도 식사도 스스로 하기 시작하고 성인들의 음식도 섭취하게 된다. 그리고 소화기능이 발달함에 따라 급속한 성장과 발달이 이루어진다.

특히 편식(偏食)이나 거식(拒食) 그리고 폭식(暴食) 등 비정상적인 섭식행동으로 건강한 식생활에 문제를 일으키기도 한다. 부모가 유아가 먹기 힘들어하는 음식을 먹도록 강요하거나 먹고 싶어 하는 음식을 먹지 못하도록 하게 될 때 부모-자녀 간 갈등은 물론 유아의 바람직하지 못한 식생활습관이 형성되는 부작용을 낳을 수 있다. 따라서 엄마-아빠들은 유아들의 섭식행동에 대해 깊이 이해하고 식생활습관과 행동이 잘 형성되도록 돕고 올바르게 지도할 필요가 있다.

하준 씨는 대학을 졸업하고 법학대학원에 다니는 예비 법조인이다. 하준 씨는 좋아하는 설렁탕집에 가서도 깍두기를 손에 대지 않는다. 설렁탕은 좋아하는데 깍두기는 절대 먹지 않는 식습관에는 어린 시절 아픈 기억이 있었다. 하준 씨가 어릴 때

구분	식품종류	지도방안
선호하는 음식[4]	초콜릿/딸기 우유, 계란, 요구르트, 육류, 사과, 햄, 소시지, 핫도그, 감자튀김, 피자, 치킨, 햄버거, 자장면, 탕수육, 국수, 설렁탕, 조미김, 냄새가 강하지 않은 채소류, 옥수수, 버섯, 감자, 고구마 등	아이들은 촉감이 부드럽고 입안에서 씹기 쉬운 음식을 선호한다. 따라서 아이가 좋아하는 음식 목록을 정해놓고 골고루 섭취할 수 있도록 지도한다.
먹기 어려운 음식	야채류: 부추, 파, 양파, 당근, 미나리, 쑥갓, 오이, 고추, 비린 냄새가 많이 나는 생선이나 해물, 회, 육회 등	야채는 신진대사와 필수영양소를 포함한 좋은 식품이다. 채소는 일반적으로 아이들이 힘들어하는 음식이므로 다양한 조리법을 이용하여 아이들이 먹기 쉽게 섭취하도록 하는 것이 좋다 (볶음밥, 파전, 감자전, 해물전 등)
혐오하는 음식	맛이 독특한 음식, 냄새가 나는 음식, 기름기 많은 음식 등 (파, 미나리, 쑥갓, 당근, 돼지고기, 비린 생선 등)	지나치게 맵고 짜고 자극적인 맛의 음식이나 독특한 냄새나 향을 지닌 음식은 피하는 것이 좋다. 아이가 먹기 힘든 음식이나 혐오하는 음식을 이해하고 기다려주는 것도 좋은 방법이다. 아이가 먹기 힘든 음식을 먹으려고 시도할 때 칭찬과 격려와 보상을 해주는 것도 바람직한 지도 방법이다.

표 10-2 유아들의 식품기호

다니던 유치원은 점심급식업체에서 제공하는 점심을 아이들이 먹었는데, 단골 메뉴 중의 하나가 깍두기였다. 담임 선생님은 식판의 모든 음식을 깨끗하게 먹어야만 놀이 활동을 할 수 있도록 식사지도를 하였는데, 하준이는 깍두기에서 나는 김치 냄새와 매운맛이 싫어서 식판에 매번 깍두기를 남겼다. 그러나 담임 선생님의 깍두기까지 다 먹어야만 놀이를 할 수 있다는 말에, 작은 깍두기를 물 컵에 씻어서 눈을 감고 약을 삼키듯이 꿀꺽꿀꺽 삼켜야만 했다. 유아기에 생긴 '깍두기 트라우마'가

누구나 선호하는 음식과 선호하지 않는 음식이 있다. 특히 유아들은 음식에 대한 기호가 강한 시기이다. 우유를 먹지 않는 아이, 야채를 못 먹는 아이, 멸치나 딱딱한 음식을 싫어하는 아이 등 아이들은 특정 식품에 대해 강한 거부감을 가지고 있는 경우가 많다. 성인들도 선호하는 음식에 대한 우선순위가 있기 마련이기에 자녀의 식생활습관에 대해 지나치게 걱정하거나 먹기를 강요해서는 곤란하다. 어릴 때 먹기 힘들어하는 음식이 유·소년기를 지나면서 좋아하는 음식으로 바뀔 수도 있고, 또 거부감이 없어지는 경우를 주변에서 종종 볼 수 있다. 문제는 부모들의 '아이들의 편식하는 습관이 아이의 건강에 심각한 지장을 초래하지 않을까?' 하는 것인데, 특정식품을 거부하면 영양성분이 유사한 다른 음식으로 대체하거나 특정음식에 대한 거부감의 수준을 낮추도록 지도하는 것이 바람직하다.

④ 휴식과 수면

출생 이후에 아이들은 먹고, 대소변을 누고, 잠자기를 반복하며 발달하고 성장한다. 성인도 마찬가지로 식사를 잘하고 용변을 잘 보며 충분한 수면을 취하는 것이 건강한 생활습관의 기본이 된다. 특히 적절한 휴식과 숙면은 몸의 피로회복은 물론 정신건강에도 큰 도움이 된다.

유아들은 대개 하루에 한두 번씩 낮잠을 자기도 하는데, 만 5-6세 전후까지는 하루에 1~2시간의 낮잠을 자는 것이 좋다. 하지만, 낮잠을 자지 않는 아이들도 있기 때문에 낮잠을 강요하는 것은 바람직하지 못하다. 부모는 아이들이 피곤할 때 짜증이 늘고 식욕이 없어진다는 점을 이해하고, 적절한 휴식과 수면시간을 놀이시간과 조화롭게 배분할 필요가 있다.

- 유아교육기관에서 낮잠시간의 효율적인 운영을 위한 지침(종일반)
  - 부모로부터 아이의 생활리듬과 수면습관에 관한 기본정보를 파악한다.
  - 유아들이 쉽고 자연스럽게 낮잠을 잘 수 있는 환경을 조성한다.
  - 낮잠 전후 수면에 도움이 되는 활동과 일과계획을 한다.(신체활동, 점심식사 후)
  - 낮잠을 거부하는 아이에게 강요하지 않는다.
  - 낮잠시간에 적어도 교사 한 명은 아이들이 낮잠을 자는 공간에 머무르며 예기치 않은 상황에 대비한다.
  - 아이들이 깨어나는 순서대로 잠자리를 정리하고 다음 활동을 할 수 있도록 돕는다.

유아기 아이들의 낮잠도 중요하지만, 더 중요한 것은 밤에 충분한 휴식과 숙면을 취하는 것이다. 일반적으로 아이들은 혼자 잠자는 것에 두려움을 가지고 있다. 어두움에 대한 불안과 외로움으로 부모와 함께 잠자리에 들고 싶어 한다. 그러므로 아이 스스로 혼자서 잠을 잘 수 있도록 부모가 도와주는 것이 필요하다. 예를 들어 잠자리에 들기 전에 이를 닦고 목욕을 하고 잠옷으로 갈아입은 다음, 아빠와 함께 잠자리 동화책을 보고 옛날 이야기를 해주거나 온몸을 가볍게 안마를 해준다면 숙면에 도움이 될 수 있다. 아이들이 어둠 속에서도 두려움 없이 잘 잘 수 있도록 자신감을 심어주고 격려해준다면 점차적으로 스스로 잠이 드는 바람직한 습관을 가지게 된다.

구분	증상 및 내용	관찰결과 (O, X로 표시)
얼굴표정	1. 밝고 활기찬 얼굴	
	2. 시무룩한 얼굴	
	3. 울거나 고통스러워 하는 얼굴	
증상 및 징후	4. 기침, 재채기	
	5. 콧물, 코막힘	
	6. 눈의 충혈/눈곱	
	7. 피부의 상처/염증	
	8. 입속 상처/입술 부르틈	
	9. 고열(37도 이상)	
	10. 호흡 시 악취	
	11. 멍자국	
	12. 얼굴의 창백함	
	13. 두통	
	14. 복통	
	15. 코피	
	16. 귀의 통증	
행동특징	17. 부모와 잘 떨어지는가?	
	18. 징징거린다	
	19. 활발하게 활동을 한다	
	20. 화장실에 자주 간다	
	21. 피곤하고 꾸벅꾸벅 존다	
	22. 눈을 자주 비빈다	
	23. 음식을 잘 먹는다	
청결도	24. 얼굴, 머리, 손발은 깨끗한가?	
	25. 손발톱은 잘 정돈되어 있는가?	
	26. 몸에서 냄새가 나지 않는가?	
	27. 옷은 깨끗하고 날씨에 적합한가?	

표 10-3 자녀 건강 체크리스트[5]

예방접종 종류	연령	내용 및 유의사항
결핵(BCG)	생후 1개월 이내	접종방법에 따라 피내접종(주사형)과 경피접종(도장형)이 있다. - 피내접종 : 주사액을 피부 피내층에 접종 - 경피접종 : 피부에 주사액을 바른 후 9개 바늘을 가진 주사도구를 이용하여 두 번에 걸쳐 강하게 눌러 접종
B형간염 (HepB)	생후 0, 1, 6개월	
DTaP (디프테리아, 파상풍, 백일해)	생후 2, 4, 6개월, 15-19개월, 만 4-6세	- 총 3회의 기초접종과 만 4-6세 추가접종은 DTaP-IPV 콤보백신으로 접종이 가능하며, 기초접종 시 DTaP-IPV/Hib 콤보백신으로도 접종 가능하다. - DTaP 단독, DTaP-IPV 또는 DTaP-IPV/Hib 콤보백신으로 기초접종 시에는 동일 제조사의 백신으로 접종할 것을 권장한다.
폴리오(IPV)	생후 2, 4, 6개월, 만 4-6세	- DTaP-IPV 또는 DTaP-IPV/Hib 콤보백신으로 접종이 가능하다. - DTaP-IPV 또는 DTaP-IPV/Hib 콤보백신으로 기초접종 시에는 동일 제조사의 백신으로 접종할 것을 권장한다.
b형 헤모필루스 인플루엔자 (Hib)	생후 2, 4, 6개월, 12-15개월	예방접종은 Hib 또는 DTaP-IPV/Hib 콤보백신으로도 접종이 가능하다.
폐렴구균 (PCV)	생후 2, 4, 6개월, 12-15개월	1-4차 접종까지 동일 제조사의 백신으로 접종한다.
홍역, 유행성이하선염, 풍진 (MMR)	생후 12-15개월, 만 4-6세	
수두(Var)	생후 12-15개월	
A형간염 (HepA)	생후 12-23개월에 1차 접종 후, 6개월 이상 경과 후에 2차 접종	

| 일본뇌염 | 백신 종류에 따라 다름 | 1) 불활성화 백신
접종 시기 : 생후 12-23개월에 7-30일 간격으로 2회 접종하고, 2차 접종 12개월 뒤 3차 접종, 만 6세, 만 12세에 각각 1회 접종
일본뇌염 불활성화 백신은 쥐 뇌조직 유래 불활성화 백신과 베로세포 유래 불활성화 백신으로 분류되며, 쥐 뇌조직 유래 불활성화 백신을 1차, 2차 접종했을 경우 3차부터 베로세포 유래 불활성화 백신으로 교차접종이 가능하다
첫 접종을 시작하는 영유아는 베로세포 유래 불활성화 백신으로 접종하기를 권고한다.

2) 약독화 생백신
접종 시기 : 생후 12-23개월에 1회 접종하고, 1차 접종 12개월 후 2차 접종

* 불활성화 백신과 약독화 생백신의 교차접종은 권장하지 않는다. |

표 10-4 자녀의 예방접종 목록(2017년 8월 기준)

2) 자녀의 건강관리

건강이 나빠지기 전에 미리미리 질병을 예방하고 위생적인 환경을 유지하고 질병에 적극적으로 대처하는 것을 예방의학[6]이라고 한다. 부모는 보다 체계적인 방법으로 자녀의 건강상태를 파악해야 할 의무가 있다. 자녀가 피곤한지, 배가 고픈지, 아픈 데는 없는지, 현재의 심리-정서 상태는 어떠한지 일상생활 속에서 꼼꼼히 파악할 수 있어야 한다.

표 10-3는 평소 일상생활에서 자녀들의 건강을 체크할 수 있는 체크리스트이다. 자녀 건강 체크리스트를 바탕으로 세균의 감염이나 질병의 유무를 판단할 수 있다. 정기적인 건강진단은 연 2회 정도(학기 초) 실시하는

것이 좋은데, 키와 몸무게 및 시력과 청력을 측정하는 신체검사와 예방접종이나 소변 및 혈액검사 등을 통해 질병의 유무를 조기에 찾아낼 수 있도록 한다.

특히 유아기 자녀에게 걸리기 쉬운 질병으로는 감기, 천식, 결핵, 중이염, 후두염, 뇌염, 수두, 천식, 폐렴, 식중독, 눈병, 맹장염, 파상풍, 바이러스 감염으로 인한 질병 등이 있다. 모든 질병을 예방하고 전염성 질환을 예방하기는 어렵지만 기본적으로 건강한 식생활과 위생·청결교육을 통해 일정 정도는 예방이 가능하다. 아울러 각종 예방접종의 시기를 놓치지 않도록 예방주사 일정표를 작성하고, 병원 방문 일정과 누가 아이를 데리고 갈 것인지 미리 결정하도록 한다.

3) 자녀의 정신건강

신체 성장과 발달도 중요하지만 정신적 측면에서의 건강을 유지·관리하는 것 역시 매우 중요하다. 정신건강은 폭넓은 의미에서 정신질환의 유무와는 상관없이 원만하고 바람직한 대인관계와 사회생활을 할 수 있는 정신 상태를 포괄하고 있다. 일반적인 부모들은 자녀의 신체와 인지발달을 위해 큰 관심을 가지고 접근하지만, 정서와 사회성 발달을 비롯한 정신건강에는 소홀한 측면이 있다.

현대사회의 가족구조, 자녀 수 감소, 도시 집중화 현상, 이혼율 증가 등 다양한 문제와 급속하게 변화하는 환경에서 자녀들은 심한 스트레스의 요인에 노출되어 있다. 특히 유아기에 유아교육기관과 사교육기관에서 하루 시간의 대부분을 보내는 유아들이 증가하면서 아이들은 새로운 환경과 다양하고 도전적인 상황에 직면하게 된다. 이때 아이들은 심리적 갈등과 긴장을 경험하게 된다. 유아기에는 다양한 종류의 스트레스와 사회-심리적 문제를 적절하게 대처할 수 있는 능력이 부족하기 때문에 부모와 유아교육기관의 적극적인 관심과 유아 정신건강을 위한 계획 수립이 필요하다. 본 절에서는 정신건강의 정의와 주요 개념에 대해 알아보고 정신건강과 관련된 여러 고려점과 정신건강의 증진을 위한 방안을 살펴보도록 한다.

① 정신건강의 정의 및 주요개념

종래에는 정신건강을 신체건강의 일부로 보거나 결부되어 있는 것으로 보고 각자 개인의 심리상태나 정신적 문제로 접근하였다. 하지만 사회구조와 문화의 급속한 변화에 따라 정신건강은 가정생활과 학교생활, 사회생활과 대인관계 등 사회의 거의 모든 영역과 밀접한 연관이 있는 것으로 변화하였다.

과거에는 일반적으로 정신건강이란 심리적 장애나 정신질환이 없는 상태로 정의하였다. 하지만, 정신건강의 정의를 정신적 질병이 없음은 물론 만족스러운 대인관계를 유지해갈 수 있는 능력으로 보기도 하였다. 대인관계유지능력은 자신의 능력을 발휘하는 데 아무런 문제가 없고, 주변 환경에 대한 적응력이 있으며, 독립적인 개인의 생활을 영위할 수 있는 성숙한 정신 상태를 갖추고 있는 상태를 말한다(National Committee for Mental Hygiene: NCMH, 2011).

세계보건기구가 2014년 개정발표한 정신건강의 정의는 "행복한 상태"를 의미한다. 행복한 상태라 함은, "개개인이 일상생활 속에서 스트레스를 극복할 수 있는 잠재력이 있음을 인식하고, 생산적으로 일할 수 있으며,

개인이 속한 지역사회에 헌신하고 기여하는 것"으로 규정하였다.

여러 정신의학자나 심리학자들은 정신건강을 위한 핵심요소를 규정하여 왔다. 맥키니(McKinney, 1974)는 정신건강을 '인간의 심리적 안정성'으로 규정하고, 정신건강의 필수요소로 7가지 하위요인(행복감, 활동성, 사회성, 통일성, 조화성, 적응력, 책임감)을 제시하였다. 팬턴과 동료들(Fenton, Blyler, & Heinssen, 1997)은 정신건강을 위한 필수요건으로 통일성과 일관성, 자신에 대한 확신, 사회적 참조(Social referencing)의 요건이 충족되어야 한다고 주장하였다. 정신건강과 관련된 여러 학자들의 의견을 종합해볼 때 정신건강은 아래와 같은 주요개념으로 정리해 볼 수 있다.

• 건강한 자아개념: 정신건강은 스스로에 대한 긍정적인 인식에 기초한다. 긍정적 자아개념은 자신의 가치와 존엄에 대한 인식으로 건전한 자기애와 자신에 대한 확고한 믿음으로 볼 수 있다. 외모로 대표되는 신체적 자신감과 타인과의 좋은 인간관계는 건강한 자아개념을 형성하는 데 중요한 의미를 지닌다.

• 자아존중감: 스스로에 대해 긍정적 자아개념을 가지고 있는 사람은 힘들고 어려운 상황에서도 좋은 쪽으로 생각하고 기대하는 능력이 있다. 이러한 능력은 일생을 살아가면서 삶의 순간순간마다 발생하는 위험요소나 문제해결의 긍정적 요인으로 작용한다. 자아존중감이 높은 사람은 자신을 존중하고 가치 있게 생각하는 만큼 타인에 대해서도 너그럽고 유연한 태도를 보인다.

• 현실에 대한 올바른 인식능력: 현실에 대한 정확하고 객관적 인식능력은 정신건강을 위한 필수요소 중 하나이다. 주어진 현실과 상황에 대해 너

무 비관적으로 생각하는 것도 바람직하지 않고, 현실과 동떨어진 과도한 긍정성도 정신건강을 위해 적절하지 못하다. 현실을 있는 그대로 수용하고 타인의 입장도 충분히 고려할 수 있는 사람은 문제의 핵심을 올바르게 이해하고 갈등을 원만하게 해결할 수 있는 가능성이 높다. 정신이 건강한 사람은 자신의 주변을 둘러싼 여러 환경을 개선하고자 노력하고, 향후 직면할 어려움에 대해 예측하고 해결책을 준비함으로써 자신의 목표를 보다 수월하게 성취할 수 있다.

• 일관성: 정신이 건강한 사람은 일관적이다. 상황의 유불리(有不利)에 일희일비(一喜一悲) 하지 않고 항상 이성과 감정을 잘 조절할 수 있다. 또한 주변 환경이나 여건이 새롭게 변화하더라도 적응할 수 있는 능력이 뛰어나다. 물론 문제 상황에 대한 불안과 스트레스 혹은 타인과의 갈등 등으로 어려움을 겪을 수도 있지만, 차분하게 상황을 직시하고 긍정적으로 문제를 바라보며 대화와 소통을 통해 문제를 적극적으로 해결해 갈 수 있다.

② 정신건강의 중요성

UN아동인권위원회(2017)에서는 "모든 어린이와 청소년은 행복하고 건강한 삶을 누릴 권리가 있으며 정신건강 문제를 예방하거나 치료를 받을 자격이 있다"고 규정하고 있다. 하지만, 세계 여러 나라의 저소득층, 소수 민족 어린이와 청소년들, 심리 혹은 정신장애를 가진 아동과 청소년들을 위한 치료 및 교육은 아직 과제로 남아 있다고 보고하고 있다. 2011년 기준 미국에서는 약 1600만 명의 아동과 청소년들이 정신건강 장애로 진단을 받았지만, 이들 중 약 7%만 정신과 전문의로부터 상담과 치료를 받고 있는 것으로 추산하고 있다. 우리나라도 지난 2000년에 22만 명으로 추산

응답자의 특성		죄책감/자기혐오		부정적 자기상/정신운동지연		신체적 측면		정서적인 표현/부정적 인지		우울(전체)	
		M (SD)	t, F (Sheffé)	M (SD)	t, F (Sheffé)	M (SD)	t, F (Sheffé)	M (SD)	t, F (Sheffé)	M (SD)	t, F (Sheffé)
성별	남자 (n=4,692)	0.31 (0.45)	164.152 ***	0.36 (0.51)	39.832 ***	0.32 (0.45)	57.957 ***	0.34 (0.47)	335.051 ***	0.33 (0.40)	177.633 ***
	여자 (n=4,710)	0.43 (0.48)		0.42 (0.49)		0.39 (0.43)		0.53 (0.53)		0.44 (0.41)	
교급별	초등학교 (n=3,157)	0.25 (0.44)	160.359 *** (ab,ac,bc)	0.30 (0.47)	86.258 *** (ab,ac,bc)	0.27 (0.44)	105.568 *** (ab,ac,bc)	0.31 (0.49)	184.769 *** (ab,ac,bc)	0.28 (0.39)	182.019 *** (ab,ac,bc)
	중학교 (n=3,260)	0.39 (0.47)		0.41 (0.48)		0.36 (0.42)		0.47 (0.50)		0.41 (0.40)	
	고등학교 (n=2,985)	0.46 (0.47)		0.47 (0.54)		0.43 (0.46)		0.55 (0.52)		0.48 (0.41)	
전체 M(SD)		0.37(0.47)		0.39(0.50)		0.35(0.44)		0.44(0.51)		0.38(0.41)	

*p<.05, **p<.01, ***p<.001
*주: a=초등학교, b=중학교, c=고등학교

표 10-5 한국 아동 · 청소년 우울증요인분석(한국청소년정책연구원, 2013)

되었던 우울증 환자가 2011년에는 53만 명으로 급증하였다. 우울증 환자 중 아동·청소년이 차지하는 비중은 44.7%에 달하는 것으로 나타났다(통계청, 2016).

우울증을 비롯한 여러 심리적·정신적 문제는 대인 기피나 반사회적 행동, 약물중독, 폭음과 흡연, 성적(性的) 일탈, 그리고 자살과 깊은 연관이 있는 것으로 나타났다. 이러한 이유로 유아기 정신건강은 개인의 정서적 안정은 물론 사회성 발달과 대인관계에 전반적으로 영향을 주기 때문에 부모와 유아교육기관의 적극적 개입과 치료가 병행되어야 한다.

미국심리학회(American Psychological Association: APA)에서는 유아기 정신건강은 신체건강과 더불어 아이들이 생각하고 느끼고 행동하는 방법에 깊은 영향을 미치는 것으로 보았다. 정신적으로 건강한 아이들은 가정에서 부모와 가족들과 긍정적인 심리적 유대감을 형성하고 있다. 이러한 유대감을 바탕으로 건강한 교우관계를 맺어나가고 학교생활과 사회생활에서 유능감을 보이게 된다. 따라서 유아기 정신건강은 신체 건강과 더불어 오늘날 우리 사회가 직면한 가장 중요한 도전 중 하나로 볼 수 있다.

③ 정신건강을 위협하는 요소와 해결책

아이들의 정신건강을 위협하는 요소는 다양하다. 개인의 성격과 심리적 특성은 물론 부모와 가족요인, 친구를 비롯한 학교와 지역사회의 영향, 사건이나 사고 등 무수히 많다.

먼저 개인의 정서적 문제는 유쾌한 상황에서는 크게 문제가 되지는 않는다. 하지만 분노나 슬픔, 우울과 좌절감, 외로움과 고립감, 스트레스 등 유쾌하지 않은 상황에서는 감정을 적절하게 조절하고 통제하기 어렵다. 특히 유아기에는 심리적으로 불안한 상황이나 공포의 상황에 대처하는 능력이 부족하므로 부모의 개입과 지도가 필요하다. 자녀가 심리적으로 위축되거나 불안한 상황에서 부모는 대화를 통해 아이의 심리상태를 파악하고 아이의 감정과 기분을 이야기하도록 충분한 기회를 주는 것이 중요하다. 아이가 불안해하는 상황으로부터 격리시키는 방법과 긴장을 완화시킬 수 있도록 문제해결방안에 대해 함께 이야기하는 방법 등이 있다.

아이들의 심리나 정서상태는 그들의 말과 행동으로 나타난다. 아이들의 바람직하지 않은 말과 행동을 바로 처벌하거나 제재하기보다는 부정적 말과 행동을 유아의 발달과 사회적 상황 속에서 해석해야 한다. 그리고 말과 행동의 원인을 파악하고 거기에 대한 수정방향을 잡아가야 한다.

커처 박사(Kutcher, S., 2017)는 댈하우지대학(Dalhousie University)에서 아동청소년 정신건강에 대해 오랫동안 연구해왔는데, 그가 제안하는 아동·청소년 정신건강 증진을 위한 제안은 다음과 같다.

첫째, 아동·청소년 정신건강 프로그램과 관련된 정책은 철저하게 검증되고 체계적 연구를 기반으로 실시되어야 한다.

둘째, 아동·청소년들에게 적절한 치료를 제공하고, 조기에 발견하도록 노력한다.

셋째, 부모와 교육기관은 정신 장애에 대한 각별한 관심을 기울이고 효과적인 조기 치료 프로그램을 받도록 한다.

넷째, 정신치료 프로그램은 학부모, 교육기관, 상담 및 심리치료전문가 등 가정과 학교-지역사회의 전문가와 통합될 필요가 있다.

무엇보다 정신건강의 문제를 성공적으로 해결하기 위해서는 문제를 조기에 발견하고 대처하는 일이다. 정신건강에 대해 정신질환으로 이해하고 치료가 어려운 정신병으로 받아들이는 편견을 없애고 적절한 진단과 처방을 통해 치유될 수 있다는 믿음을 가지는 것이 중요하다. 자녀가 긍정적인 자아개념을 형성할 수 있도록 부모와 유아교육기관에서 돕고, 아이가 자신의 감정과 정서상태를 바르게 인식하고 조절하며 표현할 수 있도록 허용적이고 자유로운 분위기로 이끄는 것이 요구된다.

④ 아버지의 역할

유아의 정신건강을 위한 아버지의 역할은 중요하다. 앞에서도 언급하였듯이, 아버지는 가정에서 아이들이 보고 배우는 좋은 롤모델이 되어야 한다. 자녀들은 아버지의 말과 행동, 어머니와 가족들을 대하는 태도, 문제 상황을 해결하는 방식을 보고 배우며 자라난다. 아버지가 신체적·정신적으로 건강하고 규칙적인 생활습관을 가지며, 일상생활에서 감정의 기복 없이 정서적으로 안정된 모습을 보여주는 것이 중요하다.

자녀에 대한 기본적인 신뢰를 바탕으로 아버지-자녀 간의 정서적인 교류가 있고, 대화와 소통이 이루어진다면, 아이들은 가족구성원과 친구, 학교와 지역사회에서 발생하는 여러 문제들에 원만하게 대처해 나갈 수 있는 기본적인 능력을 키워갈 수 있게 된다.

아버지의 민주적 양육방법의 중요한 핵심 키워드는 아버지-자녀 간의 애정적 유대를 기반으로 상호 간 신뢰와 존중, 대화와 소통, 그리고 일관성 있는 양육태도를 실제 생활에서 실천해가는 것이다. 특히, 자녀의 정신건강을 위해서 아버지가 특별히 관심을 가지고 신경을 써야하는 부분은 '긍정적 자아개념의 형성'을 돕는 것이다. 아이들이 자신 스스로를 가치 있고 유능하며 소중한 존재라고 여기는 기본적 인식을 가지는 것이 중요하다. 스스로에 대한 긍정적인 인식은 정신건강을 유지하고 관리하는 데 매우 중요하다. 긍정적 자아개념을 바탕으로 아이들은 자신의 감정을 올바르게 인식하고 자신의 생각과 감정을 자유롭게 표현할 수 있다(Hendrick & Smith, 1995). 긍정적 자아개념을 바탕으로 아이들은 자신감과 유능감[7], 자아존중개념을 발달시켜 나가는데, 이때 타인과의 갈등상황에서도 비교적 관대하고, 문제를 정확하게 인식하며, 갈등을 타협하고 조율하여 문제해결을 시도하게 된다.

자녀가 좌절하거나 실의에 빠져 있을 때 아버지는 다시 일어설 수 있도록 용기와 희망을 북돋아 주고, 목표를 잃어버리고 방황하는 자녀에게는 포부감과 확신을 심어줄 수 있다. 아버지에게 인정을 받고 존중 받는다는 믿음을 가진 자녀들은 정서적으로 안정되며 강인한 정신력을 기를 수 있는 토대를 마련하게 되는 것이다.

3. 안전사고와 응급처치

유아기 안전은 가장 기본적이고 철저하게 담보되어야 할 소중한 개념이다. 안전지도는 개인의 건강과 관련된 요소로 시작해서, 가정과 학교, 주변 환경에 잠재된 위험한 요소로부터 아이들을 보호해가는 방향으로 진행되어야 한다.

유아기 안전사고의 대부분은 부모와 유아교육기관의 교사가 안전한 환경을 제공하고, 안전에 필요한 지식과 태도를 길러 줌으로써 예방이 가능하다. 또한 피할 수 없는 사고의 상황이라면 신속하고 정확하게 대처함으로써 상황의 악화를 막고 경우에 따라서는 최악의 상황을 피할 수 있다. 따라서, 부모와 유아교육기관에서는 평소에 사고에 대비한 기본지침을 마련하고 매뉴얼을 구비해 응급처치를 할 수 있는 준비가 되어 있어야만 한다.

1) 안전사고에 대한 인식 및 기본방향

안전사고를 예방하기 위해서는 기본적으로 사고의 원인과 내용, 그리고 대처방법을 숙지하고 있어야 한다. 부모와 유아교육기관의 교사들은 사전에 사고에 대한 기본 지식을 가지고 있어야 하고, 사고가 발생했을 때 신속하게 대처할 수 있도록 해야 한다.

① 일반적인 안전사고의 특징

안전사고에 대한 통계를 살펴보면, 신생아부터 만4세의 사고는 우발적인 경우가 많다. 남아들이 여아들보다 사고 빈도가 높고 주로 추락과 낙상사고와 교통사고, 화상, 약물중독, 기도질식의 순서로 나타났다.

기도 막힘이나 이물질을 삼키는 사고는 신생아와 영아기에 많이 나타난다. 신생아들은 우유나 이유식을 먹고 토하다가 기도가 막히는 경우가 많이 나타나고, 영아기에는 기어 다니면서 동전, 구슬, 단추, 핀, 비닐, 작은 장난감을 삼켜서 기도질식이 일어나는 경우가 많다.

유아기에는 책상이나 식탁, 계단 등 높은 곳에 올라가려다 떨어지는 사고나 뜨거운 물이나 전열기 등에 화상을 입기도 한다. 책상 모서리에 부딪히거나 문을 여닫을 때 손발이 끼는 사고 혹은 의약품이나 유해물질을 먹는 사고들이 일어나기도 한다. 특히, 자동차나 보행 시 사고는 만 2세 이후 전체 연령에서 항상 높은 빈도의 사고율을 보이고 있다. 우리나라 자동차 보유율이 급격히 높아짐에 따라 자동차 사고율도 꾸준히 증가하고 있다. 아이들이 편하고 안전하게 놀 수 있는 놀이시설과 안전한 공간이 부족한 것도 교통사고가 증가하는 원인 중 하나로 볼 수 있다.

② 안전사고의 기본적 예방원칙

사고의 원인이 될 만한 위험요소를 미연에 제거하는 것이 첫 번째 원칙이다. 위험한 물건은 치워주고 아이들에게 안전한 환경을 제공하는 것이 부모의 책임이자 의무이다. 예를 들어, 날카로운 가위나 칼은 아이들 주변에서 멀리 치우고, 콘센트는 플라스틱 콘센트막이로 미리 막아두도록 한다. 식탁이나 탁자의 모서리가 날카롭다면 쿠션 제품 등으로 막아둔다. 둘째,

아이에게 위험요소를 미리 알려주고 스스로 위험으로부터 보호할 수 있도록 훈련을 하는 것을 통해 사고를 예방하도록 한다.[8] 예를 들면, 콘센트에 젓가락이나 쇠꼬챙이를 꽂으면 감전의 위험이 있다는 것을 알려주고, 끓고 있는 뜨거운 냄비나 국그릇은 화상의 위험이 있음을 알려준다. 셋째, 가정과 유아교육기관은 안전점검 리스트를 마련하고 정기적으로 점검하도록 한다.

	가정		유아교육기관
1	의약품에는 약 이름을 표기하고 아이의 손에 닿지 않는 장소에 보관한다. 독극물을 특별 장소에 보관하고 열쇠로 잠근다.	1	실내외 놀이환경의 위험요소 정기/수시점검
2	난방기구 근처에는 가연성 제품을 두지 않는다.	2	놀잇감의 안전성 및 상해의 위험성
3	화재경보기와 소화기는 잘 작동되고 있는가?	3	화재경보기와 소화기는 작동유무 점검
4	욕실에 아이만 혼자 남겨두지 않는다.	4	등하원 시 교통안전 지도
5	베란다와 창문의 추락방지 철망은 안전한가?	5	바깥놀이 야외학습 시 안전지도
6	도로변이나 차가 많이 다니는 골목에서는 놀지 않도록 한다.	6	교통안전공원 체험학습 또는 시청각교육
7	횡단보도 건너는 방법에 대해 알려준다.	7	비상용 응급상자의 구비
8	정기 안전교육과 수시 안전교육을 병행하고 있는가?	8	응급처치 매뉴얼의 구비
9	위험한 상황이 발생하면 도움을 요청하도록 하고 있는가?	9	기관근무자 대상 응급처치교육 실시
10	긴급전화번호(보호자, 가까운 이웃, 구조대)를 암기하도록 한다.	10	보호자, 병원응급실, 구조대 연락처 파악

표 10-6 안전사고 점검리스트

2) 응급처치의 종류와 아버지의 역할

사고나 응급상황이 직면하게 되면 아버지는 아이를 위해 기초적인 대처법부터 소독과 치료, 그리고 응급처치 요령을 숙지하고 있어야 한다. 아버지는 아이가 부상을 당했을 때 침착하고 신속한 응급처치를 하고, 또 아이가 시의적절한 의료서비스를 받도록 할 의무가 있다. 아이의 부상의 정도가 심각한 경우, 응급처치는 일차적인 처치에 국한되고 전문적인 치료는 의료전문가에게 맡겨야 한다는 것을 반드시 명심해야 한다.

① 외상

다친 상처를 따뜻한 물로 깨끗이 씻고, 살균 거즈로 드레싱을 한 다음 연고를 발라준다. 얼굴이나 목을 다친 경우나 잘 알지 못하는 동물에 물린 경우는 의사의 전문적인 의료지원이 필요하다. 아울러, 아이가 파상풍주사를 접종했는지 여부를 확인하여야 한다.

② 벌레물림

모기나 벼룩, 빈대에게 물렸을 때는 상처 부위가 무척 가렵기 마련이다. 벌레에 물린 곳을 따뜻한 물에 비누로 깨끗하게 씻은 다음 벌레 물린 데 바르는 연고(칼라민 성분을 포함한 연고 등)를 발라준다. 아이가 가려운 곳을 긁지 못하도록 밴드나 거즈 등 커버를 씌워준다.

벌이나 땅벌이나 혹은 말벌에 쏘인 경우는 좀 더 세심한 접근을 할 필요가 있다. 육안으로 벌의 침이 보이는 경우에는 핀셋으로 뽑아준다. 이때, 억지로 손으로 벌침을 짜내는 것은 금물이다. 중탄산소다(Bicarbonate of soda)나 엡솜 소금물(Epsom salts)을 거즈에 적셔서 상처 부위의 붓기를 경감시켜 준다. 아이가 만약 벌에게 한 번에 여러 곳을 쏘인 경우는 엡솜 소금을 욕조에 녹여서 상처 부위를 담가준다. 아이가 벌 알레르기 반응이 있는지는 육안으로 쉽게 구별할 수 있는데, 머리부터 발끝까지 순서대로 붓거나 호흡곤란 증세나 마른침을 꿀꺽꿀꺽 삼키는 경우이다. 이때는 빨리 병원으로 옮겨야 한다. 옮기는 도중 쇼크가 일어날 징후가 있는지 유심히 살펴야 한다.

③ 물집

심한 찰과상이나 화상으로 수포가 생긴 경우는 터뜨리지 말고 소독한 거즈로 싸서 병원으로 데리고 가야 한다. 수포가 터진 경우는 물로 씻지 말고, 깨끗하게 말려서 병원으로 이송한다.

④ 베임이나 긁힘

경미한 상처는 병원에 갈 필요 없이 따뜻한 물에 깨끗이 환부를 씻고 소독하고 약을 바른다. 깊은 상처나 꿰매어야 할 정도로 심각하다고 판단될 때는 간단한 지혈절차로 응급처치를 한 후 병원으로 바로 가야 한다.

⑤ 유리파편, 가시, 금속파편이 박혔을 때

선인장 가시나 유리조각이나 금속파편이 아이의 살갗에 박혔을 때는 2차 감염의 우려가 있고 통증이 매우 심하기 때문에 조심스럽게 다루어야 한다. 정도가 경미할 때는 밝은 불빛 아래에서 직접 뽑아주어야 하지만, 상처가 깊고 정도가 심각할 때는 무리하게 뽑으려 하지 말고, 빨리 병원으로 옮겨야 한다.

가정용 구급상자 목록	
1. 반창고(크기별로 구비)	9. 외상용 연고
2. 의약용 솜	10. 화상용 연고
3. 소독약	11. 칼라민 성분 연고
4. 포비돈 액	12. 토근제(구토유도제)
5. 붕대	13. 엡솜 소금
6. 의약용 테이프	14. 체온계
7. 작은 가위	15. 소독용 알콜
8. 핀셋	16. 기타 상비약

표 10-7 가정용 구급상자 목록

3) 특별한 부상

① 손가락이 부러지거나 뭉개졌을 때

문이나 서랍을 닫다가 아이의 손가락이 끼어서 생긴 부상은 매우 고통스럽다. 육안으로 보아 뼈나 피부조직의 심각한 손상이 아니라면, 아이싱을 해주고 상처를 치료하면 되지만, 손가락 형태가 망가져서 골절이 의심되면 아이가 환부를 움직이지 못하게 부목을 대고 붕대로 고정한 다음 병원으로 빨리 이송한다.

② 눈부상

안구가 외부의 물질에 부딪히거나 찔렸을 때는 소독용 거즈를 눈에 붙여서 병원으로 빨리 데리고 간다.

③ 머리부상

넘어지거나 부딪혀서 머리에 출혈이 있는 경우는 영유아기에 자주 생길수 있는 사고이다. 아이가 의식불명이거나 구토 증세나 어지럼 증세 또는심한 두통이 있으면 심각한 부상이므로 병원으로 빨리 옮겨야 한다.

④ 입 부상

아이가 넘어지거나 부딪혀서 혀나 입술, 잇몸, 볼 안쪽 등 입 내부에 출혈이 생긴 경우에는 지혈이 쉽지 않다는 것을 알아야 한다. 아이가 입술이나 혀를 다쳐서 지혈이 안 되는 경우에는 얼음을 싼 거즈 손수건을 아이에게 물리고 병원으로 가야 한다. 흐르는 피는 아이가 삼키지 않도록 주의를 주어야 하지만 소량의 혈액은 아이가 삼켜도 상관이 없으니 아이가 놀라지 않도록 안심시켜 주어야 한다. 입속의 상처는 빨리 아물기 때문에 꿰매는 경우가 드문데, 의사의 판단에 맡기도록 하는 것이 좋다.

⑤ 염좌

염좌는 관절 근처의 연골이 다쳐 부은 경우를 말하는데, 무릎, 발목, 손목, 손가락 등의 염좌가 일반적이다. 염좌는 고통을 수반하고 붓기의 정도로 심각성의 유무를 판단할 수 있다. 얼음찜질이 통증을 경감시키고 붓기를 완화시킨다. 부상이 경미하다면 얼음찜질을 해준 다음 신축성 밴드로고정해주는데, 며칠이 지나도 붓기나 통증이 가라앉지 않으면 의사와 상담을 해야 한다.

4) 이물질에 의한 부상

① 눈에 이물질이 들어간 경우

모래나 먼지가 눈에 들어간 경우는 깨끗한 물로 씻어낸다. 아이가 눈을 비비지 못하도록 각별히 주의해야 한다(각막손상이나 2차 감염의 우려 때문). 핀셋이나 면봉으로 아이의 눈에 있는 이물질을 제거하려 해서는 절대 안 된다. 작은 모래나 먼지의 경우는 이물질이 아이의 눈곱으로 나중에 배출되기 때문이다. 심각하다고 생각되면, 지체 없이 의사의 도움을 받도록 한다.

② 귀에 이물질이 들어간 경우

귀에 개미나 작은 거미나 벌레가 들어간 경우에도 억지로 면봉이나 핀셋으로 꺼내려 해서는 안 된다. 빨리 병원을 찾는 것이 가장 빠른 해법이다.

③ 코에 이물질이 든 경우

작은 물건을 입이나 코 안으로 집어넣는 아이들이 있다. 아이가 난데없이 코 주변을 만지면서 토하거나 캑캑거리면 이를 의심해 보아야 한다. 아이가 날숨으로 코를 풀 수 있다면 이물질이 나오도록 시도해보지만, 그렇지 않을 경우 병원을 찾아야 한다.

④ 입으로 물건을 삼켰을 경우

영유아기에 흔하게 있을 수 있는 경우인데, 이 시기 아이들은 사물에 대한 굶주림의 시기로, 모든 물건을 입에 넣거나 빠는 행동을 한다.[9] 만약 아이가 물건을 삼켜서 큰 고통을 호소하지 않고 삼킨 지 시간이 오래 경과되었다면 삼킨 물건이 배변으로 빠져나왔는지 확인해본다. 아이가 호흡곤란 증세를 보이거나 어지러움과 구토 증세가 있는 경우는 빨리 병원으로 가야 한다. 특히, 아이가 말을 할 수 있다면, 삼킨 물건이 무엇인지 빨리 파악해야 한다. 예를 들어, 작은 건전지류(중금속 함유)나 뾰족한 물건(바늘, 핀셋, 클립)은 대단히 위험하므로 평소 아이의 손길이 닿지 않는 곳에 보관하도록 하고, 아이가 이를 삼켰을 때는 신속히 병원으로 데려가야 한다. 또, 아이가 삼킨 물건이 목에 걸려(기도질식) 숨을 잘 못 쉬고 있을 때는, 표 10-8에 있는 응급처치 요령대로 응급처치를 신속 정확하게 실시해야 한다.

5) 기타
① 열사병

아이가 한여름에 과도하게 놀다가 더위를 먹었을 때, 아이의 체온이 올라가고 아이는 짜증을 호소하게 된다. 우선, 아이를 서늘한 곳으로 옮기고 옷을 벗기고 시원한 물을 마시도록 한다. 어지러움증이 심할 때는 담당의사에게 연락을 해서 지시를 받도록 한다.

② 햇볕에 그을린 화상

아이가 여름에 햇빛에 심하게 노출되어 피부가 벗겨졌을 때는 깨끗한 물에 씻기고 칼라민 로션이나 알로에 함유 연고를 발라주면 고통을 경감시킬 수 있다.

응급상황 시 반드시 지켜야 할 수칙들

1. 사고 현장에 아버지 이외의 다른 사람이 있다면, 응급처치가 숙련된 사람이 아이의 응급처치를 하고 나머지 한쪽은 구조요청을 한다.
2. 만약 아버지 혼자라면 응급처치부터 실시한다.
3. 구급차를 호출해야 할 만큼 긴급한 상황이라면 아버지는 아이 곁을 떠나서는 안 된다.
4. 독극물 섭취, 의식불명, 과다출혈의 상황이라면 응급실로 최대한 빨리 이송하여야 한다.
5. 긴급 상황에 대비하여 집 전화나 핸드폰에 가까운 병원의 응급실이나 구조대의 연락처를 단축키로 저장하여 둔다.
6. 아버지가 직장 근무 중에 사고가 일어났다면 무조건 빨리 아이가 있는 곳으로 가야 한다.
7. 쇼크의 징후에 대해 이해하고 적절한 응급처치요령을 숙지하도록 한다.

표 10-8 응급상황 시 수칙

③ 동상

극심한 추위에 아이가 노출되어 동상을 입었을 때, 피부가 붉은색으로 바뀌었다가 회색이나 흰색으로 바뀌게 된다. 피부가 녹으면서 물집이 생길 수도 있는데, 이때는 압박붕대로 희게 바뀐 부위가 약간 붉게 바뀌는 정도까지 고정해주고 손가락 사이, 발가락 사이는 깨끗한 천으로 따로따로 감싸준다. 그리고 최대한 빨리 의사에게 간다. 정도가 경미할 때는 미지근한 물에 담갔다가 서서히 혈색이 돌아오도록 하여도 되지만, 살갗이 회색이나 흰색으로 변한 경우는 심각한 상황이므로 병원으로 빨리 이송해야 한다.

6) 아버지가 반드시 알아야 할 응급처치 매뉴얼

사고는 항상 급작스럽고 순식간에 일어나기 마련이다. 미연에 사고 상황을 대비하여 매뉴얼을 인지하고 있지 못하면, 작은 사고도 큰 후유증으로 남을 수 있다. 아동청소년의 사망률의 가장 큰 부분을 차지하는 것이 사고로 인한 사망임을 감안한다면, 사고가 일어났을 때 부모와 교사들의 초기 대처가 아이의 생명을 구하는 핵심요소가 된다고 볼 수 있다.

① CPR

만약 아이가 숨을 쉬지 않거나, 심장의 박동이 멈춘 경우 CPR 을 신속정확하게 실시해야한다. 이때, 아빠가 당황하거나 두려움 때문에 시기를 놓쳐버려서는 절대 안 된다.

• 인공호흡법(Artificial Respiration)

(1) 이물질제거: 아이를 바로 눕힌다. 구강 내에 있는 혈액, 토사물, 물건들을 손을 넣어 깨끗하게 제거한다.

그림 10-1 인공호흡 1단계

(2) 기도확보: 아이의 고개를 약간 뒤로 젖히고, 턱을 약간 들어올려 아이의 혀가 기도를 막지 않도록 한다.

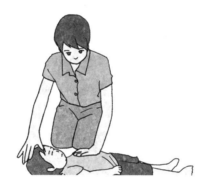

그림 10-2 인공호흡 2단계

(3) 아이의 코를 막고, 입을 아이의 입에 밀착시킨다.

그림 10-3 인공호흡 3단계

(4) 매 3초간(신생아의 경우는 더 짧은 간격으로) 아이에게 숨을 불어넣는다. 아이가 숨을 쉴 때까지, 의료진이 도착할 때까지 계속한다. 숨이 들어갔는지 여부는 아이의 가슴이 부풀어 오르는 것을 보며 확인한다.

그림 10-4 영아의 인공호흡

(5) 아이가 숨을 쉬면 조심스럽게 회복 포지션(Recovery position)으로 눕힌다.

　신생아나 영아의 경우는 코를 막지 않고, 아빠의 입으로 아이의 코와 입에 동시에 네 번 연달아 숨을 불어넣는다.

• 심장 마사지

인공호흡 뒤에 아이가 많이 창백하거나 혈색이 청회색으로 바뀌고 있다면, 아이의 심장이 멈추고 있다는 예후가 되므로 즉각 심장 마사지를 실시해야 한다.

(1) 턱과 귀 사이에 있는 경동맥을 체크한다.
(2) 맥박이 잡히지 않으면, 인공호흡과 심장 마사지를 함께 실시한다. 순서는 매 5번의 심장 마사지 후 한 번의 인공호흡으로 한다.

(3) 만약, CPR 교육을 수료한 사람이 한 사람 더 있다면, 한 사람은 인공호흡을 하고, 나머지 한 사람은 심장 마사지를 하도록 한다.

(4) 아이가 두 살 이하인 경우는 검지와 중지를 이용하여 가슴뼈 아래쪽을 1분당 100회 정도 실시한다.

(5) 아이가 두 살 이상인 경우는 양손을 모으고 손바닥의 도톰한 부분(Heel)으로 분당 60에서 80회 좀 더 강한 압박을 주어 실시한다.

• 회복자세(Recovery Position)

만약 아이가 의식불명 상태라면 기도 확보가 중요하다. 기도의 확보란 아래의 그림 10-5와 같이 아이 고개를 측면으로 돌리게 하고, 입안의 혈액이나 토사물 등이 호흡을 방해하지 않도록 기도를 열어주는 것을 말한다. 아이가 숨을 쉬고 있다면 조심스럽게 바로 눕혀놓는다.

(1) 무릎을 구부려서 아이의 고개를 아빠 쪽으로 향하게 한다.

(2) 왼팔은 아래쪽으로 뻗되 손바닥은 하늘로 향하게 한다.

(3) 오른팔은 그림과 같이 구부리되 손바닥은 바닥으로 향한다.

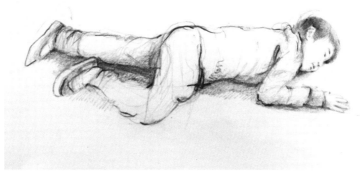

그림 10-5 회복자세

(4) 왼다리는 바로 쭉 뻗게 하고, 오른다리는 90도로 구부리게 한다.

(5) 아빠의 손을 아이의 머리 밑에 받치고 아이를 굴려서 바로 눕힌다.

(6) 아빠에게 가까이 있는 팔과 다리는 구부리게 하고 머리는 돌려서 아빠와 마주보게 한다.

쇼크의 징후들	처치요령
1. 창백함 2. 식은땀을 계속 흘림 3. 의식의 혼미 4. 구토 5. 불규칙한 맥박 6. 숨 가쁜 호흡	1. 아이를 바로 눕히고 고개를 옆으로 기울인다. 2. 옷과 허리띠를 느슨하게 풀어준다. 3. 두 다리를 약간 높게 해준다. 4. 담요나 겉옷으로 체온을 유지하도록 한다. 5. 의식불명의 경우 긴급구조요청을 한다.

표 10-9 쇼크의 징후와 처치요령

② 응급상황 대처요령

• 과다출혈

(1) 상처 부위를 깨끗한 천으로 압박해준다.

(2) 상처 부위를 높은 쪽으로 두게 한다.

(3) 아이를 안심 시킨다.

(4) 쇼크의 징후가 있는지 면밀히 주시한다.

만약, 뼈가 부러져서 돌출되어 있거나 날카로운 것이 환부에 박혀 있다면 상처 주위를 압박하여 지혈을 하고, 뼈를 집어넣거나 날카로운 것을 제거하지 말고 그대로 둔다.

• 화상

(1) 화상 부위를 찬물에 10분 정도 담근다.

(2) 달라붙은 옷은 제거하되, 화상 부위와 옷이 붙어 있다면 그대로 둔다.

(3) 수포(물집)는 제거하지 말고 그대로 둔다.

(4) 경미한 화상은 거즈나 천으로 2차 감염을 막도록 씌워둔다.

• 화재 상황

(1) 아이를 물에 적신다.

(2) 아이를 바닥으로 몸을 낮추게 하고 비합성물 담요나 타울 코트로 감싼다.

(3) 위의 두 경우가 다 마땅치 않다면, 당신의 몸으로 아이를 감싼다.

• 질식

– 신생아나 영아의 경우

(1) 아이를 그림 10-6 같이 왼팔로 감싸준다.

(2) 아이의 어깨와 갈비뼈 뒷쪽 등을 손바닥으로 4번 내리친다.

– 유아의 경우

(1) 다리를 꼬고 앉게 한 다음 얼굴을 무릎 쪽으로 숙이게 한다.

(2) 아이의 어깨 밑과 갈비뼈 뒤쪽 등을 손바닥으로 4번 내리친다.

(3) 목에 걸린 물질이 나온 경우 아

그림 10-6 영아의 질식사고 회복자세

빠는 손가락을 넣어서 이물질을 빼내되 아이 입속의 너무 깊이 있는 것은 무리하게 빼내지 않도록 한다.

③ 하임리히 마뉴버(Heimlich Maneuver)

그림 10-7 하임리히법 1단계

일반적으로 소아나 청소년, 성인 모두에게 적용되는 방법으로 그림 10-7과 같은 방법으로 실시한다.

(1) 그림과 같이 환자의 뒤에서 환자의 겨드랑이 밑으로 두 팔을 넣어 껴안는다.

(2) 껴안은 두 팔로 깍지를 끼운 손 모양에서 오른 엄지와 왼 엄지 두 개를 펴서 배꼽과 흉골(갈비뼈의 중앙하단) 사이를 환자를 들어 올리며 4번 찌른다. 찌르는 위치는 명치 바로 밑의 위치이다.

그림 10-8 하임리히법 2단계

④ 물놀이 사고

(1) 아이를 물 밖으로 꺼낸 다음 바로 눕히고 입속을 확인한다.

(2) 이물질이 있으면 꺼내고 기도를 확보한다.

(3) 숨이 멈추었다면 CPR(인공호흡과 심장 마사지)을 실시한다.

(4) 주변 사람들에게 도움을 요청하고 구급차를 부른다.

(5) 아이의 호흡이 돌아오는 것은 물을 토해 내며 캑캑거리거나 기침을 하는 것으로 확인할 수 있다.

(6) 의식을 찾은 환자는 우선 안정시키고 안전한 곳으로 대피시킨다.

⑤ 전기감전

평소 집 안의 콘센트나 코드는 아이의 손에 닿지 않도록 커버를 씌워 아이로부터 격리하는 것이 매우 중요한 예방법이다. 아이가 콘센트 구멍에 젓가락이나 철사 등으로 쑤셔 볼 수도 있고, 심지어는 콘센트 구멍에 물을 붓거나 오줌을 누는 아이도 있다. 콘센트에 주전자로 물을 붓거나 오줌을 누게 되더라도 물을 따라 유아에게 감전이 될 가능성이 높으므로 평소 아이에게 주의시키고, 사고의 원인을 미연에 차단하는 것이 중요하다.

(1) 사고가 발생하면 바로 메인 차단기나 퓨즈박스를 끈다.

(2) 플러그를 뽑는다. 이때 손으로 하지 말고 부도체(전기가 통하지 않는 물건, 나무빗자루, 나무의자)를 사용한다.

(3) 아이를 직접 손으로 만지지 말고, 부도체나 베개, 쿠션 등을 이용하여 전원으로부터 격리시킨다.

(4) 숨을 쉬는지 확인하고 필요하다면 CPR을 실시한다.

(5) 감전으로 인한 화상이나 쇼크의 여부를 확인하고, 상태와 부상 정도에 따라 의료서비스를 받을지 결정한다.

⑥ 골절상

아이의 목이나 허리, 팔이나 다리, 그리고 관절이나 쇄골뼈 등이 부러졌을 때는 아이가 움직이지 않도록 하는 것이 중요하다.

(1) 부목과 붕대로 부러진 부위를 고정해준다.

(2) 쇼크의 징후가 있는지 유심히 관찰한다.

(3) 가까운 병원으로 빨리 이송한다.

• 다리골절

(1) 양다리 사이에 패드를 넣는다.

(2) 양 무릎과 다리를 묶고 고정한 다음 들것으로 운반한다.

• 팔 골절

(1) 옷이나 붕대로 삼각건(팔걸이)을 만든다.

(1) 다친 팔을 가슴 쪽에 고정시켜 움직이지 못하도록 한다.

(1) 전체적으로 다시 고정하여 병원으로 옮긴다.

⑦ 독극물 중독

(1) 아이가 독극물을 마신 것으로 판단되면, 마신 물질이 무엇인지 빨리 파악해야 한다.

(2) 담당의사에게 전화를 걸어 지시에 따라 응급처치를 실시한다.

(3) 구토유도방법

　- 한 살이 넘은 아이는 토건제(구토유도제) 한 스푼을 물 한 컵에 타서 마시게 한다.

　- 토건제가 없는 경우에는 목의 뒤쪽을 간지럽히거나, 혀 깊숙이 손을 넣어서 토하게 한다.

　아이가 마신 독극물에 대한 정보가 있는 경우는 독극물 용기에 있는 매뉴얼대로 응급처치를 하면 되지만, 아이가 무엇을 마셨는지 모를 때는 해독제를 먹이려 하지 말고 가까운 병원 응급실로 신속하게 옮기는 것이 중요하다.

나의 아버지는 일제강점기와 한국전쟁, 그리고 산업화와 민주화 시기를 모두 겪은 한국 근현대사의 산증인이다. 1937년 진주에서 4남 3녀 중 셋째 아들로 태어나 다른 형제들이 학교를 다닐 때 아버지 혼자 가계를 책임지며 가업인 농사일을 이어받아 평생을 농사꾼으로 살아왔다. 일찍이 선교사의 전도를 받아 교회를 세우신 할아버지의 유지를 이어 고향의 교회를 섬기셨다. 자신의 못 배운 한을 자녀들이 풀어주기를 바라시며 자식들은 모두 항상 학업에 열중하기를 독려하셨다.

아버지는 동네에서 가장 먼저 일어나 논과 밭으로 나가 일을 하셨고, 가장 늦게 일을 마치고 집으로 돌아오실 만큼 성실과 근면으로 평생을 사셨다. 매해 가을 추수가 끝나면, 동네의 독거노인이나 불우한 가정에 쌀과 연탄을 나누어 드리곤 하셨는데, 그때마다 우리를 함께 데리고 다니셨다. 이웃과 교회 분들에게는 더없이 사람 좋은 이웃이자 존경받는 장로님이셨지만, 자식들에게만은 엄하게 대하셨다. 특히, 나에게는 고지식할 만큼 아주 엄한 분이셨는데, 당신의 아들이 원칙에 벗어나는 행동을 했을 때는 가혹할 만큼 엄한 체벌로 잘못을 물으셨다. 아버지가 말씀하시면 무조건 순종해야 했고, 아버지의 명을 거역하기라도 하는 날에는 불호령과 함께 혹독한 체벌을 하셨다. 내 유년시절 아버지는 무섭고 두려운 커다란 산이었으며, 아버지와 아들 사이의 벽은 거대한 콘크리트 장벽 그 자체였다.

내가 초등학교 5학년 때 보이스카우트 대장을 할 때의 일화가 있다. 일요일에 보이스카우트 캠프가 합천 해인사에서 있었는데 나는 학생인솔자 대표로 참가비를 내고 이미 등록을 한 상태였다. 캠프를 하루 앞두고, 아버지는 나를 불러서 절대 캠프에 참석하는 것을 허락할 수 없다고 하셨다. 그 이유는 첫째, 주일에 교회에 가지 않고 캠프에 참석하는 것을 허락할 수 없다. 둘째, 더구나 캠프 장소가 불교 사찰이라 더더욱 허락할 수 없다. 셋째, 교회의 안수집사 아들이 교회에서 모범이 되어야 하는데 아버지는 교회에서 예배를 보고, 그 시간에 아들은 불교 사찰로 캠프를 가면 아버지의 체면은 무엇이 되겠느냐고 말씀하시며 절대 보내줄 수 없다고 말씀하셨다. 아버지의 말씀에 나는 나름의 논리로 조목조목 반박하였다.

첫째, 나는 우리 반 보이스카우트 대장이다. 일요일이긴 하지만 교회에 한 번 안 나간다고 해서 나의 신앙이 사라지는 것은 아니다. 둘째, 캠프 장소가 불교 사찰이라서 허락할 수 없다는 것은 이치에 맞지 않다. 우리가 보이스카우트이지, 불공을 드리러 가는 불교 신자가 아니기에 그렇다. 셋째, 아버지가 안수집사이지 내가 안수집사는 아니지 않는가? 보이스카우트 대장은 팀원을 인솔할 의무가 있고, 나는 나에게 주어진 책임을 다하려 한다고 말씀드렸다. 하지만, 나의 항변은 아버지의 무력 진압 앞에 굴복할 수밖에 없었다. 끝내 아버지는 캠프 참석을 허락하지 않으셨고 심한 매질로 나를 굴복시키셨다.

그 날 이후에도 나와 아버지 사이에는 여러 번의 심한 갈등이 있었고, 그 끝은 항상 아버지의 심한 매질이 있었다. 그 후 나는 더 이상 아버지와 대화 자체를 시도하지 않았다. 고등학교를 졸업하면서 나의 한 가지 목표이자 소원은 아버지의 그늘에서 벗어나는 것이었다. 대학 진학을 하면서 고향을 벗어났을 때 나는 억울한 옥살이에서 해방된 자유인의 심정이었다.

시간이 흘러 석사 시절 여러 심리학 수업과 심리상담을 통해 내 삶을 뒤돌아볼 기회가 있었는데, 아버지 관련 연구를 하면서 나는 아버지의 삶에 대해 깊이 생각하기 시작했다. 정확히 알 수는 없지만 아버지의 쓸쓸한 뒷모습이 자꾸 떠오르고, 뭔가 연민의 감정이 생기기 시작한 것도 그즈음이었다. 아버지의 삶에도 아버지의 손위 형제들과 오랫동안 반목과 질시, 차별과 신체적 폭력의 역사가 깊이 자리 잡고 있다는 것을 알았을 때, 내 마음속에 있는 아버지를 향한 원망과 증오의 감정을 이제 거두어야겠다는 결심을 하게 되었다. 쉽지 않았지만 아버지와 대화를 나누려고 부단히 노력했고, 그러던 어느 날 아버지는 어린 시절 막내아들에게 모질게 대했던 사실에 대해 이해와 용서를 구하며 눈물을 흘리셨다.

미국 유학생활 초기에 아버지께서 뇌졸중으로 쓰러지셨다는 청천벽력의 전갈을 받았다. 병원에서는 가망이 없겠다는 선고를 들으시고 마지막 방법으로 수술을 택하셨다는 소식이었다. 수술실로 들어가기 위해 중환자실에 머무실 때, 국제전화로 난생 처음 아버지에게 "사랑합니다. 아버지. 꼭 회복하셔야 합니다"라고 고백하였다. 그때가 내 나이 서른다섯이었다. 의식이 혼미한 중에서도 나의 고백에 아버지께서도 "사랑한다. 아들아. 나는 잘 회복할 것이니, 아버지 걱정 말고 박사 공부에 전념해라"라며 오히려 나를 위로하셨다. 감사하게도 아버지는 이후에도 여러 차례 생사의 고비를 잘 넘기셨고, 막내아들의 결혼과 손주의 재롱을 보시게 되었다.

이제 여든을 넘기셔서 몸이 많이 쇠약해지시고 기억도 흐릿해지셨지만, 오래도록 건강하게 나의 아들·딸과 아름다운 추억을 만들어 가시기를 항상 기도드린다. 비록 아버지와 나와의 첫 단추는 잘못 채워졌지만, 다시 처음으로 돌아가 아버지와 나와의 단추를 바로 채워갈 수 있게 된 것에 감사드린다.

토의 주제

1. 건강의 개념을 자신의 주관적 생각과 언어로 정의하시오.

2. 자녀의 건강관리와 생활습관 교육에서 아버지가 담당할 역할과 의무는 어떤 것이 있습니까?

3. 하준 씨와 깍두기 이야기를 읽고 하준이 담임교사의 식습관 지도 시 문제점에 대해 이야기해 보세요.

4. 자녀의 정신건강을 위협하는 요소들을 나열해보고 해결방안을 항목별로 제시해보세요. (2-3인 1조)

5. 응급상황에서 반드시 지켜야 할 수칙은 어떤 것들이 있으며, 부모의 역할에 대해 말해봅시다.

주

1 http://cfoc.nrckids.org/StandardView/2.4.1.1

2 회전법이란 잇몸에서 이 방향으로 닦는 양치질 방법을 말한다.

3 우유는 입속의 산성수치를 낮춰 치아부식을 예방할 수 있다.

4 사탕, 초콜릿, 아이스크림, 과자, 탄산음료 등은 대부분의 아이들이 열광하는 기호음식이지만 건강을 해치는 주범이 될 수 있으므로 과도한 섭취를 피하고 취식 후 이 닦기에 각별히 신경을 쓰는 등 특별한 주의와 지도가 필요하다.

5 이기숙·장영희·정미라·배소연·박희숙(1996). 유아를 위한 안전교육. 서울: 양서원 참조

6 예방의학(豫防醫學, preventive medicine)이란 질병 예방을 위해 건강증진과 생활환경개선 등을 목표로 하는 의학(醫學, medicine)이다. 예방의학은 주로 신체적·정신적·사회적 질환 및 상해에 관심을 두고 있는데, 일반 의학이 환자와 다친 사람을 치료하는 데 목적이 있다면, 예방의학의 목적은 이를 미연에 예방하는 데에 있다(김종훈 외, 2001, 건강교육학).

7 자아유능감(有能感, Self-competence)이란 "개인이 감각과 운동능력을 사용하고 발전시키려는 강한 내적인 동기나 경향성"을 말한다. 일부 심리학자(반두라)들은 "자아유능감"을 자아효능감(效能感, Self-efficacy, 개인이 목표한 결과를 얻는 데 필요한 행동을 성공적으로 수행할 수 있는 기술에 대한 신념으로 정의함)의 범주에서 다루기도 하였다.

8 인터넷 동영상으로 자동차 사고나 보행자 사고의 상황을 부모와 자녀가 함께 보고, 사고의 위험성과 대처방법을 함께 이야기해보는 것도 좋다.

9 프로이드는 구강기(Oral stage) 아이의 대표적인 특징 중 하나로 설명하고 있다.

강문희 (2000). 유아생활지도. 서울: 교문사.

강현식 (2011). 아이를 행복하게 만드는 아빠 양육. 소울메이트.

고정곤, 김소영, 외 (2014). 부모교육. 양서원.

김광웅, 박성연 역 (1995). 아버지 역할과 아동발달. 이화여자대학교 출판부.

김성묵 (2010). 좋은 남편 되기 프로젝트. 두란노.

김성묵 (2008). 좋은 아빠 되기 프로젝트. 두란노.

김성묵 (2003). 그 남자가 원하는 여자 그 남자가 원하는 남자. 김영사.

김영훈 (2009). 엄마가 모르는 아빠 효과. 베가북스.

김지현, 정지나, 조윤주, & 한준아 (2008). 부모 교육. 서울: 양서원.

문미옥, 이혜상, 민행난, 외 (2001). 예비부모교육. 서울: 양서원.

송인섭 (1998). 인간의 자아개념 탐구. 서울: 학지사.

신용주, 김혜수 (2011). 부모교육. 서울: 학지사.

오욱환 (2003). 교육사회학의 이해와 탐구. 교육과학사.

오은영 (2011). 불안한 엄마 무관심한 아빠. 웅진리빙하우스.

연미희, 김진숙 (2003). 부모교육 이론과 실제. 서울: 동문사.

유안진, 김연진 (1997). 부모교육. 서울: 동문사.

유안진 (1990). 한국전통사회의 유아교육. 서울: 서울대학교 출판부.

유은정, 김혜연, 외 (2016). 부모교육. 양서원.

이규호 (1995). 에세이 명심보감. 도서출판장원.

이원영, 김정미 (2013). 대학생을 위한 예비 부모교육. 서울: 학지사.

정미라, 배소연, 이영미 (2006). 유아건강교육. 서울: 양서원.

정재용, 김낙홍, 김지혜, 유은영 (2010). 아버지의 스포츠 활동 프로그램 참여에 따른 유아 자아유능감 및 아버지 양육참여의 변화. 영유아교원교육학회. 제14권 제5호, 349~365.

최민수. 정영희 (2006). 아동건강교육. 서울: 학지사.

한준호 (2010). 아빠가 읽는 임신 출산책. 웅진리빙하우스.

황응연. 장휘숙 역 (1992). 아버지의 역할. 서울: 창지사.

아오키 마사미츠 (1999). 아이를 키우는 아버지, 망치는 아버지. 살림출판사.

론 니스, 마클 오스틴 외 (2012). 아빠가 된다는 것의 철학. 사람의 무늬.

로스 파크 (1990). 좋은 아빠 아버지의 자녀교육. 샘터 유아교육신서.

Aronson, E. (2003). Readings about the social animal. Macmillan.

Brott, A. A. (2004). The new father: a dad's guide to the first year. Abbeville Press.

Brott, A. A. (2011). The Expectant Father. ReadHowYouWant. com.

Canfield, K. R. (2001). 7 Secrets of Effective Fathers. Tyndale House Publishers, Inc..

Chung, J. Y., Kim, K. K, & Yom, J. P. (2012). Assessment of fathers' involvement on children's social competence: Korean sports daddy project in the US. The International Journal of Sports Science and Physical Education (IJSSPE), 3(1) 45–51.

Day, R. D., & Lamb, M. E. (Eds.). (2003). Conceptualizing and measuring father involvement. Routledge.

Dowd, N. E. (2000). Redefining fatherhood. NYU Press.

Epstein, J. (2004). Partnering with families and communities. Educational Leadership: 16 (8) 12–18.

Fromm, E. (2013). To have or to be?. A&C Black.

Gay, P. (2006). Freud: A life for our time. W. W Norton & Company: New York. London.

Gebauer, K. (2003). Väter gesucht: 16 exemplarische Geschichten. Walter.

Gordon, T. (2008). Parent effectiveness training: The proven program for raising responsible children. Harmony.

Janet Gonzalez–Mena. (2016). Child, Family, and Community: Family–Centered Early Care and Education. Pearson.

Lamb, M. E. (Ed.). (2004). The role of the father in child development. John Wiley & Sons.

Lamb, M. E., & Sagi, A. (2014). Fatherhood and family policy. Routledge.

McBride, B. A., Bost, K. K., Brown, G. L., & Shinn, N. (2004). The impact of father involvement on children's social competence and peerelationships. In Annual Meeting of the American Educational Research Association, San Diego, CA.

Mackey, W. C. (2012). Fathering behaviors: The dynamics of the man–child bond. Springer Science & Business Media.

Miller (2012)

Morrison, G. S. (1988). Early childhood education today. Columbus, Ohio: Merrill Publishing Company.

Nelson, K. (1998). The Daddy Guide: Real–life Advice and Tips from Over 250 Dads and Other Experts. McGraw–Hill Companies.

Ostermann, R., Spurrell, C., & Chubet, C. T. (1991). Father and Child: Practical Advice for Today's Dad. Longmeadow Press.

Rice, E. (1990). Freud and Moses: The Long Journey Home. SUNY Press.

Santrock, J. W. (2016). Life–span development. McGraw–Hill.

Snow, C. W., Gordon, A. W., & Browne, K. W. (1986). Beginnings and Beyond: Foundations in Early Childhood Education.

부록

유교적 전통에서의 아버지교육 및 역할

좋은아빠 체크리스트

유교적 전통에서의
아버지교육 및 역할

• 擊蒙要訣(격몽요결): 율곡 이이, 선조조

人生斯世에 非學問이면 無以爲人이니 所謂學問者는 亦非異常別件物
事也라 只是爲父當慈, 爲子當孝, 爲臣當忠, 爲夫婦當別, 爲兄弟當友,
爲少者當敬長, 爲朋友當有信이니 皆於日用動靜之間에 隨事各得其當
而已요 非馳心玄妙하여 希覬奇效者也라

사람이 이 세상에 태어나서 학문이 아니면 사람 구실하면서 살아갈 수 없
으니 이른바 학문이라고 하는 것은 또한 일상생활에서 벗어나 별도로 존
재하는 일이 아니다. 단지 아버지가 되어서는 마땅히 자식을 사랑하고,
자식이 되어서는 마땅히 부모에게 효도하며, 신하가 되어서는 마땅히 임
금에게 충성하며, 부부 사이에서는 마땅히 내외를 구별하고, 형제간에는
마땅히 서로 우애하고, 어린 사람이 되어서는 마땅히 어른을 공경하고, 친

구 사이에는 마땅히 신의를 지키는 것이므로, 모두 일상생활 속에서 일에 따라 각각 그 마땅함을 얻는 것일 뿐이요, 신비한 곳에 관심을 집중시켜서 기이한 효력을 바라는 것이 아니다.

是故로 孟子曰 父子有親하며 君臣有義하며 夫婦有別하며 長幼有序하며 朋友有信이라하시니 人而不知有五常이면 則其違禽獸 不遠矣리라

이 때문에 맹자(孟子)께서는 "아버지와 자식 사이에는 친애(親愛)함이 있어야 하며, 임금과 신하 사이에는 의리(義理)가 있어야 하며, 남편과 아내 사이에는 구별(區別)이 있어야 하며, 어른과 어린이 사이에는 차례가 있어야 하며, 친구 사이에는 신의(信義)가 있어야 한다"고 말씀하셨다. 사람이면서 오상(五常)이 있음을 알지 못하면 짐승과의 차이가 크지 않을 것이다.

孟子曰父子有親(맹자왈부자유친)하며 :
맹자가 말하기를, "아버지와 자식 사이에는 친함이 있어야 하고,
君臣有義(군신유의)하며 : 임금과 신하 사이에는 의리가 있어야 하고,
夫婦有別(부부유별)하며 : 남편과 아내 사이에는 분별이 있어야 하고,
長幼有序(장유유서)하며 : 어른과 어린이 사이에는 차례가 있어야 하고,
朋友有信(붕우유신)이라 하시니 : 벗과 벗 사이에는 믿음이 있어야 한다."
했으니
人而不知有五常(인이부지유오상)하면 : 사람이 이 다섯 가지 도리가 있음을 알지 못한다면

則其違禽獸不遠矣(즉기위금수불원의)니라. : 금수와 다름이 없다.

然則父慈子孝(연즉부자자효)하며 : 그러므로 아버지는 자애롭고 자식은 효도하며,

君義臣忠(군의신충)하며 : 임금은 의롭고 신하는 충성하며,

夫和婦順(부화부순)하며 : 남편은 온화하고 아내는 유순하며,

兄友弟恭(형우제공)하며 : 형은 우애롭고 아우는 공손하며,

朋友輔仁然後(붕우보인연후)에야 : 벗 사이에는 인으로서 도운 연후에야
方可謂之人矣(방가위지인의)니라: 바야흐로 사람이라 할 수 있다.

● 소학(小學)

1) 주자(朱子:朱熹)가 제자 유자징(劉子澄)에게 소년들의 학습교재로 짓게 하고 교열, 가필한 것이다.

2) 1185년에 착수하여 2년 만에 완성하였고 내·외의 2편으로 되어 있다.

3) 내편은 입교(立教)·명륜(明倫)·경신(敬身)·계고(稽古)의 4개 항목으로 유교의 윤리사상의 요강을 논하였다.

4) 외편은 가언(嘉言)·선행(善行)의 2개 항목 밑에 한(漢)나라 이후 송나라까지의 성현의 언행을 기록하였다.

5) 봉건 사회에서의 개인 도덕의 수양서로 특출한 것이다.

父子有親(부자유친) : 아버지와 아들 사이에는 친애함이 있고

婦事舅姑如事父母(부사구고여사부모) :

며느리가 시아버지와 시어머니를 섬기되 부모를 섬기는 것같이 하라.

曲禮曰(곡례왈) : 〈예기〉 '곡례'편에 이르기를

父召(부소) : "아버지께서 부르시면

無諾(무락) : 즉시 대답하며

先生召(선생소) : 선생님이 부르시면

無諾(무락) : 즉시 대답하며

唯而起(유이기) : '예'라고 즉시 대답하고 일어나야 한다."고 했다

若父則遊目(약부즉유목) : 만약 아버지시라면 눈을 이리저리 돌리되

毋上於面(무상어면) : 얼굴보다 위로 쳐다보지 말아야 하며

毋下於帶(무하어대) : 띠보다 아래로 쳐다보지 말아야 할 것이다.

若不言(약불언) : 만약 말씀하지 않으시고

立則視足(입즉시족) : 서 계시면 발을 보고

坐則視膝(좌즉시슬) : 앉아 계시면 그 무릎을 보라고 했다

禮記曰(예기왈) : 〈예기〉에 이르기를

父命呼(부명호) : "아버지가 명령해서 부르시면

唯而不諾(유이불락) : '예'하고 대답하되 느리게 하지 않으며

手執業則投之(수집업즉투지) : 손에 일을 잡고 있을 때에는 일을 던져 버리며

食在口則吐之(사재구즉토지) : 밥이 입에 들어 있을 때에는 뱉어 버리고

走而不趨(주이불추) : 뛰어가되 종종걸음으로 가지 말아야 한다.

親老(친노) : 부모님이 늙으셨으면

出不易方(출불역방) : 외출 시 부모님께 어디 간다고 말씀드린 곳을 바꾸지 말 것이며

復不過時(복불과시) : 돌아올 시각을 넘기지 않을 것이며

親瘝(친제) : 부모가 병들었으면

色容不盛(색용불성) : 얼굴빛을 펴지 않은 것이

此孝子之疏節也(차효자지소절야) : 효자의 간소한 예절이다.

父沒而不能讀父之書(부몰이불능독부지서) : 아버지가 돌아가셨는데 아버지의 책을 읽을 수 없음은

手澤存焉爾(수택존언이) : 아버지의 손때가 남아 있기 때문이며

母沒而杯圈不能飮焉(모몰이배권불능음언) : 어머니가 돌아가셨는데 어머니가 쓰던 그릇으로 마실 수 없음은

口澤之氣存焉爾(구택지기존언이) : 어머니의 입김의 기운이 그곳에 남아 있기 때문이다."고 했다

孔子曰(공자왈) : 공자가 이르기를

父在觀其志(부재관기지) : "부친이 생존하시면 자식은 아버지의 뜻을 살펴 일을 행하고

父沒觀其行(부몰관기행) : 부친이 별세하면 아버지가 행하였던 것을 살펴 보아

三年無改於父之道(삼년무개어부지도) : 부친상 삼년간을 선친의 행적을 고침이 없어야

可謂孝矣(가위효의) : 효자라고 할 수 있을 것이다.”라고 하였다

禮記曰(예기왈) : 〈예기〉에 이르기를

事親(사친) : “부모를 섬기되

有隱而無犯(유은이무범) : 아버지에게 과실이 있으면 허물을 덮어 줄 수는 있어도 비난함으로써 간하지 말며

左右就養無方(좌우취양무방) : 좌우에 가까이 모시고 봉양하되 정해진 방법이 없으며(정성을 다하고...)

服勤至死(복근지사) : 복종하고 부지런하여 부모를 위해 죽을 만큼 힘을 기울이고

致喪三年(치상삼년) : 부모가 돌아가시면 3년상을 극진하게 한다.”

좋은 아빠 체크리스트

※ 최근 1~2개월 아버지 본인의 경험으로 바탕으로 아니오(1점), 글쎄요?(2점), 네(3점)로 표시하시면 됩니다.

	문 항	1	2	3
1	아이에게 사랑한다고 자주 말하고 표현한다.			
2	아이가 옳은 일을 했을 때 칭찬하고 격려한다.			
3	아이의 고민에 대해 진지하게 경청하고, 아빠의 고민도 아이와 함께 이야기한다.			
4	아이에 대한 기본적 부양 의무(음식, 의복, 의료, 건강, 교육 관련 의무 등)를 충실히 이행하고 있다.			
5	아이에게 책(동화책 등)을 잘 읽어준다.			
6	아이와 스포츠 활동(축구, 야구, 농구, 게임)이나 야외 활동(소풍, 캠핑, 등산, 음악회, 미술관, 스포츠경기 직접관람)을 하고 있다.			
7	아이와 온몸을 부대끼며 자주(일주일 3회 이상) 놀고 있다.			
8	아이와 함께 운동하는 시간을 정기적으로 계획하고 실행하고 있다.			
9	아이들이 학교 과제나 숙제를 할 때, 도와주고 참여하고 있다.			
10	아이의 장래희망과 꿈이 무엇인지 정확히 알고 격려하고 있다.			
11	아이가 가장 좋아하는 놀이가 무엇인지 잘 알고 있다.			
12	아이가 아빠와 이야기하기를 원할 때 적극적으로 경청하고 대화하는 시간을 정기적으로 갖고 있다.			
13	아이의 미래에 대해 아버지로서 준비하고 계획하고 있다(예산, 지원방법, 격려 등).			
14	아이에게 학교 규정과 사회법규를 잘 지키도록 격려하고 가르치고 있다.			
15	내 아이의 기질과 성향이 어떤지 잘 파악하고 있다.			
16	아이에게 학업과 배움의 중요성에 대해 이야기해주고 격려한다.			

17	아이의 학교활동과 행사 중 아버지가 돕고 참여해야 할 부분이 있을 때 적극 참여하고 있다.			
18	아이의 행동과 예의범절 등에 관해 명확한 기준과 원칙을 가지고 있다.			
19	아이를 엄하게 대할 때와 따뜻하게 위로해야 할 때를 구분하며 실천하고 있다.			
20	아이가 가정의 일(분리수거, 대청소, 자기 방 정리, 심부름 등)에 참여하도록 격려하고 돕고 있다.			
21	아이가 자신이 좋아하는 일, 하고 싶어 하는 일을 말할 때 함께하며 시간을 보낸다.			
22	아이의 가장 친한 친구(적어도 셋 이상)의 이름을 알고 있다.			
23	아내와 육아와 가사를 분담에 적극 참여하고 정서적으로 지원(고마움 표시, 애정표현)한다.			
24	아이에게 엄마는 가정에서 중요하고 소중한 분이라는 것을 이야기하고 있다.			
25	아이(들) 앞에서 아내에게 사랑한다는 표현을 하고 있다.			
26	아내나 아이에게 잘못한 일이 있을 때 잘못을 인정하고 사과한다.			
27	육아와 관련해 아내와 이견이 있을 때 대화를 통해 합리적으로 해결하고 있다.			
28	부부간의 역할 분담(가사, 자녀양육 문제 등)에 대해 수시로 이야기를 나누고 계획하며 실천하고 있다.			
29	아빠 자신만의 명확한 육아와 교육 철학이 있다.			
30	아이의 목욕 후 로션을 발라주거나, 손톱과 발톱을 잘라주고, 귀를 파준 적이 있다.			
총점			___ 점	

●합산된 총점을 기준으로
- 70~90점: 아이와 아내에게 최선을 다하고 있는 좋은 아빠
- 50~69점: 육아와 가사에 평균적으로 참여하고 있는 보통 아빠
- 30~49점: 좀 더 노력이 필요한 아빠
- 30점 미만: 부족한 아빠

※ 좀 더 명확한 아버지 평가를 위해 아버지 자신의 평가와 배우자의 남편에 대한 평가를 비교해보는 것이 좋다.

아버지교육개론

1판 1쇄 인쇄 2017년 10월 10일
1판 1쇄 발행 2017년 10월 16일

지은이 | 김근규
펴낸이 | 정규상
책임편집 | 구남희
편집 | 현상철·신철호
외주디자인 | 김효창
마케팅 | 박정수·김지현

펴낸곳 | 성균관대학교 출판부
등록 | 1975년 5월 21일 제1975-9호
주소 | 03063 서울특별시 종로구 성균관로 25-2
전화 | 02)760-1252~4
팩스 | 02)760-7452
홈페이지 | http://press.skku.edu

ⓒ 2017, 김근규

ISBN 979-11-5550-251-8 03370